Die Ein-Unternehmer-Personengesellschaft im Treuhandmodell

Europäische Hochschulschriften

European University Studies

Publications Universitaires Européennes

Reihe II **Rechtswissenschaft**

Series II Law

Série II Droit

Band/Volume 5794

Julian Albrecht

Die Ein-Unternehmer-Personengesellschaft im Treuhandmodell

PL ACADEMIC RESEARCH

Bibliografische Information der Deutschen Nationalbibliothek
Die Deutsche Nationalbibliothek verzeichnet diese Publikation in der Deutschen Nationalbibliografie; detaillierte bibliografische Daten sind im Internet über http://dnb.d-nb.de abrufbar.

Zugl.: Hamburg, Bucerius Law School, Diss., 2015

H 360
ISSN 0531-7312
ISBN 978-3-631-66643-2 (Print)
E-ISBN 978-3-653-05995-3 (E-Book)
DOI 10.3726/978-3-653-05995-3

PL Academic Research ist ein Imprint der Peter Lang GmbH.
Peter Lang – Frankfurt am Main · Bern · Bruxelles · New York · Oxford · Warszawa · Wien

Diese Publikation wurde begutachtet.

www.peterlang.com

Vorwort

Viele Rechtsgebiete sind vor allem an ihren Schnittstellen zu anderen Gebieten interessant. Das gilt auch für das Steuerrecht, zumal, wenn an dessen Grenze zum Zivilrecht verschiedene Qualifikationen ein und desselben Sachverhalts zu Chancen (für den Steuerpflichtigen), ggf. Gefahren (für den Fiskus), sicher aber zu Konflikten führen. Die vorliegende Arbeit will diese Konflikte im Treuhandmodell analysieren und bewerten.

Die Arbeit wurde im Frühjahrstrimester 2015 an der Bucerius Law School – Hochschule für Rechtswissenschaft – als Dissertation angenommen. Das Rigorosum fand am 17. Juni 2015 statt.

Ich danke Frau Prof. Dr. Birgit Weitemeyer für die Betreuung der Arbeit. Ferner danke ich Herrn Prof. Dr. Gerrit Frotscher für die zügige Erstellung des Zweitgutachtens.

Besonderer Dank gilt meiner Frau und meinen Eltern für ihre fortwährende Unterstützung und das Korrekturlesen des Manuskripts.

Hamburg, im September 2015 Julian Albrecht

Inhaltsverzeichnis

Abkürzungsverzeichnis

a.A.	andere(r) Ansicht
a.a.O.	am angegebenen Ort
Abs.	Absatz
AcP	Archiv für die civilistische Praxis
a.E.	am Ende
a.F.	alte(r) Fassung
AktG	Aktiengesetz
Alt.	Alternative
Anm.	Anmerkung
AO	Abgabenordnung
arg.	argumentum
Art.	Artikel
Aufl.	Auflage
BB	Betriebsberater
Bd.	Band
Begr.	Begründer
Beschl.	Beschluss
betr.	betrifft, betreffend
BFH	Bundesfinanzhof
BFHE	Sammlung der Entscheidungen des Bundesfinanzhofs
BFH/NV	Sammlung amtlich nicht veröffentlichter Entscheidungen des Bundesfinanzhofs
BGB	Bürgerliches Gesetzbuch
BGBl.	Bundesgesetzblatt
BGHZ	Amtliche Sammlung von Entscheidungen des Bundegerichtshofs in Zivilsachen
BilMoG	Bilanzrechtsmodernisierungsgesetz
BMF	Bundesministerium der Finanzen
BR-Drucks.	Bundesrats-Drucksache
BStBl.	Bundessteuerblatt
BT-Drucks.	Bundestags-Drucksache
BVerfG	Bundesverfassungsgericht
BVerfGE	Amtliche Sammlung von Entscheidungen des Bundesverfassungsgerichts
DB	Der Betrieb

ders.	derselbe
DStR	Deutsches Steuerrecht
DStZ	Deutsche Steuer-Zeitung
EFG	Entscheidungen der Finanzgerichte
Einl.	Einleitung
EStB	Ertrag-Steuerberater
EStG	Einkommensteuergesetz
EU	Europäische Union
EuGH	Europäischer Gerichtshof
e.V.	eingetragener Verein
EWR	Europäischer Wirtschaftsraum
FG	Finanzgericht
Fn.	Fußnote
FR	Finanz-Rundschau (bis 1990); Finanz-Rundschau für Einkommensteuer, Körperschaftsteuer und Gewerbesteuer (bis 1999); Finanz-Rundschau-Ertragsteuerrecht
GbR	Gesellschaft bürgerlichen Rechts
Ges.	Gesetz
GewStG	Gewerbesteuergesetz
GmbH	Gesellschaft mit beschränkter Haftung
GmbHG	Gesetz betreffend die GmbH
GmbHR	GmbH-Rundschau
GmbH-StB	GmbH-Steuerberater
GrEStG	Grunderwerbsteuergesetz
GrS	Großer Senat
HFR	Höchstrichterliche Finanzrechtsprechung
HGB	Handelsgesetzbuch
h.M.	herrschende Meinung
Hrsg.	Herausgeber
HS	Halbsatz
IAS	International Accounting Standards
INF	Die Information über Steuer und Wirtschaft
InsO	Insolvenzordnung
i.S.d.	im Sinne des/der
IStR	Internationales Steuerrecht
i.S.v.	im Sinne von
JStG	Jahressteuergesetz
JuS	Juristische Schulung

KG	Kommanditgesellschaft
KÖSDI	Kölner Steuerdialog
krit.	kritisch
KStG	Körperschaftsteuergesetz
KStR	Körperschaftsteuer-Richtlinie
Lfg.	Lieferung
lit.	littera
m. Anm.	mit Anmerkung
m.E.	meines Erachtens
m.w.N.	mit weiteren Nachweisen
n.F.	neue(r) Fassung
NJW	Neue Juristische Wochenschrift
NWB	Neue Wirtschafts-Briefe
NZG	Neue Zeitschrift für Gesellschaftsrecht
OECD	Organization for Economic Cooperation and Development
OECD-MA	OECD-Musterabkommen
OFD	Oberfinanzdirektion
OHG	Offene Handelsgesellschaft
OLG	Oberlandesgericht
RFH	Reichsfinanzhof
RFHE	Sammlung der Entscheidungen des Reichsfinanzhofs
RL	Richtlinie
Rn.	Randnummer
Rspr.	Rechtsprechung
Rz.	Randziffer
S.	Satz/Seite
Schr.	Schreiben
StÄndG	Steueränderungsgesetz
StAnpG	Steueranpassungsgesetz
StEntlG	Steuerentlastungsgesetz
SteuerStud	Steuer und Studium
SteuK	Steuerrecht kurzgefasst
str.	strittig
st. Rspr.	ständige Rechtsprechung
StuB	Steuern und Bilanzen
StuW	Steuern und Wirtschaft
Tz.	Textziffer
Ubg	Die Unternehmensbesteuerung

UmwG	Umwandlungsgesetz
UmwStG	Umwandlungssteuergesetz
UR	Umsatzsteuer-Rundschau
UStG	Umsatzsteuergesetz
UStR	Umsatzsteuerrichtlinien
vgl.	Vergleiche
vs.	versus
WM	Wertpapier-Mitteilungen
ZIP	Zeitschrift für Wirtschaftsrecht
ZGR	Zeitschrift für Unternehmens- und Gesellschaftsrecht
zust.	zustimmend

Einleitung

I. Gegenstand der Arbeit – Vorstellung des Modells

Personengesellschaften sind beliebt in Deutschland. Sie stellen hierzulande in ihren verschiedenen Ausformungen gut 80 % aller Gesellschaften[1]. Die Gründe für diese Verbreitung sind nicht nur, aber auch steuerrechtlicher Art. So ist die Tatsache, dass Personengesellschaften körperschaftsteuerrechtlich überhaupt nicht und einkommensteuerrechtlich nur als sog. Mitunternehmerschaft erfasst werden[2], in der Praxis häufig ein für die Rechtformwahl wichtiger Grund. Das Ergebnis einer Personengesellschaft versteuert jeder Mitunternehmer mit seinem eigenen Steuersatz. Dazu muss es ihm auf bestimmte Weise zugerechnet werden. Diese und andere Zurechnungsvorschriften machen Personengesellschaften zu einem steuerrechtlichen Werkzeug und lassen Spielraum für Gestaltungen. Das Treuhandmodell ist eine von ihnen.

1. Überblick über die Konstruktion

Das Ziel des Treuhandmodells in rechtlicher Hinsicht ist, eine zivilrechtlich bestehende, am Markt agierende und gewerblich tätige Gesellschaft zu schaffen, die einkommen- und gewerbesteuerrechtlich jedoch nicht nur nicht steuerpflichtig, sondern inexistent ist. Dies kann durch die dem Steuerrecht eigene sog. wirtschaftliche Betrachtungsweise erreicht werden, nach der „wirtschaftliche Kräfte" besteuert werden und nicht „leere Rechtsformen"[3]. Folgende Abbildungen veranschaulichen dies:

---

1 Verglichen mit 15 % Kapitalgesellschaften; im Ausland findet sich ein völlig anderes Bild, so sind in Frankreich um die 50 % aller Gesellschaften kapitalistisch strukturiert, *Cour des comptes*, Steuern, Abgaben und Sozialabgaben in Frankreich und Deutschland, 2011, 18, 78, 160.

2 „Erfasst" wohlgemerkt – der Besteuerung unterworfen werden auch sie nicht, sondern nur ihre Mitunternehmer, sog. transparente Besteuerung.

3 *Becker*, Die Reichsabgabenordnung, S. 77.

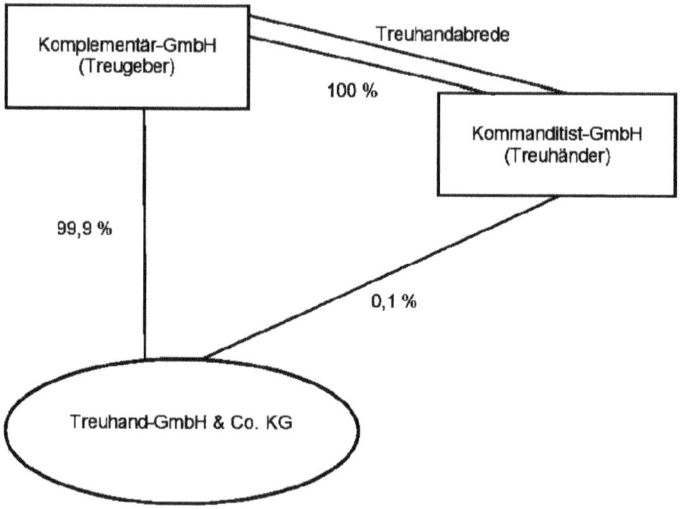

Gesellschaftsrechtlich betrachtet existiert in diesem Konstrukt eine Treuhand-GmbH & Co. KG mit einer Komplementärin und einer Kommanditistin. Die Beteiligungsquoten sind zwar ungewöhnlich (in der Regel überwiegt die vermögensmäßige Beteiligung der Kommanditisten[4]), Auswirkungen auf die grundsätzliche Existenz oder zivilrechtliche Behandlung der Treuhand-KG hat dies jedoch nicht. Die KG ist eine gewöhnliche Personengesellschaft.

Steuerlich betrachtet ergibt sich ein anderes Bild[5]: Die Treuhand-KG ist keine Mitunternehmerschaft. Die unternehmerischen Einwirkungsmöglichkeiten der Kommanditistin sind derart beschränkt, dass sich eine Qualifikation als Mitunternehmerin verbietet. Wirtschaftlich betrachtet verbleibt der KG als einzige Unternehmerin ihre Komplementärin. Dies ist jedoch für die Annahme einer Mitunternehmerschaft, die stets mindestens zwei Unternehmer voraussetzt, nicht ausreichend[6]. Die KG ist somit kein einkommensteuerrechtliches Gewinnermittlungssubjekt. Sie hat kein eigenes steuerliches Vermögen; das von ihr operativ erwirtschaftete Ergebnis fällt direkt bei der Komplementärin an.

4 Sie sind regelmäßig die Kapitalgeber der KG, *Oetker*, in: *Oetker*, HGB, § 161 Rn. 11.

5 Diese einleitende Beschreibung der Struktur ist lediglich deskriptiver Art und beschränkt sich auf eine Darstellung, die für das Verständnis der Einleitung und der in der Arbeit aufgeworfenen Probleme unabdingbar ist. Eine tiefgehende Analyse der Wirkungsmechanismen dieser Konstruktion findet sich in den weiteren Kapiteln.

6 Siehe detaillierter unten S. 60 ff.

Werden Wirtschaftsgüter zwischen der KG und ihrer Mutter übertragen, hat dies steuerlich keine Auswirkungen, denn das Wirtschaftsgut verbleibt in derselben Vermögenssphäre. Ihre Nichtanerkennung als Mitunternehmerschaft hat zudem zur Folge, dass die Treuhand-KG – nach (mitunter heftig) umstrittener Ansicht und entgegen der grundsätzlichen Typisierung als Objektsteuer – auch kein Subjekt der Gewerbesteuer ist[7].

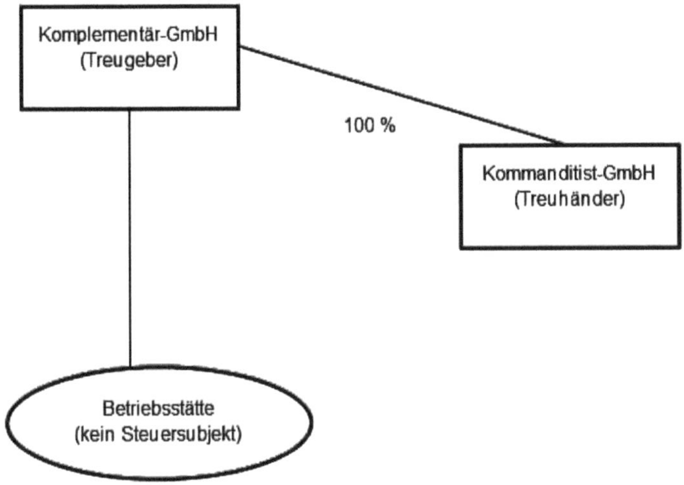

2. Entwicklung

Die Entwicklung des Treuhandmodells gleicht einem „Auf und Ab". Sie beginnt in den 1980er Jahren[8]. Vorher bestand keine Notwendigkeit für die Konstruktion, denn es wurde bereits ein im Ergebnis ähnliches Konsolidierungswerkzeug akzeptiert: In der sog. gewerbesteuerlichen Unternehmenseinheit existierte ein abstraktes, zivilrechtlich nicht rechtsfähiges Gebilde als Gewerbesteuersubjekt. Dieses Gebilde vereinigte alle sich an ihm beteiligenden Gesellschaften und

7 Siehe detaillierter unten S. 91 ff. sowie S. 195 ff.

8 Vordenker war *Hönle*, DB 1981, 1007 mit seinem Aufsatz „Die Einheit des Unternehmers und des Unternehmens im Gegensatz zur Unternehmer- und Unternehmenseinheit".

konsolidierte auf seiner Ebene deren gewerbesteuerliche Ergebnisse[9], die es dann selbst als Gewerbesteuerschuldner abführte. Erst als durch eine Rechtsprechungsänderung die gewerbesteuerliche Unternehmenseinheit abgelehnt[10] wurde, ist die Treuhandkonstruktion notwendig geworden, um die Folgen dieser neuen Rechtsprechung – Ende der gewerbesteuerlichen Ergebniskonsolidierung durch eigene Steuerpflicht – zu verhindern: Das Treuhandmodell wurde geboren. In den nächsten Jahrzehnten wurde es – in Details abweichend, aber grundsätzlich der dargestellten Konstruktion folgend – in viele Gesellschaftsstrukturen angewandt[11].

Dies änderte sich im Jahre 2005, als die Abteilungsleiter (Steuer) der obersten Finanzbehörden des Bundes und der Länder sich darauf verständigten, eine Treuhand-KG als Subjekt der Gewerbesteuer anzusehen[12]. Bereits eingeführten Treuhandstrukturen wurde Bestandsschutz gewährt[13]. Damit war das Treuhandmodell zwar keineswegs verboten oder abgeschafft, seine Attraktivität nahm jedoch stark mit der Gewerbesteuerpflicht der Treuhandgesellschaft ab. Faktisch waren seine Vorteile somit Unternehmen, die es ebenfalls einführen wollten, verwehrt.

Seit der BFH im Jahre 2010 diese Verwaltungspraxis für rechtswidrig erklärte[14] und die Finanzverwaltung daraufhin auf einen Nichtanwendungserlass verzichtete, ja, das Urteil sogar in das Bundessteuerblatt aufnahm[15], „lebt" das Modell wieder und wird zu unterschiedlichen Zwecken angewandt.

---

9 *Hönle*, DB 1981, 1007 ff.; siehe für die genaue Funktionsweise der gewerbesteuerlichen Unternehmenseinheit sowie ihre Gemeinsamkeiten und Unterschiede zum Treuhandmodell unten S. 195 ff.

10 BFH, Urt. 21.02.1980 – I R 95/76, BStBl. II 1980, 465 ff.

11 *Ley*, Ubg 2009, 260.

12 OFD Hannover, Gewerbesteuerliche Behandlung des Treuhandmodells v. 22.03.2005; OFD Magdeburg, Verfügung betr. gewerbesteuerliche Behandlung des so genannten Treuhandmodells v. 04.05.2005, DStR 2005, 867; siehe auch schon OFD Münster, Kurzinformation betr. gewerbesteuerliche Behandlung des sog. Treuhandmodells v. 13.02.2004, DStR 2005, 744.

13 OFD Hannover, Gewerbesteuerliche Behandlung des Treuhandmodells v. 22.03.2005; OFD Magdeburg, Verfügung betr. gewerbesteuerliche Behandlung des so genannten Treuhandmodells v. 04.05.2005, DStR 2005, 867.

14 BFH, Urt. v. 03.02.2010 – IV R 26/07, BStBl. II 2010, 751.

15 BStBl. II 2010, 751.

3. Zwecke und Einsatzgebiete des Modells

Das vorrangige Gestaltungsziel des Treuhandmodells ist die Entstehung einer „Zwittergesellschaft“ (= Treuhand-KG), die nur zivilrechtlich, nicht aber steuerrechtlich existiert. Die Errichtung dieser KG ist jedoch nur Mittel zum Zweck und dieser Zweck kann verschiedener Art sein. Das Treuhandmodell kann z.B. Ausgliederungen von Unternehmensteilen durch steuerneutrale Vermögensübertragungen zwischen Muttergesellschaft und Treuhandgesellschaft ermöglichen. Der auf die Treuhandgesellschaft auszugliedernde Teil ist dabei nicht auf die Vorschriften des UmwStG angewiesen und muss daher nicht zwingend Teilbetrieb i.S.d. §§ 20, 24 UmwStG sein – ein im Vergleich zum UmwStG erheblich größerer Anwendungsbereich für steuerneutrale Vermögensübertragungen offenbart sich. Denkbar ist eine Ausgliederung z.B. aus betriebswirtschaftlich-operativen Gründen oder Notwendigkeiten[16]. Am Ende dieses Prozesses kann ein Verkauf des ausgegliederten Unternehmensteils stehen[17]. Ebenso kann sich ein strategischer Vorteil ergeben, wenn ein ursprünglicher Unternehmensteil als eigenständige Gesellschaft am Markt operieren soll[18]. Auf diese Weise ist auch die Einsetzung einer eigenen Geschäftsführung für die ausgegliederte Gesellschaft möglich. Schließlich kann der Grund für eine ausgegliederte Personengesellschaft darin liegen, durch die Verpfändung der Anteile dieser Gesellschaft eine gesicherte Finanzierungsstruktur für den Konzern zu erhalten[19].

Beispiel:
Die Leitung der A-Lebensmittel-GmbH denkt darüber nach, ihre Süßwarensparte zu veräußern. Sie möchte die Sparte daher in eine Personengesellschaft einbringen, deren Anteile dann veräußerbar sind. Unter den günstigen Bedingungen des UmwStG ist dies nur möglich, wenn ein Teilbetrieb im Sinne des § 24 UmwStG vorliegt. Erfüllt die Sparte diese Anforderung nicht, kann das Treuhandmodell für eine steuerneutrale Einbringung in die zu veräußernde KG genutzt werden.

Ein weiterer Zweck kann die organschaftsähnliche Konsolidierung (für Zwecke der Gewerbesteuer) mehrerer zivilrechtlich selbständiger Gesellschaften sein. In einem Personengesellschaftskonzern kann keine (gewerbliche) Organschaft begründet werden. Die §§ 14 Abs. 1 S. 1, 17 S. 1 KStG setzen zwingend eine

---

16 *Suchanek*, GmbHR 2010, 542, 543.
17 Siehe dazu *Kraft/Sönnichsen*, DB 2011, 1936; siehe auch unten S. 164 ff.
18 *Berg/Trompeter*, FR 2003, 903.
19 *Benz/Goß*, DStR 2010, 839, dort Fn. 30.

Kapitalgesellschaft als Organgesellschaft voraus. Auch eine GmbH & Co. KG ist Personengesellschaft[20] und daher untaugliches Organgesellschaftsobjekt[21]. Das Treuhandmodell bietet hier Möglichkeiten, im Vergleich zur Organschaft sogar flexibler hinsichtlich Durchführung und Dauer (kein mindestens fünfjährig durchgeführter Ergebnisabführungsvertrag) sowie großzügiger hinsichtlich der Voraussetzungen (anwendbar für Personengesellschaften) vorzugehen. Auch für bereits bestehende Konzernstrukturen, in denen keine weitere Ausgliederung vollzogen werden soll, kann das Treuhandmodell dadurch interessant sein. Kombiniert man beide Zwecke, lassen sich betriebswirtschaftlich sinnvolle Ausgliederungen vornehmen, ohne beim Ausgliederungsprozess ertragsteuerliche Nachteile und in der späteren Durchführung sog. Gewerbesteuerinseln und Lock-in-Effekte[22] befürchten zu müssen.

Beispiel:
Der Geschäftsführer der B-GmbH möchte einen Teil seines Unternehmens von einem anderen Teil organisatorisch und personell trennen und einen seiner bisherigen verdienten Abteilungsleiter als Geschäftsführer einer eigenen Gesellschaft einsetzen. Finanziell soll das Unternehmen aber weiterhin „einheitlich", d.h. steuerlich konsolidiert bleiben. Hier kann eine zu gründende Treuhand-KG mit dem neuen Geschäftsführer als organisatorisch eigenständige, steuerlich-finanziell aber in die B-GmbH eingegliederte Gesellschaft fungieren.

II. Problemstellung

Eine zivilrechtlich existente, gewerblich tätige Gesellschaft, die einkommensteuerlich nicht nur transparent, sondern inexistent und darüber hinaus kein Subjekt der Gewerbesteuer ist, stellt im deutschen Steuerrecht eine Besonderheit zum Normalfall (vgl. § 5 Abs. 1 S. 3 GewStG) der gewerbesteuerpflichtigen Mitunternehmerschaft dar. Diese Besonderheit wirft eine Vielzahl rechtlicher Fragen auf.

Gleichsam auf der Hand liegt die Frage, ob das Treuhandmodell als Gestaltung *de lege lata* „funktioniert", ob die gewünschte Diskrepanz zwischen zi-

---

20 BFH GrS, Beschl. v. 25.06.1984 – GrS 4/82, BStBl. II 1984, 751; der Reichsfinanzhof ging jedoch mit historischer Auslegung davon aus, dass nur natürliche Personen Gesellschafter einer KG sein können und betrachtete eine GmbH & Co. KG daher als Umgehungsgeschäft, die steuerlich wie eine GmbH zu behandeln sei, RFH, Urt. v. 15.07.1925 – I A 18/25, RFHE 17, 91 ff.; dazu *Knobbe-Keuk*, Das Steuerrecht, eine unerwünschte Rechtsquelle des Gesellschaftsrechts?, S. 6.

21 So noch einmal explizit BFH, Urt. v. 26.01.1995 – IV R 73/93, BStBl. II 1995, 589.

22 Siehe zu diesen Phänomenen unten S. 94 ff.

vilrechtlicher und steuerrechtlicher Bewertung über die Subjektsqualität der Treuhand-KG also tatsächlich erreicht werden kann. Dies hängt vom Zusammenspiel mehrerer Steuernormen und -arten ab. So wird zu klären sein, ob sich § 5 Abs. 1 GewStG für die Frage der Gewerbesteuerschuldnerschaft am Zivilrecht (Personengesellschaft) oder am Einkommensteuerrecht (Mitunternehmerschaft) orientiert. Ähnliches gilt für die Frage des Gegenstands der Gewerbesteuer in § 2 Abs. 1 GewStG. Ob eine Mitunternehmerschaft nach § 15 Abs. 1 S. 1 Nr. 2 EStG vorliegt, bemisst sich wiederum nach dem Grad der unternehmerischen Einfluss- und Gewinnmöglichkeiten. Für diese Bewertung ist entscheidend, ob einer juristisch-formalen oder einer wirtschaftlichen Betrachtungsweise gefolgt wird. Es müssen folglich auch die Auswirkungen des § 39 Abs. 2 AO auf die Treuhandkonstruktion untersucht werden.

Neben der Funktionsfähigkeit stellt sich ferner die Frage nach der Zulässigkeit und Berechtigung des Modells. Dies zunächst in rechtssystematischer Weise: Selbst wenn das Treuhandmodell nach geltender Rechtslage zu einer Konsolidierung einkommensteuerlicher und vor allem gewerbesteuerlicher Ergebnisse führt, so muss gefragt werden, ob diese Wirkung in der Systematik des deutschen Steuerrechts angelegt bzw. zumindest mit ihr vereinbar ist oder ob das Modell insoweit ein „Fremdkörper" wäre. In das eben erwähnte Zusammenspiel der Normen sind daher auch § 42 AO und Art. 3 GG mit ihren Wertungen einzubeziehen. Neben systematischen Berechtigungsfragen wirft die Konstruktion rechtspolitische auf: Auch die Legitimität des Treuhandmodells hängt entscheidend von seinen Auswirkungen ab. Führt das Modell zur endgültigen Vernichtung von Steuersubstrat und der Entstehung „weißer" Einkünfte, ist es rechtspolitisch weit weniger tragbar als wenn es sich auf aus anderen Kontexten bekannte und bei diesen akzeptierte Konsequenzen begrenzt. Es schließt sich somit die Folgefrage an, ob eine Änderung der aktuellen Rechtslage durch gesetzgeberisches Einschreiten erwünscht ist, d.h. ob (und ggf. wie) das Treuhandmodell *de lege ferenda* verhindert werden sollte.

Die aktuell vorbehaltlose Anwendung des Modells in der Praxis entbindet nicht von einer eingehenden Diskussion dieser Problemfragen. Aufgabe und Ziel der steuerrechtlichen Praxis ist es, das geltende Recht, je nach Blickwinkel, für möglichst hohe oder möglichst niedrige Steuerbelastungen zu nutzen. Hier mag ein Rechtspositivismus, der nicht nur kodifiziertes Recht als gegeben ansieht, sondern sich auch auf Gerichtsentscheidungen erstreckt (und auf diese Weise einen Recht*sprechungs*positivismus begründet, ganz so, als käme Gerichtsurteilen Wirkung *erga omnes* zu), gerechtfertigt und sogar angebracht sein. Wissenschaftliche Beiträge hingegen haben auch im Steuerrecht die Pflicht, vermeintlich Gesichertes zu durchleuchten, zu hinterfragen, weiterzuführen oder – zumindest gedanklich – aufzuheben.

III. Ziele der Arbeit

1. Lösungsansätze und Kernthese

Die vorliegende Arbeit will dieser wissenschaftlichen Pflicht gerecht werden. Sie will die theoretischen Grundlagen des Treuhandmodells erläutern, Streitpunkte mit Stellungnahmen aufzeigen, auf bislang unerkannte Probleme oder Möglichkeiten hinweisen und schließlich rechtspolitisch nach Möglichkeiten forschen, das Konzept des Treuhandmodells *de lege ferenda* zu beschneiden oder zu erweitern. So ist zu klären, ob das Treuhandmodell einer gesetzlichen Grundlage bedarf oder ob diese eben gerade nur für das Gegenteil, die Versagung des Modells, nötig wäre. Auch wird besprochen, wie eine solche Norm auszusehen hätte und wo im dichten Geflecht der verschiedenen Steuergesetze systematisch einzugreifen wäre. Der wissenschaftliche Diskurs ließ diese Fragen bislang fast vollständig unberührt.

Erstaunlicher[23] als die Vernachlässigung dieser eher praxisfernen Fragen ist der bisherige Verzicht einer Auseinandersetzung mit anderen Steuerarten (neben der Einkommen- und Gewerbesteuer) und anderen Ausgestaltungsmöglichkeiten des Treuhandmodells. Das Herausarbeiten alternativer Möglichkeiten, die Wirkungen des Treuhandmodells zu erzielen, ist ein weiteres Ziel der Arbeit.

Darüber hinaus soll das Problem in einen größeren Kontext eingeordnet werden. Zum einen geht es um die traditionelle Standortbestimmung des Steuerrechts: seinem Verhältnis zum Zivilrecht. Die Frage, inwiefern diese Rechtsgebiete gleichrangig nebeneinander stehen oder das Steuerrecht doch dem Zivilrecht als Teilgebiet untergeordnet ist, hat bereits ganze Generationen von Wissenschaftlern und Richtern beschäftigt[24]. In § 39 Abs. 2 AO hat

---

23 Angesichts der Tatsache, dass viele steuerjuristische Publikationen (z.B. „Der Betrieb", „Betriebsberater") schwerpunktmäßig Beiträge von (Beratungs-)Praktikern beinhalten und sich auch an solche wenden, ist das Fehlen kritischer Auseinandersetzungen mit dem beratungsfreundlichen BFH-Urteil nicht überraschend.

24 BVerfG, Beschl. v. 27.12.1991 – 2 BvR 72/90, BStBl. II 1992, 212; *Seer*, in: *Tipke/Lang*, Steuerrecht, § 1 Rn. 31 ff.; *Crezelius*, Steuerrecht II – Die einzelnen Steuerarten, S. 6 ff.; zusammenfassend und Befürworter einer steuerrechtlichen Eigenbegrifflichkeit verteidigend *K. Schmidt*, in: *K. Schmidt*, Vielfalt des Rechts – Einheit der Rechtsordnung?, S. 9, 15.

diese Auseinandersetzung einen kodifizierten Kompromiss gefunden, der vom Primat des Zivilrechts ausgeht, allerdings eine klare Absage an die Unterordnung des Steuerrechts ist.

Zum anderen wirft das Treuhandmodell in einem größeren Kontext die Frage auf, ob hierdurch eine Gruppen- bzw. Konzernbesteuerung[25] erreicht oder fingiert werden kann. Ihre Erneuerung bzw. echte Einführung ist ein richtungsweisender Punkt im Bereich deutscher Steuerrechtsreformbemühungen. Deutschland hat eines der modernsten Konzernrechtssysteme der Welt (das gerade aus der steuerrechtlichen Organschaft hervorgegangen ist[26]). Die Rechtsfolgen des Treuhandmodells werden möglicherweise (zugegebenermaßen nur „im Kleinen" zu einem der wohl aktuell größten steuerrechtlichen Diskussionskomplexe überhaupt) Anhaltspunkte dafür liefern können, wie auch ein Konzern- bzw. Gruppenbesteuerungsrecht modern gestaltet werden kann.

Die Abhandlung dieser Fragen und Ziele soll schließlich in die Kernthese dieser Arbeit münden: Das Treuhandmodell ist kein aggressives „Steuersparmodell" zur steuerlichen Gewinnminderung der involvierten Gesellschaften. Vielmehr stellt es mit seiner Konsolidierungsmöglichkeit für Personengesellschaften auf dem Gebiet der Gewerbesteuer einen Zustand her, der in anderen Steuerarten (vgl. die transparente Einkommensteuer) oder Gesellschaftsformen (Organschaft bei Kapitalgesellschaften) möglich, anerkannt und in der Praxis weitläufig etabliert ist.

2. Gang der Untersuchung

Das erste Kapitel beleuchtet die Konstruktion des Treuhandmodells. Dieser Teil ist Voraussetzung für das Verständnis aller folgenden Wirkungs-, Gestaltungs- und Berechtigungsfragen. Das Kapitel befasst sich mit den Anforderungen, die an die Gesellschaftsstruktur und insbesondere an die Treuhandverbindung in zivilrechtlicher und steuerrechtlicher Weise gestellt werden.

Im zweiten Kapitel werden die Auswirkungen der Struktur analysiert. Wie schon die einleitenden Abbildungen und Beschreibungen gezeigt haben, sind diese nicht gesellschaftsrechtlicher, sondern vor allem steuerlicher Art. Ausgangspunkt ist die wirtschaftliche Betrachtungsweise und die Frage nach dem Vorliegen einer Mitunternehmerschaft. Darauf aufbauend werden die Konsequenzen für alle wichtigen Steuerarten und das Bilanzrecht diskutiert. Daneben werden

25 Prägnant zu den Eckpfeilern einer solchen Konzernbesteuerung *Frotscher*, Körperschaftsteuer, Gewerbesteuer, § 7 Rn. 260 ff.

26 *Herzig/Blumenberg/Thiel*, Organschaft, 2003, S. 39.

die Auswirkungen in besonderen Situationen (Begründung und Beendigung des Modells, Umstrukturierungen, andere, von der Grundstruktur des Modells abweichende Ausgestaltungen) und unter Berücksichtigung anderer steuerrechtlicher Phänomene (Zinsschranke, Organschaft) behandelt. Die in diesem Kapitel behandelten Auswirkungen sind Maßstab für die weitere Frage nach der Berechtigung des Modells.

Mit ihr befasst sich das dritte Kapitel. Im Rahmen der Diskussion über die rechtssystematische Berechtigung zeichnet es zunächst die Entwicklung der Beurteilung über die Gewerbesteuerpflicht der Treuhand-KG nach. Insbesondere die zu dieser Frage ergangenen Gerichtsurteile bieten in der Auseinandersetzung mit ihnen die Möglichkeit, das Zusammenspiel der Regelungsregime von Einkommen- und Gewerbesteuerrecht zu analysieren und zu bewerten. Sodann wird die Frage gestellt, ob unter Berücksichtigung von § 42 AO eine andere Schlussfolgerung geboten ist. Drittens wird unter Aufzeigen von Unstimmigkeiten zwischen der Einkommen- und der Gewerbesteuer auf die methodische Berechtigung des Treuhandmodells hingewiesen. Ebenfalls im dritten Kapitel finden sich Gedanken zur rechtspolitischen Berechtigung des Modells, insbesondere zu der Frage, ob der Gesetzgeber es durch legislative Änderungen in seinen Wirkungen beschränken sollte.

Wo eine solche Beschränkung im steuerrechtlichen Normengefüge ansetzen und wie sie konkret formuliert werden könnte, ist erster Gliederungspunkt des vierten Kapitels. Dieses gibt einen Ausblick auf weitere Entwicklungen des Treuhandmodells und solche, die von ihm – z.B. in Bezug auf die Einführung einer Gruppenbesteuerung – ausgehen könnten.

Kapitel 1. Konstruktion und Funktionsweise

Das Treuhandmodell fußt auf einer elaborierten Konstruktion. Diese beinhaltet einige „Kniffe", lässt sich aber durch ausschließlich be- und anerkannte Gesellschaftsformen und Rechtsinstitute realisieren. Besonders bedeutsam ist die Struktur der involvierten Gesellschaften, d.h. deren Gesellschaftsformen, Beteiligungsverhältnisse und schuldrechtliche, treuhänderische Beziehungen untereinander. Diese Bestandteile, ihre Voraussetzungen und Ausprägungen werden im folgenden Kapitel vorgestellt und erläutert.

I. Anforderungen an die Gesellschafterstruktur

1. Treuhandgesellschaft als Kommanditgesellschaft

Im Treuhandmodell ist die Treuhandgesellschaft stets Personengesellschaft, genauer Kommanditgesellschaft. Sie muss es sein, da für die Wirkungen des Modells die Anknüpfung an das Institut der Mitunternehmerschaft bei der Besteuerung der Personengesellschaften notwendig ist. Kapitalgesellschaften sind hingegen stets selbst Steuersubjekt (§ 1 Abs. 1 Nr. 1 KStG). Die Ausgestaltung als Kommanditgesellschaft unter allen Formen der Personengesellschaften stellt die Regel dar[27], da nur durch die ungewöhnlich große Diskrepanz des Wesens ihrer Gesellschaftertypen – Komplementär und Kommanditist – die vom Gesellschaftsrecht abweichenden steuerrechtlichen Wirkungen des Treuhandmodells erreicht werden können. Kennzeichnend ist das Vorhandensein mindestens eines Komplementärs, der mit den für Personengesellschaften gewöhnlichen Rechten (Vertretung, Geschäftsführung) und Pflichten (Haftung) ausgestattet ist. Der bzw. die Kommanditisten nehmen in der Regel eine eher am kapitalistischen System orientierte Rolle ein, weshalb der für die Komplementäre umfassend wirkende gesetzliche Verweis des § 161 Abs. 2 HGB auf die OHG-Bestimmungen durch zahlreiche Sonderregelungen der §§ 161 HGB für die Kommanditisten überlagert wird. So haften Kommanditisten nicht wie gewöhnliche Gesellschafter einer Personengesellschaft voll, unbeschränkt und persönlich, sondern nur in Höhe ihrer Haftsumme (vgl. § 171 HGB).

27 Siehe aber unten S. 141 ff. die dargestellte Möglichkeit einer Treuhand-OHG in speziellen Fällen.

Der gesetzliche – nicht aber praktische[28] – Sonderfall, nämlich die GmbH & Co. KG, nutzt diese Unterscheidung im Sinne einer Haftungsabschirmung aus. Er sieht vor, dass alleinige Komplementärin eine GmbH ist. Diese ist in ihrer gewöhnlichen Form vermögensmäßig nicht oder kaum an der KG beteiligt[29]; die wirtschaftliche Partizipation genießen also die Kommanditisten, die aber – abgesehen von ihrer Haftsumme – von der Haftung befreit sind. Die GmbH als Komplementärin haftet zwar voll, ist ihrerseits jedoch Kapitalgesellschaft, so dass auch deren Gesellschafter (typischerweise gleichzeitig die Kommanditisten der GmbH & Co. KG) keine persönliche Haftung droht (§ 13 Abs. 2 GmbHG). Das Ganze bedient sich ausschließlich gewöhnlicher gesellschaftsrechtlicher Institute, ist also nicht spezielle Sonderform der Kommanditgesellschaft, sondern eher eine Ausgestaltung, und zwar eine interessante: Ohne dass ungewollte gesellschafts- oder steuerrechtliche Folgen einer Kapitalgesellschaft eintreten, kann eine für Personengesellschaften außergewöhnlich hohe Haftungsabschirmung erreicht werden.

Im Treuhandmodell ist aber nicht diese gesellschaftsrechtlich motivierte begrenzte Haftungsfolge Motiv für die Rechtsformwahl. Es ist vielmehr die Möglichkeit, Rechte und Pflichten des Gesellschaftertypus „Kommanditist" derart zu beschneiden, dass zwar gesellschaftsrechtlich eine (Personen-)Gesellschaft besteht, nach steuerrechtlich typischer wirtschaftlicher Betrachtungsweise der Kommanditist jedoch nicht als Mitunternehmer anzusehen ist. Dies ist die im Kern gewollte Folge des Modells. Sein Konstrukt und seine Voraussetzungen sind Gegenstand dieses Kapitels, seine zahlreichen Konsequenzen werden im Folgenden behandelt.

2. Komplementärin in der Regel als GmbH

Die Rechtsform der Komplementärin ist nicht zwingend vorgegeben. Sie variiert mit den unterschiedlichen Gestaltungen in der Praxis. In der Konzernrealität wird sie allerdings oft AG oder GmbH sein. Möglich ist aber z.B. auch, dass sie selbst (GmbH & Co.) KG ist. Eine natürliche Person kommt als Komplementär hingegen nicht in Betracht. Der Grund hierfür sind die besonderen

28 Im Jahre 2010 standen 18.884 steuerpflichtige KGs 122.650 steuerpflichtigen GmbH & Co. KGs gegenüber, mit anderen Worten tritt der gesetzliche Spezialfall fast 6,5 mal häufiger auf als die Grundform, vgl. *Statistisches Bundesamt*, Umsatzsteuerstatistik (Voranmeldungen) 2010, Fachserie 14 Reihe 8.1, S. 46, erschienen am 28.03.2012.

29 Die Stellung als Kapitalgeber kommt regelmäßig den Kommanditisten zu, *Oetker*, in: *Oetker*, HGB, § 161 Rn. 11.

(gewerbe)steuerrechtlichen Folgen des Modells. Ein natürlicher Gewerbetreibender hat bei mehreren verschiedenartigen gewerblichen Tätigkeiten auch mehrere verschiedene Gewerbebetriebe im Sinne des Gewerbesteuergesetzes[30]. Diese Betriebe sind jeweils selbständig steuerpflichtig nach § 2 Abs. 1 GewStG. Bei einer Gesellschaft hingegen sind Betriebe verschiedener Art einheitlich[31], die gewerblichen Unternehmen werden u.U. zu einer Betriebsstätte[32] i.S.d. § 12 AO[33]. Dies ist mit der Negierung einer eigenen Gewerbesteuerpflicht verbunden – dem Effekt, der beim Treuhandmodell gewünscht ist.

Eine „Körperschafts-Mutter“ führt formal betrachtet auf KG-Ebene zu einer AG & Co. KG bzw. GmbH & Co. KG (diese Firma muss gemäß § 19 Abs. 2 HGB auch geführt werden). Die soeben erwähnte, von der Haftungsbegrenzung der „gewöhnlichen“ GmbH & Co. KG abweichende Zielsetzung führt aber zu einer anderen inneren Ausgestaltung: Im Treuhandmodell ist nicht die Kommanditistin, sondern die persönlich haftende GmbH-Komplementärin vermögensmäßig ganz überwiegend an der KG beteiligt. Sie trägt somit über Gewinnbeteiligungen und die volle Haftung das finanzielle Risiko der Treuhand-KG. Es handelt sich daher insoweit um eine untypische GmbH & Co. KG, untypisch aber nur im Hinblick auf die Beteiligungsquoten, nicht hinsichtlich der gesellschaftsrechtlichen Struktur.

3. Weitere Kapitalgesellschaft als Kommanditistin

Die Kommanditistin – im Treuhandmodell gibt es in der Regel nur eine – ist meist Kapitalgesellschaft[34]. Dies ist nicht zwingend, aber ratenswert deshalb, da wegen der fehlenden vermögensmäßigen Beteiligung der Kommanditistin auf dieser Ebene ohnehin keine natürlichen Personen direkt wirtschaftlich profitieren wollen. Motiv für die Anwendung des Treuhandmodells ist vielmehr, betriebswirtschaftlich und gesellschaftsrechtlich sinnvolle Konzernstrukturen

30 R 2.4 Abs. 1 GewStR 2009; BFH, Urt. v. 09.08.1989 – X R 130/87, BStBl. II 1989, 901.

31 R 2.4 Abs. 3, 4 GewStR 2009.

32 § 12 AO spricht noch immer von „Betriebstätte“, während z.B. in § 2 GewStG das Fugen-s („Betriebsstätte“) bereits 1984 eingefügt wurde – eine Entwicklung, die auch der Einkommensteuer oder der Körperschaftsteuer noch bevorstehen könnte (vgl. z.B. das relativ neue Umwandlungssteuergesetz von 1995).

33 Siehe dazu ausführlich unten S. 60 ff.

34 *Ley*, Ubg 2009, 260, bezeichnet die Gestaltung mit Kapitalgesellschaften als Gesellschafter hingegen als untypisch; zulässig ist dies aber zweifellos: *Oetker*, in: *Oetker*, HGB, § 161 Rn. 12, 17; *Weitemeyer*, in: *Oetker*, HGB, § 105 Rn. 36; § 125a HGB und § 130a HGB gelten dann direkt und nicht erst über die Verweisung des § 177a HGB.

zu schaffen, ohne negative[35] steuerrechtliche Folgen fürchten zu müssen. Wenn aber die finanzielle Beteiligung der Kommanditisten nicht Beweggrund für die Ausgestaltung ist, so kann mit der Kapitalgesellschaft eine flexible Gesellschaftsform gewählt werden, die selbst nur eines Gesellschafters bedarf und sich zudem einfach in den Konzernverbund integrieren lässt. Nicht zu unterschätzen ist schließlich der Umstand, dass eine Kapitalgesellschaft länger „lebensfähig" ist als die durch § 727 BGB und § 131 HGB gefährdeten Personengesellschaften. Unter den Kapitalgesellschaften wird in der Regel die GmbH gewählt werden. Zum einen ist ihr Mindeststammkapital mit EUR 25.000 (§ 5 Abs. 1 GmbHG) niedriger als das Grundkapital der AG (mindestens EUR 50.000, § 7 AktG). Zum anderen können dem Geschäftsführer einer GmbH Weisungen von der Gesellschafterversammlung erteilt werden, während im Recht der Aktiengesellschaften die Vorstände über eine weit größere Autonomie verfügen. Der Abschluss der Treuhandverbindung lässt sich in einer GmbH also in besonders einfacher Weise von der Mutter diktieren[36]. In der Praxis würde zwar auch in der AG ein Vorstand installiert, der nicht die Interessen des Vehikels, sondern diejenigen der Mutter verfolgt. Da jedoch der Nachteil des höheren Grundkapitals bestehen bleibt und die Aktienstruktur im vorliegenden Fall keinerlei Vorteile bietet, wird die AG bei Treuhandmodellen nur in Ausnahmefällen Kommanditistin sein[37]. Angesichts der rein formalen Funktion, die die Kapitalgesellschaft als Kommanditistin spielen muss – sie ist nur Mittel zum Zweck, nämlich gesellschaftsrechtlich für die KG zwingend erforderlicher zweiter Gesellschafter – ist sogar denkbar, wegen der noch vorteilhafteren geringen Kapitalausstattung die verhältnismäßig neue UG (haftungsbeschränkt) als Kommanditistin einzusetzen. Sie wurde durch das

---

35 Die Arbeit wird (wie üblich) aus Sicht des Steuerpflichtigen, d.h. möglichen Anwenders des Treuhandmodells geschrieben. „Negative" Auswirkungen sind also aus seiner Sicht negativ, können aber natürlich aus Sicht des Fiskus (und damit der Allgemeinheit) positiv sein. Dies ist keine Parteinahme, sondern folgt üblichen Usancen und dient der besseren Lesbarkeit.

36 Die mit der Verbindung einhergehende Abtretung der Personengesellschaftsanteile an der KG setzt zudem die Zustimmung sämtlicher Gesellschafter voraus, *Armbrüster*, Die treuhänderische Beteiligung an Gesellschaften, S. 94 f.; *Eden*, Treuhandschaft an Unternehmen und Unternehmensanteilen, S. 30. Auch bei einer Personengesellschaft als Untergesellschaft wird der Abschluss eines Beherrschungsvertrags analog §§ 291 ff. AktG allerdings mittlerweile als möglich angesehen, *Hüffer*, in: *Hüffer*, Aktiengesetz, § 291 Rn. 7 (anders noch in der Vorauflage).

37 Denkbar ist z.B., dass eine derartige AG bereits besteht und „genutzt" werden kann.

„MoMiG"[38] eingeführt und ist keine eigene Rechtsform, sondern gemäß § 5a GmbHG eine Art „Mini-GmbH"[39]. Ihr Unterschied liegt darin, dass sie über ein noch geringeres Stammkapital als die GmbH verfügen kann – theoretisch über nur EUR 1,-[40].

Die Integration in die Unternehmensstruktur geschieht, indem die Kommanditistin als 100%ige Tochter der Komplementär-GmbH geführt wird. So kann im Hinblick auf Begründung und Kündigung unten behandelter Treuhandvereinbarung ein hohes Maß an Stabilität gewährleistet werden. Dass eine Kapitalgesellschaft (auch gegenüber ihren Gesellschaftern[41]) grundsätzlich Treuhänderin sein kann, hat bereits der RFH festgestellt[42].

Zusätzlich vereinbaren die Muttergesellschaft als Treugeberin und die Kommanditistin als Treuhänderin, dass letztere ihre Anteile an der KG lediglich treuhänderisch für die Mutter hält. Damit ergibt sich folgende gesellschaftsrechtliche Konstruktion:

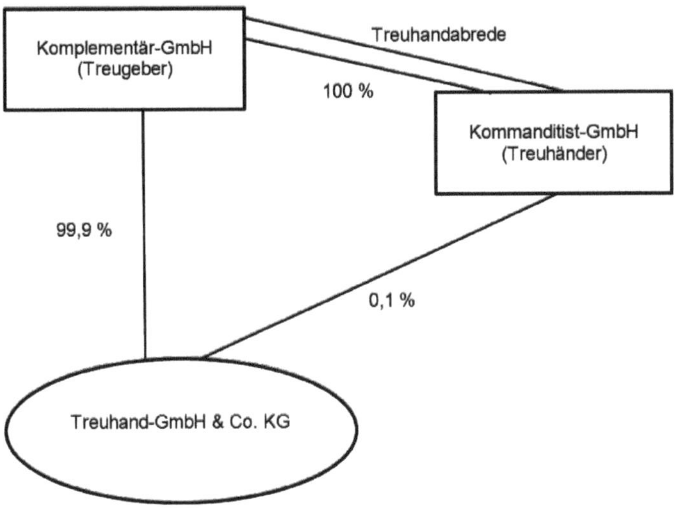

38 Gesetz zur Modernisierung des GmbH-Rechts und zur Bekämpfung von Missbräuchen, Gesetz vom 23.10.2008, BGBl. I, 2026.

39 So bereits im Entstehungsprozess des „MoMiG" *Niemeier*, ZIP 2007, 1794.

40 *Rieder*, in MünchKomm GmbHG, § 5a Rn. 8.

41 Vorausgesetzt von RFH v. 07.11.1928 – VI A 199/28, RStBl 1929, 60.

42 RFH v. 23.09.1930 – I A 296/30, StuW 1930 Nr. 1240.

Die Treuhandgesellschaft ist eine – wenn auch untypisch ausgestaltete – GmbH & Co. KG mit, gesellschaftsrechtlich betrachtet, zwei Gesellschaftern. Diese sind nach deutschem Gesellschaftsrecht auch notwendig[43]; schon gar nicht zulässig wäre die Doppeleintragung einer Person als Kommanditist und Komplementär bei ein und derselben KG, denn die dann unabdingbare Aufspaltung ist mit dem Wesen eines beim Gesellschafter einheitlichen Gesellschaftsanteils nicht vereinbar[44]. Ohne den gesellschaftsrechtlich vorhandenen zweiten Gesellschafter ist das Treuhandmodell also nicht denkbar.

Die Treuhandvereinbarung zwischen diesen beiden Gesellschaften ist primär schuldrechtlicher Natur[45], die genauen Details der Vereinbarung können differieren. Die im Hinblick auf das Modell ausschlaggebenden Differenzierungen zeigt der folgende Abschnitt auf.

II. Anforderungen an die Treuhandverbindung

Das Steuerrecht verwendet den Begriff der Treuhand (in § 39 Abs. 1 Nr. 1 S. 2 AO), ohne ihn zu definieren. Mehr noch: Auch eine allgemeine gesetzliche Regelung[46] bzw. eine zivilrechtliche Legaldefinition existieren nicht[47]. Eine solche ist zwar auch nicht notwendig, denn nach der ganz herrschenden Meinung ist ein Treuhandverhältnis keine dem gesellschaftsrechtlichen *numerus clausus* unterliegende, eigenständige Gesellschaftsform[48], sondern eine schuldrechtliche

---

43 Vgl. *Ulmer/Schäfer*, in: MünchKomm BGB, § 705 Rn. 60; differenzierend *Baumann*, BB 1998, 225, 230.

44 Siehe zuletzt OLG Jena, Beschl. v. 31.08.2011 – 6 W 188/11, GmbHR 2011, 1204.

45 *Fischer*, in: *Hübschmann/Hepp/Spitaler*, Abgabenordnung, Stand: 221. Lfg. von April 2013, § 39 Rn. 156; *Grundmann*, Der Treuhandvertrag, S. 541, 544; anders neuerdings *Geibel*, Treuhandrecht als Gesellschaftsrecht, S. 113, 451 ff., der eine GbR mit Gesellschaftsvertrag im Innenverhältnis annimmt; fraglich wäre dann allerdings, ob Treuhänder und Treugeber tatsächlich – wie von der GbR gefordert – denselben Zweck verfolgen.

46 *Markwardt*, Rechtsgeschäftliche Treuhandverhältnisse bei Personalhandelsgesellschaften, S. 13.

47 BFH, Urt. v. 27.01.1993 – IX R 269/87, BStBl. II 1994, 615; BFH, Urt. v. 21.05. 1971 – III R 125/70, BStBl. II 1971, 721; freilich gibt es im Zivilrecht mit § 675 Abs. 1 BGB eine Art treuhänderische „Generalnorm", die teilweise gar zum „Allgemeinen Teil" des Treuhandrechts stilisiert wird, vgl. *Löhnig*, Treuhand, S. 135. Eine Definition beinhaltet aber auch diese Norm nicht.

48 *Peters*, Treuhand und Unterbeteiligung an Gesellschaftsanteilen, S. 15; siehe aber *Geibel*, Treuhandrecht als Gesellschaftsrecht (siehe schon Fn. 45), der das Treuhandverhältnis als GbR ansieht, sich damit aber ebenfalls in den Grenzen des *numerus clausus* bewegt.

Abrede, deren individueller Entwurf folglich der Vertragsfreiheit unterliegt. Diese Freiheit ist es aber gerade, die in der Praxis eine Vielzahl unterschiedlicher Ausgestaltungen zu unterschiedlichen Zwecken hat hervorbringen und den Begriff diffus[49] werden lassen. Einig ist man sich im Charakteristikum der überschießenden Außenzuständigkeit des Treuhänders[50], mit anderen Worten: Ihm ist im Verhältnis zu Dritten eine Rechtsmacht eingeräumt, die dem Treugeber gegenüber mit schuldrechtlicher Wirkung beschränkt ist. Ältere Definitionen sind enger: *Schultze* definierte vor über 100 Jahren: „Wer Rechte als Eigenrechte empfangen hat mit der Bestimmung, sie nicht im eigenen Interesse zu gebrauchen, ist [...] ein Treuhänder“[51]. Auch *Siebert* geht im Grundsatz noch von einer Beschränkung auf solche Konstruktionen aus, bei denen dem Treuhänder ein Vollrecht übertragen wird[52], während *Coing* bereits vorsichtig eine Erweiterung auf eine dem Treuhänder übertragene Verfügungsberechtigung vornimmt[53]. Die fehlende Definition und die unterschiedlichen Definitionsansätze führen dazu, dass eine Bestimmung der Reichweite, der Rechtsverhältnisse und -folgen der Treuhand nicht einheitlich vorgenommen werden kann. Dies stellt die zivilrechtliche Forschung an dem Thema vor erhebliche Herausforderungen (dazu sogleich).

Das Steuerrecht allerdings ist in einer bevorzugten Lage, kann es sich doch in rechtsdogmatischen Problemstellungen auf die kodifizierte wirtschaftliche Betrachtungsweise berufen. Versuche, diese Betrachtungsweise auch im Zivilrecht zu etablieren, werden im Rahmen der dortigen Diskussion im Hinblick auf die in diesem Rechtsgebiet fehlende gesetzliche Verankerung scharf kritisiert[54]. Zwar wird auch nicht jede Treuhandverbindung bzw. jede als solche titulierte Vereinbarung steuerlich anerkannt. Die hier geforderten Voraussetzungen[55] dürfen aber als fest umrissen und gesichert gelten[56], so dass mit der korrekten Ausgestaltung eine anerkannte Vereinbarung gewählt werden kann.

---

49 *Stahl*, KÖSDI 1995, 10159, 10159.

50 *Schüler*, in: *Pump/Lohmeyer*, Abgabenordnung, § 39 Rn. 31; *Drüen*, in: *Tipke/Kruse*, Abgabenorndung, § 39 Rn. 31.

51 *Schultze*, JheringsJb 1901, 1.

52 *Siebert*, Das rechtsgeschäftliche Treuhandverhältnis, S. 1.

53 *Coing*, Die Treuhand kraft privaten Rechtsgeschäfts, S. 85.

54 *Henssler*, AcP 196 (1996), 37, 49, 52.

55 Siehe S. 46 ff.

56 Siehe zuletzt BFH, Urt. v. 24.11.2009 – I R 12/09, BStBl. II 2010, 590.

Eine entscheidende Bedeutung kommt dabei der Ausgestaltung des Innenverhältnisses zu[57]. Zivilrechtlich getroffene Vereinbarungen zwischen Treugeber und Treuhänder beeinflussen die steuerrechtliche Anerkennung[58]. Will man die Rechtsfolgen sowie die Konstruktion des Treuhandmodells verstehen und analysieren, ist es daher notwendig, die Struktur der Treuhand zunächst in zivilrechtlicher Hinsicht zu kennen. Die steuerrechtlichen Anforderungen schließen sich dieser Untersuchung an.

Dabei divergiert der Fokus der Betrachtungsweisen: Das Zivilrecht hat im Wesentlichen zu klären, inwieweit der Treugeber vor – nach außen wirksamen – Verfügungen des Treuhänders geschützt werden kann[59], das Steuerrecht widmet sich vorrangig der Frage der Zuordnung des Treugutes. Im Folgenden wird mit der zivilrechtlichen Behandlung der Treuhandverhältnisse und ihrer Grundkonstellation, ihren Rechtsverhältnisse und den verschiedenen denkbaren Typen der Treuhandvereinbarung begonnen. Im Hinblick auf die im Steuerrecht durch § 39 Abs. 2 Nr. 1 S. 2 AO gesicherteren Rechtsfolgen kann und muss die zivilrechtsdogmatische Diskussion über allgemeines Wesen und Wirkung der Treuhandkonstruktionen dabei nur angerissen werden. Auch weitere gesellschaftsrechtliche Probleme, die sich zwar typischerweise in Treuhandverhältnissen ergeben, aber gerade nicht in solchen, in denen aufgrund eines Konzernverbunds kein Interessengegensatz zwischen Treugeber und Treuhänder denkbar ist, müssen nicht vertieft werden. Weder Zustimmungserfordernisse anderer Gesellschafter (es gibt im Treuhandmodell nur die Treuhänderin und -geberin) noch Ausmaß der Informationsrechte des Treugebers[60] oder genaue Haftungsabgrenzungen zwischen beiden[61] sind für die Diskussion von Bedeutung. Die verschiedenen zivilrechtlichen Arten der Treuhandverbindung werden hingegen detaillierter dargestellt, da § 39 Abs. 2 Nr. 1 S. 2 AO zwar die Rechtsfolgenseite präzise beschreibt, im Tatbestand jedoch – wie erwähnt – den Begriff „Treuhand“ lediglich

---

57 BFH, Urt. v. 20.01.1999 – I R 69/97, BStBl. II 1999, 514; *Blesinger*, in: *Kühn/v. Wedelstädt*, Abgabenordnung, § 39 Rn. 22.

58 BFH, Urt. v. 20.1.1999 – I R 69/97, BStBl. II 1999, 541; *Koenig*, in: *Pahlke/Koenig*, Abgabenordnung, § 39 Rn. 49, 60; *Fischer*, in: *Hübschmann/Hepp/Spitaler*, Abgabenordnung, Stand: 221. Lfg. von April 2013, § 39 Rn. 155.

59 Zu diesem Themenkomplex *Löhnig*, Treuhand; *Moztarzadeh*, Vertragliche Vorsorge zum Schutz des Treugebers.

60 Dazu *Breuer*, MittRhNotK 1988, 79, 85.

61 *Breuer*, MittRhNotK 1988, 79, 87.

verwendet und ihn nicht näher bestimmt[62]. Nicht jedes Treuhandverhältnis zieht die von der Regelzurechnung des § 39 Abs. 1 AO abweichende Rechtsfolge des § 39 Abs. 2 Nr. 1 AO nach sich[63]. Eine Diskussion dahingehend, welche zivil- und steuerrechtlichen Voraussetzungen § 39 Abs. 2 AO an ein Treuhandverhältnis stellt, ist also für das Verständnis über den Anwendungsbereich der Norm unerlässlich[64].

Dem zivilrechtlichen Teil schließt sich eine Betrachtung der steuerrechtlichen Implikationen der Treuhand an. Auch die Abhandlung dieses Themengebiets lässt sich am besten von der Rechtsfolge her begründen: Durch das Konstrukt soll eine Zurechnung von Wirtschaftsgütern von der Treuhänderin an die Mutter erfolgen. Es wird folglich untersucht, in welcher Weise dies durch die vom Steuerrecht vorgesehenen Instrumente erfolgen kann.

Auf dieser Grundlage beider Rechtsgebiete wird anschließend aufgezeigt, welche Form der Treuhandkonstruktion den Voraussetzungen des Treuhandmodells am weitesten entspricht, wie eine Vereinbarung im Treuhandmodell also im konkreten Fall ausgestaltet werden muss.

1. Zivilrechtliche Voraussetzungen

a. Grundgedanke

Die zivilrechtliche Dogmatik im Bereich der Treuhandverhältnisse ist seit vielen Jahren in Bewegung[65]. Das bereits im römischen und germanischen Recht (in verschiedenen Formen[66]) bekannte Institut durchlebte im 20. Jahrhundert mehrere Wellen der Diskussion. Der 36. Deutsche Juristentag diskutierte es im Jahre 1931 ebenso wie *Siebert* im Jahre 1933 in seiner Monographie zu diesem Thema[67]. Den um diese Zeit gescheiterten Versuchen einer Kodifikation folgte eine Phase

62 *Fischer*, in: *Hübschmann/Hepp/Spitaler*, Abgabenordnung, Stand: 221. Lfg. von April 2013, § 39 Rn. 168.

63 BFH, Urt. v. 20.01.1999 – I R 69/97, BStBl. II 1999, 514; *Koenig*, in: *Pahlke/Koenig*, Abgabenordnung, § 39 Rn. 49; *Fischer*, in: *Hübschmann/Hepp/Spitaler*, Abgabenordnung, Stand: 221. Lfg. von April 2013, § 39 Rn. 155; *Fuhrmann*, KÖSDI 2006, 15293, 15295.

64 Auf diese Notwendigkeit ebenfalls hinweisend *Fischer*, in: *Hübschmann/Hepp/Spitaler*, Abgabenordnung, Stand: 221. Lfg. von April 2013, § 39 Rn. 168.

65 *Schiemann*, in: *Lieb/Noack/Westermann*, Festschrift für Wolfgang Zöllner, S. 503 sah sie 1998 als „wiederentdeckt“.

66 *Eden*, Treuhandschaft an Unternehmen und Unternehmensanteilen, S. 5.

67 *Siebert*, Das rechtsgeschäftliche Treuhandverhältnis.

der wissenschaftlichen Resignation auf diesem in der Praxis florierenden Feld[68]. Seit Beginn der 90er-Jahre des letzten Jahrhunderts ist das Thema zwar wieder fortwährend Gegenstand rechtsdogmatischer Auseinandersetzung. Die hohe Zahl an bis zu diesem Tage veröffentlichten Arbeiten[69] zeugt jedoch von einer anhaltenden Unzufriedenheit über bestehende Erklärungsversuche. All diese behandeln letztlich die Frage, wie der Treugeber in ausreichendem Maße vor Verfügungen des Treuhänders, die gegen Beschränkungen aus dem Innenverhältnis verstoßen, geschützt werden kann. Im Treuhandmodell, in dem die Treuhänderin 100%ige Tochter der Treugeberin ist, besteht diese Gefahr und damit auch das Schutzbedürfnis für den Treugeber nicht. Der Fokus der folgenden Darstellung liegt daher weniger auf dieser der zivilrechtlichen Treuhanddogmatik typischen Frage, sondern vielmehr auf der Feststellung, welche Arten verschiedener Treuhandverbindungen existieren und welche die Rechtsfolgen des § 39 Abs. 2 AO auslösen[70], sich also für das Treuhandmodell eignen.

b. Arten der Treuhand

Ebenso wenig wie eine Definition gibt es eine typische Ausgestaltung eines Treuhandvertrags[71]. Aufgrund der vertragsrechtlichen Privatautonomie (vgl. § 241 BGB) besteht in diesem Bereich eine unübersichtliche Lage. Die nicht fest definierten Begriffe werden in der Literatur in unterschiedlicher Form und bisweilen schwammig verwendet. Es erscheint ob der Vielzahl dieser Begriffe sinnvoll, sie in ein Ordnungssystem einzubinden, das eine Kategorisierung nach unterschiedlichen Merkmalen bietet[72]. Die dieses Ziel verfolgende, sich hier anschließende

---

68 *Henssler*, AcP 196 (1996), 37, 38; *Eden*, Treuhandschaft an Unternehmen und Unternehmensanteilen, S. 1.

69 Siehe z.B. *Armbrüster*, Die treuhänderische Beteiligung an Gesellschaften; *Grundmann*, Der Treuhandvertrag; *Krenzel*, Treuhand an Kommanditanteilen; *Peters*, Treuhand und Unterbeteiligung an Gesellschaftsanteilen; *Tebben*, Unterbeteiligung und Treuhand an Gesellschaftsanteilen.

70 Der sogleich detaillierter dargestellte Begriff der fiduziarischen Treuhand deckt sich allein nicht vollständig mit dem steuerrechtlichen, *Heidner*, Treuhandverhältnisse im Steuerrecht, S. 46. Vielmehr müssen die Voraussetzungen des Letzteren erst „erarbeitet" werden, mit einer bloßen Kongruenz würde man es sich zu einfach machen, siehe zu den Grenzen der Überschneidungen sogleich.

71 BFH v. 21.5.1971 – III R 125–127/70, BStBl. II 1971, 721, Rz. 21; BGH v. 11.10.1976 – II ZR 119/75 Rz. 10, WM 1976, 1247.

72 Die Sinnhaftigkeit und die Überbewertung einer begrifflichen Einordnung allerdings anzweifelnd *Henssler*, AcP 196 (1996), 37, 60.

Darstellung orientiert sich in dieser Vorgehensweise an *Eden*[73]. Dabei ist zu beachten, dass eine derartige Systematisierung zum Zwecke der Übersichtlichkeit zwingend vereinfachen muss. Die Grenzen zwischen den einzelnen Typen einer Kategorie sind fließend, Überschneidungen von Typen aus verschiedenen Kategorien eher die Regel als die Ausnahme.

i. Kategorisierung nach verliehener dinglicher Rechtsmacht

(1) Fiduziarische Treuhand

Die fiduziarische Treuhand ist die Haupterscheinungsform treuhänderischer Vereinbarungen[74]. Sie wird daher auch „echte" oder „eigentliche" Treuhand genannt[75]. Es gibt mehrere Ausgestaltungen dieser Form, deren Grundprinzip aber stets dasselbe ist: Ein Treugeber überträgt einem Treuhänder Eigentum an einem Vermögensgegenstand, der als Treugut bezeichnet wird. Diese Übertragung führt nach normalen sachenrechtlichen Grundsätzen zu einer eigentumstypisch beinahe unbegrenzten Verfügungsmacht des Treuhänders im Außenverhältnis. Die Besonderheit der Treuhand besteht in einer Vereinbarung, die das Innenverhältnis von Treugeber und Treuhänder betrifft: Die nach außen unbeschränkte Rechtsmacht des Treuhänders wird – je nach Ausgestaltung mehr oder weniger stark – eingeschränkt. Die fiduziarische Treuhand besteht folglich aus einem dinglichen Element, mit dem ein Recht (z.B. Mitgliedschaft) zivilrechtlich zugeordnet wird, und einem schuldrechtlichen Element, das mit einem Freistellungs- und Regressanspruch eine interne Bindung konstituiert. Treugut kann in dieser Gestaltung selbstverständlich auch ein Gesellschaftsanteil an einer Personengesellschaft sein[76].

---

73 *Eden*, Treuhandschaft an Unternehmen und Unternehmensanteilen., S. 5 ff.; es finden sich aber noch zahlreiche weitere Kategorisierungsmöglichkeiten: *Liebich/Mathews*, Treuhand und Treuhänder in Recht und Wirtschaft, S. 60 ff., unterteilen z.B. zunächst in wirtschaftliche und juristische Kategorien und bilden dann die hier genannten Abgrenzungen als Subkategorien. Letztlich sind all diese Ordnungsversuche Verständnishilfen ohne rechtliche Konsequenz.

74 *Lohmeyer*, StuW 1970, 243, 245.

75 Die anderen Treuhandarten werden in der Literatur vielfach gar als bedeutungslos für das Gesellschaftsrecht bezeichnet, vgl. *Beuthien*, ZGR 1974, 26, 29; ähnlich außerdem *Blaurock*, Unterbeteiligung und Treuhand an Gesellschaftsanteilen, S. 124; *Roth/Thöni*, in: *Lutter/Ulmer/Zöllner*, Festschrift 100 Jahre GmbH-Gesetz, S. 245, 250; *Schaub*, DStR 1995, 1634.

76 BFH, Urt. v. 24.05.1977 – IV R 47/76, BStBl. II 1977, 737; dies implizit als selbstverständlich voraussetzend *K. Schmidt*, Gesellschaftsrecht, § 61 III 2.

(2) Ermächtigungstreuhand

Das Institut der Ermächtigungstreuhand entstammt dem germanischen Recht[77]. Hier wird der Treuhänder nicht Rechtsinhaber, sondern darf das nicht in seinem Eigentum stehende Treugut lediglich verwalten. Rechtstechnisch geschieht dies über eine Ermächtigung (§ 185 BGB) des Treugebers, der Vollrechtsinhaber bleibt (daher auch sog. unechte Treuhand)[78]. Gegenstand dieser Ermächtigung ist im Falle eines Gesellschafts- bzw. Geschäftsanteils als Treugut das Stimmrecht. Nun kann über § 185 BGB nicht das Stimmrecht übertragen werden, dieses verbleibt vielmehr beim Gesellschafter-Treugeber[79]. Dem Treuhänder wird aber eine Befugnis zur Ausübung der Mitgliedschaftsrechte im Außenverhältnis gegeben. Dieses bei Geschäftsanteilen an Aktiengesellschaften völlig unproblematische, da gesetzlich vorgesehene (vgl. § 129 Abs. 3 AktG) und auch viel genutzte[80] Vorgehen begegnet bei Anteilen an Personengesellschaften Schwierigkeiten[81]. Im Gegensatz zum Aktienrecht, bei der sich (selbst ohne § 129 Abs. 3 AktG) eine Legitimationswirkung aus dem Aktienbesitz (arg. § 793 Abs. 1 BGB) oder dem Aktienregister (§ 67 Abs. 2 AktG) ergeben kann, oder der vergleichbaren Wirkung, die die Gesellschafterliste des § 16 Abs. 1 GmbHG entfaltet, sieht das Recht der Personengesellschaften keine derartigen legitimierenden Instrumente vor. Mitgliedschaft und Recht zur Wahrnehmung der mit ihr verbundenen Rechte können daher bei Personengesellschaften nicht – auch nicht durch eine Ermächtigungstreuhand – auseinanderfallen. Das Abspaltungsverbot des § 717 BGB gilt daher nicht nur im Hinblick auf Übertragungen, sondern prägt durch seine Wertungen auch die Behandlungen von Stimmrechtsermächtigungen[82].

---

77 *Eden*, Treuhandschaft an Unternehmen und Unternehmensanteilen, S. 5.

78 *Bassenge*, in: *Palandt*, § 903 Rn. 34.

79 *Eden*, Treuhandschaft an Unternehmen und Unternehmensanteilen, S. 5 m.w.N.

80 Man denke an das sog. Depotstimmrecht, das sich Banken für Hauptversammlungen übertragen lassen, *Wolff*, Der Treuhänderkommanditist, S. 34.

81 *Armbrüster*, Die treuhänderische Beteiligung an Gesellschaften, S. 275; *Eden*, Treuhandschaft an Unternehmen und Unternehmensanteilen, S. 6; *Beuthien*, ZGR 1974, 26, 29; implizit (*arg. e contrario*) auch *Kümmerlein*, Erscheinungsformen und Probleme der Verwaltungstreuhand bei Personenhandelsgesellschaften, S. 5; ähnlich *Markwardt*, Rechtsgeschäftliche Treuhandverhältnisse bei Personalhandelsgesellschaften, S. 16; *Wolff*, Der Treuhänderkommanditist, S. 34.

82 Die Stimmrechtsermächtigung ist von der Überlassung der Ausübung durch Stimmrechtsvollmacht zu unterscheiden, vgl. *Weitemeyer*, in: *Oetker*, HGB, § 109 Rn. 12 f. Die Vollmacht ermächtigt nicht zum Handeln im eigenen Namen, ein Auseinanderfallen von selbständiger Ausübung und Inhaberschaft des Mitgliedschaftsrechts wird somit verhindert; zur Zulässigkeit der widerruflichen, zustimmungspflichtigen

ii. Kategorisierung nach dem Zweck der Vereinbarung

(1) Sicherungstreuhand

Diese Form der Treuhand wird im Interesse des Treuhänders, der hier auch Sicherungsnehmer ist, durchgeführt. Ihm wird ein Treugut zu Sicherungszwecken zivilrechtlich übertragen. Der Treuhänder wird also Eigentümer, die steuerrechtliche Zuordnung erfolgt gemäß § 39 Abs. 2 Nr. 1 S. 2 AO allerdings an den Treu- bzw. den personenidentischen[83] Sicherungsgeber. Auch die Übertragung von Gesellschaftsanteilen ist grundsätzlich denkbar. Aufgrund der mit ihnen teilweise verbundenen Haftung wird der Treuhänder sich jedoch nur solche Anteile, bei denen keine unbeschränkte Haftung besteht, übereignen lassen. In Betracht kommen daher insbesondere Kommanditanteile und Geschäftsanteile z.B. einer GmbH[84].

(2) Verwaltungstreuhand

Ist die Konstruktion als Verwaltungstreuhand ausgestaltet, verhält sich die Interessenslage genau andersherum: Der Treuhänder wird hier zwar im eigenen Namen tätig, dies jedoch im ausschließlichen Interesse des Treugebers. Das Treugut, z.B. ein Gesellschaftsanteil, wird mithin lediglich von ihm verwaltet. Diese Verwaltungsleistung kann auch entgeltlich erfolgen, sie ist dennoch rechtlich fremdnützig[85]. Entsprechend besteht im Innenverhältnis in der Regel ein Unterfall des Geschäftsbesorgungsvertrags (§§ 675 ff. BGB) oder des Auftrags (§§ 662 ff. BGB)[86].

Gemeinhin werden im Rahmen der Verwaltungstreuhand drei Funktionen genannt, denen diese Art der Gestaltung dienen kann. Noch in höherem Maße als die hier genannten Kategorien sind sie jedoch lediglich Typisierungen, eine exakte Zuteilung jeder in der Praxis auftretenden Gestaltung zu einer Funktion ist daher nicht immer möglich[87]. Soll durch die Vereinbarung in erster Linie eine eigene Rechtszuständigkeit des Treuhänders begründet werden, ist die

---

Stimmrechtsvertretung siehe *Armbrüster*, Die treuhänderische Beteiligung an Gesellschaften, S. 272; *Beuthien*, ZGR 1974, 26, 73; *Breuer*, MittRhNotK 1988, 79, 83; vgl. auch *Tebben*, Unterbeteiligung und Treuhand an Gesellschaftsanteilen, S. 100 m.w.N.

83 *Stahl*, KÖSDI 1995, 10159, 10159.

84 *Eden*, Treuhandschaft an Unternehmen und Unternehmensanteilen, S. 7.

85 *Fischer*, in: *Hübschmann/Hepp/Spitaler*, Abgabenordnung, Stand: 221. Lfg. von April 2013, § 39 Rn. 161.

86 *Stegemann*, INF 2003, 629.

87 Ebenso *Beuthien*, ZGR 1974, 26, 31.

Vereinfachungsfunktion betroffen[88]. Eigene Rechtszuständigkeiten sind insbesondere dann gewünscht, wenn anstelle des einen Treuhänders viele Personen, die nun als Treugeber fungieren, an einer Gesellschaft beteiligt wären und damit deren Verwaltung lähmen könnten[89]. Denkbar ist ferner, dass eine Beteiligung als Gesellschafter rechtlich nicht gestattet ist und eine Personenmehrheit sich nur über den Umweg eines Verhältnisses zu einem Treuhänder, gegenüber welchem die Einschränkung nicht gilt, beteiligen kann. Diese Fallgruppe umfasst bzw. umfasste z.B. Erbengemeinschaften[90], oder Eheleute in der Gütergemeinschaft[91], die den Gesellschaftsanteil als Gesamtgut halten wollen. Die Vereinfachungsfunktion ist heutzutage Hauptgrund für die Etablierung einer Treuhandstruktur[92]. Historisch bedeutsamer waren hingegen die Verbergungsfunktion (der Treugeber will nicht nach außen auftreten, der Treuhänder wird als Strohmann[93] eingesetzt, nur er wird nach §§ 106, 107, 162 HGB im Handelsregister eingetragen, die Treuhandschaft ist keine eintragungsfähige Tatsache[94]) und die Umgehungsfunktion (Umgehung gesetzlicher Vorschriften) der Treuhand. Letztere wird aktuell so verstanden, dass der Treugeber durch die Zwischenschaltung ein gesetzliches Verbot – z.B. das Wettbewerbsverbot (§ 112 HGB) oder den Minderjährigenschutz[95] – umgeht, das dem Treuhänder nicht auferlegt ist.

iii. Kategorisierung nach Grad der Geheimhaltung

An der Frage, ob die Treuhänderstellung Nicht-Gesellschaftern bekannt ist, orientiert man sich bei diesem Abgrenzungspunkt nicht[96]. Entscheidend ist die gesellschaftsrechtliche Perspektive, d.h., ob andere Gesellschafter Kenntnis davon haben,

---

88 *Beuthien*, ZGR 1974, 26, 31.

89 *Breuer*, MittRhNotK 1988, 79, 80.

90 *Beuthien*, ZGR 1974, 26, 33.

91 *Beuthien*, ZGR 1974, 26, 32; nicht mehr hingegen wie bei *Beuthien* noch die GbR, die seit der Entscheidung des BGH, Urt. v. 20.01.2001 – II ZR 331/00, BGHZ 146, 341 = NJW 2001, 1056 grundsätzlich als rechtsfähig zu behandeln ist.

92 *Fischer*, in: *Hübschmann/Hepp/Spitaler*, Abgabenordnung, Stand: 221. Lfg. von April 2013, § 39 Rn. 155 m.w.N.

93 Zum Themenkreis „Strohmann“ und den vor allem umsatzsteuerlichen Problemen in diesem Zusammenhang siehe *Fischer*, in: *Hübschmann/Hepp/Spitaler*, Abgabenordnung, Stand: 221. Lfg. von April 2013, § 39 Rn. 162 f.

94 OLG Hamm, Beschl. v. 05.02.1963 – 15 W 395/62, NJW 1963, 1554, 1555; *Blaurock*, Unterbeteiligung und Treuhand an Gesellschaftsanteilen, S. 124, 159.

95 Siehe diese Beispiele bei *Breuer*, MittRhNotK 1988, 79, 81 f.

96 BGH, Urt. v. 13.05.1953 – II ZR 157/52, BGHZ 10, 44; a.A. *Breuer*, MittRhNotK 1988, 79, 80.

dass ein Gesellschafter schuldrechtlich an einen Treugeber gebunden ist[97]. Diese Kategorisierung kann aber natürlich nur dann vorgenommen werden, wenn überhaupt weitere Gesellschafter existieren. Bei einer Personengesellschaft wie der KG ist dies aber zwingend der Fall[98].

(1) Offene Treuhand

Die Treuhandverbindung kann „offen“ gestaltet werden[99]: Alle weiteren Gesellschafter werden über die bestehende schuldrechtliche Bindung informiert.

(2) Verdeckte Treuhand

Im Gegensatz dazu wird bei der verdeckten Treuhand den Mitgesellschaftern das schuldrechtliche Abhängigkeitsverhältnis des Treuhänders gegenüber dem Treugeber verschwiegen. Außenstehende Gesellschafter sind sich der schuldrechtlichen Bindung des Treuhänders, den sie als „vollwertigen“, „normalen“ Gesellschafter wahrnehmen, nicht bewusst[100].

iv. Kategorisierung nach Art der Begründung

Ferner werden Treuhandverhältnisse nach Art ihrer Begründung kategorisiert. Gemeinhin werden drei Begründungsarten unterschieden: Eine Treuhand *qua* Übertragung eines Treugutes, eine durch Erwerb und eine durch Vereinbarung[101]. Diese Kategorisierung bezieht sich also auf die Erlangung der dinglichen Rechtsmacht des Treuhänders, nicht auf die Begründung der schuldrechtlichen Treuhandabrede[102]. Auswirkungen auf die Zeit nach der Begründung der Treuhand, also gleichsam die laufende Durchführung, hat diese Unterscheidung nicht. Für die Frage der steuerlichen Anerkennung und Rechtsfolgen ist sie daher irrelevant[103], weshalb sie hier im Folgenden recht kurz behandelt wird[104].

---

97 Gegen die Begrifflichkeit dieser Qualifizierung *Ulmer*, in: *Böttcher/Hueck/Jähnke*, Festschrift für Walter Odersky zum 65. Geburtstag am 17. Juli 1996, S. 873, 878.

98 Eine sog. eingliedrige Personengesellschaft ist im deutschen Gesellschaftsrecht nicht vorgesehen.

99 So ausdrücklich BGH, Urt. v. 13.05.1953 – II ZR 157/52, BGHZ 10, 44.

100 Zu sog. Anonymitätsklauseln im Treuhandvertrag (insb. bei Publikums-KGs) *Holler*, ZIP 2010, 2429.

101 *Beuthien*, ZGR 1974, 26, 38 f.

102 *Schaub*, DStR 1995, 1634, 1636.

103 *Peters*, Treuhand und Unterbeteiligung an Gesellschaftsanteilen, S. 19 m.w.N.

104 Diese kurze Abhandlung ist dennoch notwendig, da im Treuhandmodell zwar die laufende Besteuerung in der Regel im Fokus der Aufmerksam steht, insbesondere

(1) Übertragungstreuhand

Ein Treugeber, der bislang Eigentümer am Treugut, also z.B. Inhaber am Gesellschaftsanteil, ist, kann dieses dem Treuhänder übertragen. Ein Gesellschaftsanteil kann dinglich abgetreten werden mit der Folge eines Gesellschafterwechsels[105]. In diesen Fällen liegt eine sog. Übertragungstreuhand vor[106].

(2) Erwerbstreuhand

Der Treugeber muss jedoch nicht zwangsläufig Eigentümer des Treugutes sein, an dem die Treuhandschaft begründet werden soll. Es ist ebenso denkbar, dass das Gut im Eigentum eines Dritten steht. Die Begründung der Treuhand erfolgt dann durch Erwerb des Treugutes durch den Treuhänder von einem Dritten, sog. Erwerbstreuhand.

(3) Vereinbarungstreuhand

Der Treuhänder ist hier Eigentümer, bleibt es auch und besitzt das Treugut für den Treugeber[107]. Ein weiteres dingliches Rechtsgeschäft ist hier daher nicht notwendig. Das Treuhandverhältnis wird allein durch die Treuhandabrede, die die Verfügungsmacht des Treuhänders im Innenverhältnis zum Treugeber schuldrechtlich begrenzt, begründet[108]. Im Falle der Vereinbarung über die Treuhand an einem Gesellschaftsanteil liegt daher kein Gesellschafterwechsel vor.

c. Rechtsverhältnisse

Somit ergeben sich in einem typischen, „echten" Treuhandverhältnis mehrere Rechtsverhältnisse: Übertragung bzw. Erwerb des Treugutes werden durch dingliche Rechtsgeschäfte zwischen Treuhänder und Treugeber bzw. Drittem vollzogen. Der Treuhänder wird dadurch Vollrechtsinhaber. Ist er es bereits vorher, wird das dingliche Rechtsgeschäft obsolet. Dann ist die Vereinbarung zwischen den Parteien einziges die Treuhand prägendes Rechtsgeschäft. Diese Vereinbarung (= Treuhandabrede) ist für die fiduziarische Treuhand zwingend

---

die Einmalakte „Begründung" und „Beendigung" aber ebenfalls steuerliche Auswirkungen haben können, vgl. dazu genauer unten S. 151 ff.

105 *Sommer/Menzel*, GmbHR 2003, 917, 918.

106 *Breuer*, MittRhNotK 1988, 79, 82.

107 *Drüen*, in: *Tipke/Kruse*, Abgabenordnung, § 39 Rn. 42.

108 *Breuer*, MittRhNotK 1988, 79, 82

erforderlich[109]. Die Bedeutung ihrer Ausgestaltung ist nicht zu unterschätzen[110], denn sie bestimmt, inwieweit der Ausübung der mit dem Vollrechtserwerb begründeten Rechte Schranken gesetzt sind, charakterisiert mithin das Verhältnis der beiden Parteien. Sie ist schuldrechtlicher Natur und entfaltet ihre Wirkung daher *inter partes* zwischen den Parteien. Im Treuhandmodell, das typischerweise eine Form der Unternehmensstrukturierung ist, ist sie in der Regel unentgeltlich, unterfällt mithin dem Auftragsrecht[111]. Generell ist jedoch auch eine entgeltliche (Verwaltungs-)Tätigkeit des Treuhänders denkbar, dann handelt es sich im Innenverhältnis dementsprechend um eine Geschäftsbesorgung[112].

d. Abgrenzungen

i. Unterbeteiligung

Nicht nur Treuhänder, auch (typische und atypische) stille Unterbeteiligungsgesellschaften können zwischen eine Gesellschaft und einen letztlich wirtschaftlich partizipierenden Gesellschafter (bzw. Anleger) geschaltet werden[113]. Eine Beteiligung an einer solchen Unterbeteiligungsgesellschaft führt indes zu keinem Treuhandverhältnis zwischen Beteiligtem und Unterbeteiligtem. Zivilrechtlich sind vielmehr die Regelungen für die Gesellschaft bürgerlichen Rechts (§§ 705 ff. BGB) maßgeblich[114]. Ein Treuhänder handelt für Rechnung eines Treugebers, ein direkt Beteiligter für eigene. Atypisch stille Unterbeteiligungsgesellschaften haben den Gesellschaftszweck, die Hauptbeteiligung mitunternehmerisch zu

---

109 *Gernhuber*, JuS 1988, 355, 357; a.A. *Nörr/Scheyhing/Pöggeler*, Sukzessionen., § 11 I, dort Fn. 4.

110 *Steinhauff*, SteuK 2010, 249, 249; *Gernhuber*, JuS 1988, 355, 357 kritisiert, dass in der Praxis Vereinbarungen, die dieser Bedeutung Rechnung tragen, selten sind.

111 Krit. *Grundmann*, Der Treuhandvertrag, S. 93 f.; früher wurde die Entgeltlichkeit der Treuhandabrede teilweise noch als Voraussetzungen für deren Anerkennung begriffen. Grund dafür war aber ausschließlich die mittlerweile aufgegebene Zweckwillenstheorie (vgl. S. 35) des Reichsfinanzhofes, vgl. dazu m.w.N. auch noch für die alte Rechtslage *Berg/Trompeter*, FR 2003, 903, 904.

112 Eine entgeltliche Vereinbarung zwischen Treugeber und Treuhänder, also den Gesellschaftern der KG, ist von Entgelten, die zwischen Treugeber (bzw. deren Gesellschaftern) und KG fließen, abzugrenzen. Zu den dortigen (vermeintlichen) Gefahren siehe *Kraft/Sönnichsen*, DB 2011, 1936, 1940.

113 Die Wirkungen des § 39 Abs. 2 AO und damit eine „wirtschaftliche Inhaberschaft" können auch bei Unterbeteiligungen an Kapitalgesellschaften auftreten, vgl. dazu *Wacker*, in: *Arbeitsgemeinschaft der Fachanwälte für Steuerrecht*, Jahrbuch der Fachanwälte für Steuerrecht 2006/2007, S. 550 ff.

114 BFH, Urt. v. 24.05.1977 – IV R 47/76, BStBl. II 1977, 737.

halten[115]. Ein Treuhandvertrag wird steuerlich hingegen nur anerkannt, wenn der Treuhänder weisungsgebunden und zur Rückgabe des Treugutes verpflichtet ist (siehe S. 47 ff.). Diese Voraussetzungen können jedoch nicht bei gleichzeitiger Beachtung des Gesellschaftszwecks erfüllt werden.

Teilweise wird auch bereits zwischen der Natur der verschiedenen Partizipationsinstrumente unterschieden: Die Unterbeteiligung sei eine allein wirtschaftlich motivierte, die Treuhand jedoch auch eine sich rechtlich auswirkende Gestaltung[116].

ii. Mittelbare Stellvertretung

Die Abgrenzung zwischen einer Treuhandverbindung und mittelbarer Stellvertretung lässt sich nicht trennscharf durchführen[117]. Denn auch der mittelbare Stellvertreter handelt im eigenen Namen und für fremde Rechnung. Die beiden Institute schließen sich daher nicht gegenseitig aus, sondern können nebeneinander auftreten[118]. Der Treuhänder kann als mittelbarer Stellvertreter auftreten. Dann beschreibt das Treuhandverhältnis das maßgebliche Innenverhältnis von Treuhänder und Treugeber, die mittelbare Stellvertretung das Auftreten gegenüber außenstehenden Dritten[119]. Ein Zwang zum Auftreten als mittelbarer Stellevertreter besteht für den Treuhänder indes nicht[120], diese Entscheidung ist geschäftsabhängig. Die Treuhand ist daher langfristige Bande zwischen denselben Partnern, die mittelbare Stellvertretung tritt einzeln zwischen wechselnden Parteien auf[121]. Zudem ist erstere umfassender: Erwirbt ein Treuhänder ein Treugut, tut er dies (bei der fremdnützigen Treuhand) zu dessen Verwaltung, nicht wie ein mittelbarer Stellvertreter mit Durchgangsfunktion.

2. Steuerrechtliche Anforderungen

Das Rechtsinstitut der Treuhand ist hiermit zwar nicht umfassend zivilrechtlich-dogmatisch erörtert, wohl aber genau genug dargestellt, um aufzuzeigen und

115 *Fischer*, in: *Hübschmann/Hepp/Spitaler*, Abgabenordnung, Stand: 221. Lfg. von April 2013, § 39 Rn. 175.

116 Vgl. *Tebben*, Unterbeteiligung und Treuhand an Gesellschaftsanteilen., S. 52 m.w.N.

117 So letztlich auch *Koenig*, in: *Pahlke/Koenig*, Abgabenordnung, § 39 Rn. 52.

118 *Beuthien*, ZGR 1974, 26, 30; *Larenz/Wolf*, Allgemeiner Teil des bürgerlichen Rechts, § 49 Rn. 62.

119 *Breuer*, MittRhNotK 1988, 79, 80.

120 *Fischer*, in: *Hübschmann/Hepp/Spitaler*, Abgabenordnung, Stand: 221. Lfg. von April 2013, § 39 Rn. 160.

121 *Schramm*, in: MünchKomm BGB, vor § 164 Rn. 28.

nachzuvollziehen, welche Ausgestaltungen steuerrechtlich – insbesondere gemäß § 39 Abs. 2 Nr. 1 S. 2 AO – beachtlich, mithin also für die Anwendung eines Treuhandmodells geeignet sind, und welche steuerrechtlichen Konsequenzen diese Anerkennung hat.

Dieser Abschnitt widmet sich den materiell- und verfahrensrechtlichen Vorgaben, die die Abgabenordnung an die steuerliche Anerkennung von Treuhandverhältnissen stellt. Im Fokus steht dabei die materiell-rechtliche Norm § 39 AO. Sie regelt die steuerliche Zurechnung von Wirtschaftsgütern allgemein (Abs. 1) und in von der Norm abweichenden Fällen (Abs. 2). Für Treuhandverhältnisse löst sie den Konflikt, ob das Treugut dem aus wirtschaftlicher Sicht Berechtigten (Treugeber) oder dem zivilrechtlich Berechtigtem (Treuhänder) zuzurechnen ist. Gewünschte Rechtsfolge[122] des Treuhandmodells ist die Zurechnung der Gesellschaftsanteile an die Muttergesellschaft (Treugeberin). Dieses Ergebnis kann über § 39 Abs. 2 Nr. 1 S. 2 AO erreicht werden, der bemisst, dass bei Treuhandverhältnissen Wirtschaftsgüter dem Treugeber zuzurechnen sind. Das Tatbestandsmerkmal „Treuhandverhältnis" ist, wie erwähnt, mangels zivil-, steuerrechtlicher oder sonstiger gesetzlicher Definition auslegungsbedürftig. Neben den besprochenen zivilrechtlichen sind zusätzlich spezielle steuerrechtliche Voraussetzungen zu erfüllen. Zwar kommt es der Rechtsprechung nach bei der Frage, ob ein Treuhandverhältnis steuerlich anzuerkennen ist, grundsätzlich auf das Gesamtbild der Verhältnisse im jeweiligen Einzelfall an[123]. Diese Gesamtbetrachtung kann sich aber nicht über das Vorliegen folgender Voraussetzungen hinwegsetzen[124].

a. *Grundsätzliche Anforderungen an steuerrechtliche Gestaltungen*

i. *Ernst gemeint und tatsächlich durchgeführt*

Allgemein finden zivilrechtliche Konstruktionen nur dann steuerrechtliche Beachtung, wenn sie auf ernst gemeinten und klar nachweisbaren Vereinbarungen beruhen und tatsächlich durchgeführt werden[125]. Dies gilt für Angehörigenverträge[126] ebenso wie für Treuhandverhältnisse[127]. Sind die an der Treuhand

---

122 Siehe detailliert zu den Auswirkungen unten S. 60 ff.

123 BFH, Urt. v. 15.07.1997 – VIII R 56/93, BStBl. II 1998, 152.

124 BFH, Urt. v. 24.11.2009 – I R 12/09, BStBl. II 2010, 590.

125 BFH, Urt. v. 15.07.1997 – VIII R 56/93, BStBl. II 1998, 152 für Treuhandverhältnisse.

126 BFH, Urt. v. 11.05.2010 – IX R 19/09, BStBl. II 2010, 823.

127 BFH, Urt. v. 28.02.2001 – I R 12/00, BStBl. II 2001, 468; BFH, Urt. v. 15.07.1997 – VIII R 56/93, BStBl. II, 152, 157; *Drüen*, in: *Tipke/Kruse*, Abgabenordnung, § 39 Rn. 40.

Beteiligten neben dieser schuldrechtlichen Verbindung auch noch gesellschaftsrechtlich verbunden, ist also z.B. die Treugeberin – wie im Treuhandmodell – 100%ige Mutter der Treuhänderin, so sind mangels natürlicher Interessensgegensätze und der damit verbundenen Gefahr der rein „auf dem Papier" bestehenden Treuhandverbindung besonders hohe Voraussetzungen an den Nachweis der tatsächlichen Durchführung zu stellen[128].

Zur Durchführung gehört die vollständige und rechtzeitige Umsetzung der vertraglichen Hauptpflichten, aber auch die Erkennbarkeit der Treuhand gegenüber der Finanzbehörde[129]. Insbesondere die bilanzielle Behandlung des Treugutes indiziert den tatsächlichen Vollzug des Treuhandverhältnisses. Ihr kommt daher eine „wesentliche"[130] Bedeutung zu. Dem Erfordernis der Bilanzwahrheit als Grundsatz ordnungsgemäßer Buchführung ist nur dann Genüge getan, wenn die Bilanzierung des Treugutes den wirtschaftlichen Gegebenheiten entspricht[131]. Ohne auf die Feinheiten der Rechtsfolgen einer Anerkennung vorzugreifen[132], sei auf den bereits erwähnte Kern des § 39 Abs. 2 Nr. 1 S. 2 AO hingewiesen, der besagt, dass das Treuhandvermögen entgegen der Regelzuweisung bei steuerlicher Anerkennung dem Treugeber zugerechnet wird. Ist das gewollt, sollte sich diese Zurechnung als wirtschaftliche Gegebenheit jedenfalls im Jahresabschluss der Gesellschaften widerspiegeln[133]. Konkret bedeutet das, dass die Treuhänderin von einer Aktivierung absieht, während die Treugeberin das Gut, also z.B. die treuhänderisch gehaltene Kommanditbeteiligung als Vermögen bilanziert. Letzteres ist allein schon deswegen anzuraten, da anderenfalls der von ihr zu leistende Nachweis der Treuhandschaft (§ 159 AO) faktisch schwierig sein dürfte[134].

---

128 Zu der vergleichbaren, weil ebenso an Interessengegensätzen mangelnden Situation bei Treuhandverhältnissen zwischen Ehegatten siehe BFH, Urt. v. 14.03.2012 - IX R 37/11, DStR 2012, 1014.

129 *Koenig*, in: *Pahlke/Koenig*, Abgabenordnung, § 39 Rn. 57

130 BFH, Urt. v. 28.2.2001 – I R 12/00, BStBl. II 2001, 468.

131 BFH, Urt. v. 23.03.1965 – I 337/60 U, BStBl. III 1965, 440, 441.

132 Siehe hierzu unten S. 60 ff.

133 Zu den weniger strengen Anforderungen in der laufenden Buchführung BFH, Urt. v. 28.12.2001 – I R 12/00, BStBl. II 2011, 468.

134 Ähnlich auch *Heidner*, DB 1996, 1203, 1206.

ii. Wirksamkeit der Treuhandvereinbarung

Umstritten ist, ob die treuhänderische Vereinbarung zivilrechtlich wirksam sein muss[135]. § 41 Abs. 1 S. 1 AO spricht *prima facie* dagegen[136]. Er bemisst, dass zivilrechtliche Unwirksamkeitsgründe abstrakt von der steuerlichen Beurteilung eines Sachverhalts sind, so denn das Ergebnis bei wirtschaftlicher Betrachtung gleichwohl eintritt. Auch § 41 Abs. 1 S. 1 AO ist damit „Ausfluss der wirtschaftlichen Betrachtungsweise“[137]. In Fällen der bereits angesprochenen Angehörigenverträge, insbesondere bei sog. Familienpersonengesellschaften, misst die Rechtsprechung der zivilrechtlichen Wirksamkeit dieser Verträge lediglich indizielle Bedeutung zu[138]. Diese könne nicht dergestalt zum Tatbestandsmerkmal einer Anerkennung werden, dass ihre Abwesenheit automatisch zu einer Nichtanerkennung führe. Auch seien verfassungsrechtliche Vorgaben zu beachten[139]. Gemein ist diesen familiären Konstellationen mit Treuhandverhältnissen das Fehlen von sonst typischerweise vorliegenden Interessengegensätzen, die einen Steuermissbrauch durch künstliche Vermögenszuordnungen ausschließen. Verfassungsrechtlich kann sich ein in Treuhandverhältnisse involvierter Steuerpflichtiger zwar nicht auf Art. 6 GG, wohl aber auf Art. 3 Abs. 1 GG stützen, um eine Ungleichbehandlung gegenüber anderen Steuerpflichtigen geltend zu machen.

Im Unterschied zu Familienverhältnissen besteht der Interessengleichlauf zwischen Treuhänder und Treugeber jedoch nicht in natürlicher, gleichsam vorrechtlicher Weise, sondern muss erst durch eben jene zivilrechtlichen Instrumente etabliert werden, deren Wirksamkeitserfordernis in Frage steht. Mehrere Gerichtsentscheidungen zur Treuhand verlangen daher die zivilrechtliche Wirksamkeit

---

135 Die Treuhandabrede kann als Rechtsgeschäft unter den typischen zivilrechtlichen Wirksamkeitshemmnissen leiden, vgl. z.B. zu einer sittenwidrigen Treuhandabrede BGH, Urt. v. 02.02.2012 – III ZR 60/11, WM 2012, 458.

136 Gegen das Erfordernis der zivilrechtlichen Wirksamkeit BFH, Urt. v. 25.04.2006 – X R 57/04, GmbHR 2006, 997; BFH, Urt. v. 22.07.2008 – IX R 61/05, BFH/NV 2008, 2004, 2007; ebenso der I. Strafsenat des BGH, Beschl. v. 06.09.2012 – 1 StR 140/12, NJW 2012, 3455; *Heidner*, DStR 1989, 305, 306; *Schmieszek*, in: *Beermann/Gosch*, Abgabenordnung, § 39 Rn. 117; *Fischer*, in: *Hübschmann/Hepp/Spitaler*, Abgabenordnung, Stand: 221. Lfg. von April 2013, § 39 Rn. 188; *Drüen*, in: *Tipke/Kruse*, Abgabenordnung, § 39 Rn. 34.

137 Siehe z.B. *Koenig*, in: *Pahlke/Koenig*, Abgabenordnung, § 41 Rn. 1.

138 BFH, Urt. v. 07.06.20.06 – IX R 4/04, BStBl. II 2007, 294.

139 Diese finden sich z.B. in BVerfG, Kammerbeschl. v. 07.11.1995 – 2 BvR 802/90, BStBl. II 1996, 34.

der Vereinbarung[140]. Ein unwirksames Rechtsgeschäft könne die besonderen Wirkungen des § 39 Abs. 2 AO nicht herbeiführen. Diese – die Zurechnung des Treugutes zum Treugeber – träten nämlich nur aufgrund der ungewöhnlich starken wirtschaftlichen Macht des Treugebers ein. Eine zivilrechtlich unwirksame Verbindung könne aber gerade keine derartig starke Treugeberstellung hervorrufen. Der Treugeber habe dann weder eine umfängliche Weisungs- noch eine Rückforderungsbefugnis. Es gehe daher nicht um § 41 AO, sondern schlicht darum, dass der Tatbestand für die abweichende Zurechnung des § 39 Abs. 2 AO nicht erfüllt sei. Dies überzeugt und rechtfertigt auch die im Vergleich zu Rechtsbeziehungen innerhalb der Familie strengere Beurteilung. Familien sind nicht auf die Wirkungen des § 39 Abs. 2 AO angewiesen. Eine Vergleichbarkeit dieser beiden Konstellationen besteht somit nur bedingt, da die steuerrechtliche Anerkennung der Treuhand bei unwirksamer Treuhandverbindung bereits auf einer Vorstufe (Zurechnung) scheitern kann, während bei Familienpersonengesellschaften die den fehlenden Interessengegensatz begründenden Umstände auch ohne gewillkürt eingegangene Rechtsverhältnisse[141] – und damit auch außerhalb rechtlicher Überprüfbarkeit – vorliegen.

Relevanz entfaltet die Streitfrage, ob das Treuhandverhältnis zwingend zivilrechtlich wirksam sein muss, vor allem bei fehleranfälligen Treuhandgestaltungen, bei denen eine zivilrechtliche Unwirksamkeit relativ wahrscheinlich ist. Dies betrifft insbesondere die Treuhand an GmbH-Geschäftsanteilen, da hier besonders strenge Formvorschriften gelten (vgl. § 15 Abs. 3, 4 GmbHG)[142].

---

140 Hess. FG, Urt. v. 03.04.1985 – 7 K 4/83, HFR 1986, 99; FG München, Urt. v. 27.10.1992 – 13 K 594/92, EFG 1993, 314.

141 Dies trifft jedenfalls auf Verwandtschaftsverhältnisse zu. Überspitzt formuliert: Ein Verwandtschaftsverhältnis kann nicht formnichtig sein. Zwischen Eheleuten besteht ein solches Rechtsverhältnis zwar, allerdings kann eine Ehe seit Aufhebung des EheG durch Art. 14 Nr. 1 des EheschlRG, Ges. v. 04.05.1998, BGBl. I 1998, 833 nicht mehr nichtig sein, sondern nur noch aufhebbar mit Wirkung *ex nunc* (§ 1313 BGB). Der Interessengleichlauf zwischen Eheleuten dürfte in der Regel jedoch eher auf Zuneigung und natürlicher Verbundenheit denn auf abstrakten Rechtsverhältnissen basieren. Jedenfalls geht im Unterschied zur Treuhand niemand eine Ehe zu dem spezifischen Zweck ein, eine Personenhandelsgesellschaft zu gründen.

142 Zu den Formerfordernissen von Vereinbarungs- und Erwerbstreuhand differenzierend *Schulz*, GmbHR 2001, 282; *Sommer/Menzel*, GmbHR 2003, 917, 920, diskutieren darüber hinaus die Konsequenzen dieser Erfordernisse für die Anwendung von § 41 AO.

b. Spezielle Anforderungen des § 39 Abs. 2 AO

Nicht jede als „Treuhandvertrag" bezeichnete Vereinbarung ist auch steuerlich als eine solche anzuerkennen[143]. Das Steuerrecht knüpft an bestimmte Treuhandvereinbarungen in § 39 Abs. 2 AO spezielle, von der Regelzuweisung abweichende Rechtsfolgen. Diese sind aber eben nur dann gerechtfertigt, wenn besondere Umstände vorliegen[144]. Ebenso wie im Vergleich zu § 39 Abs. 1 AO „eigene" Rechtsfolgen besitzt § 39 Abs. 2 AO also auch „eigene" Voraussetzungen. Neben den soeben behandelten, grundsätzlichen Voraussetzungen, die das Steuerrecht an zivilrechtliche Gestaltungen stellt, sind das für die Norm im Speziellen zwei weitere Anforderungen: Weisungsgebundenheit und Rückgabepflicht des Treuhänders[145]. Sind diese beiden Pflichten gegeben, hat der Treugeber tatsächlich eine derart beherrschende Stellung inne, dass das rechtliche Eigentum des Treuhänders nur noch als „leere Hülle"[146] aufgefasst werden und die Zurechnung des Treugutes zum Treugeber nachvollzogen werden kann. Die Pflicht, Weisungen des Treugebers zu folgen, muss eine „strikte"[147] sein, d.h. die Treuhandvereinbarung darf eigenen, „vetofreien" Entscheidungen des Treuhänders keinen Raum lassen. Auch im Konzernverbund, in dem der Treugeber wesentlich beteiligt ist, sollte sich diese Pflicht nicht nur gesellschaftsrechtlich, sondern auch direkt aus der schuldrechtlichen Treuhandvereinbarung ergeben und auch tatsächlich aus ihr vollzogen werden können[148]. Dass ein Alleingesellschafter einer GmbH schon allein aus gesellschaftsrechtlichen Gründen eine beherrschende Stellung innehat, genügt nicht für die steuerliche Anerkennung der Treuhandvereinbarung, da das gesellschaftsrechtliche Verhältnis selbst zwischen GmbH und Alleingesellschafter kein Treuhandverhältnis ist[149]. Das bedeutet aber nicht, dass nicht zusätzlich zu dieser gesellschaftsrechtlichen Verbindung eine Treuhandschaft treten kann, nur muss sie und ihre schuldrechtliche Ausgestaltung eben unabhängig davon beurteilt werden. Korrespondierend mit der Weisungsgebundenheit des Treuhänders muss dem Treugeber eine umfassende Dispositionsbefugnis über das

143 BFH, Urt. v. 24.11.2009 – I R 12/09, BStBl. II 2010, 590.

144 Die Voraussetzungen für den allgemeinen § 39 Abs. 2 Nr. 1 S. 1 AO, der nicht speziell Treuhandverhältnisse regelt, werden von der Rechtsprechung allerdings zunehmend aufgeweicht, vgl. zuletzt BFH, Urt. v. 25.05.2011 – IX R 23/10 Rz. 17, DStR 2011, 1895.

145 BFH, Urt. v. 20.01.1999 – I R 69/97, BStBl. II 1999, 514; BFH, Urt. v. 15.07.1997 – VIII R 56/93, BStBl. II 1998, 152, 157.

146 BFH, Urt. v. 20.01.1999 – I R 69/97, BStBl. II 1999, 514.

147 BFH, Urt. v. 15.07.1997 – VIII R 56/93, BStBl. II 1998, 152, 157.

148 Vgl. BFH, Urt. v. 15.07.1997 – VIII R 56/93, BStBl. II 1998, 152.

149 BFH, Urt. v. 29.01.1975 – I R 135/70, BStBl. II 1975, 553.

Treugut zuteil werden, die sich im Falle einer treuhänderisch gehaltenen Beteiligung z.B. in Stimmrechten ausdrücken kann[150].

Zweite Komponente der beherrschenden Stellung ist das Recht des Treugebers, jederzeit die zivilrechtliche Rückübertragung des Eigentums am Treugut zu fordern. Die Vereinbarung einer angemessenen Kündigungsfrist ist allerdings unschädlich[151]. *L. Schmidt* zweifelt am Sinn dieser Voraussetzungen[152]. Wenn er aber zur Begründung anführt, dass die Voraussetzungen bei der zivilrechtlich anerkannten eigennützigen Sicherungstreuhand in der Regel nicht vorliegen, unterliegt er einem Zirkelschluss, denn die zivilrechtliche Anerkennung eines Treuhandverhältnisses ist gerade kein fester Maßstab für die steuerrechtliche. Diese muss vielmehr eigenständig untersucht werden und Kriterien der wirtschaftlichen Betrachtungsweise beachten. Dies sieht *L. Schmidt* auch selbst[153], allerdings nur in eine (die andere) Richtung: Es müsse Vereinbarungen geben, die nicht zivilrechtlich, wohl aber steuerrechtlich anerkannt werden.

Wenn also bestimmte Arten der Treuhand diejenigen Voraussetzungen nicht erfüllen, die nach der wirtschaftlichen Betrachtungsweise des Steuerrechts zwingend sind, so spricht dies entgegen *L. Schmidt* nicht *gegen* die Voraussetzungen, sondern im Gegenteil *für* ihre Anwendung und als Folge *für* die steuerlichen Nichtanerkennung dieser Treuhandarten, auch wenn sie zivilrechtlich zulässig sein mögen.

Keine zwingende Anforderungen an die steuerliche Anerkennung der Treuhandvereinbarung durch § 39 Abs. 2 AO ist hingegen die Vereinbarung eines Entgelts[154]. Ob auf schuldrechtlicher Ebene intern ein Auftrag (§§ 662 ff. BGB) oder ein Geschäftsbesorgungsvertrag (§§ 675 ff. BGB) vorliegt, ist für die Rechtsfolgen des § 39 Abs. 2 AO irrelevant. Ist tatsächlich ein Entgelt geflossen, mag dies für den Vollzug eines Treuhandverhältnisses sprechen, der umgekehrte Schluss ist allerdings unzulässig: Insbesondere innerhalb von Konzern- und Beteiligungsstrukturen wird eine auftragsbezogene und gleichwohl tatsächlich vollzogene Treuhandschaft zu häufig auftreten, als dass man aus ihr auf das Gegenteil, also das Fehlen einer Treuhandvereinbarung, schließen könnte. Im Gegensatz zur oben genannten Voraussetzung ist dieser Schluss hier auch zulässig, denn er ist nicht nur pragmatisch, sondern vor allem rechtlich begründbar: Ein etwaig

---

150 *Lang/Seer*, FR 1992, 637, 641, 643: Treugeber kann Treuhänder „fernsteuern"; *Fleischmann*, DStR 1993, 828.

151 BFH, Urt. v. 10.12.1992 – XI R 45/88, BStBl. II 1993, 538.

152 *L. Schmidt*, StuW 1988, 245, 250.

153 *L. Schmidt*, StuW 1988, 245, 251.

154 *Heger*, DB 2010, 761.

geleistetes Entgelt würde die rechtliche Position des Treugebers nicht verbessern. Allein auf die verstärkte Position stellt § 39 Abs. 2 AO jedoch ab[155].

c. *§ 159 AO: Nachweis der Treuhand*

§ 159 AO ist eine verfahrensrechtliche Vorschrift ohne eigenen materiellrechtlichen Gehalt[156]. Sie korrespondiert mit der soeben besprochenen, materiellen Vorschrift § 39 Abs. 2 AO und statuiert für den Treuhänder eine Nachweispflicht darüber, dass das Treugut wirtschaftlich dem Treugeber zuzurechnen ist. Ohne diesen Nachweis wird das Wirtschaftsgut gemäß § 159 Abs. 1 S. 1 AO dem Treuhänder zugerechnet[157] - ein Ergebnis, das gerade vermieden werden soll. Bedeutung erlangt die Pflicht insbesondere bei verdeckten Treuhandkonstruktionen. Sie ist zudem Grund für die Empfehlung, Treuhandvereinbarungen schriftlich zu fassen. Zwingend für die materielle Wirksamkeit ist die Schriftform nicht. Ein Nachweis gemäß § 159 AO dürfte mit ihrer Hilfe jedoch einfacher vorzunehmen sein[158].

Die Schriftform ist jedoch nicht die einzige Möglichkeit des Nachweises. Auch die bereits angesprochene[159] korrekte Bilanzierung des treuhänderisch gehaltenen Wirtschaftsgutes kann zur Erfüllung der Nachweispflicht beitragen.

---

155 Früher forderte der BFH zudem als Voraussetzung für die Wirkungen des § 39 Abs. 2 Nr. 1 S. 2 AO, dass der Kommanditist „normalerweise", d.h. ohne die Treuhandvereinbarung, Mitunternehmer an der Gesellschaft, deren Anteil treuhänderisch von ihm gehalten wird, sei: BFH, Urt. v. 24.05.1977 - IV R 47/76, BStBl. II 1977, 737 Rz. 36. Diese Einschränkung, die zur Vorgängervorschrift des § 39 Abs. 2 Nr. 1 S. 2 AO (§ 11 Nr. 2, 3 StAnpG) erging, verfolgt der BFH augenscheinlich nicht mehr. Sie wurde auch nie näher begründet und war als Behauptung, als die sie formuliert wurde, nicht nachvollziehbar.

156 *Heidner*, DB 1996, 1203, 1205.

157 So auch *Kirsten/Matheja*, Treuhand und Treuhänder im Steuerrecht, Rn. 66, 67; a.A. *Heidner*, DB 1996, 1203, 1205, der ein solches „Wahlrecht auf Offenlegung mit quasimaterieller Bedeutung" im Hinblick auf den verfahrensrechtlichen Charakter der Norm ablehnt. Dieses Wahlrecht besteht jedoch auch nach hier vertretener Ansicht nicht rechtlich, sondern lediglich faktisch, nämlich bei der Frage, ob man überhaupt die Anforderungen von § 39 Abs. 2 AO erfüllen möchte. Dies muss dem Steuerpflichtigen anheimgestellt sein und ändert im Übrigen nichts am genannten Charakter des § 159 AO.

158 *Neumayer/Imschweiler*, EStB 2010, 345 raten daher „dringend" zur Schriftform.

159 Siehe S. 47.

d. *Weitere Voraussetzungen?*

i. *Unmittelbarkeitsgrundsatz*

Der Unmittelbarkeitsgrundsatz hat seine Relevanz für das Steuerrecht verloren. Er ist ein Publikationsakt sachenrechtlicher Natur[160] und besagt, dass der Treugeber das Treugut dem Treuhänder unmittelbar aus seinem Vermögen übertragen muss. Nur auf diese Weise konnte laut RG[161] und BGH[162] die quasi-dingliche Wirkung, die ein Treuhandverhältnis entfaltet, zivilrechtlich ermöglicht und gerechtfertigt werden[163]. Nicht auf diese Art übertragene Positionen wurden nicht als Treugut erfasst, so dass die zivilrechtliche Zuweisungswirkung der angestrebten Treuhand verneint wurde[164]. Der BFH[165] folgte den Zivilgerichten zunächst und versagte die steuerliche Anerkennung, soweit der Grundsatz nicht erfüllt wurde. Dies betraf insbesondere die Anerkennung der Erwerbs- und Vereinbarungstreuhand, bei der das Treugut gerade nicht unmittelbar vom Treugeber auf den Treuhänder übertragen wird, sondern der Treuhänder bereits Eigentümer ist und das Treuhandverhältnis ohne weitere Verfügung begründet wird[166].

Das StAnpG[167] sah in § 11 Nr. 3 allerdings die Anerkennung der Erwerbstreuhand und damit eine Abkehr vom Unmittelbarkeitsgrundsatz vor[168]. Auch der BFH[169] hat schon vor längerer Zeit von dieser Einschränkung Abstand genommen. Sie wird den Anforderungen des Rechtslebens nicht gerecht[170] und ist auch rechtstheoretisch nicht geboten: § 39 Abs. 2 AO beschreibt eine Abweichung von der Regelzuordnung des Absatzes 1, da der Treugeber wirtschaftlich am Treugut partizipiert, also aus Gründen der zutreffenden Erfassung steuerlicher

160 *Drüen*, in: *Tipke/Kruse*, Abgabenordnung, § 39 Rn. 42.

161 RG, Urt. v. 10.10.1917 – V 159/17, RGZ 91, 12.

162 BGH, Urt. v. 07.04.1959 – VIII ZR 219/57, WM 1959, 686.

163 Die schulrechtliche Komponente einer Treuhandverbindung kann demgegenüber auf die Publizitätswirkung der dinglichen Rechte (vgl. dazu *Gaier*, in: MünchKomm BGB, Einl. zu § 854 ff. Rn. 21) verzichten und ist daher vom Unmittelbarkeitsgrundsatz nicht tangiert.

164 *Gernhuber*, JuS 1988, 355, 361.

165 BFH, Urt. v. 18.09.1984 – VIII R 119/81, BStBl. II 1985, 55.

166 Siehe oben S. 44.

167 Seit 1977 außer Kraft.

168 *Ahlbäumer*, Treuhandverhältnisse im Steuerrecht, S. 38.

169 BFH, Urt. v. 15.07.1997 – VIII R 56/93, BStBl. II 1998, 152.

170 *Gernhuber*, JuS 1988, 355, 361.

Leistungsfähigkeit[171]. Die Partizipation geschieht aus Gründen der in der schuldrechtlichen Vereinbarung beider Parteien festgesetzten Rechte des Treugebers. Nur diese Vereinbarung ist daher Anknüpfungspunkt für die Besteuerung[172]. Die dingliche Frage der zivilrechtlich-sachenrechtlichen Eigentümerstellung ist für diese Erfassung irrelevant. Allein für die Beantwortung dieser Frage verspricht der Unmittelbarkeitsgrundsatz jedoch einen Erkenntnisgewinn, allein hierfür wäre die Anwendung seiner Einschränkung also nachvollziehbar[173].

ii. Zweckwillenstheorie

Die sog. Zweckwillenstheorie schränkt die Möglichkeit, zwischen Gesellschaftern und Gesellschaft ein beachtliches Treuhandverhältnis zu etablieren, ein. Ihr zufolge werden die Mittel, die eine Gesellschaft (im Treuhandmodell die Mutter-Komplementärin) einem Gesellschafter (der Tochter-Kommanditistin) zur Erfüllung seines Gesellschaftszweckes zur Verfügung gestellt hat, in der Regel so behandelt, als seien sie ihnen auch „als Gesellschafter", d.h. nicht als Treugeber übermittelt. Begründet wurde dies von RFH[174] und BFH[175] damit, dass eine Alleingesellschafterin auch allein an der Verwirklichung des Gesellschaftszweckes der Tochter interessiert sein muss. Wenn sie das ist, muss sie der Tochter jedoch auch die dafür nötigen Mittel zur Verfügung stellen – und zwar aufgrund einer originär gesellschaftsrechtlichen Pflicht. Eine Gesellschaft könne ebenfalls innerhalb ihres eigenen Zweckes nicht als Treuhänderin ihrer Gesellschafter tätig werden.

Auch die Zweckwillenstheorie ist allerdings mittlerweile überholt, die Rechtsprechung gab sie schon vor langer Zeit „der Sache nach"[176] auf. Wenn sie in der Literatur noch vereinzelt als gültig angesehen wird[177], dann mit der Einschränkung,

---

171 *Fischer*, in: *Hübschmann/Hepp/Spitaler*, Abgabenordnung, Stand: 221. Lfg. von April 2013, § 39 Rn. 185.

172 *Heidner*, DB 1996, 1203, 1204.

173 Dies betrifft z.B. das Insolvenz- und Einzelvollstreckungsrecht, vgl. *Drüen*, in: *Tipke/Kruse*, Abgabenordnung, § 39 Rn. 42; siehe zur Kritik des Grundsatzes auch bei Anwendung auf andere Rechtsgebiete *Henssler*, AcP 196 (1996), 37, 55.

174 RFH v. 20.02.1930 – III A 415/29, RStBl 1930, 251 für die 1992 abgeschaffte Gesellschaftsteuer.

175 BFH, Urt. v. 24.04.1953 – II 269/52 U, BStBl. III 1953, 173 ebenfalls für die Gesellschaftsteuer.

176 *Fischer*, in: *Hübschmann/Hepp/Spitaler*, Abgabenordnung, Stand: 221. Lfg. von April 2013, § 39 Rn. 212.

177 *Drüen*, in: *Tipke/Kruse*, Abgabenordnung, § 39 Rn. 35.

dass sie der Anerkennung von Treuhandverhältnissen dann nicht entgegensteht, wenn die Treuhand selbst Zweck der Gesellschaft ist – so wie im Treuhandmodell.

3. Die Vereinbarung im Treuhandmodell

Aus den gezeigten Unterschieden der Treuhandarten und den zivil- sowie steuerrechtlichen Anforderungen lässt sich schließen, welche konkrete Ausgestaltung die Konstruktion zwischen Treugeber und -händer voraussetzt. Bereits die Probleme der Ermächtigungstreuhand bei Unternehmensanteilen von Personengesellschaften[178] zwingen zur Grundform der fiduziarischen Treuhand, bei die angesprochenen Schwierigkeiten nicht auftreten, da dem Treuhänder nicht lediglich eine Ausübungsbefugnis über das Stimmrecht in der KG verschafft wird, sondern der Anteil an dieser ihm als Treugut zu Vollrecht übertragen wird. Auch die gewünschte steuerrechtliche Rechtsfolge – Abweichung von der Regelzurechnung – des § 39 Abs. 2 AO tritt bei der Ermächtigungstreuhand und der ihr wesensähnlichen Vollmachtstreuhand nicht ein[179].

Angestrebter Zweck im Treuhandmodell ist die Verwaltung des Treugutes, es liegt also eine Form der – aus Sicht des Treuhänders – fremdnützigen Treuhand vor. Nicht ganz eindeutig ist, ob durch das Treuhandmodell eine der oben[180] genannten Funktionen erfüllt werden soll. Zu denken ist insbesondere an die Umgehungsfunktion, soll doch mit der Treuhand-Gestaltung das Vorliegen einer Mitunternehmerschaft und deren gesetzliche Gewerbesteuerpflicht umgangen werden. Relevant ist die Frage nach der verfolgten Funktion aber nur dann, wenn die Einordnung bestimmte Rechtsfolgen, z.B. Konsequenzen hinsichtlich der Anforderungen an die Treuhandabrede oder der steuerrechtlichen Anerkennung, nach sich zieht. Rechtsfolge der Einordnung als Umgehung wäre eine Anwendung der in der umgangenen Vorschrift genannten Pflichten und Regelungen, so diese Anwendung ihrem *telos* nach notwendig erscheint. Allerdings wird die Umgehungsfunktion bis dato dahingehend verstanden, dass ein Verbot in der Gesellschafterstellung des Treugebers durch Einschaltung des Treuhänders umgangen wird[181]. Dies ist im Modell, in dem die Treugeberin selbst Gesellschafterin ist, nicht der Fall. Man könnte die Anwendung übergangener

178 Siehe oben S. 40; *Eden*, Treuhandschaft an Unternehmen und Unternehmensanteilen., S. 6 m.w.N.

179 *Fischer*, in: *Hübschmann/Hepp/Spitaler*, Abgabenordnung, Stand: 221. Lfg. von April 2013, § 39 Rn. 165.

180 Siehe S. 41 f.

181 Siehe Beispiele bei *Breuer*, MittRhNotK 1988, 79, 81 f.

Vorschriften (hier das Vorliegen einer Mitunternehmerschaft) auf Fälle anwenden und ausdehnen, in denen nicht beim Treugeber oder -händer, sondern beim Treugut (im weitesten Sinne – hier also bei der gewerblichen KG) gesetzliche Pflichten umgangen werden. Der Sinn einer solchen Erweiterung erscheint jedoch fragwürdig. Das Steuerrecht hält mit § 42 AO eine allgemeine sowie in zahlreichen Einzelgesetzen weitere spezielle Vorschriften zur Verhinderung von Missbrauch bereit[182]. Ein allein aus der zivilrechtlich-treuhandrechtlichen Dogmatik entsprungener Verhinderungs- bzw. Verschärfungstatbestand mit zudem unscharfem Anwendungsbereich[183] ist im Steuerrecht daher verzichtbar.

Die Kategorie der Geheimhaltung ist für das Treuhandmodell nicht von Bedeutung. Grundsätzlich ist sie das bei der Treuhand an einem Gesellschaftsanteil schon[184], beeinflusst sie doch z.B. das dann vorgegebene Abstimmungsverhalten des gebundenen Treuhänders und tangiert somit dessen Mitgesellschafter. An der KG sind nun aber zwar zwei Gesellschafter beteiligt, so dass die Komplementärin formal betrachtet Außengesellschafterin ist. Allerdings ist sie gleichzeitig Treugeberin, hat also zwingend stets Kenntnis von der Treuhandverbindung. Weitere Gesellschafter, denen etwas (nicht) offenbart werden könnte, gibt es nicht. Es liegt daher immer ein Fall der sog. offenen Treuhand vor.

Nach der Begründungsform werden einzelne Treuhandarten insbesondere aufgrund unterschiedlicher Zustimmungserfordernisse etwaiger anderer Gesellschafter kategorisiert[185]. Für die steuerrechtlichen Anerkennung nach § 39 Abs. 2 Nr. 1 S. 2 AO wird jedoch nicht mehr differenziert[186]. Wurde die Erwerbstreuhand schon in § 11 StAnpG explizit unter die abweichende Zurechnung von Wirtschaftsgütern in Treuhandverhältnissen gefasst, war dies für die Vereinbarungstreuhand strittig[187]. Mit Aufgabe des Unmittelbarkeitserfordernisses durch den BFH[188] wurde aber auch diese steuerlich anerkannt. Hier gilt folglich ähnliches wie bei der soeben angesprochenen Kategorie der Geheimhaltung: Mangels anderer Gesellschafter ist diese Unterscheidung für das Treuhandmodell von

182 Siehe dazu für den konkreten Fall des Treuhandmodells S. 225 ff.

183 *Beuthien*, ZGR 1974, 26, 31.

184 So auch *Gernhuber*, JuS 1988, 355, 357.

185 Siehe dazu *Beuthien*, ZGR 1974, 26, 38 f.

186 *Drüen*, in: *Tipke/Kruse*, Abgabenordnung, § 39 Rn. 42; *Schwarz*, in: *Schwarz*, Abgabenordnung, § 39 Rn. 4; sowie *Stegemann*, INF 2003, 629, 630, der allerdings etwas undifferenziert die Art (und nicht nur die Entstehungsart) des Treuhandverhältnisses für „nicht mehr entscheidend“ für die steuerliche Anerkennung ansieht.

187 *Heidner*, DB 1996, 1203, 1205,

188 Siehe oben S. 54.

untergeordneter Bedeutung. Bei Neugründung der KG müssen rechtstechnisch jedoch bereits im Gründungszeitpunkt Komplementär und Kommanditist vorliegen (§ 161 Abs. 1 HGB). Der Kommanditist muss seinen Gesellschaftsanteil also bei Gründung innehaben, die Gründung einer KG mit auf eine Person (hier die Mutter) vereinigten Anteilen ist nicht möglich[189]. Daher ist die Treuhänderin bei Neugründung einer KG ab diesem Zeitpunkt Inhaberin des Kommanditanteils. Eine Treuhandschaft kann also durch bloße Vereinbarung der Treuhandabrede begründet werden, mithin im Wege einer Vereinbarungstreuhand. Besteht die KG allerdings schon und ist ein Dritter Kommanditist, so entsteht die Treuhand durch Erwerb der Anteile durch die Treuhänderin, also im Wege der Erwerbstreuhand[190].

Das hier diskutierte Treuhandmodell verlangt somit den Abschluss einer Treuhandabrede zwischen Muttergesellschaft als Treugeberin und Beteiligungsgesellschaft als Treuhänderin. Dabei muss nach oben Gesagtem die Form der fiduziarischen, fremdnützigen Treuhand gewählt werden. Die Art der Kategorisierung ist abhängig von der bereits bestehenden Eigentumslage: Je nachdem, ob das Treugut zivilrechtlich im Eigentum des Treuhänders, des Treugebers oder eines Dritten steht, wird die Form der Vereinbarungs-, Übertragungs- oder Erwerbstreuhand gewählt.

---

189 OLG Jena, Beschl. v. 31.08.2011 – 6 W 188/11, NZG 2011, 1301.

190 Näheres zur Entstehung und Beendigung des Modells unten S. 151 ff.

Kapitel 2. Auswirkungen der Treuhandstruktur

I. Zivil- bzw. gesellschaftsrechtliche Auswirkungen

Die gesellschaftsrechtlichen Auswirkungen der Treuhandstruktur sind vergleichsweise unspektakulär. Die Treuhänder-GmbH ist abstrakt-zivilrechtlich beurteilt Kommanditistin, also Gesellschafterin der Treuhand-KG. Die schuldrechtliche Vereinbarung im Innenverhältnis zu der Treugeberin ändert daran nichts[191]. Wesen der fiduziarischen Vollrechtstreuhand ist der Erwerb bzw. die Übertragung des Treugutes auf den Treuhänder. Dieser ist Rechteinhaber. Das Zivilrecht verfolgt gerade nicht die dem Steuerrecht eigene wirtschaftliche Betrachtungsweise und orientiert sich an genau dieser Inhaberschaft. Deshalb ist allgemein in Konstruktionen wie der vorliegenden der Treuhänder, nicht der Treugeber Gesellschafter und Kaufmann[192]. Auch im Handelsregister wird dieser als Gesellschafter eingetragen, und zwar ohne den (nicht eintragungsfähigen[193]) Treuhänderzusatz[194].

Dass im Treuhandmodell die Treugeberin ebenfalls Gesellschafterin (und zwar Komplementärin) ist, liegt an den unabhängig von der Treuhand vereinbarten Beteiligungsverhältnissen an der KG. Die Treugeberin ist nicht wegen,

---

191 BFH, Urt. v. 08.08.1979 – II R 99/78, BStBl. II 1980, 50 Rz. 8; BGH, Urt. v. 11.10.2011 – II ZR 242/09, ZIP 2011, 2299 hält zwar eine Gesellschafterstellung des Treugebers für möglich, dies jedoch nur im Innenverhältnis und nur bei sog. Publikumsgesellschaften; zu den rechtlichen Bedenken einer solche Quasi-Mitgliedschaft *Wiedemann*, ZIP 2012, 1786, 1788, der den Einfluss des Treugebers auf die Gesellschaft, deren Anteile treuhänderisch gehalten werden, nicht gesellschaftsrechtlich, sondern durch das Treuhandrecht abbilden will.

192 RG, Urt. v. 15.06.1920 – II 4/20, RGZ 99, 158; OLG Hamm, Beschl. v. 05.02.1963 – 15 W 395/62, NJW 1963, 1554; *Hopt*, in: *Baumbach/Hopt*, HGB, § 1 Rn. 30; *K. Schmidt*, in: MünchKomm HGB, § 1 Rn. 54; BFH, Urt. v. 08.08.1979 – II R 99/78, BStBl. II 1980, 50 Rz. 8 lässt hingegen offen, ob neben dem Treuhänder auch noch der (ansonsten nicht beteiligte) Treugeber aufgrund der steuerlichen Zurechnungsvorschriften als Gesellschafter gilt. Eine solche Rückwirkung des Steuerrechts auf genuin handels- und gesellschaftsrechtliche Festsetzungen ist m.E. jedoch nicht angebracht; ähnlich auch BGH, Urt. v. 11.11.2008 – XI ZR 468/07, BGHZ 178, 271; kritisch *Kindler*, ZIP 2009, 1146, der die im Einzelfall eingeräumte Stellung stärker in Betracht ziehen will und zudem die Möglichkeit eines „Gesellschafters hinter dem Gesellschafter" annimmt.

193 OLG Hamm, Beschl. v. 05.02.1963 – 15 W 395/62, NJW 1963, 1554.

194 *Beuthien*, ZGR 1974, 26, 40.

sondern trotz der Treuhandvereinbarung Komplementärin. Folglich liegt eine GmbH & Co. KG mit zwei Gesellschaftern vor: einer Komplementärin und einer Kommanditistin.

Dass dabei die Komplementärin die vermögensmäßig überwiegend beteiligte Gesellschafterin ist, stellt zwar eine Sondererscheinung im Bereich der (GmbH & Co.) KG dar, ist gesellschaftsrechtlich aber nicht zu beanstanden. Eine andere Besonderheit ist gefährlicher: Neben der hohen Beteiligung an der KG ist die Komplementärin in der Regel selbst gewerblich tätig und nicht nur bloßes Haftungsventil für partizipierende Kommanditisten[195]. Dieses unternehmerische Engagement ist mit operativen Risiken verbunden. Eine Insolvenz der Komplementärin hat in einer zweigliedrigen KG grundsätzlich deren Auflösung und unmittelbare Vollbeendigung – unabhängig von ihrer eigenen finanziellen Potenz – zur Folge[196]. Zum Wohle der Treuhand-KG sollten für diesen Fall schon im Gesellschaftsvertrag Vorkehrungen getroffen werden. So kann die Kommanditistin verpflichtet werden, bei Insolvenz der Komplementärin zu beschließen, dass aus dem Vermögen der KG eine neue GmbH als Komplementärin gegründet wird[197].

II. Steuerrechtliche Auswirkungen

Raison d'être des Treuhandmodells ist die vom Zivilrecht abweichenden steuerrechtliche Beurteilung. Damit einher gehen Auswirkungen, die im Folgenden dargestellt werden.

1. § 39 Abs. 2 Nr. 1 S. 2 AO

§ 39 AO behandelt die steuerrechtliche Zurechnung von Wirtschaftsgütern in persönlicher Hinsicht[198], d.h. an Steuersubjekte. Diese Zurechnung des § 39 AO regelt die Steuerschuldnerschaft[199] – mit unterschiedlicher Bewertung – in dessen zwei Absätzen für unterschiedliche Konstellationen.

---

195 Häufig ist sie gar Ausgangspunkt des unternehmerischen Handelns der Gesellschaften des Modells, der gewerbliche Geschäftsbereich der Treuhand-KG wird z.B. häufig erst von der Mutter auf die KG ausgegliedert, siehe S. 152.

196 *Krings/Otte*, NZG 2012, 761, 765; diese Gefahr ist jedoch keine Konsequenz der Treuhandverbindung, sondern ergibt sich bereits aus der vorausgesetzten Gesellschafts- und Beteiligungsstruktur.

197 Diese und weitere Möglichkeiten bei *Krings/Otte*, NZG 2012, 761, 765.

198 BFH, Urt. v. 04.10.1990 – X R 148/88, BStBl. II 1992, 211; BFH, Urt. v. 25.11.1997 – VIII R 29/94, BStBl. II 1998, 257.

199 *Drüen*, in: *Tipke/Kruse*, Abgabenordnung, § 39 Rn. 2.

Absatz 1 behandelt die sog. Normzurechnung. Dieser Absatz postuliert, dass Wirtschaftsgüter dem Eigentümer zuzurechnen sind. Mit dem Begriff „Eigentum" kann hier im Grundsatz nur das zivilrechtliche Eigentum (§ 903 BGB) gemeint sein, ein daneben bestehender, abweichender Eigentumsbegriff im Steuerrecht existiert nicht[200]. Allerdings wurde in der Literatur darauf aufmerksam gemacht, dass das Merkmal extensiv auszulegen ist[201], da zivilrechtliches Eigentum nur an Sachen bestehen kann[202], § 39 AO hingegen die Zuweisung von Wirtschaftsgütern regelt, die aber neben Eigentum auch in Gestalt von Rechten, Forderungen und Gesellschaftsanteilen auftreten können. *Heidner*[203] schlägt daher eine Auslegung dahingehend vor, dass gemäß § 39 Abs. 1 AO Wirtschaftsgüter allgemein dem zivilrechtlich Berechtigten zuzurechnen seien. Trotz dieser terminologischen Ungereimtheit ist die Aussage dieses Absatzes unzweifelhaft: Ausgangspunkt der Betrachtung steuerlicher Zurechnung ist die Übereinstimmung von Steuer- und Zivilrecht[204], bei dem das Zivilrecht eine Ordnungsfunktion übernimmt[205].

a. *Rechtsfolge: Zurechnung an den Treugeber*

In Fällen, in denen die ökonomische Realität stark vom zivilrechtlichen Zustand differiert, ist dieser Gleichlauf jedoch nicht gerechtfertigt. Der Grundsatz der Besteuerung nach der Leistungsfähigkeit zwingt dann vielmehr nach einer vom Zivilrecht abweichenden Zurechnung[206]. Diese Fälle behandelt § 39 Abs. 2 AO. Dessen

200 *Heidner*, DB 1996, 1203; insbesondere das sog. wirtschaftliche Eigentum ist eine Chimäre aus formell-juristischem, zivilrechtlichen Eigentum (dem einzigen, das existiert) und wirtschaftlicher Betrachtungsweise, die abweichende Zurechnungen ermöglicht, *Heidner*, Treuhandverhältnisse im Steuerrecht, S. 46; kritisch auch *Ahlbäumer*, Treuhandverhältnisse im Steuerrecht, S. 36 f.; *Gernhuber*, JuS 1988, 355, 369; dass auch der Gesetzgeber kein „wirtschaftliches Eigentum" anerkennt, zeigt die Vermeidung und deutliche Abgrenzung im neu gefassten § 246 Abs. 1 S. 2 HGB; dennoch wird der Begriff fast ubiquitär verwendet, siehe z.B. BFH, Urt. v. 22.07.2008 – IX R 61/05, BFH/NV 2008, 2004, 2007; *Forst/Schaaf*, EStB 2010, 390.

201 *Heidner*, DB 1996, 1203.

202 *Bassenge*, in: *Palandt*, § 903 Rn. 2.

203 *Heidner*, DB 1996, 1203, bei eigentumsfähigen Wirtschaftsgütern soll sich die zivilrechtliche Berechtigung mit dem zivilrechtlichen Eigentum decken. Sonderzurechnungen aufgrund von Verfügungsermächtigungen möchte *Heidner* nicht vornehmen.

204 *Schwarz*, in: *Schwarz*, Abgabenordnung, § 39 Rn. 2.

205 *Blesinger*, in: *Kühn/v. Wedelstädt*, Abgabenordnung, § 39 Rn. 2.

206 *Koenig*, in: *Pahlke/Koenig*, Abgabenordnung § 39 Rn. 13.

erster Satz der Nummer 1 postuliert die sog. wirtschaftliche Betrachtungsweise. Partizipiert ein anderer als der zivilrechtliche Eigentümer an einem Wirtschaftsgut, so beeinflusst dies auch seine Leistungsfähigkeit. Dies rechtfertigt – auch verfassungsrechtlich[207] – eine vom Zivilrecht (und der Regelzuweisung des § 39 Abs. 1 AO) abweichende steuerliche Zurechnung: nicht an den Eigentümer, sondern an den anderen, dem der wirtschaftliche Wert zukommt. Dieser allgemeine Grundsatz wird in § 39 Abs. 2 Nr. 1 S. 2 AO für Treuhandfälle konkretisiert.

Theoretisch mögliche Zurechnungssubjekte von Treugütern und deren Erträgen im Rahmen einer Treuhandschaft sind Treugeber und Treuhänder. Beide haben wirtschaftliche bzw. rechtliche Beziehungen zu dem treuhänderisch gehaltenen Wirtschaftsgut. Fraglich ist daher, bei wem „der Tatbestand zutrifft, an den das Gesetz die Leistungspflicht knüpft" (§ 3 Abs. 1 AO), mithin die Tatbestandsmäßigkeit der Besteuerung[208].

Ist das – auch von § 39 Abs. 2 AO nicht definierte[209] – Tatbestandsmerkmal „Treuhandverhältnis" erfüllt, liegen mit anderen Worten die oben[210] diskutierten zivil- und steuerrechtlichen Voraussetzungen an eine Treuhandverbindung vor[211], löst § 39 Abs. 2 Nr. 1 S. 2 AO den Konflikt zugunsten des Treugebers[212]. Im Treuhandmodell, das gemäß den oben diskutierten Anforderungen gestaltet ist, bewirkt dies die steuerrechtliche Zurechnung des Kommanditanteils der Treuhänder-GmbH an die Treugeberin (Mutter)[213].

---

207 BVerfG, Beschl. v. 16.12.1970 – 1 BvR 210/68, BStBl. II 1971, 381.

208 *Heidner*, DB 1996, 1203.

209 *Heidner*, DB 1996, 1203, 1204.

210 Siehe S. 34 ff.

211 Der BFH schien früher zur alten Zurechnungsnorm § 11 Nr. 2, 3 StAnpG (jetzt § 39 Abs. 2 Nr. 1 S. 2 AO) eine weitere Voraussetzung aufzustellen: Der Treuhänder-Kommanditist müsse bei „weggedachter" Treuhandverbindung selbst als Mitunternehmer der Personengesellschaft qualifizieren, damit eine Zurechnung des Anteils und eine originäre Erfassung der Ergebnisse beim Treugeber vorgenommen werden könne, vgl. BFH, Urt. v. 24.05.1977 – IV R 47/76, BStBl. II 1977, 737 Rz. 36. Woher der Senat diese zusätzliche Voraussetzung entnahm, blieb und bleibt ungewiss.

212 Dieser mag dies aufgrund der damit einhergehenden steuerlichen Erfassung wohl eher als „Last" denn als „Gunst" auffassen.

213 Allgemein für Treuhandverhältnisse vgl. BFH v. 25.2.1991 – GrS 7/89, BStBl. II 1991, 691; für Zurechnungen an den Treugeber in Publikums-KGs *Krenzel*, Treuhand an Kommanditanteilen, S. 27, insoweit besteht kein Unterschied in den Zurechnungswirkungen zwischen Publikums-KGs und Treuhand-KGs.

b. Zurechnungsobjekte

§ 39 Abs. 2 Nr. 1 S. 2 AO rechnet seinem Wortlaut nach Wirtschaftsgüter zu. Das Steuerrecht verwendet den Begriff „Wirtschaftsgut" einheitlich, d.h. der abgabenordnungsrechtliche Begriff stimmt mit dem einkommensteuerrechtlichen überein[214].

Im Treuhandmodell soll der Kommanditanteil der gewerblichen KG der Treugeberin zugerechnet werden. Fraglich ist daher die Rechtsnatur des Kommanditanteils. Teilweise wird dieser direkt als Wirtschaftsgut angesehen[215]. Der BFH geht einen Umweg: Der Anteil selbst sei kein Wirtschaftsgut, verkörpere aber ein solches[216]. Auswirkungen auf die Rechtsfolgen hat diese Differenzierung an dieser Stelle nicht. Interessant wird sie im Zusammenhang mit der Bilanzierung des Treuguts, weshalb sie dort auch detaillierter diskutiert wird[217].

c. Anwendungsbereich: Welche Steuerarten?

§ 39 Abs. 2 AO ist zum einen eine Zuordnungsnorm, zum anderen eine Ausnahmevorschrift zur Regelzuordnung des § 39 Abs. 1 AO[218]. Die durch sie vorgeschriebene Betrachtungsweise ist daher nicht stets, sondern eben nur in begründeten Ausnahmefällen anzuwenden[219]. Diese Fälle liegen (nur) vor, wenn erstens ein anderer als der zivilrechtliche Eigentümer von einem Wirtschaftsgut

---

214 *Ratschow*, in: *Klein*, Abgabenordnung, § 39 Rn. 8.

215 *Hebeler*, BB 1998, 206, 208; *Reiß*, DStR 1998, 1187, 1890; *Schön*, FR 1994, 658, 662.

216 BFH, Urt. v. 26.04.2012 - IV R 44/09, DStR 2012, 1496; BFH, Beschl. v. 25.02.1991 - GrS 7/89, BStBl. II 1991, 691.

217 Siehe unten S. 122 ff.

218 A.A. wohl *Steinhauff*, SteuK 2010, 249 f., der in § 39 Abs. 2 AO einen Grundsatz sieht, der sich nur in den verschiedenen Steuerarten unterschiedlich auswirkt. Der Wortlaut der Vorschrift („*Abweichend* von Absatz 1 …") spricht jedoch gegen eine solche Annahme.

219 Es muss jedoch sorgfältig formuliert werden, wann diese Ausnahmefälle vorliegen: § 39 Abs. 2 AO schreibt nicht lediglich eine wirtschaftliche Betrachtungsweise vor, sondern eine von zivilrechtlichen Vorgängen unabhängige wirtschaftliche Betrachtungsweise. Auch in Fällen des § 39 Abs. 1 AO kann das Steuerrecht einer wirtschaftlichen Betrachtung folgen, nur steht sie in diesen Fällen nicht mit der rechtsförmlichen Betrachtung in Konflikt. Dieses Detail ist entscheidend, denn trotz des begrenzten Anwendungsbereichs von § 39 Abs. 2 AO ist es eben nicht falsch, dem gesamten Steuerrecht einen Beurteilungsmaßstab, der sich an der wirtschaftlichen Realität ausrichtet, zuzuschreiben; a.A. („Reichweite der wirtschaftlichen Betrachtungsweise im Steuerrecht") wohl *Ratschow*, in: *Klein*, Abgabenordnung, § 39 Rn. 5.

profitiert (und damit seine Leistungsfähigkeit erhöht) und zweitens die materielle Verwirklichung des Besteuerungstatbestands von dieser Zuordnung nach der Leistungsfähigkeit abhängt[220]. Dies gilt z.B. für das Ertragsteuerrecht, denn sowohl der steuerbilanzielle Gewinn als auch der Gewerbeertrag bemessen sich nach Wertveränderungen der zugerechneten Wirtschaftsgüter (vgl. § 4 Abs. 1 EStG, § 8 Abs. 1 KStG, § 7 S. 1 GewStG). Andere Steuerarten orientieren sich jedoch an zivilrechtlichen Vorgängen[221] und nicht an einer durch zugeordnete Wirtschaftsgüter gemessenen Leistungsfähigkeit. Dies betrifft vor allem die Grunderwerbsteuer[222], die Erbschaft- und Schenkungsteuer[223] sowie die Umsatzsteuer[224]. Bei ihnen besteht für die Anwendung von § 39 Abs. 2 AO weder Raum noch Bedarf[225]. Für das Treuhandmodell bedeutet dies, dass es auf diesem Wege keine Wirkungen für die genannten Steuerarten entfalten kann[226].

2. Vorliegen einer Mitunternehmerschaft?

Auch in ertragsteuerlicher Hinsicht ergeben sich aus der Geltung und Rechtsfolge des § 39 Abs. 2 Nr. 1 S. 2 AO zunächst keine *unmittelbaren* Konsequenzen für die Treuhand-KG[227]. Tatbestandlicher Anknüpfungspunkt für die Frage, ob die KG Gewinnermittlungssubjekt für die Einkommensteuer ist und transparent besteuert wird, ist gemäß § 15 Abs. 1 S. 1 Nr. 2 EStG vielmehr das Vorliegen einer Mitunternehmerschaft[228]. Diese besteht nur dann, wenn mindestens zwei Mitunternehmer an ihr beteiligt sind.

---

220 *Koenig*, in: *Pahlke/Koenig*, Abgabenordnung, § 39 Rn. 2.

221 *Fischer*, in: *Hübschmann/Hepp/Spitaler*, Abgabenordnung, § 39 Rn. 13.

222 BFH, Urt. v. 23.10.1974 – II R 87/73, BStBl. II 1975, 152 noch zum alten § 11 Nr. 3 StAnpG; BFH, Beschl. v. 14.12.1988 – II B 134/88, BFH/NV 1990, 59.

223 BFH, Urt. v. 15.10.1997 – II R 68/95, BStBl. II 1997, 820.

224 FG Saarland, Urt. v. 04.11.1994 – 1 K 152/94, EFG 1995, 351 („Formstrenge des Umsatzsteuerrechts").

225 So auch BFH, Urt. v. 22.09.1982 – II R 61/80, BStBl. II 1983, 179.

226 Allerdings treten bedingt durch die gesellschaftsrechtliche Struktur des Modells auch dort spezielle Folgen ein, siehe näher unten S. 100 ff.

227 *Fischer*, in: *Hübschmann/Hepp/Spitaler*, Abgabenordnung, Stand: 221. Lfg. von April 2013, § 39 Rn. 172.

228 Nach allgemeiner Meinung bezieht sich der Relativsatz in § 15 Abs. 1 S. 1 Nr. 2 EStG („..., bei der der Gesellschafter als Unternehmer (Mitunternehmer) anzusehen ist...") nicht nur auf die „andere[n] Gesellschaft", sondern auf alle erwähnten Gesellschaftsformen, vgl. bereits BFH, Beschl. v. 21.02.1974 – IV B 28/73, BStBl. II 1974, 404; BFH, Urt. v. 08.02.1979 – IV R 163/76, BStBl. II 1979, 405; *Haep*, in: *Herrmann/Heuer/Raupach*, EStG, § 15 Rn. 300; dass eine Personengesellschaft zwar nie

Daran ändert auch die missverständliche Singularformulierung des § 15 Abs. 1 S. 1 Nr. 2 EStG nichts. Man könnte – hier einer strikt grammatikalisch orientierten Auslegung folgend – zwar annehmen, die allgemeine Meinung[229], es müssten mindestens zwei Mitunternehmer für die Annahme einer Mitunternehmerschaft vorliegen, sei bloßer, unüberlegter Reflex auf die gesellschaftsrechtliche Voraussetzung von mindestens zwei Gesellschaftern[230]. Dass das Einkommensteuergesetz hier explizit auf einen gesellschaftsrechtlichen *terminus* verweist, ist aber nicht von der Hand zu weisen[231]. Es gibt allerdings darüber hinaus auch steuerrechtsimmanente Gründe für die zwingende Vielzahl von Mitunternehmern. Neben einer ebenfalls wortlautgetreuen Auslegung, hier das Präfix „Mit" (-Unternehmer) betonend, lassen sich vor allem systematische Gründe anführen: § 15 Abs. 1 S. 1 Nr. 2 EStG sucht für eine andere Ausgangsposition eine grundsätzliche Gleichstellung zum Einzelunternehmer (Nr. 1) herzustellen. Daher werden die Mitunternehmer als Steuersubjekte (mit Sonderbilanzen), die Mitunternehmerschaften lediglich als Ermittlungssubjekte benannt. Diese andere Ausgangsposition liegt aber eben nur bei mehreren Mitunternehmern vor. Ihre Vielzahl ist der einzige Unterschied zum Einzelunternehmer[232]. Eine Mitunternehmerschaft mit nur einem Mitunternehmer würde sich steuerlich nicht von einem Einzelunternehmer unterscheiden. Insbesondere wäre nicht nachvollziehbar, warum man in diesem Fall der gedachten Mitunternehmerschaft eine Stellung als Gewinnermittlungssubjekt zusprechen würde, wo doch ohnehin nur eine Person am Ergebnis partizipiert, eine gesonderte und einheitliche Gewinnfeststellung also nicht notwendig ist. Es besteht schlicht kein Bedarf an einer solchen Gewinnfeststellung auf der Stufe der Gesellschaft – diese Feststellung ist aber einziger Grund für das Institut „Mitunternehmerschaft". Es bleibt bei nur einem Mitunternehmer somit verzichtbar.

Auf das Treuhandmodell bezogen bedeutet die Voraussetzung von mindestens zwei Mitunternehmern, dass sowohl die Mutter-Komplementärin als auch die Tochter-Kommanditistin als solche qualifizieren müssen, damit die KG als Mitunternehmerschaft angesehen werden kann. Mittelbar spielt die abweichende

Subjekt der Einkommensbesteuerung sein kann, wohl aber als Mitunternehmerschaft sog. Gewinnermittlungssubjekt, ist ebenfalls allgemein anerkannt, vgl. BFH, Beschl. v. 10.11.1980 – GrS 1/79, BStBl. II 1981, 164. Als Grundlage gilt dabei die aus der Handelsbilanz abgeleitete Steuerbilanz.

229 Statt aller *Bode*, in: *Blümich*, EStG, § 15 Rn. 222.

230 Zu diesem Erfordernis *Ulmer/Schäfer*, in: MünchKomm BGB, § 705 Rn. 60.

231 Zur Kritik an dieser Bezugnahme siehe sogleich unten.

232 *Wacker*, NWB 2010, 2133, 2134.

Zurechnung des § 39 Abs. 2 AO also durchaus eine große Rolle, beeinflusst sie doch den „Übergang“ der Mitunternehmerstellung von der Treuhänderin auf die Treugeberin[233]. Diesen gilt es im Folgenden näher zu untersuchen.

a. Voraussetzungen einer Mitunternehmerschaft

Der Begriff des Mitunternehmers und der Mitunternehmerschaft ist ein genuin steuerrechtlicher. Dem Zivilrecht ist er fremd. Auch das Steuerrecht verwendet ihn lediglich, definiert ihn aber nicht[234]. Allein, dass der Mitunternehmer ein „Mehr“ gegenüber seinem gesellschaftsrechtlichem Pendant, dem Gesellschafter, ist, ergibt sich aus § 15 Abs. 1 S. 1 Nr. 2 EStG, der von einem Gesellschafter spricht, der (zusätzlich) noch Mitunternehmer sein muss. Denn nicht jeder zivilrechtliche Gesellschafter ist automatisch in einem Maße in seiner Gesellschaft involviert, das es rechtfertigt, ihm gewerbliche Einkünfte (im Gegensatz zu solchen aus Kapitalvermögen, vgl. § 20 Abs. 1 Nr. 4 EStG) zuzuordnen. Das „Mehr“, die weiteren Voraussetzungen, sind von der Rechtsprechung konkretisiert worden. Neben der gesellschaftsrechtlichen Stellung (s. dazu sogleich b) müssen zwei weitere Voraussetzungen (dazu c und d) vorliegen, damit von einem Mitunternehmer gesprochen werden kann. Jedenfalls die beiden letzten Voraussetzungen gelten als gesichert und werden – soweit ersichtlich – auch nicht von der Literatur in Frage in Frage gestellt. Strittig ist allein das Verhältnis untereinander bzw. die Frage, ob eine fehlende Voraussetzung durch ein stärkeres Vorliegen einer anderen ausgeglichen werden kann[235]. Der Mitunternehmerbegriff wird dabei oft als Typusbegriff bezeichnet[236]. Dies ist insofern korrekt, als soeben erwähnte Kompensation einzelner schwächerer durch stärker ausgeprägter

---

233 Es kann hier tatsächlich nur von einem „Übergang“ in Anführungszeichen gesprochen werden, da die Mitunternehmerstellung der Kommanditistin zwar entfällt, im Gegensatz zu einem „richtigen“ Übergang jedoch nicht bei der Komplementärin neu entsteht, da diese ja ohnehin bereits die Mitunternehmermerkmale erfüllt. Ein Übergang im eigentlichen Wortsinne findet in Treuhandkonstruktionen aber dann statt, wenn der Treugeber diese Merkmale vorher nicht aufweist und erst durch die Treuhandverbindung Mitunternehmer wird.

234 Eine Parallele zum bereits behandelten Treuhandbegriff ist daher insoweit nicht von der Hand zu weisen.

235 Dafür *Knobbe-Keuk*, StuW 1986, 106, 114, die das Merkmal der Mitunternehmerinitiative insgesamt für „deplaziert“, also für durch das Mitunternehmerrisiko vollständig verdrängbar, hält.

236 Zum Typusbegriff allgemein *Schenke*, Die Rechtsfindung im Steuerrecht, S. 311; *Weber-Grellet*, in: *Budde/Beisse*, Handelsbilanzen und Steuerbilanzen, S. 551, 561 ff.

Voraussetzungen möglich ist. Es darf jedoch nicht daraus geschlossen werden, dass das Mitunternehmerrisiko oder die Mitunternehmerinitiative völlig fehlen dürfen und es ganz allein auf das Gesamtbild der Verhältnisse ankommt[237]. Eine derart schwammige Annäherung wäre für ein Tatbestandsmerkmal im Steuerrecht als Eingriffsrecht inakzeptabel.

b. Zivilrechtliche Gesellschafterstellung

Wie sich soeben zeigte, ist das Merkmal der zivilrechtlichen Gesellschafterstellung für die Annahme eines Mitunternehmers das einzige, das sich direkt aus dem Gesetz ergibt[238]. Dennoch ist es von allen das „verzichtbarste", sagt es doch nichts über wirtschaftliche Partizipation und damit Leistungsfähigkeit des Involvierten aus. Es gibt lediglich eine Vermutung für den Normalfall. Im Normalfall beeinflusst die zivilrechtliche Gesellschafterstellung die Leistungsfähigkeit dieses Steuersubjekts, genauso, wie die Eigentümerstellung diejenige des Eigentümers zu prägen vermag. Dieser Prägung, d.h. der Vermutung der eigentumsinhärenten Leistungsfähigkeit, wurde in § 39 Abs. 1 AO Rechnung getragen. Der Paragraf normiert also wie § 15 Abs. 1 S. 1 Nr. 2 EStG den typischen Fall. Im Gegensatz zur Abgabenordnung fehlt dem § 15 Abs. 1 S. 1 Nr. 2 EStG aber eine dem § 39 Abs. 2 EStG vergleichbare Regelung, die eben gerade Ausnahmefälle in Betracht zieht und angemessen bewertet. So, wie es nicht oder nur sehr begrenzt leistungsfähige Eigentümer (Treuhand, Sicherungseigentum) gibt, gibt es auch begrenzt oder nicht leistungsfähige Gesellschafter. Dasselbe gilt umgekehrt für leistungsfähige Nicht-Gesellschafter. Hier tritt das Problem der vorausgesetzten zivilrechtlichen Gesellschafterstellung noch weit deutlicher zu Tage. Können im ersten Fall (nichtleistungsfähiger Gesellschafter) die nachfolgenden Merkmale „Risiko" und „Initiative" noch als Korrektiv wirken und durch das Verneinen der Mitunternehmerstellung das richtige Ergebnis sicherstellen, so fällt ein leistungsfähiger Nichtgesellschafter durch diese überflüssige Voraussetzung von Vornherein fälschlicherweise aus dem Mitunternehmerbegriff heraus. Diesem Mangel ist die BFH-Rechtsprechung dann auch mit der Feststellung begegnet, die zivilrechtliche Gesellschafterstellung sei jedenfalls in solchen Situation obsolet, in denen ein Nichtgesellschafter eine wirtschaftlich vergleichbare Stellung innehat[239]. Diese wirtschaftliche Stellung wird aber gerade durch die nachfolgenden

---

237 BFH, Urt. v. 21.04.1988 – IV R 47/85, BStBl. II 1989, 722; BFH, Urt. v. 10.11.1987 – VIII R 166/84, BStBl. II 1989 758.

238 Siehe außerdem H 15.8 Abs. 1 EStH.

239 BFH, Beschl. v. 25.06.1984 – GrS 4/82 Rz. 201, BStBl. II 1984, 751.

Merkmale determiniert. Der Begriff des Mitunternehmers sollte daher allein durch sie definiert werden[240]. So wird man der teleologischen Auslegung der Norm gerecht, vermeidet Überflüssiges und verhindert, eine irreführende[241] Deckungsgleichheit beider Begriffe auch nur zu denken.

In der Konstruktion des Treuhandmodells sind Treugeberin und Treuhänderin jedoch beide zivilrechtlich Gesellschafter der KG. Diese ist Personengesellschaft und betreibt ein gewerbliches Unternehmen. Selbst nach der strengen, am Wortlaut festhaltenden Ansicht scheitert das (unerwünschte!) Vorliegen einer Mitunternehmerschaft an diesem Punkt also nicht.

c. *Mitunternehmerrisiko*

Das Mitunternehmerrisiko hingegen ist kein formelles Kriterium, sondern Ausdruck originärer wirtschaftlicher Partizipation, nämlich der unmittelbaren Beteiligung am Erfolg oder auch Misserfolg des Unternehmens. Diese Beteiligung kann z.B. am Gewinn und Verlust, aber auch durch einen Abfindungs- oder Auseinandersetzungsanspruch an den stillen Reserven des Anlagevermögens bestehen[242]. Ein nur befristetes Engagement führt zu keiner Mitunternehmerschaft, vielmehr können dann Einkünfte aus Kapitalvermögen vorliegen[243]. In einer Kommanditgesellschaft ist der Kommanditist über § 167 Abs. 1, Abs. 3 HGB i.V.m. § 120 HGB am Gewinn der Gesellschaft beteiligt. Dieselbe Normenkette begründet eine Haftung des Kommanditisten für Verluste, dies aber nur in Höhe seines Kapitalanteils und seiner noch rückständigen Haftsumme (das Gesetz spricht von „Einlage"). Beide Beteiligungen – am Gewinn sowie am Verlust – können für sich Mitunternehmerrisiko begründen[244]. Fraglich ist

---

240 Gegen die Gesellschafterstellung als feste Voraussetzung für eine Mitunternehmerschaft auch *Hey*, in: *Tipke/Lang*, Steuerrecht, § 18 Rn. 18; *Bodden*, FR 2002, 559, 563; *Bitz*, in: *Littmann/Bitz/Pust*, Das Einkommensteuerrecht, § 15 Rn. 23c; differenzierend *Reiß*, in: *Kirchhof*, EStG, § 15 Rn. 214; herrschend ist jedoch die a.A.: BFH, Beschl. v. 25.06.1984 – GrS 4/82, BStBl. II 1984, 751 („in Ausnahmefällen" auch wirtschaftlich vergleichbare Stellung); BFH, Beschl. v. 25.02.1991 – GrS 7/89, BStBl. II 1991, 691; BFH, Urt. v. 13.07.1993 – VIII R 50/92, BStBl. II 1994, 282; BFH, Urt. v. 16.12.1997 – VIII R 32/90, BStBl. II 1998, 480; *Hennerkes/Binz*, DB 1985, 1307, 1310 f.; *Wacker*, in: *Schmidt*, EStG, § 15 Rn 258; *Bode*, in: *Blümich*, EStG, § 15 Rn. 235.

241 Dies wäre, wie man Beispiel des Treuhandmodells sieht, falsch.

242 *Hey*, in: *Tipke/Lang*, Steuerrecht, § 18 Rn. 20.

243 BFH, Beschl. v. 25.06.1984 – GrS 4/82, BStBl. II 1984, 751.

244 BFH, Urt. v. 17.11.1987 – VIII R 83/84, BFHE 152, 230, 231.

jedoch, inwieweit sie bei den im Treuhandmodell involvierten Gesellschaften verwirklicht sind.

Die Mutter-Komplementärin im Treuhandmodell trägt Mitunternehmerrisiko auf zweifache Weise. Zum einen ist sie in der Regel kapitalmäßig ganz überwiegend an der Treuhand-KG beteiligt, trägt also „eigenes" Mitunternehmerrisiko. Des Weiteren sorgt die Treuhandverbindung zur Treuhänder-GmbH dafür, dass ein weiteres, gleichsam derivatives Risiko für die Mutter besteht. Als Rechtsfolge des § 39 Abs. 2 Nr. 1 S. 2 AO wird ihr die Beteiligung zugerechnet. Auch alle ggf. für diese Beteiligung anfallenden Gewinne oder Verluste sowie weitere wirtschaftliche Implikationen aus der Betriebsvermögensmehrung oder minderung treffen direkt die Treugeberin. Daher bewirkt die Treuhandverbindung, dass die Treugeberin, nicht die Treuhänderin Mitunternehmerrisiko trägt[245]. Diese Konsequenz ergibt sich somit direkt aus § 39 Abs. 2 Nr. 1 S. 2 AO. Ein Rückgriff auf schuldrechtliche Weiterreichungspflichten (Gewinne) oder Freistellungsansprüche (Verluste) aus der Treuhandvereinbarung ist nicht notwendig[246].

Natürlich profitiert und haftet gesellschaftsrechtlich weiterhin zunächst die Kommanditistin. Der steuerrechtliche Terminus „Mitunternehmerschaft" (und somit auch „Mitunternehmerrisiko) beurteilt sich jedoch konsequenterweise ebenfalls steuerrechtlich, nämlich nach der wirtschaftlichen Betrachtungsweise. Dieser zufolge sorgt bereits § 39 Abs. 2 Nr. 1 S. 2 AO für ein direktes Anfallen von Gewinnen und Verlusten bei der Treugeberin[247], ein schuldrechtlicher „Umweg" ist für die Beurteilung des Mitunternehmerrisikos daher obsolet. Nach obiger Feststellung, dass dieses Merkmal bei einer Mitunternehmerschaft nie komplett fehlen darf, scheitert eine solche auf der Ebene der Treuhand-KG bereits daran, dass der Treuhänderin das geforderte Risiko gänzlich fehlt. Streng genommen kommt es auf das Vorliegen einer Mitunternehmerinitiative daher gar nicht mehr an. Aus Gründen der Vollständigkeit (und um Stimmen, die mit dem vollumfänglichen Fehlen einer Voraussetzung „großzügiger" umgehen[248], Genüge zu tun), wird auch dieses Merkmal beschrieben und sein Vorliegen bei den Gesellschaften im Treuhandmodell untersucht.

---

245 BFH, Urt. v. 30.06.2005 – IV R 40/03, BFH/NV 2005, 1994.

246 A.A. *Kroppen*, in: *Arbeitsgemeinschaft der Fachanwälte für Steuerrecht*, Jahrbuch der Fachanwälte für Steuerrecht 2005/2006, S. 679, 685.

247 Siehe oben S. 61 ff.

248 *Knobbe-Keuk*, StuW 1986, 106, 114, die allerdings andersherum die Mitunternehmerinitiative für obsolet hält, vgl. dazu auch schon Fn. 235.

d. Mitunternehmerinitiative

Macht und Geld sind Triebfedern unternehmerischen Handelns. Zieht das Mitunternehmerrisiko den finanziellen Aspekt („Geld") einer Unternehmensbeteiligung in Betracht, fokussiert das Merkmal „Mitunternehmerinitiative" die damit einhergehenden Einflussmöglichkeiten („Macht") auf Unternehmensentscheidungen. Mitunternehmerinitiative übt demgemäß derjenige aus, der durch Teilhabe an unternehmerischen Entscheidungen Einfluss auf das betriebliche Geschehen nehmen kann[249]. Die Anforderungen sind relativ niedrig: Nicht nur Geschäftsführungs- und Vertretungsbefugnisse, sondern bereits Stimm-, Kontroll- oder Widerspruchsrechte können grundsätzlich Mitunternehmerinitiative vermitteln[250]. Mit letztgenannten Rechten ist auch ein Kommanditist ausgestattet. Dies gilt gemäß § 164 S. 1 HS 2 HGB jedenfalls für den Widerspruch gegen eine Handlung eines persönlich haftenden Gesellschafters, die über den normalen Geschäftsbetrieb hinausgeht. Ein „regulärer" Kommanditist verfügt daher in der Regel über Mitunternehmerinitiative[251].

Die Kommanditistin im Treuhandmodell ist durch die schuldrechtliche Vereinbarung zur Treugeber-Komplementärin (und regelmäßig durch die gesellschaftsrechtliche Beteiligungs- und damit Machtstruktur) jedoch selbst von diesem Widerspruchsrecht ausgeschlossen. Da dies eine zulässige (sowohl § 164 S. 1 HGB als auch § 166 HGB sind gemäß § 163 HGB dispositiv) Abweichung vom gesetzlichen Leitbild darstellt, wird fast allgemein ihre Mitunternehmerinitiative verneint[252]. *Kroppen*[253] hingegen scheint sie unter Verweis auf die BFH-Rechtsprechung[254] zu bejahen. In der Tat wird dort angenommen, dass die alleinige Entziehung des Widerspruchsrechts nicht für eine zur Verneinung der Mitunternehmerinitiative ausreichend starke Abweichung vom gesetzlich vorgesehenen Leitbild eines Kommanditisten sorgt. Dafür käme dem auf wenige Anwendungsfälle beschränktem Widerspruchsrecht zu geringe Bedeutung zu. Sind allerdings neben dem Widerspruchsrecht auch Kontroll- und Stimmrechte

249 St. Rspr. des BFH, vgl. z.B. BFH, Urt. v. 01.08.1996 – VIII R 12/94, BStBl. II 1997, 272.

250 *Hey*, in: *Tipke/Lang*, Steuerrecht, § 18 Rn. 21.

251 BFH, Beschl. v. 25.06.1984 – GrS 4/82, BStBl. II 1984, 751.

252 Statt vieler *Benz/Goß*, DStR 2010, 839; a.A. nur *Kroppen*, in: *Arbeitsgemeinschaft der Fachanwälte für Steuerrecht*, Jahrbuch der Fachanwälte für Steuerrecht 2005/2006, S. 679, 684 f., der aber mangels Mitunternehmerrisiko im Ergebnis ebenfalls von einer fehlenden Mitunternehmerstellung der Kommanditistin ausgeht.

253 *Kroppen*, in: *Arbeitsgemeinschaft der Fachanwälte für Steuerrecht*, Jahrbuch der Fachanwälte für Steuerrecht 2005/2006, S. 679, 684 f.

254 BFH, Urt. v. 10.11.1987 – VIII R 166/84, BStBl. II 1989, 758.

ausgeschlossen oder stark beschnitten, lässt sich die Auffassung *Kroppens* nicht aufrechterhalten. Einem Gesellschafter, dem faktisch sämtliche Entscheidungsmöglichkeiten entzogen sind, Mitunternehmerinitiative zuzusprechen, erscheint gekünstelt. Exakt so verhält es sich jedoch in der Regel im Treuhandmodell: die Kommanditistin ist nicht nur schuldrechtlich an die Komplementärin gebunden, sondern meist auch deren 100%ige Tochter. Diese Beteiligungsverhältnisse sorgen dafür, dass die Mutter-Komplementärin gleichsam „durchregieren", d.h. über die in der GmbH starke Gesellschafterversammlung (siehe z.B. § 37 Abs. 1 GmbHG) auch Stimm- und Kontrollrechte ihrer Tochter vorgeben kann. Neben dem Mitunternehmerrisiko fehlt der Kommanditistin daher auch die Mitunternehmerinitiative.

Somit ist im Treuhandmodell die Treuhänderin nicht Mitunternehmerin[255], die Treugeberin hingegen schon (und dies nicht nur aufgrund ihrer eigenen Komplementär-Stellung, sondern unabhängig davon auch durch die Treuhandverbindung)[256]. Selbst die Ansicht, die davon ausgeht, dass ein fehlendes Merkmal durch ein anderes, stark vorliegendes ausgeglichen werden kann, wird daher für eine Kommanditistin im Treuhandmodell eine Mitunternehmerstellung verneinen müssen.

e. *Steuerermittlungssubjekt aufgrund anderer Tatbestände?*

Neben der Etablierung von Mitunternehmerschaften durch diese Typusbestimmung könnte eine Steuerermittlungssubjektivität jedoch auch *qua* normierter Anordnung erfolgen. Ob dafür geeignete Tatbestände vorhanden sind, wird im Folgenden untersucht.

i. *Gewerbliche Prägung?*

Eine GmbH & Co. KG ist kein Körperschaftsteuersubjekt, selbst dann nicht, wenn sie mit einer Körperschaft vergleichbare Strukturen aufweist (sog. Publikums-KG)[257]. Nach Aufgabe der Gepräge-Rechtsprechung des BFH[258] bedeutete dies für vermögensverwaltende, also gerade nicht nach § 15 Abs. 1 S. 1 Nr. 1 EStG tätige GmbH & Co. KGs, dass sie keine gewerblichen Einkünfte erzielten. Der Gesetzgeber reagierte mit Einführung des § 15 Abs. 3 Nr. 2 EStG, in welchem er

---

255 BFH, Urt v. 12.10.1999 – VIII R 67/98, BFH/NV 2000, 427.

256 St. Rspr., BFH, Urt. v. 16.05.1995 – VIII R 18/93 Rz. 26, BStBl. II 1995, 714; BFH, Urt v. 12.10.1999 – VIII R 67/98, BFH/NV 2000, 427, 428; BFH, Urt. v. 21.04.1988 – IV R 47/85, BStBl. II 1989, 722; BFH, Urt. v. 24.05.1977 – IV R 47/76, BStBl. II 1977, 737.

257 BFH, Beschl. v. 25.06.1984 – GrS 4/82, BStBl. II 1984, 751.

258 BFH, Beschl. v. 25.06.1984 – GrS 4/82, BStBl. II 1984, 751.

die Geprägetheorie rückwirkend kodifizierte[259]. Auch im Treuhandmodell wird die Komplementärin häufig entweder direkt eine GmbH und damit haftungsbeschränkt oder selbst eine GmbH & Co. KG sein, was jedenfalls zu einer faktischen Haftungsbeschränkung und gemäß § 15 Abs. 3 Nr. 2 S. 2 EStG ebenfalls zur Anwendung der Norm führen würde. Auch besteht bei der Treuhand-KG aus Sicht der Finanzverwaltung und des Gesetzgebers dieselbe „Gefahr", nämlich die, dass eine GmbH & Co. KG existiert, die (im Gegensatz zu einer GmbH, vgl. § 8 Abs. 2 KStG) keine gewerblichen Einkünfte erzielt.

Dennoch ist § 15 Abs. 3 Nr. 2 EStG im Treuhandmodell nicht anwendbar und kann somit auch keine eigenständige Steuerermittlungspflicht der Treuhand-KG begründen[260]. Diese ist selbst gewerblich tätig. Wenn aber ein gewerbliches Unternehmen, mithin eine Tätigkeit nach § 15 Abs. 1 S. 1 Nr. 1 EStG ausgeübt wird, ist schon dem Wortlaut nach der Anwendungsbereich des Absatz 3 Nr. 2 nicht eröffnet[261].

Unabhängig von den Analogieproblemen bei steuerbegründenden – mögliche Gewerbesteuerpflicht der KG – Tatbeständen, kommt auch eine analoge Anwendung der Norm nicht in Betracht. Folge des Treuhandmodells mag zwar das Ergebnis sein, das § 15 Abs. 3 Nr. 2 EStG zu verhindern sucht. Die Ausgangslage ist jedoch eine andere. Die Geprägetheorie zog eine Parallele zwischen der faktisch haftungsbeschränkten Gesellschaft des § 15 Abs. 3 Nr. 2 EStG und der haftungsbeschränkten GmbH. Erstere erzielte – zunächst – keine gewerblichen Einkünfte, letztere über § 8 Abs. 2 EStG sehr wohl. Gerade bei großen Publikums-KGs ist dieses Ergebnis mit seinen Konsequenzen (u.a. Gewerbesteuer- und originäre Buchführungspflicht, § 141 AO) nicht unmittelbar verständlich. Daher wird es in diesem Fall durch die Norm verhindert.

Das Fehlen gewerblicher Einkünfte kann aber grundsätzlich auf zwei Faktoren zurückgeführt werden. Dies sind die angesprochenen, analogieverhindernden unterschiedlichen Ausgangs- und Interessenlagen. Entweder sind die vorliegenden Einkünfte nicht gewerblicher Art oder es liegen schon gar keine Einkünfte vor. § 15 Abs. 3 S. 2 EStG ist eingeführt worden, um eigentlich nicht gewerbliche Einkünfte als gewerblich zu „prägen"[262]. Dies ist die Ausgangslage, die die Norm voraussetzt. Bei der Treuhand-KG ist jedoch die zweite Konstellation gegeben:

---

259 StBereinG 1986, Ges. v. 19.12.1985, BGBl. I 1985, 2436; die Rückwirkung war verfassungsrechtlich nicht zu beanstanden, BFH, Urt. v. 10.07.1986 – IV R 12/81, BStBl. II 1986, 811.

260 So auch *Stegemann*, INF 2003, 629, 630.

261 *Stegemann*, INF 2003, 629, 630.

262 Siehe oben Fn. 259.

Sie hat nicht andere als gewerbliche Einkünfte, sie selbst hat überhaupt keine. § 15 Abs. 3 Nr. 2 EStG soll eine Gewinnermittlungssubjektivität und das Vorliegen von Einkünften jedoch nicht begründen. Er dient vielmehr lediglich zur Umqualifizierung grundsätzlich vorhandener Einkünfte anderer Arten in solche aus Gewerbebetrieb, hilft also nur über die erstgenannte Konstellation hinweg.

Dies wird auch aus der Systematik des § 15 EStG deutlich: Die Begründung von Steuer(ermittlungs)subjekten findet sich in § 15 Abs. 1 EStG. Absatz 2 klärt, wann eine bestehende Mitunternehmerschaft gewerblich ist – im Gegensatz zur sog. freien Mitunternehmerschaft, § 18 Abs. 4 S. 2 EStG i.V.m. § 15 Abs. 1 S. 1 Nr. 2 EStG, und zur land- und forstwirtschaftlichen Mitunternehmerschaft, Verweis in § 15 Abs. 7 EStG. § 15 Abs. 3 EStG schließlich erweitert die Fälle der gewerblichen Mitunternehmerschaft, indem er durch Fiktion („gilt") eigentlich selbständige o.a. Tätigkeiten für gewerblich erklärt. Er erweitert mit anderen Worten das Merkmal „gewerblich", nicht das Merkmal „Mitunternehmerschaft". An letzteres knüpft die Gewinnermittlungssubjektivität jedoch an[263]. Sie liegt also auch gemäß § 15 Abs. 3 Nr. 2 EStG bei der Treuhand-KG nicht vor.

Dieses Ergebnis mag erstaunen, ist doch die gewerblich tätige Treuhand-KG „gefühlt" näher am steuerlichen Gewerbebetrieb i.S.d. § 15 EStG als eine „nur" gewerblich geprägte GmbH & Co. KG. Allerdings fallen ihre erwirtschafteten Güter ja letztlich auch als gewerbliche Einkünfte an – nur eben nicht bei ihr, sondern bei der Komplementärin. Außerdem besteht keine zu GmbHs vergleichbare und damit keine als unbillig (siehe oben) empfundene Situation: Im Gegensatz zu körperschaftsähnlich organisierten Publikums-KGs mit kapitalmäßig gering ausgestatteten *„pro forma"* Komplementären besteht eine solche Haftungsbeschränkung im Treuhandmodell (in dem ja eher der Kommanditist *pro forma* besteht) nicht. Nicht nur Ausgangs-, sondern auch Interessenlage differieren folglich. Wortlaut und *ratio* des § 15 Abs. 3 Nr. 2 EStG verhindern also eine – auch analoge – Anwendung auf die Treuhand-KG.

ii. Abfärbung?

Dem Wortlaut nach *prima facie* eher anwendbar ist § 15 Abs. 3 Nr. 1 EStG, negiert dieser doch genau das Tatbestandsmerkmal, an dem Nr. 2 scheitert: hier wird auf die „Tätigkeit im Sinne des Absatzes 1 Nummer 1[264]" positiv Bezug genommen. Eine solche wird von der Treuhand-KG regelmäßig ausgeübt. Rechtsfolge

263 *Kromer*, DStR 2000, 2157, 2161.

264 Richtig muss es „Absatzes 1 Satz 1 Nummer 1" lauten, offensichtlich ein Redaktionsversehen.

ist, dass die Tätigkeit *in vollem Umfang* als Gewerbebetrieb *gilt*. Dies und der (zugegebenermaßen umgangssprachliche) Titel „Abfärberegelung" zeigen, dass auch diese Norm keine Mitunternehmerschaft oder andere partielle Steuersubjektivität schaffen möchte[265], sondern wiederum durch die Umqualifizierung bereits vorhandener (typischerweise gemischter selbständiger und gewerblicher) Einkünfte in ausschließlich solche aus Gewerbebetrieb Vereinheitlichung und Vereinfachung verfolgt[266]. Diese *ratio* der Norm drückt sich ebenso im Tatbestandsmerkmal „auch"[267] aus. Bei Gesellschaften, die *nur* eine Tätigkeit im Sinne des § 15 Abs. 1 S. 1 Nr. 1 EStG ausüben, kann nichts abfärben. Die Norm findet für diese Gesellschaften folglich keine Anwendung.

Ein überraschendes Ergebnis deshalb, weil die Treuhand-KG als Personengesellschaft unter keiner der Nummern des Absatzes 3 fällt, obwohl diese auf den ersten Blick divergierende Tatbestandsmerkmale (Tätigkeit nach Abs. 1 S. 1 Nr. 1 ja/nein) aufweisen. Ein genauerer Blick auf den Wortlaut zeigt jedoch das Gegenteil, das ferner durch die jeweils aufgezeigte *ratio* der Normen gestützt wird.

iii. Prinzip der Maßgeblichkeit?

Die Treuhand-KG ist als gewerblich tätiges Unternehmen Kaufmann. Sie ist daher gemäß § 242 Abs. 1 HGB verpflichtet, eine Handelsbilanz aufzustellen. Aus dem (immer noch) in § 5 Abs. 1 S. 1 EStG verankerten Prinzip der Maßgeblichkeit der Handelsbilanz für die Steuerbilanz könnte man folgern, auch eine Steuerbilanz müsse aufgestellt werden. Das könne wiederum darauf hindeuten, dass die Treuhand-KG und nicht die Komplementärin Subjekt der steuerlichen Gewinnermittlung sei.

Dieses Ergebnis ist unter mehreren Gesichtspunkten fragwürdig. Zunächst widerspricht es der durch § 39 Abs. 2 AO i.V.m. den Grundsätzen zur Mitunternehmerschaft angeordneten Konsequenz, die ja eine steuerliche Subjektivität gerade verneint. Vordergründig steht also das Verhältnis dieser beiden Vorschriften – § 5 EStG und § 39 AO – in Frage[268]. Diese Frage kommt „unschuldig" daher, betrifft jedoch einen viel größeren Kontext, nämlich den Kern der Verortung des Steuerrechts: § 5 Abs. 1 S. 1 EStG streitet für die Einheit der Rechtsordnung und

---

265 Hier kann auf die Argumentation zu § 15 Abs. 3 Nr. 2 EStG verwiesen werden, siehe S. 71.

266 BVerfG, Beschl. v. 15.01.2008 – 1 BvL 2/04 Rz. 115, BGBl. I 2008, 1006.

267 § 15 Abs. 3 Nr. 1 EStG: „[...] wenn die Gesellschaft *auch* (Hervorhebung durch Verfasser) eine Tätigkeit im Sinne des Absatzes 1 Nummer 1 ausübt [...]".

268 Zum Streitstand *Krumm*, in: *Blümich*, EStG § 5 Rn. 510 f.; sich auf diese Frage beschränkend *Berg/Trompeter*, FR 2003, 903, 905.

damit zwangsweise („Maßgeblichkeit") für eine Unterordnung des Steuerrechts unter das Zivilrecht. § 39 Abs. 2 AO hingegen platziert mit der wirtschaftlichen Betrachtungsweise ein eigenes Prinzip und damit das Steuerrecht gleichrangig neben das Zivilrecht (bzw. in seinem Anwendungsgebiet höherrangig).

Rechtsprechung und Literatur haben vereinzelt einen Vorrang des § 5 Abs. 1 S. 1 EStG vor § 39 Abs. 2 AO angenommen[269]. Fernliegend ist diese Ansicht nicht. Zwar ist das Prinzip der Maßgeblichkeit ein eher allgemeiner Grundsatz. Er ist durch § 5 Abs. 1 S. 1 EStG jedoch kodifiziert, dies zudem im speziellen Bereich der Gewinnermittlung für Gewerbetreibende im Einkommensteuerrecht, einem spezielleren also, als die für alle Steuerarten geltende Abgabenordnung. Selbst wenn man jedoch grundsätzlich einen Vorrang von § 5 Abs. 1 S. 1 EStG annimmt, so ergibt sich daraus primär, dass, *falls* eine Steuerbilanz aufzustellen ist, handelsrechtliche Gewinnermittlungsprinzipien maßgeblich sind. So weit, eine eigene Steuersubjektivität aus der handelsrechtlichen Pflicht zur Bilanzierung zu begründen, reicht der Grundsatz der Maßgeblichkeit nicht[270], denn er ist nur Rechtsfolge eines steuerrechtlichen Tatbestands, der einen Gewerbetreibenden voraussetzt. Begründen kann er ihn – im Gegensatz zu § 15 EStG – nicht.

iv. Doppelstöckige Personengesellschaften?

Denkbar ist, dass die Komplementärin der Treuhand-KG ihrerseits Personengesellschaft und, steuerrechtlich betrachtet, Mitunternehmerschaft ist. In solchen Fällen sog. doppelstöckiger Personengesellschaften bestimmt § 15 Abs. 1 S. 1 Nr. 2 S. 2 EStG, dass auch mittelbar (nämlich über mindestens eine Obergesellschaft) beteiligte Gesellschafter als Mitunternehmer einer Untergesellschaft angesehen werden können. Vorab ist festzuhalten, dass diese Möglichkeit der Begründung von Gewinnermittlungssubjektivität im Einkommensteuerrecht das Problem immerhin richtig verortet, nämlich in § 15 Abs. 1 EStG, der diese Frage – im Gegensatz zu § 15 Abs. 3 EStG[271] – thematisiert. Voraussetzung der Norm ist allerdings eine ununterbrochene Mitunternehmerkette. Diese liegt streng genommen im Treuhandmodell nicht vor: Die Komplementärin der Treuhand-KG

---

269 Implizit BFH, Urt. v. 13.10.1972 – I R 213/69, BStBl. II 1973, 209; *Krumm*, in: *Blümich*, EStG, § 5 Rn. 510 f. m.w.N.; *Drüen*, in: *Tipke/Kruse*, Abgabenordnung, § 39 Rn. 11; *Körner/Weiken*, BB 1992, 1033, 1037.

270 So auch *Tschesche*, BB 2010, 1452, 1454; sehr verkürzt auch *Wild/Reinfeld*, DB 2005, 69, 70; gegen eine zu starke Betonung des Maßgeblichkeitsgrundsatzes auch *Weber-Grellet*, BB 2011, 43, 50; a.A. *Schmitt*, in: *Schmitt/Hörtnagl/Stratz*, Umwandlungssteuergesetz, § 24 Rn. 116.

271 Siehe oben S. 71 sowie S. 74.

erfüllt zwar (doppelt) die Voraussetzungen eines Mitunternehmers. Mitunternehmer kann jedoch nur derjenige sein, der an einer Mitunternehmerschaft beteiligt ist[272]. Die Treuhand-KG ist mangels zweiten Mitunternehmers gerade keine solche Mitunternehmerschaft. Auch die alle Merkmale erfüllende Komplementärin ist daher keine Mitunternehmerin. Eine ununterbrochene Kette liegt nicht vor. Stellt man hingegen nicht auf die einen weiteren Mitunternehmer voraussetzende Eigenschaft, sondern allein auf die Erfüllung der Mitunternehmer-Merkmale ab, könnte sich § 15 Abs. 1 S. 1 Nr. 2 S. 2 EStG in den genannten Konstellationen als problematisch erweisen. Selbst dann ist jedoch fraglich, ob nach dem *telos* der Norm die Begründung einer Mitunternehmerschaft gewollt ist. Die Norm ist gesetzgeberischer Reflex[273] auf einen Beschluss des BFH, der mittelbar beteiligte Gesellschafter gerade nicht als Mitunternehmer der Untergesellschaft qualifizierte[274]. Sichergestellt werden sollte, dass Gesellschafter der Obergesellschaft Sonderbetriebsvermögen bei der Untergesellschaft bilden können. Insbesondere sollten Vergütungen der Untergesellschaft an die Gesellschafter der Obergesellschaft als Sondereinnahmen qualifiziert werden[275]. Andernfalls wären sie nicht im Gesamtgewinn der Untergesellschaft erfasst worden. Die Vorschrift in ihrer aktuellen Erscheinungsform zielt daher nicht darauf, *neue* Steuer- bzw. Gewinnermittlungssubjekte zu schaffen, sondern das Steuersubstrat in *bereits vorhandenen* sicherzustellen. Vielfach wird § 15 Abs. 1 S. 1 Nr. 2 S. 2 EStG daher dahingehend ausgelegt, dass seine Rechtsfolge nur dann greift, wenn tatsächlich Sondervergütungen von der Untergesellschaft an die Gesellschafter der Obergesellschaft fließen oder letztere über Sonderbetriebsvermögen bei ersterer verfügen[276].

---

272 Dies ist kein Zirkelschluss. Ein Zirkelschluss läge vielmehr vor, wollte man die Voraussetzungen (Mitunternehmer) für ein Ergebnis (Mitunternehmerschaft) bejahen, indem man dieses Ergebnis annimmt.

273 StÄndG 1992 v. 25.02.1992, BGBl. I 1992, 297.

274 BFH, Beschl. v. 25.02.1991 – GrS 7/89, BStBl. II 1991, 691, 698.

275 Vgl. StÄndG-E 1992, BT-Drucks. 12/1108, S. 58 f; *Hennrichs*, in: *Tipke/Lang*, Steuerrecht, § 10 Rn. 143.

276 BFH, Urt. v. 06.09.2000 – IV R 69/99, BStBl. II 2001, 731; *Rätke*, in: *Herrmann/Heuer/Raupach*, EStG, § 15 Rn. 629; *Kraft/Sönnichsen*, DB 2011, 1936, 1940.

Da Mitunternehmer 2 nicht direkt an der Untergesellschaft beteiligt ist, würden die von der Untergesellschaft geleisteten Zahlungen vollständig abgezogen und nicht als Sondervergütungen bei der Untergesellschaft deren Ergebnis korrigieren. Dies sieht § 15 Abs. 1 S. 1 Nr. 2 HS 2 EStG nur für direkt beteiligte Mitunternehmer vor. Deshalb erweitert § 15 Abs. 1 S. 1 Nr. 2 S. 2 EStG den Kreis derjenigen, die Sondervergütungen beziehen können, auf sog. mittelbar beteiligte Mitunternehmer.

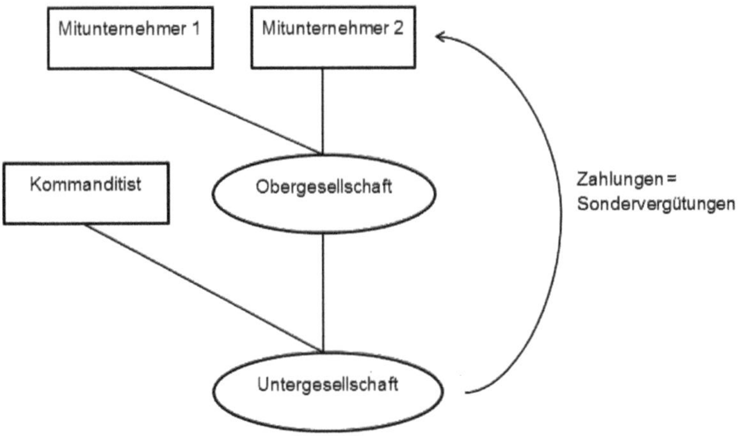

Diese Eingrenzung des Anwendungsbereiches geht für Fälle des Treuhandmodells nicht weit genug[277]. Wendete man die Vorschrift im Treuhandmodell nicht an, wäre die Untergesellschaft keine Mitunternehmerschaft und deshalb nie Gewinnermittlungssubjekt. Alle erwirtschafteten Gewinne wären originär bei der Mutter, also der Obergesellschaft anzusiedeln[278]. Eine steuerliche Untergesellschaft im Sinne dieser Vorschrift, die eine Bilanz zu bilden hat, in der die Zahlungen als Sondervergütungen einzubeziehen sind, liegt schlicht nicht vor. Zahlte die Untergesellschaft Vergütungen an die Gesellschafter der Obergesellschaft, wäre dies in der Gewinnermittlung der Obergesellschaft zu erfassen, würde also zu Sondervergütungen bei dieser Gesellschaft führen. An dieser sind die Mitunternehmer, an die geleistet wird, aber ohnehin beteiligt. Die Gefahr, dass diese Vergütungen steuerlich nicht erfasst werden könnten, besteht nicht[279], auch und gerade nicht bei Nichtanwendung der

277 Dennoch aber explizit für das Treuhandmodell *Kraft/Sönnichsen*, DB 2011, 1936, 1940.

278 Siehe oben S. 61 ff.

279 Dies ändert sich auch nicht durch die Einschaltung weiterer Zwischengesellschaften. Schaltete man eine weitere Gesellschaft ein, wäre § 15 Abs. 1 S. 1 Nr. 2 S. 2 EStG zwar

Norm. Allein dieser Gefahr will § 15 Abs. 1 S. 1 Nr. 2 S. 2 EStG jedoch begegnen. Die Regelung ist in der Konstellation des Treuhandmodells somit verzichtbar[280].

Im Treuhandmodell liegt eine Konstellation vor, vor der der § 15 Abs. 1 S. 1 Nr. 2 S. 2 EStG nicht schützt und auch nicht schützen muss. Zunächst kann man an der geforderten durchgehenden Mitunternehmerkette zweifeln. Zwar erfüllt die Komplementärin im Gegensatz zur Kommanditistin die Merkmale eines Mitunternehmers. Die Treuhand-KG selbst ist (ohne Anwendung des § 15 Abs. 1 S. 1 Nr. 2 S. 2 EStG) aber keine Mitunternehmerschaft. Ob man Mitunternehmer an einer Nicht-Mitunternehmerschaft sein kann, erscheint zweifelhaft. Selbst wenn man dies jedoch bejaht, gibt es keine teleologischen Erwägungen, die die Anwendung der Norm auf die hiesige Situation begründen könnten: Die Treuhand-KG kann kein steuerliches Vermögen bilden und erstellt auch keine Steuerbilanz. Leistet sie Zahlungen an die Mitunternehmer der Komplementär-KG, so wirkt sich dies sowohl beim Betriebsausgabenabzug, als auch bei der korrigierenden Behandlung als Sondervergütung direkt bei der Komplementär-KG aus, dessen steuerliche Betriebsstätte die Treuhand-KG ist. Für diese Auswirkungen bei der Komplementärin bedarf es aber § 15 Abs. 1 S. 1 Nr. 2 S. 2 EStG nicht, denn bereits § 15 Abs. 1 S. 1 Nr. 2 HS 2 EStG sieht die Einbeziehung von Sondervergütungen bei der Gesellschaft, an der die Mitunternehmer direkt beteiligt sind, vor.

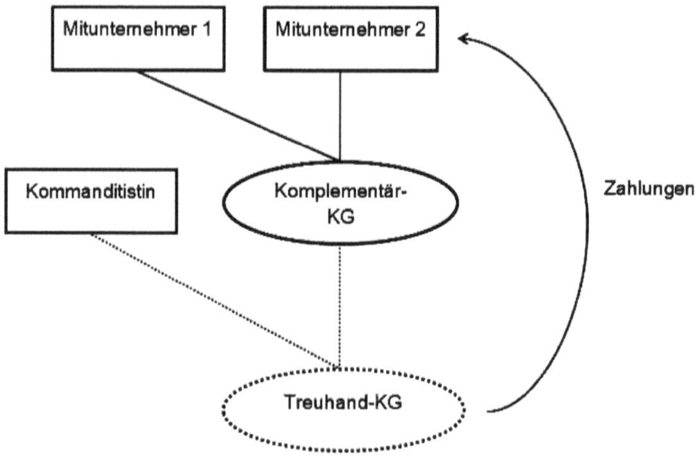

ggf. auf Ebene der Komplementärin der Treuhand-KG anzuwenden mit der Folge, dass sie weitere Mitunternehmer erhält. Dies tangiert jedoch nicht die steuerlich inexistente Treuhand-KG selbst. Sie hat nie eigenes steuerliches Gesamthandsvermögen, nie eigene steuerliche Gewinne, gleich wie viele Personengesellschaften über sie geschaltet sind.

280 Die nachfolgende, erklärende Grafik beschränkt sich aus Veranschaulichkeitsgründen auf die für § 15 Abs. 1 S. 1 Nr. 2 S. 2 EStG wichtigen Gegebenheiten und lässt Details wie exakte Beteiligungsverhältnisse oder die Treuhandverbindung zwischen Komplementär-KG und Kommanditistin bewusst außer Betracht.

Somit bleibt als Zwischenergebnis festzuhalten, dass weder nach der allgemeine Regelung des § 15 Abs. 1 S. 1 Nr. 2 EStG unter Zuhilfenahme der Kriterien „Risiko" und „Initiative" noch nach den angesprochenen spezielleren Normen eine Mitunternehmerschaft oder eigene Steuerermittlungssubjektivität der Treuhand-KG angenommen werden kann.

3. Körperschaftsteuerpflicht der Treuhand-KG?

Bereits die Überschrift wirkt widersprüchlich: Die Treuhandgesellschaft im Treuhandmodell kann keine Kapitalgesellschaft sein, sondern ist zwingend Kommanditgesellschaft[281]. Eine Kommanditgesellschaft ist als Personengesellschaft gerade keine Körperschaft und fällt somit auch grundsätzlich nicht unter das KStG. Das KStG erwähnt in § 1 Abs. 1 Nr. 1–6 KStG alle körperschaftsteuerpflichtigen Subjekte. Die Kommanditgesellschaft findet sich nicht darunter. Das gilt insbesondere auch für die spezielle (im Treuhandmodell durchaus gängige) Form der GmbH & Co. KG, selbst bei Ausgestaltung einer den Körperschaften ähnlichen Publikums-GmbH & Co. KG[282]. Es gibt jedoch einen Grund, überhaupt eine Körperschaftsteuerpflicht gedanklich in Betracht zu ziehen: § 3 Abs. 1 KStG.

§ 3 Abs. 1 KStG ergänzt die Aufzählung des § 1 KStG und besitzt insoweit Auffangcharakter[283], als er bestimmte, nicht unter das Einkommensteuergesetz fallende nichtrechtsfähige Personenvereinigungen als ebenfalls potentiell körperschaftsteuerpflichtig ansieht. Theoretisch gilt das auch für eine (GmbH & Co.) KG[284]. Voraussetzung der Norm ist allerdings, dass ihr Einkommen nicht unmittelbar bei einem anderen Steuerpflichtigen zu versteuern ist. Dies ist im Treuhandmodell zweifelhaft, denn das Ergebnis der KG entsteht durch Zurechnung der Kommanditanteile über die Tatbestände des § 39 Abs. 2 AO direkt bei der Komplementärin, wird somit dort auch erfasst und der Besteuerung unterworfen. Letzteres ist für den Ausschluss von § 1 Abs. 1 KStG nicht einmal notwendig. Bereits die theoretische Möglichkeit einer anderweitigen Versteuerung genügt, um das Merkmal „unmittelbar" zu erfüllen[285]. Diese theoretische

---

281 Siehe oben S. 29.

282 BFH, Beschl. v. 25.06.1984 – GrS 4/82, BStBl. II 1984, 751.

283 *Pfirrmann*, in: *Gosch*, KStG, § 3 Rn. 3, 7.

284 Diese kann nichtrechtsfähige Personenvereinigung im Sinne dieser Vorschrift sein, *Rengers*, in: *Blümich*, § 3 KStG Rn. 20; *Lambrecht*, in: *Gosch*, KStG, § 3 Rn. 14.

285 BFH, Beschl. v. 25.06.1984 – GrS 4/82, BStBl. II 1984, 751.

Möglichkeit eröffnet in der Regel § 15 Abs. 1 S. 1 Nr. 2 EStG[286], der das Ergebnis einer Mitunternehmerschaft transparent bei den Mitunternehmern erfasst. Schon diese sind also nach wirtschaftlichen Gesichtspunkten als unmittelbare Bezieher des Einkommens anzusehen[287] und daher Zurechnungssubjekte, aufgrund derer die Anwendung von § 3 Abs. 1 KStG scheitert. Wenn aber schon die Besteuerung bei Mitunternehmern (unter der ja die Mitunternehmerschaft immerhin als Gewinnermittlungssubjekt steht) als „unmittelbar" angesehen wird, dann muss eine Besteuerung bei der Komplementärin, der ja das Ergebnis nicht erst transparent zugerechnet wird, sondern es originär bei ihr entsteht, erst recht unmittelbar im Sinne der Vorschrift erfolgen. Für eine subsidiäre Körperschaftsteuerpflicht nach § 3 Abs. 1 (i.V.m. § 1 Abs. 1) KStG besteht dann kein Bedarf[288].

4. § 179 AO: gesonderte Gewinnfeststellung

Eine Mitunternehmerschaft ist Gewinnermittlungssubjekt, nicht aber Einkommensteuersubjekt. Sie wird vielmehr transparent besteuert, d.h. der ermittelte Gewinn der Mitunternehmerschaft wird den Mitunternehmern nach internem Verteilungsschlüssel zugerechnet und unterfällt bei ihnen der Einkommensteuer. Technisch wird dieser Vorgang mithilfe der sog. gesonderten und einheitlichen Gewinnfeststellung (§§ 179 Abs. 2 S. 2, 180 Abs. 1 Nr. 2 lit. a AO) bewältigt. Gesonderte Feststellung bedeutet in Abgrenzung zu § 157 Abs. 2 AO, dass der Gewinn als Besteuerungsgrundlage nicht unselbständiger Teil des Steuerbescheids ist, sondern selbständig neben diesem steht und anfechtbar ist[289]. Sie kommt nach gesetzlicher Anordnung, z.B. bei Gewinneinkünften von Einzelpersonen bei einer örtlichen Mehrfachzuständigkeit (für Feststellung der Besteuerungsgrundlagen und Einkommensteuer) der Finanzämter (§ 180 Abs. 1 Nr. 2 b)) in Betracht, ist also gesetzlicher Ausnahmefall[290].

Nicht nur gesondert, aber darüber hinaus auch einheitlich erfolgt die Feststellung bei den in § 179 Abs. 2 S. 2 AO gesetzlich bestimmten Fällen. Ein solcher Fall ist gemäß § 180 Abs. 1 Nr. 2 lit. a AO die Beteiligung mehrerer Personen an einkommen- oder körperschaftsteuerpflichtigen Einkünften, die diesen

---

286 *Pfirrmann*, in: *Gosch*, KStG, § 3 Rn. 18.

287 Formel nach BFH, Urt. v. 18.10.1960 – I 121/59 U, BStBl. III 1960, 496.

288 Die Frage, welche Konstellationen § 3 Abs. 1 KStG überhaupt erfasst, drängt sich geradezu auf. *Pfirrmann*, in: *Gosch*, KStG, § 3 Rn. 15 beantwortet sie mit „Holdinggesellschaften, Kartelle[n], Syndikate[n] oder andere[n] Gelegenheitsgesellschaften".

289 *Koenig*, in: *Pahlke/Koenig*, Abgabenordnung, § 179 Rn. 2.

290 *Söhn*, in: *Hübschmann/Hepp/Spitaler*, Abgabenordnung, § 179 Rn. 8.

Personen zugerechnet werden. Der Vorteil dieser Vorgehensweise liegt darin, dass mehrere Steuerbescheide für verschiedene Steuerpflichtige einheitlich auf eine nur einmal festgestellte Besteuerungsgrundlage zurückgreifen können[291]. Im Treuhandmodell sind – je nach Beteiligungsquoten unterschiedlich stark ausgeprägt – gesellschaftsrechtlich betrachtet Komplementärin und Kommanditistin am KG-Gewinn beteiligt. Dies spräche für eine gesonderte und einheitliche Gewinnfeststellung. Allerdings wird der Kommanditanteil der Komplementärin als Treugeberin gemäß § 39 Abs. 2 Nr. 1 S. 2 AO zugerechnet. Es besteht daher gerade keine Mitunternehmerschaft und keine Gewinnermittlungssubjektivität der KG. Die Gewinne fallen direkt und nur bei der Muttergesellschaft an. Weitere beteiligte Unternehmer, zwischen denen ein interner Verteilungsschlüssel besteht und an die verschiedene Steuerbescheide ergehen müssten, liegen nicht vor. Ebenso wenig ist § 179 Abs. 2 S. 3 AO einschlägig. Häufig führt zwar hiernach eine Treuhandverbindung zu einer gesonderten und einheitlichen Feststellung, dies aber nur, wenn der Treugeber als weiterer und außenstehender Dritter zur Gesellschaft hinzutritt. Im vorliegenden Fall ist der Treugeber aber gerade nicht außenstehender Dritter, sondern selbst und eigenständig unmittelbar als Komplementär beteiligt. Durch die Treuhand im Treuhandmodell tritt niemand hinzu, es wird lediglich das Zurechnungsobjekt ausgetauscht. Die Gewinne sind daher nicht gesondert und einheitlich festzustellen[292], für die Anwendung der §§ 179 Abs. 2 S. 2, 180 Abs. 1 Nr. 2 lit. a AO besteht weder Grund noch Bedarf.

5. § 39 Abs. 2 Nr. 2 AO

a. Zurechnungstatbestand

Neben § 39 Abs. 2 Nr. 1 S. 2 AO enthält § 39 Abs. 2 Nr. 2 AO einen weiteren Zurechnungstatbestand. Dieser betrifft eine völlig andere Grundkonstellation und stellt auch von der Nr. 1 abweichende bzw. ergänzende Rechtsfolgen bereit. Zur Erinnerung: § 39 Abs. 2 Nr. 1 S. 2 AO rechnet den Kommanditanteil an der Treuhand-KG der Treugeberin zu und sorgt so – wie soeben gesehen – dafür, dass die Treuhänderin nicht als Mitunternehmerin qualifiziert.

§ 39 Abs. 2 Nr. 2 AO kann erst nach dieser Einordnung behandelt werden. Er bemisst, dass Wirtschaftsgüter, die mehreren zur gesamten Hand zustehen, den Beteiligten anteilig zugerechnet werden, soweit eine getrennte Zurechnung für

291 *Koenig*, in: *Pahlke/Koenig*, Abgabenordnung, § 179 Rn. 3.
292 Siehe bereits BFH, Urt. v. 01.10.1992 – IV R 130/90, BStBl. II 1993, 574; *Schmieszek*, in: *Beermann/Gosch*, Abgabenordnung, § 39 Rn. 150.

die Besteuerung erforderlich ist. Damit ist in diesen Fällen für zivilrechtliche Gesamthandsgemeinschaften eine steuerrechtliche Bruchteilsbetrachtung etabliert[293]. Die Norm bewirkt nicht die Zurechnung eines treuhänderisch gehaltenen Kommanditanteils (wie Nr. 1), sondern die Zurechnung von Wirtschaftsgütern des Gesamthandsvermögens an die Beteiligten. „Beteiligte" sind im Falle von Personengesellschaften die Gesellschafter[294]. Im Treuhandmodell bedeutet dies, dass alle Wirtschaftsgüter der KG anteilig der Komplementärin und der Kommanditistin zugerechnet werden. Für die der Kommanditistin zugerechneten Güter greift aber wiederum § 39 Abs. 2 Nr. 1 S. 2 AO, so dass schlussendlich durch das Zusammenspiel und die doppelte Anwendung der Zurechnungstatbestände des § 39 Abs. 2 Nr. 1 S. 2 und Nr. 2 AO alle Wirtschaftsgüter der Treuhand-KG der Komplementärin zugerechnet werden[295].

b. Verhältnis zu § 15 Abs. 1 S. 1 Nr. 2 EStG

Diese doppelte Zurechnung steht aber unter dem Vorbehalt der Anwendbarkeit der Vorschrift des § 39 Abs. 2 Nr. 2 AO. Sie greift nur, soweit eine getrennte Zurechnung für die Besteuerung „erforderlich" ist. Liegt eine einkommensteuerrechtliche Mitunternehmerschaft gemäß § 15 Abs. 1 S. 1 Nr. 2 EStG vor, so ist diese zwar nicht Schuldnerin der Einkommensteuer, wohl aber Subjekt der Einkünfteermittlung. Wenn diese Ermittlung auf Ebene der Mitunternehmerschaft geleistet werden kann und den Mitunternehmern das bei ihnen zu versteuernde Ergebnis lediglich nach einem Gewinnverteilungsschlüssel zuzurechnen ist, so wird eine vorherige getrennte Zurechnung der Wirtschaftsgüter an diese Mitunternehmer nicht „erforderlich" i.S.d. § 39 Abs. 2 Nr. 2 AO sein. Mit anderen Worten geht § 15 Abs. 1 S. 1 Nr. 2 EStG der Bruchteilsbetrachtung als *lex*

293 BFH, Urt. v. 13.07.1999 – VIII R 72/98, BStBl. II 1999, 820; *Ratschow*, in: 39. Rn. 76.

294 *Wacker*, NWB 2010, 2133, 2138; *Koenig*, in: *Pahlke/Koenig*, Abgabenordnung, § 39 Rn. 71.

295 *Wacker*, NWB 2010, 2133, 2138; unverständlich *Ley*, Ubg 2009, 260, 262 f., die für dieses durch die Tatbestände der steuerrechtlichen Grundnorm des § 39 Abs. 2 AO erreichte Ergebnis eine Übertragung des zivilrechtlichen Grundgedankens des § 738 BGB für notwendig hält. § 738 BGB sei seinem Gedanken nach auch auf Fälle anwendbar, in denen sich die Anwachsung durch gemischt zivilrechtliche und wirtschaftliche Anteilsvereinigung bei einem Gesellschafter kommt. Sie spricht fortan auch stets vom einzigen Gesellschafter (nicht: Mitunternehmer) der Treuhand-KG, obwohl sie wohl auch nur die steuerrechtliche Zuordnung zur Komplementärin und kaum ein gesellschaftsrechtliches Ausscheiden des Kommanditisten mit dem damit verbundenen Untergang der KG erreichen wollte.

specialis vor[296]. Letztgenannte Norm kann aber natürlich nur dann als speziellere vorrangig Anwendung finden, wenn ihr Anwendungsbereich überhaupt eröffnet ist. Dies ist der Grund, warum die Frage der Mitunternehmerschaft, mithin die Frage der Anwendbarkeit des § 15 Abs. 1 S. 1 Nr. 2 EStG vor der Zurechnungsnorm des § 39 Abs. 2 Nr. 2 AO geklärt werden musste. Steht – wie hier – fest, dass erstere nicht anwendbar ist, ergibt sich aus eben letztgenannter Zurechnungsnorm die oben genannte Folge: Sämtliche Wirtschaftsgüter der Treuhand-KG werden (soweit die der Kommanditbeteiligung zuzurechnenden betroffen sind über den „Umweg" des § 39 Abs. 2 Nr. 1 S. 2 AO) der Komplementärin zugerechnet. Sie ist somit ertragssteuerliche Alleineigentümerin des gesamthänderisch gebundenen Vermögens[297].

c. *Zurechnungsobjekte*

Wie schon § 39 Abs. 2 Nr. 1 S. 2 AO, erfasst auch Nr. 2 seinem Wortlaut nach lediglich Wirtschaftsgüter[298]. Die Zurechnung anderer Objekte, insbesondere der aus diesen Wirtschaftsgütern erwirtschafteten Einkünfte, ist nicht explizit umfasst[299]. Ob sie dennoch über die beiden angesprochenen Tatbestände des § 39 Abs. 2 AO zugerechnet werden können, ist strittig. Dieser Streit ist für die Zurechnung im Treuhandmodell indes ohne Belang. Hier müssen die aus dem

296 BFH, Beschl. v. 25.02.1991 – GrS 7/89 Rz. 89, BStBl. II 1991, 691; *Koenig*, in: *Pahlke/Koenig*, Abgabenordnung, § 39 Rn. 76; a.A. *Fischer*, BB 1978, 1772, allgemein zum Verhältnis von § 39 AO zu anderen Zurechnungsvorschriften.

297 So auch BFH, Urt. v. 03.02.2010 – IV R 26/07, BStBl. II 2010, 751; wenn in Rz. 25 die anteilige Zurechnung als nicht erforderlich angesehen wird, so gilt das explizit nur für den „normalen" Fall einer mitunternehmerschaftlichen gewerblichen Personengesellschaft, bei der § 15 Abs. 1 S. 1 Nr. 2 EStG eine beschränkte Rechtsfähigkeit der Gesellschaft etabliert. Fehlt diese (wie im Treuhandmodell), ist die Anwendung des § 39 Abs. 2 Nr. 2 AO wohl auch nach Meinung des BFH erforderlich (a.a.O. Rz. 28; unpräzise allerdings nur wenig später derselbe Senat in BFH, Urt. v. 26.04.2012 – IV R 44/09 Rz. 24, DStR 2012, 1497, in dem der BFH für den Vorrang von § 15 Abs. 1 S. 1 Nr. 2 EStG vor § 39 Abs. 2 Nr. 2 AO pauschal auf gewerbliche Personengesellschaften verweist und das Erfordernis der Mitunternehmerschaft für eine beschränkte Subjektivität vernachlässigt).

298 Siehe oben S. 63.

299 BFH, Urt. v. 27.01.1993 – IX R 269/87, BStBl. II 1994, 615; sie soll aber nach BFH, Urt. v. 24.05.1977 – IV R 47/76, BStBl. II 1977, 737 Rz. 35 über den Wortlaut hinaus mit umfasst sein; ebenso *Lang/Seer*, FR 1992, 637, 640 (teleologisches Auslegungsprinzip auch für die Zurechnung von Einkünften); strenger *Heidner*, Treuhandverhältnisse im Steuerrecht, S. 82 für die insoweit vergleichbare Nr. 1 der Norm.

Kommanditanteil entspringenden Einkünfte nicht dem Treugeber zugerechnet werden, da sie erst gar nicht vom Treuhänder erzielt werden[300]. Vielmehr genügt, dass über § 39 Abs. 2 Nr. 1 S. 2 AO der Kommanditanteil der Treugeberin zugerechnet wird. Auch die Treuhand-KG erzielt keine eigenen Einkünfte. Über § 39 Abs. 2 Nr. 2 AO wird ihr Gesamthandsvermögen der Treugeber-Komplementärin zugerechnet, so dass diese alle Anteile in sich vereint. Weder Treuhand-KG noch „Vehikel-GmbH"[301] erzielen im Modell Einkünfte. Alle Ergebnisse, die aus diesen Beteiligungen erwachsen, fallen direkt und originär bei der Treugeber-Mutter an. Sie erzielt die Einkünfte nicht als (unmittelbare) Konsequenz des § 39 Abs. 2 Nr. 2 AO, sondern weil sie durch die zugerechneten Wirtschaftsgüter den Einkünftetatbestand selbst verwirklicht[302].

6. Konsequenzen für einzelne Steuerarten

a. Einkommen- / Körperschaftsteuer

i. Treuhand-KG

Eine Personengesellschaft ist nicht – selbst wenn sie als Mitunternehmerschaft qualifiziert – Subjekt der Einkommensteuer[303]. Die so genannte transparente Besteuerung gibt vielmehr vor, dass auch bei Personenvereinigungen nur die beteiligten natürlichen Personen der Einkommensteuer als Steuersubjekt unterfallen (§ 1 Abs. 1 S. 1 EStG). Die Vereinigung selbst ist lediglich Gewinnermittlungssubjekt[304]. Die Frage einer eigenen Einkommensteuerpflicht der Treuhand-KG verbietet sich also von vornherein – unabhängig von den Folgen des Treuhandmodells. Natürlich entfaltet dieses aber auch für Zwecke der Einkommensteuer Wirkungen. Über die normale Transparenz hinausgehend ist die Treuhand-KG im Einkommensteuerrecht nicht nur „unsichtbar", sondern schlicht inexistent, ein *nullum*[305]. Sie bildet kein steuerliches Gesamthandsvermögen, die

300 A.A. aber offensichtlich *Benz/Grundke*, StuW 2009, 151, die darüber hinaus missverständlich formulieren, *die* (also alle, auch die nicht aus der Kommanditbeteiligung stammenden) Einkünfte würden zugerechnet.

301 Der Kommanditistin bleibt es natürlich unbenommen, außerhalb des Treuhandmodells und der Vereinbarung weiteren Aktivitäten nachzugehen und so Einkünfte zu generieren.

302 So auch *Koenig*, in: *Pahlke/Koenig*, Abgabenordnung, § 39 Rn. 61.

303 Und natürlich ist sie erst recht nicht Körperschaftsteuersubjekt.

304 Und dies natürlich auch nur dann, wenn sie die Merkmale einer Mitunternehmerschaft erfüllt, § 15 Abs. 1 S. 1 Nr. 2 EStG.

305 *Keß*, FR 2010, 633, 634.

Auswirkungen ihrer gewerblichen Tätigkeiten schlagen sich vielmehr direkt in demjenigen der Muttergesellschaft nieder.

Grund für diese Inexistenz sind Konzeption und Systematik des § 15 EStG. Dieser lässt in seinen Tatbeständen (Abs. 1, Abs. 3) lediglich mitunternehmerschaftliche Personenvereinigungen gewerbliche Einkünfte erzielen. Das verdeutlicht der einschränkende Relativsatz des § 15 Abs. 1 S. 1 Nr. 2 („[...], bei der der Gesellschafter als Unternehmer (Mitunternehmer) des Betriebs anzusehen ist, [...]"). Nach inzwischen allgemeiner Ansicht bezieht sich dieser Satz nicht nur auf die „andere[n] Gesellschaft", der er unmittelbar folgt, sondern auch auf die vorher erwähnte Offene Handelsgesellschaft und die Kommanditgesellschaft[306]. Die KG im Treuhandmodell ist aber keine Mitunternehmerschaft[307]. Dass sie selbst kein Gewinnermittlungssubjekt für die Einkommensteuer ist, war daher schon immer unstreitig[308]. Die Auswirkungen des Treuhandmodells liegen hier deshalb weniger in der „normalen" mangelnden Steuerpflicht der Treuhand-KG, sondern vielmehr in ihrer mangelnden Fähigkeit, einkommensteuerliches Gesamthandsvermögen bilden zu können. Dies führt insbesondere bei potentiellen Ausgliederungen und der Übertragung von Wirtschaftsgütern zwischen Mutter und Treuhand-KG zu interessanten Folgen[309].

Die Treuhand-KG ist in der Regel eine gewerblich tätige, am Markt operierende Gesellschaft. Sie erwirtschaftet durch ihre Unternehmungen Gewinne oder erleidet Verluste, was natürlich Auswirkungen auf die Besteuerung hat. Es ist keineswegs so, dass die Ergebnisse steuerfrei oder überhaupt nicht steuerbar wären. Sie sind es – das Treuhandmodell mag ein Gestaltungsinstrument sein, es ist keineswegs ein Steuerschlupfloch – nur eben nicht in gewohnter Weise. Wäre die KG eine Mitunternehmerschaft, würden ihre gewerblichen Einkünfte auf Ebene

---

306 Der (überzeugende) Grund für diese Ansicht liegt in einem systematischen Vergleich zu § 16 Abs. 1 Nr. 2 EStG. Dieser behandelt die Besteuerung einer Betriebsveräußerung als gewerbliche Einkünfte, aber (dem hier eindeutigen Wortlaut nach) nur insoweit, als sie einem mitunternehmerschaftlichen Anteil entstammen. Würde dem § 15 EStG aber jeder – auch nichtmitunternehmerschaftliche – Gesellschafter einer OHG oder KG unterfallen, würde man im Rahmen der Veräußerung einigen Gesellschaftern gewerbliche Einkünfte absprechen, die solche während ihres Engagements hatten. Vgl. zu dieser Argumentation die st. Rspr., BFH, Beschl. v. 21.02.1974 – IV B 28/73, BStBl. II 1974, 404; BFH, Urt. v. 08.02.1979 – IV R 163/76, BStBl. II 1979, 405.

307 Siehe oben S. 64 ff.

308 Auch die die Gewerbesteuerpflicht der Treuhand-KG bejahende Vorinstanz ging nicht davon aus, dass eine Mitunternehmerschaft vorliegt, FG Düsseldorf, Urt. v. 19.04.2007 – 16 K 4489/06 G Rz. 22, EFG 2007, 1097.

309 Siehe dazu unten S. 128 ff.

dieser KG festgestellt und bei ihren Mitunternehmern besteuert (§ 15 Abs. 1 S. 1 Nr. 2 EStG, ggf. i.V.m. § 8 Abs. 1 KStG). Da sie es aber nicht ist, entfällt die Feststellung auf ihrer Ebene. Alle von ihr erwirtschafteten Gewinne sind originäre Gewinne der Muttergesellschaft.

ii. Muttergesellschaft

(1) Gewinne

Die Muttergesellschaft kann selbst eine gewerbliche Tätigkeit ausüben und so gewerbliche Einkünfte generieren. Zusätzlich zu diesen durch eigene Tätigkeit erwirtschafteten Einkünften sind jedoch auch die durch die Treuhand-KG erzeugten Einkünfte immer die „eigenen" der Muttergesellschaft. Da sie nicht als Mitunternehmer an der KG beteiligt ist, erzielt die Mutter diese Einkünfte nicht gemäß § 15 Abs. 1 S. 1 Nr. 2 EStG, sondern als eigene nach § 15 Abs. 1 S. 1 Nr. 1 EStG (in Verbindung mit § 8 Abs. 1 KStG, sofern die Mutter Körperschaft ist). Dementsprechend finden alle ergebnisrelevanten gewerblichen Tätigkeiten der Treuhand-KG auf dieser Ebene einkommensteuerliche Berücksichtigung – entweder in Form der Einkünfteermittlung für die Mitunternehmer der Mutter (Mutter ist mitunternehmerschaftliche Personengesellschaft) oder in Form einer tatsächlichen Besteuerung der Mutter (Mutter ist Körperschaft).

(2) Verluste

Was für etwaige Gewinne der Treuhand-KG gilt, behält auch für den Fall Gültigkeit, dass die KG Verluste erleidet. Diese sind originäre Verluste der Mutter, also negative Einkünfte nach § 15 Abs. 1 S. 1 Nr. 1 EStG. Soweit allein die Ergebnisse der KG betroffen sind[310], ist die Abweichung des Treuhandmodells von einer normalen Mitunternehmerkonstruktion für die Einkommensteuer daher auch hier unspektakulär: Anstatt über § 15 Abs. 1 S. 1 Nr. 2 EStG wirken sich die Ergebnisse über § 15 Abs. 1 S. 1 Nr. 1 EStG aus.

Unterschiede zum Fall positiver Einkünfte der Treuhand-KG können sich jedoch in den Auswirkungen dieser Verluste bei der Mutter ergeben. Von der Tochter erwirtschaftete Gewinne addieren sich vollständig zu dem Ergebnis, das die Mutter durch eigene Tätigkeit erzielt hat: Verluste der Mutter werden

310 Die Bezeichnung „unspektakulär" gilt freilich nur für die laufende Gewinnermittlung, bei der auch in gewöhnlichen Konstruktionen im Einkommensteuerrecht aufgrund der Transparenz eine gewisse Konsolidierung stattfindet. Zu den einkommensteuerrechtlich durchaus nicht unspektakulären Folgen des Treuhandmodells bei der Übertragung von Wirtschaftsgütern siehe unten S. 127 f.

ausgeglichen, Gewinne um die weiteren Gewinne erhöht. Führt die gewerbliche Tätigkeit der KG hingegen zu Verlusten, könnte zweifelhaft sein, ob die Mutter diese Verluste spiegelbildlich vollständig von ihrem sonstigen Ergebnis subtrahieren kann. Grund für diese Zweifel ist § 15a EStG[311].

Ziel dieser Vorschrift ist, einem Kommanditisten oder vergleichbar begrenzt haftenden Gesellschafter einen Abzug seiner Beteiligungsverluste von seinen sonstigen Einkünften nur insoweit zuzubilligen, als er durch diese wirtschaftlich belastet ist[312]. Dies soll der Besteuerung nach dem Prinzip der Leistungsfähigkeit dienen[313]. Wirtschaftlich belastet ist ein Kommanditist bei Haftungsgefahr, d.h. bei Verlusten in Höhe bis zu seiner Haftsumme[314]. Darüber hinaus haftet ein Kommanditist nicht. Verluste der KG wirken sich jedoch weiterhin durch Bildung (und später ggf. Erhöhung) eines sog. negativen Kapitalkontos (vgl. § 120 Abs. 2 HGB i.V.m. § 167 Abs. 1 HGB) aus[315]. Dies betrifft zwar im ersten Schritt nicht die Haftung, wohl aber in einem zweiten Schritt die wirtschaftliche Partizipation des Kommanditisten. Er darf nämlich so lange keine Gewinnauszahlung verlangen, wie sein Kapitalkonto einen negativen Saldo aufweist[316]. Mangels Haftung führt daher nicht bereits der erste Schritt (Bildung oder Erhöhung eines negativen Kapitalkontos) zu einer wirtschaftlichen Belastung, sondern erst der zweite (keine Gewinnbeteiligung bis zum Saldoausgleich). Diese „Belastungssystematik" zeichnet § 15a EStG nach[317], indem er bemisst, dass Verlustanteile, durch die ein negatives Kapitalkonto entsteht oder sich erhöht, nur mit späteren Beteiligungsgewinnen (Abs. 2), nicht aber mit anderen positiven Einkünften ausgeglichen werden können.

Bereits aus diesen Ausführungen wird deutlich, dass § 15a EStG den Verlustabzug nur für solche Beteiligungen begrenzt, die mit einer beschränkten Haftung des Gesellschafters verbunden sind. Unbeschränkt haftende Gesellschafter sind bei Verlusten stets wirtschaftlich belastet, so dass ein Ausgleich mit positiven Einkünften möglich sein muss. Im Treuhandmodell steht also nur eine Verrechnungsbegrenzung derjenigen Verluste in Frage, die sich aus der treuhänderisch

311 Eingefügt durch Gesetz vom 20.09.1980, BGBl. I 1980, 1525; BStBl. I 1980, 589; zuletzt geändert durch das Jahressteuergesetz 2009 vom 19.12.2008, BGBl. 2008, 2794; anschaulich zum § 15a EStG allgemein *Sureth/Kopplin*, SteuerStud 2010, 497.

312 *Heuermann*, in: *Blümich*, EStG, § 15a Rn. 1.

313 *Hennrichs*, in: *Tipke/Lang*, Steuerrecht, § 10 Rn. 78.

314 *Hopt*, in: *Baumbach/Hopt*, HGB, § 171 Rn. 1.

315 *Grunewald*, in: MünchKomm HGB, § 167 Rn. 16.

316 *Hopt*, in: *Baumbach/Hopt*, HGB, § 167 Rn. 5.

317 *Heuermann*, in: *Blümich*, EStG, § 15a Rn. 1.

gehaltenen und deshalb über § 39 Abs. 2 AO zugerechneten Kommanditbeteiligung ergeben. Diese Kommanditbeteiligung dient ausschließlich dazu, einen Kommanditisten beteiligen und somit gesellschaftsrechtlich eine KG bilden zu können. Wirtschaftlich und steuerrechtlich ist diese Beteiligung gar nicht erwünscht, es soll ja mit der Treuhand-KG gerade eine sog. Ein-Unternehmer-Personengesellschaft entstehen. Die Beteiligung des Kommanditisten an der KG ist daher regelmäßig minimal (in der Regel 0,1 %–1 %). Auch der auf sie fallende Verlustanteil wird folglich meist gering sein. Der weitaus größere Anteil des Verlustes wird dem vermögensmäßig viel höher beteiligtem Komplementär zugerechnet, für den § 15a EStG aufgrund seiner unbeschränkten Haftung ohnehin nicht gilt. Die negativen praktischen Auswirkungen einer etwaigen Anwendbarkeit von § 15a EStG sind somit überschaubar. Da die Frage aber dogmatisch interessant ist und zumindest eine gewichtige Stimme die Anwendbarkeit von § 15a EStG bejaht[318], kann eine wissenschaftliche Abhandlung sie nicht ignorieren.

§ 15a Abs. 1 EStG behandelt Verlustanteile von Kommanditisten. Interessant ist die genaue wörtliche Ausgestaltung: Das Verbot betrifft den Anteil; er ist in passivierter Form angesprochen („Der einem Kommanditisten zuzurechnende *Anteil* (Hervorhebung durch Verfasser) am Verlust der Kommanditgesellschaft darf weder mit anderen Einkünften [...] ausgeglichen werden, [...]). Die Norm wendet sich nicht explizit gegen den Kommanditisten selbst[319]. Dies hat Relevanz in Konstellationen wie der vorliegenden: Nicht der Kommanditist, sondern der Komplementär, dem der Kommanditanteil zugerechnet wird, muss die Beschränkung des § 15a EStG befürchten. Eine aktive, auf den Kommanditisten abstellende Formulierung liefe – aus Sicht des Gesetzgebers – Gefahr, in derartigen Zurechnungsmodellen von Vornherein zu versagen. So hingegen spricht wenigstens die Tatsache, dass nicht der Kommanditist selbst Verluste ausgleichen möchte, also durch die Norm gleichsam gestoppt werden muss, noch nicht gegen die Anwendung der Norm.

Aber auch in der vorliegenden Ausgestaltung ist die Anwendbarkeit von § 15a Abs. 1 EStG auf das Treuhandmodell zweifelhaft. Denn es müssen auch dann, wenn der Kommanditanteil steuerlich dem Treugeber-Komplementär zugerechnet wird, die Tatbestandsvoraussetzungen des § 15a Abs. 1 EStG vorliegen. Sprachlich, d.h. nach grammatikalischer Auslegung der Norm, bestehen Bedenken: Wie bereits angesprochen, rechnet § 39 Abs. 2 AO den Kommanditanteil

318 *Wacker*, NWB 2010, 2133, 2140; *ders.*, in: *Habersack/Hommelhoff*, Festschrift für Wulf Goette zum 65. Geburtstag, S. 561, 577.

319 Dies wäre z.B. bei folgender Formulierung der Fall: „Ein Kommanditist darf den ihm zuzurechnenden Anteil am Verlust der Kommanditgesellschaft weder...".

steuerlich dem Komplementär zu. Was für den Anteil gilt, gilt jedoch nicht für aus diesem entstehende Gewinne und Verluste. Aufgrund der Anteilszurechnung entstehen diese originär beim Treugeber-Komplementär, müssen also gerade nicht mehr nach § 39 Abs. 2 AO zugerechnet werden[320]. Wenn die Verluste aus dem Kommanditanteil aber direkt beim Komplementär entstehen, d.h. nie dem Kommanditisten zugerechnet wurden, ist die Tatbestandsvoraussetzung „Der einem Kommanditisten zuzurechnende Anteil am Verlust…" (§ 15a Abs. 1 S. 1 EStG) nicht erfüllt. Man mag darüber streiten, ob eine Zurechnung für die Bestimmung des Verlustes, also im Sinne einer Aufteilung des Verlustes über den Verteilungsmaßstab, denklogisch trotzdem beim Kommanditisten erfolgen muss und der Satz mithin doch erfüllt wäre. Dagegen spricht jedoch, dass auf Ebene der Treuhand-KG überhaupt keine Steuerbilanz erstellt wird und ein Verlustanteil, der nach dem Verteilungsmaßstab dem Kommanditisten zunächst zugerechnet würde, gar nicht gebildet werden kann. Selbst wenn man diesen Verlustanteil bilden würde, erfüllt der Kommanditist im Treuhandmodell aber nicht die von § 15a Abs. 1 S. 1 EStG gestellten Voraussetzungen. Zu diesen gehört nämlich nach ganz herrschender Ansicht[321], dass bei dem entsprechenden Kommanditisten die Merkmale der Mitunternehmerschaft vorliegen. Gerade das trifft auf das Treuhandmodell aber nicht zu[322]. § 15a Abs. 1 EStG ist daher für Verluste, die auf den Kommanditanteil fallen, im Treuhandmodell nicht anwendbar.

Als – soweit ersichtlich – einziger Autor erwähnt *Wacker* neben Absatz 1 noch die Möglichkeit der Anwendung des Absatz 5 – und bejaht sie gar[323]. Den generalklauselartigen Eingangssatz sieht er als einschlägig an, die Anwendung von § 15a Abs. 5 Nr. 4 EStG hält er jedenfalls für möglich. Diese Ansicht begegnet aber Bedenken. Zunächst ist der Eingangssatz im Unterschied zu Absatz 1 Satz 1 direkter formuliert: Die Geltung wird auf andere *Unternehmer* ausgeweitet, nicht auf *die Anteile* anderer Unternehmer. Es erscheint also, um verlustbegrenzende und somit potentiell steuererhöhende Analogien zu verhindern, geboten, die Generalklausel von Vornherein nur auf diejenigen Steuer(ermittlungs)subjekte anzuwenden, die tatsächlich den Verlustausgleich vornehmen wollen, den § 15a EStG zu verhindern sucht. Dies ist im vorliegenden Fall der Komplementär. Er ist ferner der einzige, auf den das auch hier geforderte Attribut „Unternehmer" zutrifft. Allerdings ist seine Haftung unbeschränkt, also gerade nicht mit der

320 Siehe oben S. 84.

321 Siehe nur *Wacker*, in: *Schmidt*, EStG, § 15a Rn. 60.

322 Siehe oben S. 45 ff.; *Forst/Kofmann/Pittelkow*, EStB 2011, 40, 42; daher verneint selbst *Wacker*, NWB 2010, 2133, 2140 die Anwendung von Absatz 1.

323 *Wacker*, NWB 2010, 2133, 2140.

eines Kommanditisten vergleichbar. Dies ist aber Anforderung an alle von Absatz 5 umfassten Fälle. Die weiter aufgeführten Nummern 1 bis 5 präzisieren und erwähnen nur („insbesondere") wichtige Fälle, befreien aber keineswegs von der Haftungsvergleichbarkeit. Wenn man den Kommanditanteil, der sich steuerlich in Händen des Komplementärs befindet, als gleichsam mit der Haftungsbeschränkung bemakelt ansieht, so verkommt der Komplementär zu einer „zwitterartig-schizophrenen" Figur, die für dieselbe Gesellschaft mal unbeschränkt, mal beschränkt haften soll. Der Komplementär haftet ob seines Komplementärstatus aber ohnehin schon voll (§ 128 HGB i.V.m. § 161 Abs. 1, 2 HGB), d.h. persönlich, unmittelbar, unbeschränkt, primär, auf das Ganze[324]. *Wacker* hat Recht, wenn er meint, die Zurechnung des Kommanditanteils über § 39 Abs. 2 AO berühre die Haftung nicht[325]. Nur sind die gezogenen Schlussfolgerungen falsch: Ein unbeschränkt Haftender, dem ein Anteil an derselben Gesellschaft von einem beschränkt haftenden Gesellschafter zugerechnet wird, haftet dadurch nicht weniger. Seine Haftung ist immer noch „voll" und damit nicht – wie von § 15a Abs. 5 EStG gefordert – der eines Kommanditisten vergleichbar. Eintretende Verluste sind damit auch immer gleichzeitig wirtschaftliche Belastungen, so dass in Einklang mit der *ratio* des § 15a EStG, die Haftungssystematik des Kommanditisten nachzuzeichnen[326], eine Beschränkung des Verlustausgleichs gemäß § 15a EStG im Treuhandmodell nicht geboten ist.

b. Gewerbesteuer

Die nachfolgend diskutierte Frage, ob die Treuhandkonstruktion auch im Bereich der Gewerbesteuer dazu führt, dass die KG kein Steuersubjekt ist, kann nur unter Berücksichtigung der besonderen Charakteristika und Eigenarten[327] dieser Steuerart beantwortet werden.

---

324 *Hopt*, in: *Baumbach/Hopt*, HGB, § 128 Rn. 1.

325 *Wacker*, NWB 2010, 2133, 2140.

326 Siehe oben Fn. 317.

327 Die Verfassungsmäßigkeit der Gewerbesteuer, ein „Dauerbrenner" in Rechtsprechung, Wissenschaft und politischer Diskussion, kann nicht Gegenstand dieses Informationsteils sein, der lediglich das Verständnis für die nachfolgenden Gedanken verbessern soll. Eine a priori zu diskutierende etwaige Verfassungswidrigkeit würde die Steuersubjektivität aller Betriebe „kippen", ist jedoch im Kontext einer Abhandlung über die ganz besonderen gewerbesteuerrechtlichen Folgen eines Treuhandmodells unter der geltenden Rechtslage und Rechtsprechung nicht von Belang. Vielmehr wird die Verfassungsmäßigkeit der bisherigen Judikatur folgend angenommen und vorausgesetzt, vgl. BVerfG, Entsch. v. 13.05.1969 – 1 BvR 25/65, BVerfGE

i. Charakteristika der Gewerbesteuer

Steuerarten können meist recht präzise anhand zweier Merkmale charakterisiert werden: besteuerter Vorgang (sachliche Steuerpflicht) und besteuertes Subjekt (persönliche Steuerpflicht)[328]. Wie die Einkommen- und die Körperschaftsteuer wird die Gewerbesteuer heute zu den Ertragsteuern gezählt[329]. Besteuert wird kein zivilrechtlich definierter Verkehrsvorgang (Umsatzsteuer), ebenso wenig – mittlerweile[330] – eine vermögenswerte Substanz. Die „Kraft" eines Gewerbesteuersubjekts soll sich in dessen Gewerbeertrag manifestieren[331]. Dieser Ertrag ist daher Grundlage für die Besteuerung (§ 6 GewStG)[332]. Er berechnet sich gemäß § 7 GewStG[333] nach dem Gewinn, wie er nach den Vorschriften des EStG (genauer dessen §§ 4 – 7k) berechnet wird. Ausgangspunkt ist also – ähnlich wie im Körperschaftsteuerrecht (vgl. § 8 Abs. 1 KStG), auf das § 7 GewStG

26, 1, 7 = BStBl. II 1969, 424; BFH, Urt. v. 18.09.2003 – X R 2/00, BStBl. II 2004, 17; die Literatur ist kritischer, siehe zum Vorschlag einer die Gewerbesteuer ersetzenden Gemeindesteuer *Kirchhof*, FR 2010, 961.

328 Zu einer umfassenden Definition gehören natürlich darüber hinaus weitere Merkmale (Erhebungsform, Steuerberechtiger etc.).

329 *Gosch*, DStZ 1998, 327, 328.

330 Bis zum Jahr 1998 existierte neben der heute bekannten Gewerbesteuer die sog. Gewerbekapitalsteuer, die nicht nur den (konjunkturabhängigen) Ertrag, sondern auch das substantielle Gewerbekapital besteuerte. Sie wurde abgeschafft durch das Gesetz zur Fortsetzung der Unternehmenssteuerreform, Ges. v. 29.10.1997, BGBl. I 1997, 2590.

331 Kritisch *Montag*, in: *Tipke/Lang*, Steuerrecht, § 12 Rn. 1; Bemessungsgrundlage der Gewerbesteuer ist hingegen der Gewerbesteuermessbetrag (§ 14 GewStG), der sich aus dem Produkt des Gewerbeertrags und der sog. Steuermesszahl ergibt; der Begriff „Leistungsfähigkeit" wurde in Anbetracht der Charakterisierung als Objektsteuer bewusst vermieden.

332 Zur Kritik an diesem Konzept und der Kategorisierung als Objekt- bzw. Realsteuer insgesamt siehe *Montag*, in: *Tipke/Lang*, Steuerrecht, § 12 Rn. 1; auch der BFH sieht in der Gewerbesteuer eine Mischung von objekt- und personensteuerartigen Elementen: BFH, Urt. v. 14.01.1965 – IV 173/64 S, BStBl. III 1965, 115; zur begrenzten Verwirklichung der Gewerbesteuer als reine Objektsteuer siehe auch schon *Bethmann*, Die Problematik des gewerbesteuerlichen Betriebsbegriffs, S. 14 ff., der jedoch auch darauf hinweist, dass eine solche reine Verwirklichung nur schwer durchführbar wäre.

333 § 7 GewStG, insbesondere sein Satz 2, der einen Veräußerungsgewinn in den Gewerbeertrag einbezieht, war und ist Gegenstand verfassungsrechtlicher Diskussionen. Der BFH hält ihn für verfassungsgemäß, BFH, Urt. v. 22.07.2010 – IV R 29/07, BStBl. II 2011, 511, Verfassungsbeschwerde anhängig (1 BvR 1236/11).

ebenfalls verweist – die Gewinnermittlung nach dem EStG. Die Gewerbesteuer ist aber nicht nur eine Ertragsteuer, sondern ihrer Tradition und dem historischen Verständnis nach[334] auch und vor allem eine sog. Objekt- oder Realsteuer (so auch immer noch in § 3 Abs. 2 AO). Besteuerter Gegenstand ist daher nicht der Gewerbetreibende, sondern der inländische Gewerbebetrieb (§ 2 Abs. 1 S. 1 GewStG). Ausweislich des § 2 Abs. 1 S. 2 GewStG ist für die Frage, was ein Gewerbebetrieb im Sinne dieser Norm ist, das Einkommensteuerrecht, sind also die unterschiedlichen Qualifikationstatbestände des § 15 EStG, maßgeblich[335]. Die Frage nach dem Beginn der sachlichen Gewerbesteuerpflicht muss hingegen unabhängig vom Einkommensteuerrecht im Hinblick auf den Objektcharakter der Gewerbesteuer beantwortet werden[336]. Ebenfalls dem Charakter als Real- oder Objektsteuer ist geschuldet, dass das GewStG in §§ 8, 9 GewStG einige Modifikationen – Hinzurechnungen und Kürzungen – vorsieht, um den Zielrichtungen dieser Steuerart gerecht zu werden. Diese liegen insbesondere darin, die „objektivierte" Ertragskraft eines Betriebs zu erfassen, nicht die individuelle Leistungsfähigkeit einer Person[337]. Um das zu erreichen, müssen z.B. Fremdkapitalanteile (§ 8 Nr. 1 GewStG) ebenso wie das Eigenkapital in die Besteuerungsgrundlage einfließen, denn es ist zwar nicht für den einkommensteuerlichen Gewinn (Zinsen sind Betriebsausgaben, § 4 Abs. 5 EStG), wohl aber für die Ertragskraft eines Betriebes irrelevant, ob er durch Fremd- oder Eigenkapital finanziert ist[338].

Neben der Bemessungsgrundlage einer Steuerart ist deren Steuersubjekt stets ein geeignetes Charakterisierungsmerkmal. Insbesondere in der vorliegenden Abhandlung ist es zentraler Diskussionspunkt und Verständnisvoraussetzung, soll doch gerade die Frage der Gewerbesteuersubjektivität einer Treuhand-KG untersucht werden. Einen ersten und für die Vielzahl möglicher Konstellationen

---

334 Eingeführt wurde die Steuer im 19. Jahrhundert als „Teil eines Objektsteuersystems", *Drüen*, in: *Blümich*, EStG, § 2 GewStG Rn. 9.

335 Wie weit dieser Verweis reicht, ob auf die Regelungsmaterie des § 15 EStG insgesamt oder lediglich die Definition des § 15 Abs. 2 EStG Bezug genommen wird, ist Gegenstand großer Kontroversen, siehe unten S. 210 f.

336 Die Pflicht entsteht ggf. später als bei Personensteuern, nämlich erst mit Beginn der werbenden Tätigkeit. Dies kann auch negative Auswirkungen für den Steuerpflichtigen haben, wenn nämlich Aufwendungen für Vorbereitungshandlungen den Gewerbeertrag nicht mindern dürfen, zu beidem vgl. BFH, Urt. v. 30.08.2012 – IV R 54/10, DB 2012, 2433.

337 BFH, Urt. v. 24.10.1990 – X R 64/89 Rz. 18, BStBl. II 1991, 358.

338 Siehe zu Hinzurechnungen und Kürzungen eingehend *Knobbe-Keuk*, Bilanz- und Unternehmenssteuerrecht., S. 736 ff; scharfe Kritik an Erweiterungsplänen für Hinzurechnungen bei *Geberth*, DStR 2011, 151.

auch ausreichenden Anhaltspunkt liefert § 5 Abs. 1 S. 1, 2 GewStG: Schuldner der Gewerbesteuer ist der Unternehmer, also derjenige, für dessen Rechnung und Risiko das Gewerbe tatsächlich betrieben wird. Satz 3 bestimmt, dass dies bei einer Personengesellschaft, die einen Gewerbebetrieb darstellt, die Gesellschaft selbst ist. Hier liegt neben dem Objektsteuercharakter der weitere große Unterschied zum Einkommensteuerrecht, der Anstoß für die gesamte Diskussion um die gewerbesteuerliche Behandlung des Treuhandmodells ist. Im Einkommensteuerrecht werden auch ohne Treuhandmodell Ergebnisse von Personengesellschaften (Mitunternehmerschaften) transparent besteuert und somit auf Ebene des steuerpflichtigen Mitunternehmers konsolidiert. Die Problematik, die sich aus § 5 Abs. 1 S. 3 GewStG ergibt, geht jedoch über die des Objektsteuercharakters und § 2 GewStG hinaus: Im Gegensatz zu § 2 Abs. 1 S. 2 GewStG wird hier nämlich für die Frage, was eine Gesellschaft im Sinne der Norm ist, nicht explizit auf die einkommensteuerliche Beurteilung verwiesen. § 5 GewStG entfernt sich also weiter als § 2 GewStG vom für das Treuhandmodell unproblematische[339] Einkommensteuergesetz. Dies spricht *prima facie* für eine eigenständige Steuerschuldnerschaft auch der Treuhand-KG.

Aber gilt dies auch, wenn die Gesellschaft im Steuerrecht gar nicht als Mitunternehmerschaft existiert? Dann mag zwar eine „Gesellschaft" vorliegen. Aber ist diese auch – wie von § 5 Abs. 1 S. 3 GewStG gefordert – Gewerbebetrieb? Muss hier nicht doch wieder auf das Einkommensteuerrecht und seinen § 15 abgestellt werden? Diese Fragen wirken „unschuldig", auf einen scheinbar kleinen Anwendungsbereich begrenzt. Ihre Folgen sind jedoch enorm: Wenn nämlich „die Gesellschaft" (§ 5 Abs. 1 S. 3 GewStG) als Personengesellschaft verstanden wird, so wird man auf die zivilrechtlich vorhandenen Kommanditgesellschaft mit ihren zwei Gesellschaftern abstellen müssen, allerdings mit der Anschlussfrage, ob diese denn einen Gewerbebetrieb im Sinne der Norm darstellen. Wenn aber eine Gesellschaft im (einkommen)steuerrechtlichen Sinne gemeint ist, so bedeutet das nichts anderes, als dass eine Mitunternehmerschaft vorliegen muss. Dies ist aber im Treuhandmodell gerade nicht der Fall. Es ist letztlich das Zusammenwirken dreier Normen – § 15 EStG, § 2 GewStG und § 5 GewStG –, das die Problematik und deren Ausgang determiniert. Eigentlich geht es aber auch hier wieder[340] um einen größeren Kontext: Ist das Gewerbesteuerrecht zivilrechtsakzessorisch oder richtet es sich – auch ohne einen ausdrücklichen Hinweis wie in § 2 Abs. 1 S. 2 GewStG – im Wesentlichen nach dem Einkommensteuerrecht?

339 Siehe oben S. 84 f.

340 Vgl. als weiteres „Symptom" dieser Grundfrage unten S. 193 f.

Und weiter: Muss sich das Steuerrecht insgesamt nach zivilrechtlichen Vorgaben richten oder sind unterschiedliche Bewertungen in manchen Fällen hinzunehmen und sogar geboten? In welchen Situationen ist das der Fall? Vor dem Hintergrund dieser Fragen wird die Entwicklung ihrer Beurteilung am Beispiel des Treuhandmodells aufgezeigt und werden die verschiedenen Standpunkte argumentativ nachvollzogen, begleitet stets mit einer eigenen Analyse und Bewertung. Im Folgenden wird aber zunächst erläutert, warum die fehlende Gewerbesteuerpflicht für die Treuhand-KG für das Funktionieren des Modells so wichtig ist.

ii. Problemaufriss

Das Treuhandmodell „steht und fällt" mit der Verneinung der Gewerbesteuerpflicht für die Treuhand-KG. Auf den ersten Blick mag diese Behauptung etwas hochgegriffen sein, bietet das Modell doch Vorteile – z.B. in der Übertragung von Wirtschaftsgütern, s. unten S. 164 –, die eine Gewerbesteuerpflicht in der Gesamtschau als hinnehmbar erscheinen lassen könnten. In der Vielzahl der Fälle würde die Steuersubjektivität der Treuhand-KG aber eine Belastung innerhalb des Unternehmensverbundes darstellen, die auch durch punktuelle weitere Vorteile des Treuhandmodells nicht ausgeglichen werden könnte. Für gewerbesteuerliche Ertragsberechnungen würden die Vermögenssphären von Mutter und Tochter-KG wieder getrennt, eigene Ergebnisse würden festgestellt[341]. Dies führt in unterschiedlichen Konstellationen zu unerwünschten Folgen. Um diese Folgen aufzuzeigen, werden die Konstellationen im Folgenden unter der Annahme einer hypothetischen Gewerbesteuerpflicht der Treuhand-KG aufgeführt.

(1) Fall 1: Treuhand-KG erzielt positiven Gewerbeertrag

Erzielt die KG gewerbliche Gewinne, während die Mutter Verluste beim Gewerbeertrag erleidet *(Unterfall a)*, so unterfielen diese Gewinne bei eigener Steuerpflicht der Gewerbesteuer, während sie anderenfalls mit den Verlusten der Mutter verrechnet werden könnten bzw. sogar direkt bei dieser anfallen. Die

341 Dies würde zu praktischen Schwierigkeiten führen, da sich einkommensteuerrechtlich nichts ändert, sich der Gewerbeertrag aber an jenem einkommensteuerrechtlichen Gewinn orientiert, siehe dazu genauer unten S. 210 ff. sowie *Rödder*, DStR 2005, 955, 957. Natürlich ist es aber übertrieben, wenn die Gewerbesteuerpflicht der Treuhand-KG allein schon mit Verweis auf derartige praktische Schwierigkeiten verneint wird. Praktikabilität kann im Steuerrecht mit seiner Massenverwaltung zwar ein indizieller Aspekt sein, aber kein Ergebnis begründen, das nicht auch *de lege lata* mit den bekannten Auslegungsmethoden erreicht werden kann.

Gesamtbelastung durch die Gewerbesteuer wäre im ersten Fall für den angenommenen Veranlagungszeitraum höher. Aufgrund der auch im Gewerbesteuerrecht nur abgeschwächten Möglichkeit des intertemporalen Verlustvortrages (sog. Mindestbesteuerung, vgl. § 10 a S. 2 GewStG[342]) hat diese Einschränkung Auswirkungen auf die Totalperiode. Dieses Phänomen beschreibt die sog. Gewerbesteuerinseln, die durch die eigene Gewerbesteuerpflicht von Personengesellschaften in Unternehmensgruppen, bei denen diese zwischengeschaltet werden, entstehen[343].

Beispiel:
Die T-Treuhand-GmbH erzielt im VZ 1 Gewerbeerträge in Höhe von 200, die M-Mutter-GmbH Verluste in Höhe von 100. Bei eigener Gewerbesteuerpflicht müsste die T Gewerbesteuer auf ihre Erträge zahlen, die M wäre auf Verlustvorträge angewiesen. Zu versteuernder Gewerbeertrag (=Besteuerungsgrundlage, § 6 GewStG) des Gesellschaftsverbunds im VZ 1 ohne Anerkennung des Treuhandmodells: 200. Ist die T hingegen nicht selbst Gewerbesteuersubjekt, sondern wird ihr Ergebnis direkt bei der M erfasst, hat diese einen konsolidierten Ertrag von 100. Nur diesen hätte der Gesellschaftsverbund bei Anerkennung des Treuhandmodells im VZ 1 zu versteuern.

Ist nicht nur der Gewerbeertrag der Treuhand-KG positiv, sondern auch derjenige der Muttergesellschaft *(Unterfall b)*, so ergeben sich naturgemäß von vornherein keine Verrechnungsmöglichkeiten. Das Treuhandmodell hat (wie alle Formen der übergreifenden Konsolidierung) in Erhebungszeiträumen, in denen diese Konstellation auftritt, für die Gewinnverrechnung keine Auswirkungen: Weder kann die Gewerbesteuerlast der Mutter durch die Verluste der Treuhand-KG gemindert werden noch ergeben sich Nachteile zu einer hypothetischen Gewerbesteuersubjektivität beider Gesellschaften. Eine solche führte zwar zur „Aufspaltung" der Gewerbeerträge in Gewinne der Tochter und solche der Mutter. Vorteile hätte diese Trennung jedoch nicht, da Gewerbeerträge – anders als das zu versteuernde Einkommen nach dem EStG, vgl. § 32a EStG – nicht progressiv versteuert

342 Die Norm ist – wie in seiner Grundkonzeption ihr einkommensteuerrechtliches Pendant § 10d EStG (BFH, Urt. v. 22.08.2012 – I R 9/11, DStR 2012, 2785) – nach Ansicht des BFH verfassungsgemäß, BFH, Urt. v. 22.08.2012 – I R 9/11, DStR 2012, 2435, ebenso BFH, Urt. v. 20.09.2012 – IV R 36/10, DStRE 2012, 2481.

343 *Köhler*, in: *Kessler/Kröner/Köhler*, Konzernsteuerrecht – National – International, § 4 Rn. 165.

werden[344]. Auch änderte sich nichts hinsichtlich der anzuwendenden Hebesätze. Es ist für deren Bemessung irrelevant, ob die Treuhand-KG als einzelnes Steuersubjekt oder als Betriebsstätte der Mutter angesehen wird[345]. Denn selbst wenn KG und Muttergesellschaft sich in unterschiedlichen Gemeinden mit verschiedenen Hebesätzen befinden, sieht das Gesetz Vorkehrungen für eine Aufteilung des Gewerbesteuermessbetrages vor[346]. Gemeint ist die sog. Zerlegung gemäß § 28 GewStG, durch die nach dem Maßstab der §§ 29 ff. GewStG (für gewöhnlich nach der Lohnsumme, vgl. § 29 Abs. 1 Nr. 1 GewStG) der Messbetrag den einzelnen Gemeinden zugeteilt wird. Auch bei Anwendung des Treuhandmodells ist somit ein Teil der Gewerbesteuerschuld auf die Gemeinde der Treuhand-KG als Betriebsstätte[347] mit ihrem maßgeblichen Hebesatz zu zerlegen.

Beispiel:
Wie soeben, nur erzielt die M diesmal einen positiven Gewerbeertrag von 100. Ohne Anerkennung des Modells würde die T im VZ 1 200, die M 100, beide zusammen also 300 als Ertrag versteuern. Bei Anerkennung versteuert die M direkt die vollen 300, wobei eine Aufteilung in die profitierenden Gemeinden nach den §§ 29 ff. GewStG vorzunehmen wäre.

Unabhängig von der Tatsache, ob die Mutter ein positives oder negatives Ergebnis ausweist, stellt sich die Frage, ob sie im Hinblick auf die (hypothetisch) von der Treuhand-KG geschuldete Gewerbesteuer für ihre eigene Einkommensteuer von der Möglichkeit des § 35 EStG Gebrauch machen kann. Dies ist überhaupt nur denkbar, wenn die Mutter Personengesellschaft, genauer: Mitunternehmerschaft im Sinne des Einkommensteuerrechts ist. Denn nur dann ist sie Steuerermittlungsobjekt, nur dann sind ihre Mitunternehmer Einkommensteuersubjekte. Einer Körperschaft hingegen ist es nicht möglich, ihre gezahlte Gewerbesteuer

---

344 § 11 Abs. 1 S. 3 Nr. 1 GewStG gewährt zwar einen Freibetrag, dadurch wird die gewerbesteuerliche Belastung aber bestenfalls indirekt progressiv (und dies auch nur in einem für mittlere und große Unternehmen überschaubaren Ausmaß).

345 *Ley*, Ubg 2009, 260, 263.

346 *Hubertus/Lüdemann*, BB 2010, 2474, 2476 denken zwar an eine mögliche Steuerplanung durch Verlagerungen des Messbetrags in gemeinen mit niedrigen Hebesätzen. Dass sich dies wegen der §§ 28 ff. GewStG aber nicht einfach bewerkstelligen lässt, deuten auch sie (jedenfalls leicht) an. Aus diesem Grund sind auch Nachteile von Treuhandkonstruktionen hinsichtlich der Messbeträge nicht sehr wahrscheinlich und gravierend, *Kirsten/Matheja*, Treuhand und Treuhänder im Steuerrecht, S. 88, erwähnen aber dennoch diese theoretische Möglichkeit.

347 Siehe dazu näher S. 200.

auf die Körperschaftsteuerschuld anrechnen zu lassen. Sie verwirklicht weder einen Tatbestand des § 35 Abs. 1 S. 1 Nr. 1 oder Nr. 2 EStG, noch gibt es eine vergleichbare Norm im KStG. Seit dem Veranlagungszeitraum 2008 ist die (bis dahin auch für Kapitalgesellschaft bestehende, vgl. § 8 Abs. 1 S. 1 KStG) Möglichkeit, gezahlte Gewerbesteuer als Betriebsausgabe abzuziehen, durch Einführung des § 4 Abs. 5b EStG entfallen. Kapitalgesellschaften haben folglich überhaupt keine Neutralisierungsmöglichkeit mehr, sie träfe eine Gewerbesteuerpflicht ihrer Tochter-KG daher besonders hart[348].

(2) Fall 2: Treuhand-KG erzielt gewerbliche Verluste

Nachteile einer eigenen Gewerbesteuerpflicht der Treuhand-KG ergeben sich auch für die umgekehrte Situation: Fallen bei der Mutter positive Gewerbeerträge an, bei der Tochter jedoch Verluste, so können diese Verluste nicht genutzt werden, um die Gewerbesteuerschuld der Mutter zu senken. Unabhängig von der Rechtsform der Mutter sind die gewerbesteuerlichen Verluste der Tochter-KG gleichsam in dieser „gefangen“, man spricht hier anschaulich von einem „Lock-In-Effekt“[349]. Auch kommen für die Tochter-KG die Einschränkungen des § 10a S. 2 GewStG zum Tragen.

Kein Problem stellt im gewerbesteuerrechtlichen Kontext die Geltung von § 15a EStG dar. Sie ist nach hier vertretener Ansicht mangels Mitunternehmerschaft für Verluste der Treuhand-KG zwar ohnehin nicht einschlägig. Allerdings hat die Norm für Zwecke der Gewerbesteuer insgesamt keine Bedeutung. Ihre Stellung im EStG beweist ihre primär einkommensteuerrechtliche Funktion. Gewerbesteuerrechtliche Relevanz könnte sie nur entfalten, soweit das GewStG auf sie verweist. Das ist jedoch nicht der Fall. Verwiesen wird zwar auf die Gewinnermittlung (§ 7 S. 1 GewStG), § 15a EStG ist aber eben keine Gewinnermittlungsvorschrift, sondern regelt die Frage, ob bereits ermittelte Gewinne (bzw. im konkreten Fall des § 15a EStG Verluste) als Ergebnisfaktor einem Anteilseigner zurechenbar sind[350].

---

348 Zu den gesetzessystematischen Anwendungsproblemen des § 35 EStG im Falle der gewerbesteuerrechtlichen Nichtanerkennung des Treuhandmodells siehe unten S. 228 ff.

349 *Benz/Goß*, DStR 2010, 839, 842.

350 BFH, Urt. v. 28.05.1997 – VIII R 39/97, DStRE 1998, 360; ebenso *Lüdemann*, in: *Herrmann/Heuer/Raupach*, EStG, § 15a Rn. 69; für Sonderfälle siehe *v. Beckerath*, in: *Kirchhof/Söhn/Mellinghoff*, EStG, § 15a Rn. A 85.

Beispiel:
Erzielt die T im VZ 1 gewerbliche Verluste in Höhe von 100, die M jedoch positive Erträge in Höhe von 200, so sind die Verluste der T bei Nichtanerkennung des Treuhandmodells „eingelockt", während sie bei dessen Anerkennung die Besteuerungsgrundlage des Gesellschaftsverbunds auf insgesamt 100 senken könnten.

Nimmt man eine eigene Gewerbesteuerpflicht der Treuhand-KG an, zieht dies also in den allermeisten Fällen erhebliche Nachteile mit sich. „Lock-In-Effekte" und „Steuerinseln" können nur durch Ergebnisverrechnungen vermieden werden. Grundsätzlich ist die Organschaft dafür ein probates (wenn auch ob ihrer Starrheit und Fehleranfälligkeit kritisiertes[351]) Mittel. Sie kann auch im Gewerbesteuerrecht begründet werden bzw. gilt durch die Verweisung des § 2 Abs. 2 S. 2 GewStG auf die §§ 14, 17, 18 KStG bei körperschaftsteuerlichem Vorliegen auch für die Gewerbesteuer. Durch diese Verknüpfung sind dabei auch die Voraussetzungen dieselben: Organgesellschaft kann nur eine Kapitalgesellschaft sein. Die angesprochenen Nachteile können für Personengesellschaften durch eine Organschaft nicht ausgeräumt werden. Es überrascht daher nicht, dass die Frage einer eigenen Gewerbesteuerpflicht der KG im Treuhandmodell lange Zeit kontrovers zwischen Verwaltung, Rechtsprechung und Literatur diskutiert wurde.

iii. Aktuelle Behandlung der Gewerbesteuerpflicht der Treuhand-KG

Heute besteht in der Praxis[352] – und weitgehend auch in der Literatur[353] – Einigkeit, dass die Treuhand-KG selbst kein Gewerbesteuersubjekt ist. Ihre Erträge werden unmittelbar bei der Mutter-Komplementärin erfasst und unterliegen dort der Gewerbesteuer. Dies schafft eine für den Steuerpflichtigen günstige Verrechnungsmöglichkeit, so dass die soeben aufgeführten Gefahren nicht auftreten.

Der Grund für diese Möglichkeit ist vor allem in dem Zusammenspiel von §§ 2, 5 GewStG und § 15 EStG zu finden. Dabei ist § 5 Abs. 1 S. 3 GewStG die

---

351 *Ismer*, DStR 2012, 821, 822 m.w.N.

352 Neben dem BFH, der mit Urteil vom 03.02.2010 – IV R 26/07, BStBl. II 2010, 751 die Gewerbesteuerpflicht der Treuhand-KG verneinte (siehe zu diesem Urteil, das das Treuhandmodell in seinen Wirkungen rechtfertigt, detailliert unten S. 210 ff.), geht auch die Beratungspraxis – wenig überraschend – von einer fehlenden Gewerbesteuerpflicht der Treuhand-KG aus, siehe z.B. *Benz/Goß*, DStR 2010, 839, 842; *Hubertus/Lüdemann*, BB 2010, 2474, 2477.

353 Noch immer für einen eigene Gewerbesteuerpflicht der Treuhand-KG und damit gegen das Treuhandmodell argumentiert *Gosch*, in: *Blümich*, EStG, § 5 GewStG Rn. 52 ff.

zentrale Anknüpfung für die subjektive Gewerbesteuerpflicht. Der Wortlaut der Norm ist weit: Gewerbliche Personengesellschaften sind Schuldnerinnen der Gewerbesteuer. Dieses umfangreiche Verständnis persönlicher Steuerschuldnerschaft muss jedoch durch die Historie und Systematik dieser und der anderen genannten Normen modifiziert, d.h. eingegrenzt werden. Vor Geltung des EGAO 1977[354] konnten nur die Gesellschafter Gewerbesteuersubjekt sein, nie die Gesellschaft selbst. Um eine Vollstreckungsmöglichkeit direkt in das mitunternehmerschaftliche Gesellschaftsvermögen, die durch die Rechtsprechung bereits anerkannt war[355], zu kodifizieren, änderte man im Jahr 1977 § 5 GewStG dahingehend, dass auch die Gesellschaft die Steuer selbst schuldete. Durch einen Verweis auf § 2 Abs. 2 Nr. 1 GewStG (1977), der später modifiziert in § 15 Abs. 3 Nr. 1 EStG aufging und u.a. die heute in § 15 Abs. 1 S. 1 Nr. 2 S. 1 EStG verortete Klammer„definition"[356] der Mitunternehmerschaft enthielt, war dabei – in Einklang mit der Rechtsprechung – eine Anknüpfung auch der Gewerbesteuerpflicht an diese Rechtsfigur sichergestellt. Der Gesetzgeber strich den Verweis zwar im Jahre 1985 aufgrund der Neuorganisation von § 2 GewStG und § 15 EStG[357], wollte damit aber keine materielle Rechtsänderung erreichen[358]. Möchte man heute § 5 Abs. 1 S. 3 GewStG auf alle, also auch nichtmitunternehmerschaftliche, Personengesellschaften anwenden, ignoriert man diesen Willen des Gesetzgebers und weist der Tilgung des Verweises eine Ausweitung der subjektiven Gewerbesteuerpflicht und damit eben doch eine materielle Rechtsänderung zu. Nimmt man die damaligen legislativen Motive hingegen ernst, kann der Schluss nur lauten: Personengesellschaften sind auch heute nur dann persönlich gewerbesteuerpflichtig, wenn sie die Voraussetzungen an eine Mitunternehmerschaft erfüllen. Dies tut die Treuhand-KG durch die der speziellen Konstruktion und Treuhandverbindung geschuldete Teilhabe-Dezimierung nicht.

Um Redundanzen zu vermeiden, muss sich die Darstellung der Gewerbesteuerpflicht an dieser Stelle auf die Handhabung nach dem *status quo* sowie die

---

354 Einführungsgesetz zur Abgabenordnung 1977, Ges. vom 14.12.1976, BGBl. I 1976, 3341, BStBl. I 1976, 694.

355 BFH, Urt. v. 21.02.1980 – I R 95/76, BStBl. II 1980, 465.

356 Es ist eher eine Erwähnung als eine Definition; der Begriff der Mitunternehmerschaft wird im Gesetz überhaupt nicht definiert, man muss sich ihm vielmehr durch Typisierungen nähern, siehe dazu näher schon oben S. 66 ff. Dies ändert jedoch nichts daran, dass § 2 Abs. 2 GewStG eine so verstandene Mitunternehmerschaft voraussetzte.

357 Steuerbereinigungsgesetz 1986, Ges. v. 19.12.1985, BGBl. I 1985, 1985, 2436.

358 BT-Drucks. 10/3663, S. 8.

grundlegenden Argumentationsstränge beschränken. Eine detailliertere Auseinandersetzung mit diesem Kernthema des Treuhandmodells kann auf adäquate Weise nur in einem eigenen Abschnitt[359] erfolgen, der zudem die im Laufe der letzten Jahrzehnte durchaus wechselhaften Ansichten zur Rechtfertigung des Modells darstellt und bewertet.

c. *Umsatzsteuer*

Nachdem festgestellt wurde, dass das Treuhandmodell einkommen- und gewerbesteuerrechtlich „funktioniert", d.h. keine Steuerpflicht bei der KG auslöst, stellt sich die Frage, wie es sich diesbezüglich mit anderen Steuerarten verhält.

i. *Unternehmereigenschaft der Treuhand-KG*

Zur Umsatzsteuer sind zwei Fragen praktisch relevant. Erstens: Wie werden Umsätze, die die Treuhand-KG gegenüber Dritten nach außen generiert, behandelt? Und vor allem zweitens: Unterfallen Verkehrsvorgänge (z.B. ertragsteuerneutrale[360] Übertragungen von Wirtschaftsgütern) zwischen der Komplementärin und der KG der Umsatzsteuer?

Grundsätzlich verbietet es sich, über die Umsatzsteuer aufgestellte Grundsätze auf die Gewerbesteuer zu übertragen[361]. Zu unterschiedlich sind Anknüpfungspunkte und systematische Ausrichtungen dieser Steuerformen. Dasselbe muss folglich auch umgekehrt, also für Schlüsse von der Gewerbesteuer auf die Umsatzsteuer gelten. So geht man denn auch fast allgemein davon aus, dass sich erstens von der fehlenden Steuersubjektivität in Einkommen- und Gewerbesteuer keine Konsequenzen für die Umsatzsteuer ergäben und dass zweitens von der Treuhand-KG getätigte Umsätze der Umsatzsteuer unterfielen[362]. Diese Aspekte gilt es jedoch zu trennen. Ersterem ist mit obiger Begründung zuzustimmen.

Dass eine einfache Übertragung der Gedanken zur fehlenden eigenen Gewerbesteuerpflicht nicht angezeigt ist, bedeutet jedoch nicht automatisch, dass die Geschäfte der KG bei ihr selbst der Umsatzsteuer unterliegen. Vielmehr muss dieser zweite Aspekt umsatzsteuerrechtsimmanent geprüft werden. Hier ist § 2 Abs. 1 S. 1 UStG von großer Bedeutung. Nach ihm richtet sich die Frage der umsatzsteuerlichen Unternehmerschaft. Sie ist grundsätzlich dann anzunehmen,

---

359 Siehe unten S. 195 ff.

360 Siehe dazu S. 165 f.

361 BFH, Urt. v. 03.02.2010 – IV R 26/07, BStBl. II 2010, 751 Rz. 44; siehe genauer S. 210.

362 *Tschesche*, BB 2010, 1452, 1454; *Kraft/Sönnichsen*, DB 2011, 1936, 1937; *Kromer*, DStR 2000, 2157, 2162; *Hahne*, StuB 2010, 420, 424; *Thieme*, StC 2010, 22, 23.

wenn eine gewerbliche oder berufliche Tätigkeit selbständig ausgeübt wird. Die Tätigkeit der KG im Treuhandmodell ist in der Regel gewerblich.

Das Merkmal der Selbständigkeit präzisiert der Umsatzsteuer-Anwendungserlass: Nach Abschn. 2.2 Abs. 1 S. 1 UStAE ist derjenige selbständig tätig, der eine Tätigkeit für eigene Rechnung *und* auf eigene Verantwortung ausübt. Beide Merkmale müssen also kumulativ vorliegen. Dies ist bei einer Treuhand-KG, deren gesamte Tätigkeit letztlich einer anderen Gesellschaft, ihrer Komplementärin, zuzurechnen ist, zwar nicht selbstverständlich. So könnte man gut argumentieren, wirtschaftlich handele die steuerrechtlich inexistente KG weder für eigene Rechnung noch auf eigene Verantwortung. Klarheit über die Verwaltungsansicht verschafft jedoch Abschn. 2.2 Abs. 5 S. 1 UStAE: Personengesellschaften des Handelsrechts sind stets selbständig. Damit wird deutlich, dass an dieser Stelle nicht die steuerrechtlich-wirtschaftliche Betrachtungsweise der Abgabenordnung, sondern die handelsrechtliche maßgeblich sein soll. Konnte *Hahne*[363] im Herbst des Jahres 2010 noch darauf verweisen, der Richtliniengeber der damals gültigen UStR 2008 habe eine nur im Zivilrecht, nicht aber im Steuerrecht existierende Personengesellschaft bei Erstellung der Richtlinien nicht bedacht und hätte im Wissen bzw. Akzeptieren des Treuhandmodells eine solche KG von der Regelung des Abschn. 17 Abs. 5 S. 1 UStR 2008 ausgenommen, so kann dies seit Geltung des UStAE nicht mehr gelten. Der Anwendungserlass trat mit Wirkung zum 1. November 2010[364], also mehrere Monate nach Veröffentlichung des oben behandelten BFH-Urteils in Kraft. Da das Urteil auch noch im Jahre 2010 im Bundessteuerblatt veröffentlicht wurde, muss man davon ausgehen, dass die Verwaltung sich recht früh dazu entschloss, das Modell zu akzeptieren. Im Gegensatz zu den UStR 2008 hätte die besondere Konstellation somit im UStAE beachtet werden können. Dies ist im Ursprungserlass ebenso wenig geschehen wie in den zahlreichen Änderungen[365], die seither durch BMF-Schreiben erfolgten. Man kann also diesbezüglich nicht von einer geänderten Verwaltungsauffassung hin zu einer fehlenden Unternehmereigenschaft der Treuhand-KG ausgehen. Zudem bemisst Abschn. 2.1 Abs. 1 S. 1 UStAE, dass es für die Unternehmereigenschaft einer Personengesellschaft irrelevant ist, ob deren Gesellschafter Mitunternehmer i.S.d. § 15 Abs. 1 Nr. 2 EStG sind.

---

363 *Hahne*, StuB 2010, 420, 424.

364 BMF, Umsatzsteuer-Anwendungserlass v. 01.10.2010, IV D 3 – S 7015/10/10002 DOK 2010/0815152, BStBl. I 2010, 846.

365 Siehe Historie in der jeweils gültigen Fassung des UStAE, letzte Änderung durch BMF, Schr. v. 07.03.2013 – IV D 2 – S 7105/11/10001, DOK 2013/0213861.

Nun ist der UStAE wie jeder Erlass lediglich ein Exekutivakt ohne Rechtsnormqualität, der zwar nachgeordnete Behörden bindet, nicht aber Gerichte und Steuerpflichtige[366]. Allerdings geht auch der BFH[367] von der Unternehmereigenschaft einer Personengesellschaft aus. In einem weiteren Urteil[368] hat der 5. Senat des BFH gar – wie im vorliegenden Fall relevant – Umsatz- und Gewerbesteuer voneinander abgegrenzt und durch den fehlenden Verweis auf die Mitunternehmerschaft in § 2 Abs. 1 UStG[369] auf eine Unternehmerstellung einer Personengesellschaft geschlossen, selbst wenn diese mangels Mitunternehmerschaft weder Einkommensteuerermittlungs- noch Gewerbesteuersubjekt ist. Mit diesen Urteilen hat die Rechtsprechung allerdings eine Kehrtwende vollzogen. Vorher nahm man an, dass Personengesellschaften bei Eingliederungen in andere Unternehmen, also sog. organschaftsähnlichen Verhältnissen, durchaus unselbständig sein können[370]. Man berief sich auf die Negativdefinition des § 2 Abs. 1 Nr. 1 UStG und zog damit eine Parallele zu natürlichen Personen, insbesondere den zusammengeschlossenen, die die Norm auch umfasst. Dieser Auslegung erteilte der BFH eine Absage, indem er die Norm in erster Linie auf einzelne oder zusammengeschlossene Arbeitnehmer bezog, jedenfalls aber nicht auf eingetragene Personenhandelsgesellschaften[371].

§ 2 UStG definiert das Merkmal der Selbständigkeit nicht. Absatz 1 setzt sie für den Unternehmerbegriff voraus, Absatz 2 beinhaltet Negativbeispiele. Sind diese wie im Falle der Treuhand-KG nicht einschlägig[372], muss das Merkmal nach den üblichen Auslegungstopoi bestimmt werden. Die Treuhand-KG ist eine zivilrechtlich selbständige Personenhandelsgesellschaft und als solche im Handelsregister (§ 161 Abs. 2 HGB i.V.m. § 123 Abs. 1 HGB) eingetragen. Auch wird sie in der Regel eigenständig am Markt agieren und tritt dort unter eigener Firma auf. All dies spricht für einen selbständigen Auftritt im Sinne des § 2 Abs. 1 S. 1

---

366 *Englisch*, in: *Tipke/Lang*, Steuerrecht, § 17 Rn. 28.

367 BFH, Urt. v. 08.02.1979 – V R 101/78, BStBl. II 1979, 362.

368 BFH, Urt. v. 18.12.1980 – V R 142/73, BStBl. II 1981, 409.

369 Im Gegensatz zu § 2 Abs. 2 Nr. 1 GewStG a.F., jetzt umfasst vom Verweis des § 2 Abs. 1 S. 2 GewStG („Unternehmen im Sinne des Einkommensteuergesetzes).

370 Begründet wurde diese Ansicht vom RFH, Urt. v. 13.12.1940 – V 25/39, RStBl 1941, 320; so aber auch noch z.B. BFH, Urt. v. 16.12.1965 – V 82/60 S, BStBl. III 1966, 300; BFH, Urt. v. 13.04.1967 – V 18/64, BStBl. III 1967, 543.

371 BFH, Urt. v. 07.12.1978 – V R 22/74, BStBl. II 1979, 356.

372 § 2 Abs. 2 Nr. 1 UStG betrifft nur natürliche Personen, § 2 Abs. 2 Nr. 2 UStG nur juristische Personen (siehe dazu aber sogleich).

UStG[373]. Diese Einschätzung wird zudem durch die oben genannten Ansichten indiziert. Daher wird die Selbständigkeit der Treuhandgesellschaft, folglich auch ihre Unternehmereigenschaft und damit die grundsätzliche Umsatzsteuerbarkeit der von ihr getätigten Umsätze ganz überwiegend zu Recht bejaht[374].

So ist es denn letztlich auch nur *Hönle*, der „sein" Modell[375] auch für Zwecke der Umsatzsteuer als passend betrachtet[376]. Die Einheit der Rechtsordnung gebiete es, den umsatzsteuerrechtlichen Begriff des „Unternehmers" mit dem ertragsteuerrechtlichen des „Unternehmens" gleichzusetzen. Diesem Gedanken kann nicht zugestimmt werden. Die „Einheit der Rechtsordnung" ist kein eigenständiges Auslegungsverfahren, sondern eher ein Ideal[377]. Sie kann im Rahmen der teleologischen Auslegung Bedeutung erlangen, allerdings – hierbei vergleichbar mit dem Schlagwort „Objektsteuer" bei der Gewerbersteuer[378] – keine gesetzessystematischen Zusammenhänge negieren bzw. ausstechen. Dies wird gerade im Zusammenhang mit dem Treuhandmodell deutlich. Wer Bewertungen bar jeder Systematik allein nach der „Einheit der Rechtsordnung" vornimmt, der müsste ja gerade auch auf die Einheit von Steuer- und Zivilrecht hinwirken, also z.B. eine zivilrechtsakzessorische Behandlung einer Personengesellschaft im Gewerbesteuerrecht anstreben. Im Treuhandmodell wird allerdings – auch und

---

373 Entscheidend ist das Gesamtbild, siehe als Anhaltspunkt den aus mehreren BFH-Judikaten (zu natürlichen Personen) hervorgegangenen Indizienkatalog bei *Klenk*, in: *Sölch/Ringleb*, Umsatzsteuergesetz, § 2 Rn. 72; der BFH, betont (Urt. v. 09.10.1996 – XI R 47/96, BStBl. II 1997, 255) jedoch teilweise auch, dass für die Selbständigkeit i.S.d. § 2 UStG das Handeln „auf eigene Rechnung und auf eigene Verantwortung" nötig sei und zieht den Kreis der danach selbständig Tätigen sehr eng: „Unselbständig ist vor allem derjenige, der in den geschäftlichen Organismus eines anderen eingegliedert und dessen Weisungen zu folgen verpflichtet ist." Allerdings ist dem Kontext des Urteils nach anzunehmen, dass er diese Aussage nicht verallgemeinernd, sondern nur auf natürliche Personen (vgl. § 2 Abs. 2 Nr. 1 UStG) angewandt wissen will, so dass die gesellschaftsrechtliche Weisungsgebundenheit einer Tochter-Personengesellschaft auch danach keine Unselbständigkeit bewirkt.

374 *Tschesche*, BB 2010, 1452, 1454; *Kraft/Sönnichsen*, DB 2011, 1936, 1937; *Kromer*, DStR 2000, 2157, 2162; *Hahne*, StuB 2010, 420, 424; *Thieme*, StC 2010, 22, 23.

375 Siehe zur Entstehungsgeschichte detailliert S. 195 ff.

376 *Hönle*, DB 1981, 1007, 1010.

377 Und sein Erreichen ist keineswegs stets auf direktem, parallelen Weg sichergestellt: „Folgt ein Rechtsgebiet blindlings dem anderen, so muss dies keine Garantie, kann vielmehr auch eine Gefahr für die Einheit der Rechtsordnung bedeuten", *K. Schmidt*, in: *K. Schmidt*, Vielfalt des Rechts – Einheit der Rechtsordnung?, S. 9, 14, am Beispiel dieses Verhältnisses zwischen Straf- und Zivilrecht.

378 Vgl. S. 214 f.

gerade von *Hönle* – die Eigenständigkeit des Steuerrechts zum Zivilrecht und damit die „Uneinheit" der Rechtsordnung betont.

ii. Steuerpflichtige Umsätze

Die Treuhand-KG ist damit Unternehmer i.S.d. § 2 Abs. 1 UStG. Ihre Umsätze sind umsatzsteuerbar. Soweit keine Befreiungen einschlägig sind[379], sind sie darüber hinaus umsatzsteuerpflichtig.

Dies gilt nicht nur für Leistungen der KG an Dritte, sondern auch für Vermögensübertragungen von der Mutter-Komplementärin auf die Tochter-KG. Die durch die Zurechnung des § 39 Abs. 2 AO vereinigten Vermögenssphären in Einkommen- und Gewerbesteuerrecht sind für die Umsatzsteuer, die nicht an die Zurechnung von Wirtschaftsgütern, sondern an Verkehrsvorgänge anknüpft, irrelevant[380]. Übertragungen zwischen den Gesellschaften, insbesondere die zur Verkaufsvorbereitung[381] beliebten Übergänge von Wirtschaftsgütern in das zivilrechtliche Vermögen der Treuhand-KG, sind somit in der Regel als umsatzsteuerliche Leistungen zu qualifizieren, die je nach Art des übertragenen Gegenstandes eine Lieferung (§ 3 Abs. 1 UStG) oder eine sonstige Leistung (§ 3 Abs. 9 UStG) darstellen können[382], was zu unterschiedlichen Bemessungsgrundlagen, § 10 Abs. 4 Nr. 1 UStG (Lieferung) bzw. § 10 Abs. 4 Nr. 3 UStG (sonstige Leistung), führt. Übertragungen zwischen Mutter und Tochter werden häufig unentgeltlicher Art sein. Zwar ist die Entgeltlichkeit der Lieferung/Leistung Tatbestandsmerkmal des § 1 Abs. 1 Nr. 1 UStG, der festlegt, welche Umsätze überhaupt steuerbar sind. § 3 Abs. 1b Nr. 3 bzw. § 3 Abs. 9a Nr. 2 UStG stellen jedoch unentgeltliche Geschäfte, wie sie im Treuhandmodell innerhalb der Beteiligten denkbar sind, entgeltlichen gleich. Es ändert sich also grundsätzlich nichts an der Umsatzsteuerpflicht.

Für Umsätze gegenüber Dritten ist die eigene Umsatzsteuerpflicht der KG regelmäßig jedoch kein schwerwiegender Nachteil. Dass für solche Drittgeschäfte Umsatzsteuer entrichtet werden muss, ist ebenso unstreitig wie die grundsätzliche Einkommen- oder Gewerbesteuerbarkeit derartiger Aktivitäten. Nur ist es im Unterschied zu den letztgenannten Steuerarten nicht von Belang, ob die KG die Steuer als eigene schuldet, oder die Mutter aufgrund fehlender Steuersubjektivität der KG persönlich steuerpflichtig ist. „Lock-In-Effekte" oder „Inseln" wie

379 Wie z.B. § 4 Nr. 8 lit. f UStG für Umsätze von Gesellschaftsanteilen.
380 *Kromer*, DStR 2000, 2157, 2162.
381 Siehe dazu unten S. 164.
382 *Kraft/Sönnichsen*, DB 2011, 1936, 1937.

bei der Gewerbesteuer[383] können bei der Umsatzsteuer nicht entstehen. Grund dafür ist die Ausgestaltung als Verkehrsteuer, die dafür sorgt, dass die Steuer an zivilrechtliche Verkehrsvorgänge anknüpft: Wo keine Umsätze, da keine Umsatzsteuer.

iii. Möglichkeit der umsatzsteuerlichen Organschaft

Die Umsatzsteuerpflicht interner Umsätze bleibt jedoch „schmerzhaft". Abhelfen könnte der Einschätzung der Treuhand-KG als selbständig i.S.d. § 2 Abs. 1 UStG und der eventuell definitiven Umsatzsteuerbelastung, die bei nicht oder nur eingeschränkt zum Vorsteuerabzug berechtigten Umsätzen eintritt[384], nur eine umsatzsteuerliche Organschaft. Diese Figur hat mit der Abkehr von der Allphasenbruttoumsatzsteuer und der damit verbundenen Einführung des Vorsteuerabzugs an Bedeutung verloren[385]. Solange Unternehmer ihre gezahlte Umsatzsteuer nicht zum Abzug bringen konnten, führten konzerninterne Leistungen zu Steuerbelastungen, so dass die Wirkung der Organschaft, im gesamten Organkreis nur ein Unternehmen i.S.d. § 2 UStG anzunehmen und Innenumsätze als nicht steuerbar zu betrachten, attraktiv war. Heute kann der leistende Unternehmer in der Regel seine gezahlte Umsatzsteuer als Vorsteuer abziehen (vgl. § 15 UStG), so dass für diesen Aspekt der umsatzsteuerlichen Organschaft keine Notwendigkeit mehr besteht. Sie ist diesbezüglich also ein „Relikt"[386]. Überflüssig ist sie hingegen immer noch nicht[387], da sie in der eben genannten Konstellation der definitiven Steuerbelastung Abhilfe zu schaffen[388], in manchen Situationen Außenwirkung zu erzielen[389] und selbst in Fällen, in denen ein Vorsteuerabzug möglich ist, den Verwaltungsaufwand zu verringern weiß[390].

---

383 Siehe oben S. 94.

384 Dies gilt vor allem für Innenumsätze in Branchen, die nicht vollständig zum Vorsteuerabzug berechtigt sind (z.B. Banken oder Versicherungen, § 4 Nr. 8 UStG).

385 *Hummel*, UR 2010, 207.

386 *Hummel*, UR 2010, 207.

387 *Birkenfeld*, UR 2010, 198.; *Grune/Mönckedieck*, UR 2012, 541, 544; *Hey*, FR 2012, 994, 998.

388 *Bröder*, SteuerStud 2008, 164, 165.

389 Dazu *Schalk/Fuß*, UR 2012, 947, 949.

390 So kann innerhalb des Organkreises auf Rechnungen gemäß § 14 UStG verzichtet werden; zudem liegt nur ein Unternehmer mit nur einer Umsatzsteuernummer und auch nur einer abzugebenden Umsatzsteuervoranmeldung vor, vgl. *Hummel*, UR 2010, 207; *Buttgereit/Schulte*, UR 2011, 605.

Die umsatzsteuerliche Organschaft liegt gemäß § 2 Abs. 2 Nr. 2 UStG vor, wenn eine juristische Person nach dem Gesamtbild der tatsächlichen Verhältnisse finanziell, wirtschaftlich und organisatorisch[391] in das Unternehmen des Organträgers eingegliedert ist. Nach der Negativdefinition wäre die KG nicht selbständig und somit auch kein Unternehmer, wenn diese Voraussetzungen erfüllt sind. Genau das ist jedoch problematisch, da wie bei der ertragsteuerlichen Organschaft (vgl. §§ 14 Abs. 1, 17 KStG) nur Kapitalgesellschaften Organgesellschaft sein können. Dass der Umsatzsteuer-Anwendungserlass überraschend großzügig festlegt, als Organgesellschaft komme *„regelmäßig"* nur eine Kapitalgesellschaft in Betracht[392], wird daran nichts ändern. Wie oben dargelegt, können Verwaltungsanweisungen keine widersprechenden, eindeutigen Gesetzesnormen überstimmen, auch nicht, wenn sie zugunsten des Steuerpflichtigen bestehen[393]. Im Gegensatz dazu gehen Rechtsprechung[394] und die wohl noch herrschende Meinung in der Literatur[395] davon aus, dass Organgesellschaften nicht nur regelmäßig, sondern stets Kapitalgesellschaften sein müssen. Sie beziehen sich auf die Rechtsprechungstradition des RFH, der das Institut der Organschaft überhaupt erst entwickelt habe sowie die sich daran anlehnende Kodifizierung. Allerdings treten vermehrt Stimmen auf, die eine Unterscheidung

---

391 Die organisatorische Eingliederung ist auch bei Vorliegen einer finanziellen Eingliederung kein „Selbstgänger". Zwar ist der finanziell Eingegliederte durch Gesellschafterbeschluss weisungsgebunden. Dieser Umstand genügt jedoch nicht für eine organisatorische Eingliederung: BFH, Urt. v. 07.07.2011 – V R 53/10, UStB 2011, 370.

392 BMF, Umsatzsteuer-Anwendungserlass, IV D 3 – S 7015/10/10002 DOK 2010/0815152, BStBl. I 2010, 846, 2.8 Abs. 2.

393 Davon abzugrenzen ist eine Analogie, d.h. die Ausdehnung des Wortlauts und die Anwendbarkeit einer Norm auf Fälle, in denen eine planwidrige Regelungslücke bei vergleichbarer Interessenlage vorliegt. Eine Analogie zugunsten des Steuerpflichtigen ist zulässig. Im vorliegenden Fall kann jedoch nicht von einer planwidrigen Regelungslücke ausgegangen werden, so dass eine etwaige Einbeziehung von Personengesellschaften als Organgesellschaften in die umsatzsteuerliche Organschaft nicht allein durch eine analoge Anwendung des vorhandenen Gesetzestextes zu bewerkstelligen ist.

394 BFH, Urt. v. 20.12.1973 – V R 87/70, BStBl. II 1974, 311; BFH, Beschl. v. 10.03.2009 – XI B 66/08, ZInsO 2009, 1262.

395 *Janzen*, in: *Lippross/Seibel*, Basiskommentar Steuerrecht, § 2 UStG Rn. 156 ff.; *Stadie*, in: *Rau/Dürrwächter*, Umsatzsteuergesetz, § 2 Rn. 838 f.; *Korn*, in: *Bunjes/Geist*, Umsatzsteuergesetz, § 2 Rn. 112, allerdings mit Hinweis auf FG München (siehe Fn. 398); *Klenk*, in: *Sölch/Ringleb*, Umsatzsteuergesetz, § 2 Rn. 100, allerdings leicht zweifelnd Rn. 89.

zwischen Kapital- und Personengesellschaften im umsatzsteuerlichen Organschaftsrecht für verfassungs- bzw. unionsrechtswidrig halten[396].

Die Kritiker argumentieren insbesondere systematisch: Die zivilrechtsakzessorische Deutung des Begriffs „juristische Person" sei unzulässig, umsatzsteuerliche Rechtsbegriffe vielmehr autonom zu verstehen[397]. Dies gebiete schon der unionsrechtliche Harmonisierungsauftrag, der mit jeweils nach den nationalen Zivilrechtsordnungen differierend auszulegenden Tatbestandsmerkmalen nicht zu vereinbaren sei. Art. 11 MwStSystRL sehe unstrittig die Möglichkeit vor, auch Personengesellschaften an einer umsatzsteuerlichen Organschaft teilhaben zu lassen. „Juristische Person" i.S.d. § 2 Abs. 2 Nr. 2 S. 1 UStG seien somit nicht lediglich die nach unserem nationalen Zivilrecht so verstandenen Rechtsgebilde. Eine umsatzsteuerimmanente Auslegung unter Berücksichtigung von Art. 11 MwStSystRL gebe vielmehr vor, dass der Begriff allein von der natürlichen Person abgrenzen solle, also auch (teil-)rechtsfähige Personengesellschaften umfasse[398]. Eine ähnliche begriffliche Erweiterung der „juristischen Person" werde von der herrschenden Meinung[399] auch in Art. 19 Abs. 3 GG vorgenommen.

Diese Kritik überzeugt. Zusätzlich finden sich m.E. aber auch teleologische Gründe für die Gleichstellung von Kapital- und Personengesellschaften im umsatzsteuerrechtlichen Organschaftsrecht. Im Gegensatz zum Ertragsteuerrecht wird im Umsatzsteuerrecht nicht zwischen getrennter und transparenter Besteuerung unterschieden. Der mögliche Vorteil von Mitunternehmerschaften, mithilfe der ertragsteuerlichen Transparenz Zurechnungs- und Konsolidierungsgestaltungen anzustellen, greift in den Verkehrsteuerarten nicht. Begreift man die exklusiv für Kapitalgesellschaften ausgestaltete Organschaft im Ertragsteuerrecht

396 *Englisch*, in: *Tipke/Lang*, Steuerrecht, § 17 Rn. 62; *Hahne*, DStR 2008, 910; *Hummel*, UR 2010, 207, 208 ff.; *Hüttemann*, in: *Schön/Osterloh-Konrad*, Kernfragen des Unternehmenssteuerrechts, 2010, S. 127, 144; *Birkenfeld*, UR 2010, 198, 202; *Wäger*, in: *Spindler*, Steuerzentrierte Rechtsberatung, S. 1189, 1193 sieht hingegen in der Tatsache, dass lediglich die einzugliedernde Gesellschaft nicht rechtsformneutral behandelt wird, noch kein Verstoß gegen ein unionsrechtliches Neutralitätsgebot.

397 *Hummel*, UR 2010, 207, 208; *Heidner*, UR 2006, 74, 79; im Grundsatz auch *Stadie*, in: *Rau/Dürrwächter*, Umsatzsteuergesetz, Einführung Rn. 710; a.A. jedenfalls in Teilen *Völkel/Karg*, UR 1982, 21, die von sehr starken Anlehnungen an das bürgerliche Recht ausgehen.

398 So zuletzt FG München, Urt. v. 13.03.2013 – 3 K 235/10, DStR 2013, 1471, Rev. beim BFH (V R 25/13) eingelegt; *Hummel*, UR 2010, 207, 211.

399 BVerfG, Urt. v. 03.06.1954 – 1 BvR 183/54 Rz. 34, BVerfGE 3, 383; BVerfG, Beschl. v. 04.12.1979 – 2 BvR 64/78 Rz. 55, BVerfGE 53, 1; *Remmert*, in: *Maunz/Dürig*, Grundgesetz, Art. 19 Rn. 52.

gleichsam als Ausgleich dafür, dass jenen diese Gestaltungen nicht zur Verfügung stehen, so ist dieser Ausgleich im Umsatzsteuerrecht nicht notwendig: Das Umsatzsteuergesetz unterscheidet nicht zwischen Transparenz und Trennungsprinzip; Personen- und Kapitalgesellschaften werden hinsichtlich der Steuersubjektivität und der Gewinnermittlung gleich behandelt. Dasselbe sollte für die Fähigkeit gelten, umsatzsteuerliche Organgesellschaft zu sein. Dieses Ergebnis ist teleologisch und – im Hinblick auf Art. 3 Abs. 1 GG – möglicherweise gar verfassungsrechtlich geboten. Es ist daher *de lege ferenda* auch zu fordern. *De lege lata* ist es aber aber nur mit den oben genannten kritischen Stimmen und ihrer weiten Auslegung des Begriffs der juristischen Person zu erreichen[400]. Diese kann bei der Gestaltung einer Treuhandstruktur nach derzeit herrschender Meinung (noch) nicht vorausgesetzt werden[401].

d. Grunderwerbsteuer

i. Grundsatz: Zivilrechtsakzessorietät

Ähnlich verhält es sich mit der Grunderwerbsteuer[402]. Sie ist eine Rechtsverkehrsteuer und knüpft an inländische Grundstückerwerbsvorgänge an (§ 1 Abs. 1 Nr. 1–7 GrEStG)[403]. Auch hier ist grundsätzlich die zivilrechtliche Beurteilung eines Verkehrsvorgangs maßgeblich. Eine Diskussion über die grunderwerbsteuerlichen Folgen des Treuhandmodells findet hingegen bislang kaum statt[404]. Dies

---

400 *Hüttemann*, in: *Schön/Osterloh-Konrad*, Kernfragen des Unternehmenssteuerrechts, 2010, S. 127, 144, weist auf die Möglichkeit einer gleichsam umgekehrten Umsatzsteuer-Organschaft in einer GmbH & Co. KG hin, bei der die Komplementär-GmbH als Organgesellschaft und die Tochter-KG als Organträger fungieren soll. Er selbst bezeichnet diese Konstruktion jedoch als „Verrenkung" und auch der BFH hat ihr mangels finanzieller Eingliederung mittlerweile eine Absage erteilt, BFH, Urt. v. 22.04.2010 – V R 9/09, BStBl. II 2011, 597.

401 Das Revisionsurteil des BFH (V R 25/13, siehe Fn. 398) darf auch in dieser Hinsicht mit Spannung erwartet werden.

402 Auch für diese Steuerart ist zwar eine grunderwerbsteuerliche Organschaft vorgesehen, diese kann sich in Fällen der Anteilsvereinigung aber als problematisch, sogar nachteilig erweisen, vgl. dazu *Hey*, FR 2012, 994, 998; *Fischer*, in: *Boruttau*, Grunderwerbsteuergesetz, § 1 Rn. 1072.

403 Der BFH hat erst kürzlich wieder einer wirtschaftlichen Betrachtungsweise für § 1 Abs. 2a GrEStG eine Absage erteilt, BFH, Urt. v. 16.01.2013 – II R 66/11, DStR 2013, 360. Diese Einschätzung betrifft aber nur die Ausgangsnorm des § 1 GrEStG und hat keinen Einfluss auf die Ausnahmevorschriften §§ 5, 6 GrEStG.

404 Einzig *Hahne*, StuB 2010, 420, 424; *Berg/Trompeter*, FR 2003, 903, 905 und *Hubertus/Lüdemann*, BB 2010, 2474, 2476, widmen sich sehr knapp diesem Thema.

mag durch den speziellen Charakter dieser Steuerart zu erklären sein, die eben nur Grundstücksübertragungen umfasst. Gerade wenn die Treuhandstruktur aufgesetzt wird, ist eine solche Übertragung von der Mutter auf die (ggf. erst dazu gegründete) Tochter-KG jedoch recht wahrscheinlich. Auch das Steueraufkommen von immerhin EUR 6,4 Milliarden im Jahre 2011[405] zeigt, dass es sich nicht um eine exotische Steuerart handelt. Sich mit ihr zu beschäftigen, lohnt jedoch nicht nur aufgrund tatsächlicher Relevanz, sondern auch aus rechtstheoretischen Gründen. Gerade in dogmatischer Hinsicht ist die bisherige wissenschaftliche Nichtbeachtung der Grunderwerbsteuer im Zusammenhang mit dem Treuhandmodell unverständlich, bildet das GrEStG doch - wie noch zu zeigen sein wird - einen für das Modell spannenden Mittelweg aus zivilrechtlich determinierter Verkehrsteuer mit steuerrechtlich-wirtschaftlichen Modifikationen für bestimmte Übertragungsvorgänge.

Als Ausgangspunkt steht das Zivilrecht als Indikator für grunderwerbsteuerliche Verkehrsvorgänge, § 1 Abs. 1 GrEStG. Dies wird in der Regel dazu führen, dass Grundstücksübertragungen mit Beteiligung der Tochter-KG zunächst grunderwerbsteuerbar und ggf. auch sachlich grunderwerbsteuerpflichtig sind. Die persönliche Steuerpflicht bemisst sich nach § 13 GrEStG. Schuldner der Steuer sind die am Erwerbsvorgang beteiligten Personen (§ 13 Nr. 1 GrEStG); das können auch Gesamthandsgemeinschaften sein[406]. Wie schon bei der Umsatzsteuer kann man davon ausgehen, dass es für Geschäfte gegenüber konzernfremden Dritten gleich ist, wer (Mutter oder Tochter) die Steuer schuldet. Wichtig ist jedoch, ob ein interner Vorgang, d.h. die Übertragung eines Grundstücks von der Muttergesellschaft auf die Tochter-KG, Grunderwerbsteuer auslöst. Dies ist mit Blick auf die zivilrechtliche Anknüpfung grundsätzlich zu bejahen. Beide Gesellschaften sind rechtsfähig und verfügen handelsrechtlich über eigene, getrennte Vermögenssphären.

ii. Ausnahmen: §§ 5, 6 GrEStG

Das GrEStG sieht für Gesellschaftsbeteiligungen jedoch einige Steuerbefreiungen vor (§§ 5, 6, 6a GrEStG). So entfällt gemäß § 5 Abs. 2 GrEStG die Steuerpflicht, soweit ein Grundstück von einem Alleineigentümer auf eine von ihm

405 „Steuerspirale 2011" aus NWB 2012, 2291.

406 BFH, Urt. v. 11.02.1987 – II R 103/84, BStBl. II, 1987, 325; BFH, Beschl. v. 12.12.2001 – II B 5/01, BFH/NV 2002, 812; *Viskorf*, in: *Boruttau*, Grunderwerbsteuergesetz, § 13 Rn. 75 ff.

(mit)gehaltene Gesamthand übergeht[407]. „Soweit" bedeutet in diesem Zusammenhang, dass die Übertragung genau in dem Maße steuerfrei ist, in dem der (ehemalige) Alleineigentümer an der Gesamthand beteiligt ist. Der Hintergrund dieser Norm ist interessant: Die Zivilrechtsakzessorietät der Grunderwerbsteuer wird hier durch eine Norm korrigiert, die ganz ähnlich wie § 39 Abs. 2 AO eine wirtschaftliche Betrachtungsweise anstellt[408]. Mögen zivilrechtlich mehrere getrennte Vermögenssphären zwischen dem Grundstückeigentümer-Gesellschafter und der Gesamthand vorliegen, so dass eine Übertragung zunächst einmal nach § 1 Abs. 1 Nr. 1, 2 GrEStG Grunderwerbsteuer auslösen würde, so ändert sich durch die Übertragung wirtschaftlich betrachtet in eben der Höhe der Beteiligung des Eigentümers nichts: Der Veräußerer bleibt über seine Gesamthandsberechtigung am Grundstück beteiligt[409], ihn treffen in Höhe seiner Beteiligung weiterhin alle Chancen und Risiken, die mit dem Grundstück verbunden sind. Die Treuhand-KG erfüllt – auch als GmbH & Co. KG[410] – die Anforderungen an eine Gesamthand, so dass der wesentlichen Voraussetzung der Norm im Treuhandmodell Genüge getan ist.

Auf die Rechtsform der Mutter kommt es nämlich nicht an: Ist sie Kapitalgesellschaft, kann auch sie von der Regelung des § 5 Abs. 2 GrEStG profitieren. Zwar sind Kapitalgesellschaften grundsätzlich nicht privilegiert[411], dies gilt allerdings nur insoweit, wie sie isoliert, d.h. ohne Beteiligung an einer Gesamthand Grundvermögen übertragen. Sind sie hingegen, wie im Treuhandmodell, an einem Gesamthandsvermögen beteiligt, fallen in diesem Verhältnis vorgenommene Übertragungsvorgänge selbstverständlich ebenso in den Anwendungsbereich der Steuerbefreiungen[412]. § 5 Abs. 2 GrEStG spricht rechtsformneutral vom „Alleineigentümer", das Pendant § 6 Abs. 2 GrEStG zur Übertragung *von* einer

407 § 6 Abs. 2 GrEStG behandelt den umgekehrten Fall, dass ein Grundstück von einer Gesamthand in das Alleineigentum einer beteiligten Person übergeht. § 6 Abs. 3 GrEStG regelt schließlich den Fall, dass gar keine „Personen" im engeren Sinne, sondern auf beiden Seiten Gesamthandsgemeinschaften beteiligt sind.

408 Dies ist ausweislich der Gesetzesbegründung auch explizite *ratio* der Norm, RStBl 1940, 387, 398.

409 Dies muss er jedoch tatsächlich sein und auch bleiben: BFH, Beschl. v. 16.01.1991 – II R 78/88, BStBl. II 1991, 376; vgl. jetzt auch § 5 Abs. 3 GrEStG, eingeführt durch Art. 15 Nr. 3 StEntlG 1999/2000/2002, Ges. v. 24.03.1999, BGBl. 1999, 402, 495.

410 *Viskorf*, in: *Boruttau*, Grunderwerbsteuergesetz, § 5 Rn. 5 f.

411 BFH, Beschl. v. 09.04.2009 – II B 95/08, BFH/NV 2009, 1148; dies ist auch verfassungsgemäß, siehe dazu schon BFH, Urt. v. 22.06.1966 – II 165/62, BStBl. III 1966, 554; zuletzt BFH, Urt. v. 09.04.2008 – II R 32/06, BFH/NV 2008, 1526.

412 *Viskorf*, in: *Boruttau*, Grunderwerbsteuergesetz, § 5 Rn. 9.

Gesamthand (im Treuhandmodell also bei den wohl seltenen Übertragungen von der Treuhand-KG auf eine Mutter-GmbH) kapitalgesellschaftsfreundlich gar von „Person".

Ist die Mutter selbst Gesamthand, wird nicht differenziert, von wem und auf wen das Grundstück übergeht: Es findet einheitlich § 6 Abs. 3 S. 1 GrEStG Anwendung[413]. Als Rechtsfolge der Normen – diesbezüglich bestehen keine Unterschiede zwischen § 5 Abs. 2 GrEStG, § 6 Abs. 2 GrEStG und § 6 Abs. 3 GrEStG – wird der Anteil am Wert des Grundstücks steuerfrei gestellt, der demjenigen der Beteiligung des Gesellschafters entspricht.

iii. *Besonderheiten im Treuhandmodell*

In der Regel hält die Mutter-Komplementärin an der KG im Treuhandmodell 99,99 % der Anteile. Zwingend ist dies jedoch nicht[414]. Fraglich ist daher, ob in einer Konstruktion, in der die Mutter etwa lediglich 50 % oder gar nur die komplementärtypischen 0,1 % der Anteile hält (aufgrund der Treuhandverbindung und der damit einher gehenden Wirkung des § 39 Abs. 2 Nr. 1 S. 2, Nr. 2 AO aber dennoch einzige Mitunternehmerin ist, siehe detailliert oben S. 60) auch die Steuerfreiheit nur in dieser Höhe besteht. Allein dem Wortlaut nach wäre das der Fall.

Dennoch ist m.E. in diesen – wie in allen Fällen des Treuhandmodells unabhängig von der Beteiligungsquote der Mutter – der Übertragungsvorgang

413 § 5 Abs. 2 GrEStG, § 6 Abs. 2 GrEStG erfassen diese Fälle nicht. Bei § 6 Abs. 2 GrEStG ist dies schnell nachvollziehbar: „Person" kann eine natürliche oder juristische Person sein, aber eben keine Gesamthandsgemeinschaft. Nicht so deutlich ist die Nichtanwendbarkeit von § 5 Abs. 2 GrEStG. Man könnte durchaus argumentieren, bei der Übertragung von einer Mutter-Gesamthandsgemeinschaft auf eine Tochter-Gesamthandsgemeinschaft ist § 5 Abs. 2 GrEStG jedenfalls dann anwendbar, wenn die Mutter eine rechtsfähige Personengesellschaft ist. Denn spätestens seit BGH, Urt. v. 29.01.2001 – II ZR 331/00, BGHZ 146, 341 kann eine solche Personengesellschaft auch „Alleineigentümer" (vgl. § 5 Abs. 2 GrEStG) sein. Allerdings sollen Alleineigentümer im Sinne der Norm nur natürliche oder juristische Personen sein, *Viskorf*, in: *Boruttau*, Grunderwerbsteuergesetz, § 5 Rn. 53. Auswirkungen hat dies insbesondere im Hinblick auf die Anwendbarkeit von § 6 Abs. 4 GrEStG, siehe dazu BFH, Urt. v. 04.04.2001 – II R 57/98, BStBl. II 2001, 587. Rechtstechnisch ist dieses Ergebnis seit dem genannten BGH-Urteil m.E. aber nicht mehr über die Auslegung des Wortlauts, sondern nur noch über eine Bewertung von § 6 Abs. 3 GrEStG als *lex specialis* möglich.

414 Siehe genauer unten S. 129.

zwischen den Gesellschaften in voller Höhe steuerfrei[415]. Grund für diese zulässige, da den Steuerpflichtigen begünstigende Analogie der steuerbefreienden Norm[416] sind der bereits angesprochene Sinn und Zweck der Vorschrift: Entgegen der abstrakt-zivilrechtlichen Betrachtung, die § 1 Abs. 1 GrEStG anstellt, soll mit den §§ 5, 6 GrEStG dem Umstand Rechnung getragen werden, dass sich wirtschaftlich betrachtet der Grundstückswert über die Beteiligung fortsetzt. Im Treuhandmodell wird sich dieser Wert aber nicht nur über die direkte Beteiligung der Mutter an der KG fortsetzen. Auch wenn diese nur zu einem geringen Prozentsatz *n* beteiligt ist, wird – dies ist der zweigliedrigen Konstruktion geschuldet – der restliche Anteil *100-n* von der einzigen Kommanditistin gehalten. Wirtschaftlich gesehen sorgt die Treuhandverbindung zwischen der Komplementärin als Treugeberin und der Kommanditistin als Treuhänderin dafür, dass auch der Anteil des Grundstückswertes, der zunächst auf die Kommanditistin fällt, schlussendlich der Mutter-Komplementärin zugerechnet wird, so, wie es mit allen Wirtschaftsgütern aus der treuhänderisch gehaltenen Beteiligung geschieht. Ultimativ bleibt der Wert nach der Übertragung vollständig bei der Mutter, so dass konsequenterweise auch eine vollständige Steuerbefreiung nach der *ratio* der Norm geboten ist. Die „normalen" Wirkungen der §§ 5, 6 GrEStG, die sich schon aus der Gesamthandsbeteiligung der Mutter und nicht erst speziell aus der Treuhandkonstruktion ergeben, sind somit um die dargestellten treuhandspezifischen Folgen zu erweitern.

iv. Rückausnahmen – Einschränkungen der Steuerbefreiungen

Beide Tatbestände, § 5 und § 6 GrEStG, stehen jedoch unter dem Vorbehalt von § 5 Abs. 3 GrEStG bzw. § 6 Abs. 3 S. 2 GrEStG: Vermindert sich der Anteil des Verkäufers am Vermögen der Gesamthand innerhalb von fünf Jahren nach dem Übergang des Grundstücks, so entfällt die Steuerbefreiung in Höhe dieser Verminderung. Die Normen fassen eine langjährige und gefestigte BFH-Rechtsprechung in Gesetzesform[417]. Ein Missbrauch von gesellschaftsrechtlichen

---

415 A.A. BFH, Urt. v. 23.10.1974 – II R 87/73, BStBl. II 1975, 152; *Kraft/Sönnichsen*, DB 2011, 1936, 1937; *Tschesche*, BB 2010, 1452, 1455.

416 Formal betrachtet handelt es sich eher um die Ausweitung der begünstigenden Rechtsfolgen durch eine teleologische Reduktion von deren Eingrenzungen. Auch dies ist bei begünstigender Wirkung aber selbstverständlich zulässig.

417 Zunächst berief sich der BFH auf § 6 StAnpG (jetzt § 42 AO), BFH, Urt. v. 05.09.1972 – II R 152/71, BStBl. II 1973, 33; später entwickelte er eine § 5 GrEStG-immanente „Planrechtsprechung" (zu dem Begriff siehe *Viskorf*, in: *Boruttau*, Grunderwerbsteuergesetz, § 5 Rn. 73): BFH, Urt. v. 24.11.1982 – II R 38/87, BStBl. II 1983, 429; BFH,

Beteiligungen allein zum Zwecke der Gewerbesteuerersparnis soll vermieden werden. Anders ausgedrückt: Den Steuervorteil der §§ 5, 6 GrEStG muss man sich verdienen. Das Muster ist erkennbar: Überträgt eine GmbH oder andere Person ein Grundstück auf eine Gesamthand (§ 5 Abs. 2 GrEStG), muss sie die Ernsthaftigkeit ihrer Bindung durch eine fünfjährige Beteiligungsperiode beweisen (§ 5 Abs. 3 GrEStG). Empfängt eine GmbH oder andere Person ein Grundstück von einer Gesamthand (§ 6 Abs. 2 GrEStG), so muss sie sich das Vertrauen des Beschenkten durch eine bereits mindestens fünf Jahre andauernde Beteiligung erarbeitet haben (§ 6 Abs. 4 GrEStG), bzw. darf es sich nicht innerhalb einer kürzeren Dauer „erkauft" haben.

In Fällen, in denen ein Grundstück von einer Gesamthand übergehen soll (d.h. § 6 Abs. 2, Abs. 3 GrEStG), ist zudem die weitere Rückausnahme des § 6 Abs. 4 GrEStG zu beachten. Ähnlich wie die bereits angesprochenen Einschränkungen verhindert sie Steuerbefreiungen, die in engem zeitlichen Kontext zu Beteiligungsveränderungen stehen. Im Gegensatz zu den behandelten Vorbehalten hat sie jedoch nicht die nachzeitige Verminderung, sondern den vorzeitigen Erwerb zum Gegenstand: Die Steuerfreiheit entfällt insoweit, als ein Gesamthänder seinen Anteil innerhalb von fünf Jahren vor dem Erwerbsvorgang an der Gesamthand erworben hat. Die Zielrichtung bleibt: Verhinderung von Missbrauch durch kurzfristige Beteiligungsänderungen allein zum Zwecke der Grunderwerbsteuerfreiheit[418].

Für das Treuhandmodell bedeutet dies: Ist die Mutter eine GmbH und überträgt der Treuhand-KG ein Grundstück (häufiger Fall), so muss sie gemäß § 5 Abs. 3 GrEStG ihre Beteiligung für mindestens fünf Jahre aufrechterhalten. Das Modell büßt damit Flexibilität ein und nähert sich in dieser Starrheit der Organschaft, die ebenfalls fünf Jahre durchgeführt werden muss[419]. Im seltenen umgekehrten Fall der Übertragung eines Grundstücks von der KG auf die Mutter-GmbH gilt § 6 Abs. 2 GrEStG i.V.m. § 6 Abs. 4 GrEStG, d.h. die Beteiligung darf nicht erst innerhalb der letzten fünf Jahre rechtsgeschäftlich erworben worden sein[420]. Bei einer Mutter-Gesamthand, z.B. in Gestalt einer KG oder GmbH

Beschl. v. 04.08.1999 – II B 3/99, BStBl. II 1999, 834; zuletzt BFH, Urt. v. 10.12.2008 – II B 55/07, BStBl. II 2009, 473, zu einem Sachverhalt, der sich vor der Normierung der Beschränkungen zugetragen hatte.

418 *Viskorf*, in: *Boruttau*, Grunderwerbsteuergesetz, § 6 Rn. 72.

419 Siehe genauer S. 188 f.

420 Der Begriff des Rechtsgeschäfts wird hier sehr weit gefasst, so zählen z.B. auch Umwandlungen nach dem UmwG als rechtsgeschäftlich, vgl. *Viskorf*, in: *Boruttau*, Grunderwerbsteuergesetz, § 6 Rn. 84.

& Co. KG, gelten § 6 Abs. 3 S. 2 GrEStG und § 6 Abs. 4 GrEStG kombiniert, unabhängig davon, wer auf wen überträgt. Dies sollte bei der Planung einer Treuhandstruktur immer dann bedacht werden, wenn hohe Grundstückswerte unternehmensgruppenintern transferiert werden sollen.

v. *Nicht grunderwerbsteuerrelevante Fälle*

Der alleinige Abschluss[421] der Treuhandvereinbarung im Rahmen der Realisierung des Modells ist im Übrigen nicht grunderwerbsteuerbar, auch dann nicht, wenn sich Grundstücke im Vermögen der Treuhand-KG befinden. Zwar werden diese (ertrag)steuerlich sodann dem Vermögen der Muttergesellschaft zugeordnet (§ 39 Abs. 2 Nr. 1 S. 2, Nr. 2 AO, siehe oben S. 60 ff.). Zivilrechtlich verbleiben sie jedoch bei der Treuhand-KG, so dass kein steuerbarer Anwachsungsvorgang nach § 1 Abs. 1 Nr. 3 GrEStG vorliegt[422].

Übertragungsvorgänge der KG, an denen Dritte beteiligt sind, unterfallen hingegen vollständig der Grunderwerbsteuer. Die Befreiungen der §§ 5, 6 GrEStG gelten hier mangels Beteiligung nicht, es bleibt bei der Zivilrechtsakzessorietät des § 1 Abs. 1 GrEStG. Ähnlich wie bei der Umsatzsteuer gilt aber auch hier, dass dadurch keine großen Nachteile entstehen. Zum einen dürften sich solche Fälle in der Praxis in Grenzen halten (solange die Treuhand-KG nicht erwerbsmäßig Grundstückshandel betreibt) oder einen Einmaleffekt darstellen (wenn ausgegliederte Grundstück über den „Umweg" Treuhandmodell veräußert werden sollen), zum anderen ist es in der Regel irrelevant, ob die Mutter oder die Tochter die Verkehrsteuer schuldet. Die Gefahr sog. Steuerinseln besteht nicht[423].

e. *Zwischenergebnis*

In den Urteilen[424] und der Literatur zum Treuhandmodell werden steuerrechtliche Konsequenzen sowohl allgemeiner (§ 39 AO) als auch spezieller, d.h.

---

421 *NB*: Hier ist lediglich vom schuldrechtlichen Treuhandgeschäft und der Frage die Rede, ob allein dadurch und durch dessen Folgen – § 39 Abs. 2 Nr. 1 S. 2 AO – implizit Grunderwerbsteuer ausgelöst wird. Explizite Grundvermögensübertragungen zwischen den getrennten zivilrechtlichen Vermögenssphären der Gesellschaften sind gesondert zu beurteilen, siehe die soeben angestellten Überlegungen.

422 *Hubertus/Lüdemann*, BB 2010, 2474, 2476.

423 Siehe dazu die auch hier geltende Diskussion auf S. 94.

424 FG Düsseldorf, Urt. v. 19.04.2007 – 16 K 4489/06 G, EFG 2007, 1097; BFH, Urt. v. 03.02.2010 – IV R 26/07, BStBl. II 2010, 751; für das Kernthema – Gewerbesteuerpflicht der Treuhand-KG – werden diese Urteile noch detailliert besprochen, siehe S. 202 ff.

steuerartenspezifischer Art behandelt. Selbst das das Treuhandmodell grundsätzlich (wieder)anerkennende Urteil des Bundesfinanzhofs[425] beschränkt die Wirkungen dabei auf Einkommen- bzw. Körperschaftsteuer sowie Gewerbesteuer. Es wurde jedoch gezeigt, dass darüber hinaus auch Auswirkungen auf Verkehrsteuern bestehen. Bei der Umsatzsteuer geschieht dies – allerdings nur nach der hier vertretenen Ansicht – über den Weg der Organschaft[426], bei der Grunderwerbsteuer sogar „direkt" nach gebotener Auslegung der §§ 5, 6 GrEStG.

7. Steuerrechtliche Haftung

Neben der gesellschaftsrechtlichen Haftung stellt sich die Frage der Haftung für Steuerschulden im Unternehmensverband. Entgegen der gesellschaftsrechtlichen Haftung, die diejenige der Anteilseigner für Schulden ihrer Beteiligungsgesellschaften meint, liegt der Fokus bei der Haftung für Steuerschulden genau anders herum. Hier stellt sich die Frage, ob Tochtergesellschaften für diese Schulden ihrer Mütter haften. Im Treuhandmodell entstehen Einkommen- bzw. Körperschaftsteuer (je nach Rechtsform) der Tätigkeiten von Mutter und Tochter-KG direkt bei der Treugeber-Komplementärin (Mutter). Sie ist daher auch Schuldnerin dieser direkten Steuern (§§ 43, 38 AO i.V.m. §§ 1, 2 EStG, § 1 KStG, § 5 Abs. 1 GewStG). Dies führt zu einem Risiko für den Fiskus[427]. Ist nämlich die Muttergesellschaft illiquide und nicht in der Lage, ihre Steuerschuld zu begleichen, droht ein Steuerausfall. Auf die Tochtergesellschaft, deren gewerbliche Tätigkeit die bei der Mutter anfallenden Steuern ja in der Regel erhöht hat, kann nicht ohne weiteres zurückgegriffen werden, denn sie ist erstens gerade nicht originäre Steuerschuldnerin und zweitens aber dennoch zivilrechtlich selbständiges Rechtssubjekt[428]. Möglich wäre ein vollstreckungsrechtlicher Rückgriff des Fiskus in das Vermögen der Tochter nur aufgrund spezieller materieller Haftungsnormen.

Für die vergleichbare (siehe unten S. 173 ff.) Situation in der Organschaft hat der Gesetzgeber mit § 73 AO eine solche Norm geschaffen. Nach ihr haftet eine

---

425 BFH, Urt. v. 03.02.2010 – IV R 26/07, BStBl. II 2010, 751.

426 Die dazu angestellten Überlegungen sind jedoch nicht treuhandspezifischer Art; streng genommen handelt es sich somit also zwar nicht um Auswirkungen des Treuhandmodells, wohl aber sollten die gewollten Wirkungen entgegen der h.M. nach gebotener Auslegung auch im Treuhandmodell zu erzielen sein.

427 Vgl. *Bröder*, SteuerStud 2008, 164, 168 zur steuerrechtlichen Haftung in der Organschaft.

428 Siehe oben S. 59 ff.; vgl. *Bröder*, SteuerStud 2008, 164, 168 wiederum zur vergleichbaren Situation in der Organschaft.

Organgesellschaft für solche Steuern des Organträgers, für welche die Organschaft zwischen ihnen steuerlich von Bedeutung ist. Diese Haftung ist zwar einerseits punktuell, nämlich für nur tatsächlich von der Organschaft betroffene Steuern, andererseits aber verschuldensunabhängig und in ihrer Wirkung weitgehend: Nicht nur der Steueranteil, der durch die Organgesellschaft durch ihre Tätigkeit verursacht wurde, sondern auch derjenige, den der Organträger durch eigene Tätigkeit selbst geschaffen hat, unterliegt der Haftung der Organgesellschaft[429]. Besondere Auswirkung hat diese Regelung für die umsatzsteuerliche Organschaft[430]. Während in der körperschaftsteuerlichen und der gewerbesteuerlichen Organschaft der zwingend erforderliche Ergebnisabführungsvertrag[431] dazu führt, dass Liquidität von der Organgesellschaft auf den Organträger abgeführt wird, die oben beschriebene Gefahr des Steuerausfalls also ohnehin nicht sehr hoch ist, kommt die umsatzsteuerliche Organschaft ohne diese Vermögensverbindung aus.

Fraglich ist, ob eine dem § 73 AO vergleichbare Norm auch im Treuhandmodell gefunden werden kann. Hier wäre sie für den Fiskus noch wichtiger als bei der Organschaft, denn die Situation gestaltet sich für alle Ertragsteuern (inkl. der Gewerbesteuer) so, wie soeben für die Organschaft im Umsatzsteuerrecht dargestellt. Trotz der steuerlichen Konsolidierungswirkung ist die Treuhand-KG nicht zur Abführung ihres zivilrechtlichen Vermögens verpflichtet[432]. Obwohl die Mutter die volle Steuerschuld trifft, gibt es kein dem Ergebnisabführungsvertrag vergleichbares zivilrechtliches Äquivalent. Die Gefahr, dass die Muttergesellschaft fortwährend zu hohen Steuerzahlungen auf entsprechend bei der Tochter-KG erwirtschaftete Gewinne verpflichtet ist, ohne dass diese tatsächlichen Zahlungen durch handelsrechtliche Vermögensverschiebungen kompensiert und nachvollzogen werden, ist also durchaus real. Sie kann dazu

---

429 *Rüsken*, in: *Klein*, Abgabenordnung, § 73 Rn. 7.

430 *Bröder*, SteuerStud 2008, 164, 168.

431 Dazu detailliert unten S. 183 ff.

432 Als Personengesellschaft wird der Bilanzgewinn der KG zwar den Gesellschaftern zugerechnet (§ 161 Abs. 2 HGB i.V.m. § 120 HGB für den Komplementär, § 167 Abs. 1 HGB i.V.m. § 120 HGB für den Kommanditisten), d.h. buchmäßig auf ihren Kapitalkonten verteilt. Für die Vermögenssituation der Gesellschaft ist jedoch eher entscheidend, welche Beträge tatsächlich nach § 122 HGB bzw. vorrangigen Regeln im Gesellschaftsvertrag entnommen werden. Diese Entnahme ist kein Automatismus wie der Ergebnisabführungsvertrag, sondern kann von den Gesellschaftern selbst gestaltet werden. Dem Fiskus ist dies keine Hilfe, schon gar nicht wird zwangsmäßig die Haftungsmasse des Gesellschafters erhöht.

führen, dass die zivilrechtliche Vermögensbilanz der Tochter floriert, während die Mutter Liquiditätsproblemen begegnet. Und doch ist § 73 AO auf die Treuhandkonstellation nicht anwendbar. Der Wortlaut sieht eine klare Begrenzung auf Fälle der Organschaft vor, dieses Tatbestandsmerkmal ist jedoch im Modell nicht erfüllt. Eine Analogie scheitert, selbst wenn man eine planwidrige Regelungslücke in vergleichbarer Konstellation annehmen kann, am haftungsverschärfenden Eingriffscharakter der Norm. Eine Haftung der Treuhand-KG kann sich also nur aus anderen, expliziten Haftungsnormen ergeben. Solche sind jedoch nicht ersichtlich. Die Abgabenordnung sieht zwar Haftungserweiterungen z.B. für Vertreter, Verfügungsberechtigte und Betriebsübernehmer (§§ 34, 35, 69, 75 AO) vor; auch können diese in einem Treuhandverhältnis den Treuhänder treffen[433]. Die mit der Organgesellschaft vergleichbare Treuhand-KG, die ja nicht Partei ist, sondern vielmehr Gegenstand der Treuhandverbindung, ist aber keine Adressatin dieser oder anderer steuerlichen Haftungsnormen. Ungeachtet der Ausfallgefahr für Steuerschulden im Treuhandmodell gibt es keine Norm, die eine dem § 73 AO vergleichbare „downstream"-Haftung etablieren kann[434]. Denkbar wäre lediglich, *de lege ferenda* eine der bestehenden Normen derart anzupassen, dass ein haftungsrechtlicher Rückgriff auf das zivilrechtliche Vermögen der Treuhand-KG vom Wortlaut umfasst, also keine haftungsverschärfende Analogie darstellen würde. Ansatzpunkt könnte § 73 AO sein, dessen Tatbestand man von einer „Organgesellschaft" zu einer „ertragsteuerlich vollständig konsolidierten Gesellschaft" anpassen könnte. Im Hinblick auf die durchaus vergleichbaren Konsolidierungswirkungen von Organschaft und Treuhandmodell[435] wäre dies rechtspolitisch konsequent.

III. Bilanzielle Auswirkungen

1. Bilanzrechtliche Pflichten der KG

Die Treuhand-KG ist Personenhandelsgesellschaft, deren Zweck auf den Betrieb eines Handelsgewerbes gerichtet ist. Als solche ist sie Kaufmann gemäß § 161 Abs. 2 i.V.m. §§ 6 Abs. 1, 1 Abs. 1 HGB, buchführungspflichtig nach § 238 Abs. 1 HGB und stellt gemäß § 242 Abs. 1 HGB eine Handelsbilanz auf. Die Pflicht,

---

433 *Boeker*, in: *Hübschmann/Hepp/Spitaler*, Abgabenordnung, § 35 Rn. 21; *Boeker*, in: *Hübschmann/Hepp/Spitaler*, Abgabenordnung, § 69 Rn. 12.

434 A.A. *Butler*, NWB 2012, 2925, der eine solche Haftung aus den genannten Normen herleiten will.

435 Dazu genauer unten S. 173 ff.

diese Bilanz zu erstellen, wird von der steuerlichen Inexistenz der Gesellschaft nicht tangiert. Ist die Komplementärin GmbH oder AG, die Treuhand-KG also Kapitalgesellschaft & Co. KG, muss diese nicht nur die Grundpflichten des 1. Abschnitts des Dritten Buches des HGB („Handelsbücher"), sondern gemäß § 264a HGB darüber hinaus die ergänzenden Vorschriften des 2. Abschnitts (§§ 264–335 b HGB) beachten, so nicht die Gegenausnahme des § 264b HGB greift.

Anderes gilt hingegen für die Steuerbilanz: Alle Wirtschaftsgüter der KG werden durch das Zusammenspiel von § 39 Abs. 2 Nr. 1 S. 2 AO und § 39 Abs. 2 Nr. 2 AO schlussendlich der Treugeberin zugerechnet. Ein steuerliches Gesamthandsvermögen existiert nicht. Folglich kann und muss die Treuhand-KG auch keine Bilanz über ein solches Vermögen erstellen[436]. Sie ist auch nicht notwendig: Da die KG kein Gewinnermittlungssubjekt ist, müssen temporäre Wertveränderungen im Vermögensbestand (Betriebsvermögensvergleich) bei ihr selbst nicht angestellt werden. Diese Einschätzung wird mit obiger Argumentation[437] auch nicht durch eine vermeintliche Maßgeblichkeit der Handelsbilanz für die Steuerbilanz getrübt.

2. Bilanzrechtliche Pflichten der Treugeberin

Auch die Treugeberin ist verpflichtet, eine Handelsbilanz zu erstellen. Diese Pflicht ergibt sich nach § 6 HGB i.V.m. (in Abhängigkeit ihrer Rechtsform) § 13 Abs. 3 GmbHG, § 3 Abs. 1 AktG oder § 161 Abs. 2 HGB. Zusätzlich zur „normalen" Bilanz muss die Mutter aufgrund ihres beherrschenden Einflusses in der Treuhand-KG darüber hinaus regelmäßig die Konzernrechnungslegungspflichten des § 290 HGB erfüllen[438].

Als Steuersubjekt (wenn Kapitalgesellschaft) oder jedenfalls Gewinnermittlungssubjekt (wenn Mitunternehmerschaft) muss die Treugeberin auch steuerlichen Bilanzierungspflichten nachkommen. Dies ergibt sich aus § 4 Abs. 1 EStG i.V.m. § 5 Abs. 1 EStG.

3. Bilanzrechtliche Pflichten des Treuhänders

Der Treuhänder ist im Treuhandmodell meist reines Zweckinstrument (sog. special-purpose-vehicle), das nicht zum selbständigen gewerblichen Operieren, sondern allein um der Realisierung der Modellwirkungen gegründet wird.

---

436 *Hermann*, NWB direkt 2005, 11.

437 Siehe S. 74.

438 Siehe dazu *Schiffers*, GmbH-StB 2012, 208, 212.

Mangels eigenständiger Transaktionen wird seine Bilanz daher regelmäßig unspektakulär ausfallen. In der Form einer Kapitalgesellschaft – in der Regel der der GmbH – gegründet, muss dennoch den jeweiligen bilanzrechtlichen Vorschriften (d.h. für die GmbH § 6 HGB i.V.m. § 13 Abs. 3 GmbHG) Genüge getan werden.

Gleiches gilt für die Steuerbilanz (die Treuhänderin ist als Kapitalgesellschaft Körperschaftsteuersubjekt) nach § 8 Abs. 1 KStG i.V.m. §§ 4 Abs. 1, 5 Abs. 1 EStG.

4. Bilanzierung des Treuguts

Interessanter als die Frage, ob die Gesellschaften selbst buchführungs- und bilanzierungspflichtig sind[439], ist, in welcher bzw. wessen Bilanz das Treugut selbst zu verzeichnen ist, und mehr noch, was überhaupt als Treugut bilanzierbar ist. Diese Fragen betreffen nicht nur das Erfordernis einer korrekten Bilanz (Bilanzklarheit und -wahrheit), sondern auch die bereits oben[440] erwähnte Voraussetzung der tatsächlichen Durchführung des Treuhandverhältnisses. Diese nachzuweisen ist gemäß § 159 Abs. 1 AO notwendig, um von den Vorteilen eines solchen Verhältnisses zu profitieren. Gelingt dieser Nachweis nicht, werden sowohl die Zurechnungswirkungen des § 39 AO als auch die konzentrierte Besteuerung des Gewinns bzw. Gewerbeertrages bei der Mutter versagt. Als Dreh- und Angelpunkt des Nachweises drängt sich das wertmäßige Verzeichnis einer Gesellschaft über ihre Vermögensgegenstände bzw. Wirtschaftsgüter geradezu auf. Dieses Verzeichnis ist die Bilanz, der in dieser Frage somit „wesentliche Bedeutung“[441] zukommt. Dies allerdings nur in eine, die negative Richtung: Während ohne Bilanzierung des Treuguts beim Treugeber die Anerkennung des Verhältnisses grundsätzlich versagt wird, ist der Gegenschluss unzulässig. Trotz korrekter bilanzieller Erfassung kann die Anerkennung nämlich aus anderen Gründen versagt werden[442].

---

439 Gleichwohl ist dieser Umstand natürlich Voraussetzung für eine Untersuchung der Frage, wer das Treugut zu bilanzieren hat.

440 Siehe S. 47.

441 BFH, Urt. v. 28.02.2001 – I R 12/00, BStBl. II 2001, 468; BFH, Urt. v. 15.07.1997 – VIII R 56/93, BStBl. II 1998, 152 spricht noch von „indizieller Bedeutung“.

442 BFH, Urt. v. 28.02.2001 – I R 12/00, BStBl. II 2001, 468.

a. *Beim Treugeber*

i. *Handelsbilanz*

Obgleich auch der Treuhänder eine eigene Handelsbilanz erstellt und sich die Wirkungen von § 39 AO nicht unmittelbar auf das Handelsrecht erstrecken[443], wird das Treugut in die Handelsbilanz der Treugeberin aufgenommen. Das ergibt sich aus § 246 Abs. 1 S. 2 HS 2 HGB, der, ähnlich wie es § 39 Abs. 2 AO für das Steuerrecht anordnet, die handelsrechtliche Zuordnung von Vermögensgegenständen nach wirtschaftlichen – nicht (sachen)rechtlichen – Maßstäben vornimmt[444]. Und ebenso wie im Steuerrecht zählt auch hier ein wirksames Treuhandverhältnis zu den Fällen, in denen die wirtschaftliche von der rechtlichen Zuordnung abweicht[445].

Umstritten ist, was genau als Vermögensgegenstand in der Handelsbilanz der Treugeberin aktiviert werden kann. In einer Vorfrage ist zunächst zu klären, ob entweder die einzelnen Vermögensgegenstände der Treuhand-KG, die die Beteiligung repräsentiert[446], oder die Beteiligung, also der Kommanditanteil an der Treuhand-KG selbst aktiviert wird. Es herrscht inzwischen jedoch weitgehend Einigkeit, dass der Kommanditanteil selbst als einheitlicher, selbständiger handelsrechtlicher Vermögensgegenstand alle Anforderungen an eine Bilanzierungsfähigkeit erfüllt[447]. Er wird damit nach § 266 A.III.3 HGB behandelt wie der Anteil an einer Kapitalgesellschaft.

Auch heute noch strittig ist hingegen die Frage, ob das Treugut selbst oder der Herausgabeanspruch, den der Treugeber gegenüber dem Treuhänder besitzt, aktivierungsfähig ist[448]. M.E. stellt der Umweg über die Bilanzierung des Herausgabeanspruchs ein überflüssiges Festhalten an zivilrechtlicher Akzessorietät

443 *Ratschow*, in: *Klein*, Abgabenordnung, § 39 Rn. 12.

444 Diese dem § 39 Abs. 1 AO vergleichbare Anknüpfung ist durch die Neuregelung des § 246 Abs. 1 S. 2 HGB durch das Bilanzrechtsmodernisierungsgesetz (BilMoG), Gesetz v. 25.05.2009, BGBl. I 2009, 1102 nun auch expliziert kodifiziert, war aber bereits vorher h.M.: BFH, Urt. v. 15.04.2002 – VIII R 30/98, BStBl. II 2002, 741; *Merkt*, in: *Baumbach/Hopt*, HGB, § 246 Rn. 14; *Lohmeyer*, StuW 1970, 243, 250.

445 *Merkt*, in: *Baumbach/Hopt*, HGB, § 246 Rn. 19.

446 Natürlich ist auch dann nur das gesamthänderische Miteigentum an diesen Vermögensgegenständen auszuweisen.

447 BFH, Urt. v. 23.07.1975 – I R 165/73, BStBl. II 1976, 73; *IDW*, FN-IDW 2012, 24., 25; *Reiner/Haußer*, in: MünchKomm HGB, § 266 Rn. 38; *Bürkle/Knebel*, DStR 1998, 1067, 1068 m.w.N.

448 Für Fälle der Erwerbstreuhand *Merkt*, in: *Baumbach/Hopt*, HGB, § 246 Rn. 19.

dar und ist spätestens seit dem BilMoG[449] nicht mehr nötig. Im Steuerrecht muss wegen § 39 Abs. 2 AO nicht auf einen Herausgabeanspruch zurückgegriffen werden. Fraglich ist natürlich, ob dies als Argument für eine bestimmte Sichtweise in der handelsbilanziellen Erfassung genutzt werden kann. Schließlich können hinsichtlich der Frage, welches Objekt aktivierungsfähig ist, Differenzen zwischen Steuer- und Handelsrecht auftreten[450]. Das liegt aber daran, dass weder § 39 AO den steuerrechtlichen Begriff des Wirtschaftsguts noch § 246 Abs. 1 HGB den handelsrechtlichen Begriff des Vermögensgegenstandes definieren, sondern den unterschiedlichen Begriff[451] jeweils voraussetzen. Dies kann in einigen Fällen zu unterschiedlichen Anwendungsbereichen und damit Konsequenzen führen – eben etwa in der Frage, ob eine Beteiligung selbst (und nicht nur die verkörperten Wirtschaftsgüter) aktivierbar ist. Die genannten Begriffe bzw. ihre Definition stehen außerhalb der Normen und können deswegen dazu führen, dass einmal der Anwendungsbereich für der Zurechnungsnorm eröffnet ist (Beteiligungen sind handelsrechtliche Vermögengegenstände, *ergo* einheitliche Aktivierung über § 246 Abs. 1 S. 2 HS 2 HGB) und einmal nicht (Beteiligungen sind nicht zwangsläufig steuerrechtliche Wirtschaftsgüter, *ergo* einheitliche Aktivierung nicht zwingend).

Innerhalb der Normen, d.h. in ihren Rechtsfolgen und soweit sie tatbestandlich einschlägig sind, soll aber jedenfalls seit dem BilMoG ein Gleichlauf der Zurechnung bestehen[452], d.h. auch das Handelsrecht wendet explizit eine wirtschaftliche Betrachtungsweise an. Es ist daher nicht notwendig, sich an den einzigen zivilrechtlichen Anspruch, den der Treugeber hat – nämlich den Herausgabeanspruch – zu „klammern". Es erscheint vielmehr wie ein Relikt, wie ein zwanghaftes Suchen nach „etwas Zivilrechtlichem", das der Treugeber aufweist und daher auch nach zivilrechtlichem Zuordnungsverständnis bilanzieren könnte. Das Handelsrecht macht es folglich wie das Steuerrecht: Die Treugeberin aktiviert in ihrer Handelsbilanz direkt die treuhänderisch gehaltene Beteiligung an der KG[453]. Da die Voraussetzungen des § 247 Abs. 2 HGB im Treuhandmodell

---

449 Siehe zur neuen Norm des § 246 Abs. 1 S. 2 HS 2 HGB, die eine gewisse Emanzipation auch des Handelsbilanzrechts von sachenrechtlichen Zuordnungen darstellt, oben Fn. 444.

450 Siehe dazu noch genauer unten S. 123, insb. auch zur Sinnhaftigkeit einer nicht einheitlichen Aktivierung.

451 Vgl. aber BFH, Beschl. v. 26.10.1987 – GrS 2/86, BStBl. II 1988, 348; BFH, Beschl. v. 07.08.2000 – GrS 2/99, BStBl. II 2000, 632.

452 Sieben oben Fn. 444.

453 So auch *Ballwieser*, in: MünchKomm HGB, § 246 Rn. 39.

vorliegen – die Treugeberin handelt nicht mit dem Anteil an der Treuhand-KG – tut sie dies im Anlagevermögen.

ii Steuerbilanz

Steuerrechtlich gibt § 39 Abs. 2 Nr. 1 S. 2 AO die Zurechnung von Wirtschaftsgütern an den Treugeber vor. Der Treuhänder hingegen ist zwar nach zivilrechtlicher Betrachtungsweise Eigentümer, nach wirtschaftlichen Kriterien jedoch in der Ausübung seiner Rechte derart begrenzt[454], dass er über kein „wirtschaftliches Eigentum" verfügt. Die Zurechnung an den Treugeber bedeutet nichts anderes, als dass bei ihm das Wirtschaftsgut wertmäßig zu erfassen ist[455]. Eben diese wertmäßige Erfassung erfüllt bei bilanzierungspflichtigen Personen oder Gemeinschaften die Bilanz. Daher muss sich die Zurechnung, die § 39 Abs. 2 Nr. 1 S. 2 AO vorgibt, in der Bilanz des jeweiligen Steuerpflichtigen niederschlagen. (Nur) der Treugeber bilanziert das Treugut.

Das „Wo" der Bilanzierung ist also klar. Anders verhält es sich mit dem „Was", denn im Gegensatz zur handelsrechtlichen Bilanzierung ist unklar, ob der Anteil an einer Personengesellschaft steuerrechtlich als einheitliches Wirtschaftsgut bilanzierungsfähig ist. Gesichert ist nur, dass bei mitunternehmerschaftlichen Personengesellschaften nicht die Beteiligung selbst das zu versteuernde Einkommen der Mitunternehmer beeinflussen darf, sondern nur das einheitlich und gesondert (§ 179 Abs. 2 AO i.V.m. § 180 Abs. 1 Nr. 2 lit. a AO) festgestellte Ergebnis[456]. Der BFH hat sich gegen eine Aktivierung der Beteiligung als Wirtschaftsgut entschieden[457]. Die Beteiligung an einer Personengesellschaft sei selbst kein Wirtschaftsgut. Vielmehr „verkörpere" sie lediglich alle jeweils zum Gesellschaftsvermögen gehörenden Wirtschaftsgüter[458]. Über die Konsequenzen dieser Ansicht ist viel geschrieben und gestritten worden[459]. Es lassen sich dabei zwei Richtungen ausmachen. Während einige[460] dem Beschluss des BFH entnehmen,

---

454 Stichwort „leere Hülse", siehe die Voraussetzungen auf S. 34 ff.

455 *Koenig*, in: *Pahlke/Koenig*, Abgabenordnung, § 39 Rn. 8.

456 BFH, Urt. v. 23.07.1975 – I R 165/73, BStBl. II 1976, 73; *Schön*, FR 1994, 658, 661.

457 BFH, Beschl. v. 25.02.1991 – GrS 7/89, BStBl. II 1991, 691.

458 Diese Sichtweise hat der BFH für die Handelsbilanz bereits 1975 abgelehnt, siehe oben Fn. 447.

459 *Dietel*, DStR 2002, 2140; siehe auch die recht hitzige Diskussion mit Replik und Gegenreplik zwischen *Hebeler*, BB 1998, 206; *Bürkle/Knebel*, DStR 1998, 1067 und *Reiß*, DStR 1998, 1187.

460 So z.B. *Bürkle/Knebel*, DStR 1998, 1067, 1071; *L. Schmidt*, FR 1976, 20, 21 hält diese „Erkenntnis" gar für „schlechthin unangreifbar"; *Schön*, FR 1994, 658, 662 präferiert

eine Aktivierung der Beteiligung in der Steuerbilanz sei überhaupt nicht vorzunehmen, wollen andere[461] den Anteil an den einzelnen Wirtschaftsgütern der Gesamthandsgemeinschaft bilanzieren.

Dies ist, wenn man im ersten Schritt dem BFH folgt, vorzugswürdig. Auch die erste Ansicht muss für Besteuerungszwecke die einheitlich und gesondert (§§ 179 f. AO) festgestellten Ergebnisse, die sich aus der Beteiligung ergeben, abbilden und in das zu versteuernde Einkommen des Mitunternehmers einbeziehen. Dies erfolgt aber am einfachsten über die und innerhalb der Bilanz, §§ 4 Abs. 1, 5 Abs. 1 EStG[462]. Im Rahmen des Treuhandmodells ist diese Form der Bilanzierung auch deshalb gut möglich, da die anteilig und einzeln zu bilanzierenden Wirtschaftsgüter nicht schon in einer anderen Bilanz, nämlich der Steuerbilanz der Treuhand-KG auftauchen. Mangels Mitunternehmerschaftsstatus und mangels Anwendung der §§ 179 f. AO erstellt diese nämlich gar keine Steuerbilanz, so dass dasselbe Wirtschaftsgut nicht zweimal bilanziert werden muss. Im Regelfall, in dem eine Mitunternehmerschaft mit eigener Steuerbilanz vorliegt, stellt sich dieses Problem der Doppelerfassung in der Tat. Es wird dann auf „ideelle Anteile“[463] an diesen Wirtschaftsgütern zurückzugreifen sein.

Will man sich dieser recht umständlichen Vorgehensweise entledigen, kann man sich aber auch auf den Standpunkt stellen, dass hier ein Auseinanderfallen von Steuerrecht und Handelsrecht nicht zwingend, dass mit anderen Worten der Anteil an einer Personengesellschaft nicht nur ein handelsrechtlicher Vermögensgegenstand, sondern auch ein steuerrechtliches Wirtschaftsgut ist[464]. Dass der BFH dies ablehnt, auf der anderen Seite jedoch den Gleichlauf der Begriffe

---

zwar die Bilanzierung als Wirtschaftsgut zu Anschaffungskosten, versteht das BFH-Urteil aber auch dahingehend, dass überhaupt nicht bilanziert werden solle.

461 *Stegemann*, INF 2003, 629, 630; auch *Dietel*, DStR 2002, 2140, 2144 spricht sich dafür aus, allerdings unter der BFH-Prämisse (mit der er nicht übereinstimmt), dass Beteiligungen abweichend von Handelsrecht nicht als Wirtschaftsgüter aktivierbar sind.

462 Ebenso *Hebeler*, BB 1998, 206, 208.

463 *Dietel*, DStR 2002, 2140, 2144.

464 So auch eine starke Strömung in der Literatur: *Schiffers*, GmbH-StB 2012, 208; *Hebeler*, BB 1998, 206, 208; *Reiß*, DStR 1998, 1187, 1890; *Schön*, FR 1994, 658, 662; interessant ist hieran, dass diese Meinung contra BFH nicht nur in der Literatur herrschend ist – es ist Aufgabe der Wissenschaft, die Judikative zu hinterfragen – sondern, dass sie wohl sogar in der Praxis in Gestalt der sog. Spiegelbildmethode „weitgehend“ angewandt wird, *Reiß*, DStR 1998, 1187.

betont[465], überrascht ohnehin. Neben diesem Gleichlauf spricht auch die internationale Regelung der IAS 27, 28[466] dafür, die eine solche direkte Aktivierung erlaubt[467]. Das intensiv diskutierte Folgeproblem[468] auch bei dieser Art der Bilanzierung als einheitliches Wirtschaftsgut betrifft die Frage, wie Gewinne und Verluste aus der Beteiligung darzustellen und zu bewerten sind. Sie ist im Treuhandmodell obsolet, da aus der Beteiligung eben kein steuerrechtliches Ergebnis entspringt, sondern dieses durch die Zurechnungswirkung des § 39 Abs. 2 AO originär bei der Mutter-Treugeberin entsteht[469].

Der hier angesprochene Fall zeigt, dass sich Pauschalurteile über das Verhältnis zwischen Steuer- und Zivilrecht verbieten. An einigen Stellen gebieten *telos* und Systematik eigene Bewertungen des Steuerrechts[470], an anderen, wie hier, sind Parallelen durchaus sinnvoll.

b. Beim Treuhänder

i. Handelsbilanz

Handelsrechtlich ist auch der Treuhänder verpflichtet, Bücher zu führen und Bilanzen zu erstellen[471]. Fraglich ist, ob diese Bilanz sinnvollerweise den

---

465 Dies ist st. Rspr. seit BFH, Beschl. v. 26.10.1987 – GrS 2/86, BStBl. II 1988, 348; zuletzt BFH, Beschl. v. 07.08.2000 – GrS 2/99, BStBl. II 2000, 632. Da es sich hier, ebenso wie bei der Frage der grundsätzlichen Anerkennung einer Beteiligung an einer Personengesellschaft als bilanzierungsfähiges Wirtschaftsgut (siehe oben Fn. 457), um Beschlüsse des Großen Senats handelt, können auch (ausnahmsweise) Differenzen zwischen den BFH-Senaten diese Inkonsistenz nicht erklären.

466 Die IAS bilden zwar keine Auslegungs*regel* für das deutsche Bilanzrecht (schon gar nicht für das Steuerbilanzrecht). Eine indizielle Bedeutung kann ihnen aber durchaus zukommen.

467 IAS 27, der Konzern- und Einzelabschlüsse regelt, stellt in IAS 27.4. Personengesellschaften und Kapitalgesellschaften gleich. IAS 28 über die Anteile an assoziierten Unternehmen tut dasselbe in IAS 28.2. IAS 28.11 ff. behandeln die sog. *equity*-Methode, nach der Anteile direkt als solche zu Anschaffungskosten aktiviert werden.

468 Im Raum stehen das außerbilanzielle Hinzurechnen bzw. der Streit zwischen der „Spiegelmethode“ und der Bewertung mit den Anschaffungskosten („*at equity*“).

469 In „normalen“ Mitunternehmerschaften entsteht das Ergebnis hingegen bei eben diesen, wird einheitlich und gesondert festgestellt (§§ 179 f. AO) und entspringt den Mitunternehmern „aus der Beteiligung“, nämlich materiell über § 15 Abs. 1 S. 1 Nr. 2 EStG. Zu den sich daraus ergebenden Konsequenzen und Problemen, die aber eben im Treuhandmodell irrelevant sind, siehe *Dietel*, DStR 2002, 2140.

470 Siehe oben S. 81 ff.

471 Siehe S. 120.

treuhänderisch gehaltenen Kommanditanteil, der ja bereits vom Treugeber wegen § 246 Abs. 1 S. 2 HS 2 HGB aktiviert wird[472], beinhalten muss[473]. Vereinzelt wird genau dies bejaht, und zwar aus Gründen der Klarstellung[474].

Was genau klargestellt werden soll und zu welchem Grund, wird dabei in der Regel verschwiegen. Natürlich ist der Treuhänder der zivilrechtliche Eigentümer. Diese Rechtsstellung ist für die Bilanzierung aber ausweislich des § 246 Abs. 1 S. 2 HS 2 HGB irrelevant, und das zu Recht: Wenn der Zweck der Handelsbilanz vor allem der Ausweis wirtschaftlicher Potenz sein soll und kein sachenrechtliches Inventar, dann ist die Position eines Treuhänders, dem sein Eigentum nur als „leere Hülse" verbleibt, bilanzrechtlich zu negieren. Auch aus Gründen des Gläubigerschutzes ist die Aufnahme in die Handelsbilanz nicht notwendig. Sie würde einen (möglichen) Gläubiger sogar in falscher Sicherheit wiegen, wenn dieser z.B. davon ausginge, das Treugut gehöre zur Insolvenzmasse. Weder in der Einzelzwangsvollstreckung noch in der Insolvenz können Gläubiger auf das Treugut zugreifen[475]. Aufgrund der wirtschaftlichen Zugehörigkeit zum Treugeber wird diesem nämlich regelmäßig ein Aussonderungsrecht nach § 47 InsO zugesprochen[476]. Im Fall des Treuhandmodells kommt noch hinzu, dass der Treuhänder in der Regel lediglich ein „special-purpose-vehicle" ist, das speziell

---

472 Kritisch zur zweimaligen Bilanzierung desselben Wirtschaftsguts auch *Mathews*, BB 1992, 738, 740.

473 Meinungsstand bei *Kreutziger*, in: *Castan*, Beck'sches Handbuch der Rechnungslegung, B 775 Rn. 35; § 6 Abs. 1 RechKredV, der eine Aktivierungspflicht beim Treuhänder vorsieht, greift hier nicht ein, da der Treuhänder in der Regel kein Kreditinstitut sein wird.

474 *Ballwieser*, in: MünchKomm HGB, § 246 Rn. 41 geht von einem solchen Interesse des Gesetzgebers aus; *Merkt*, in: *Baumbach/Hopt*, HGB, § 246 Rn. 19 empfiehlt die Aktivierung; BFH, Urt. v. 28.02.2001 – I R 12/00, BStBl. II 2001, 468 will gar die steuerliche Anerkennung versagen, wenn das Treugut in der Bilanz des Treuhänders nicht als solches dargestellt wird. Der Leitsatz kann jedoch leicht missverstanden werden. M.E. ging es dem BFH darum, dass ein bereits aktiviertes Gut als Treugut dargestellt wird. Das heißt nur, dass ein Treugut, *wenn* es aktiviert ist, kenntlich gemacht werden muss. Über die Frage, ob es beim Treuhänder überhaupt bilanziert werden muss, wird nichts gesagt. Entscheidend ist für den BFH wohl lediglich, dass eine „normale" Aktivierung ohne Hinweis auf das Treuhandverhältnis verhindert wird; kritisch noch *Förschle/Kroner*, in: Beck'scher Bilanz-Kommentar (8. Aufl. 2012), § 246 Rn. 12; für eine Erfassung des Treuguts in der Bilanz des Treuhänders *Kreutziger*, in: *Castan*, Beck'sches Handbuch der Rechnungslegung, B 775 Rn. 37.

475 *Bäuerle*, in: *Braun*, Insolvenzordnung, § 35 Rn. 18; *Reichert/Weller*, in: MünchKomm GmbHG, § 15 Rn. 236.

476 BGH, Urt. v. 01.07.1993 – IX ZR 251/92, ZIP 1993, 1185.

für die Anwendung des Modells gegründet oder jedenfalls genutzt wird. Außenstehende schützenswerte Gläubiger dieser Zweckgesellschaft werden daher die Ausnahme sein.

In anderen Fällen kann auch ein Treuhänder „interessante“ Bilanzen und schützenswürdige Gläubiger haben. Dann könnte einem der obigen Argumentation zum Trotz die Bilanz des Treuhänders durch die Nichterwähnung des Treuguts nicht hinreichend vollständig erscheinen[477]. Auch wenn man daher die Aufnahme in die Bilanz empfiehlt oder voraussetzt, besteht Einigkeit, dass dadurch kein ergebniswirksamer Ertrag entstehen darf. Eine wirtschaftliche nicht nutzbare Position darf keinen Einfluss auf das Eigenkapital des Bilanzierenden haben. Zur Lösung dieses Problems werden unter den Befürwortern der Aktivierung zwei Wege diskutiert. Einerseits könnte man korrespondierend einen Aufwand in gleicher Höhe als Ausgleich passivieren. Dies verhindert zwar, dass die Aufnahme ergebniswirksam wird, führt jedoch zu einer unschönen Bilanzverlängerung[478]. Diese manipuliert zwar nicht das Eigenkapital des Treuhänders, wohl aber seine Vermögenslage[479] und -größe und konterkariert somit den wesentlichen Zweck der Bilanz, den Rechtsverkehr über eben diese Lage zu informieren. Es bleibt die Möglichkeit der Erwähnung des Treuguts als Vermerk unterhalb der Bilanz bzw. in deren Anhang (für Kapitalgesellschaften, § 264 Abs. 1 S. 1 HGB)[480]. Dies stellt dann aber keine Aktivierung im engeren Sinne mehr dar.

---

477 *Adler/Düring/Schmaltz,* Rechnungslegung und Prüfung der Unternehmen, § 246 HGB Rn. 291 kritisieren beispielsweise, dass die vollständige Nichterwähnung eine etwaige Grundbucheintragung sowie die bestehende Herausgabeverpflichtung missachtet. Zum ersten Punkt ist allerdings zu erwähnen, dass die Bilanz nicht den Zweck eines vollständigen sachenrechtlichen Inventars hat – § 246 Abs. 1 S. 2 HS 2 HGB löst ja gerade das Vollständigkeitsgebot der Bilanz zugunsten des Treugebers auf. Auch der Sinn einer bilanziellen Darstellung der Herausgabeverpflichtung erschließt sich nicht, diese wäre vielmehr nur dann – einschränkend – aufzuführen, wenn eine Aktivierung des herauszugebenden Wirtschaftsguts vorangegangen ist. Geht der Rechtsverkehr wegen der Nichterfassung jedoch schon gar nicht von der Verfügbarkeit des Guts aus, wird er sich auch nicht daran stören, dass die Herausgabepflicht dieses ihm bilanziell unbekannten Gutes nicht bekannt ist.

478 *Adler/Düring/Schmaltz,* Rechnungslegung und Prüfung der Unternehmen, § 246 HGB Rn. 291.

479 *Adler/Düring/Schmaltz,* Rechnungslegung und Prüfung der Unternehmen, § 246 HGB Rn. 291.

480 *Ballwieser,* in: MünchKomm HGB, § 246 Rn. 41.

ii. Steuerbilanz

Unstrittig ist der Fall in der Steuerbilanz: § 39 Abs. 2 Nr. 1 S. 2 AO sorgt für eine steuerrechtlich exklusive Zurechnung des Treuguts an den Treugeber[481]. Eine Diskussion wie oben für die Handelsbilanz ist damit obsolet. Sie ist auch deshalb nicht notwendig, weil selbst in der Handelsbilanz die Aktivierung (wenn man sie denn fordert) nur Gläubigerinformationszwecken dient, aber letztlich ergebnisunwirksam zu erfolgen hat. Sinn der Steuerbilanz ist es aber gerade, die für die Besteuerung relevante Leistungsfähigkeit, *vulgo* den Gewinn des Steuerpflichtigen zu bestimmen. Von einer nicht ergebniswirksamen Buchung geht diesbezüglich keine Veränderung aus. Sie wäre daher unsinnig.

5. Auswirkungen bei der Übertragung von Wirtschaftsgütern

Der folgende Punkt behandelt eine bilanzielle Auswirkung des Modells, die für viele Unternehmen derart willkommen ist, dass sie häufig einen wichtigen Grund für die Entscheidung zu einer konzerninternen Treuhandkonstruktion bildet[482].

Werden Wirtschaftsgüter konzernintern übertragen, d.h. von der Mutter auf die KG (oder *vice versa*), so wirkt sich der zivilrechtliche Rechtsträgerwechsel steuerrechtlich nicht aus. Da die KG über kein eigenes steuerliches Gesamthandsvermögen verfügt, bleibt das Wirtschaftsgut in der Steuerbilanz der Komplementärin. Stille Reserven sind dabei nicht aufzudecken[483]. Dies ergibt sich bereits allein aus der speziellen Konstellation der vereinheitlichten Vermögenssphären: Das Wirtschaftsgut wechselt schlicht weder Zuordnung noch Vermögensbereich oder Bilanz. Es passiert steuerbilanziell „nichts". Tatbestände wie § 6 Abs. 3, 5 EStG oder § 24 UmwStG müssen nicht zusätzlich erfüllt werden. Deren u.U. problematische Anforderungen wie das Teilbetriebserfordernis (§ 24 Abs. 1 UmwStG), Halte- (§ 6 Abs. 3 S. 2 a.E. EStG) oder Sperrfristen (§ 6 Abs. 5 S. 4 EStG) müssen im Treuhandmodell daher nicht beachtet werden[484].

Anders liegt der Fall in der Handelsbilanz: Da die KG handelsrechtlich bilanzierungspflichtig ist und zivilrechtlich eigenes Gesamthandsvermögen besitzt,

---

481 *Weber-Grellet*, in: *Schmidt*, EStG, § 5 Rn. 154; *Förschle/Ries*, in: Beck'scher Bilanz-Kommentar, § 246 Rn. 16.

482 Der Fokus dieses Absatzes liegt auf der knappen Darstellung der Auswirkungen selbst. Für eine detailliertere Diskussion zu den Anwendungsgebieten siehe weiter unten S. 164 ff.

483 So auch OFD Berlin, Verf. v. 23.04.2004 - St 122 - S 2241 - 3/02 für den Fall, dass, wie im Treuhandmodell, die KG keine eigenen gewerblichen Einkünfte erzielt.

484 Siehe zu diesem Themenkreis genauer noch unten S. 164 ff.

werden Vermögensverschiebungen zwischen der Mutter und der KG handelsbilanziell erfasst. Dabei können wahlweise auch die stillen Reserven aufgedeckt werden[485].

IV. Möglichkeiten anderer Ausgestaltungen

Die bisher dargestellten Auswirkungen fußen auf der „normalen“ Grundstruktur des Treuhandmodells, wie sie in Kapitel 1 dargestellt wurde und wie sie Gegenstand bisheriger Gerichts- und Beratungspraxis war. Der folgende Abschnitt untersucht die Frage, welche Auswirkungen Strukturierungen haben, die von den bislang dargestellten und erörterten abweichen – sei es, weil Treugeber und Treuhänder andere gesellschaftsrechtliche Rollen innehaben, sei es, weil andere Gesellschaften bzw. Gesellschafter integriert werden oder sei es, weil die titelgebende Treuhandverbindung ganz fehlt.

1. Gesellschaftsrechtliche Haftungsbegrenzung?

Die dargestellte Struktur macht sich die vom Gesellschaftsrecht divergierende steuerrechtliche Beurteilung zunutze. Gewählt wird sie aus steuerrechtlichen Gründen. Gesellschaftsrechtliche Gründe, insbesondere eine Haftungsabschirmung, können in der Grundstruktur nicht angeführt werden, obwohl sie traditionelles Motiv für die Wahl der Rechtsform einer GmbH & Co. KG sind[486]. Im Treuhandmodell ist jedoch nicht wie üblich die Kommanditistin, sondern die Komplementärin ganz überwiegend vermögensrechtlich an der KG beteiligt. Sie partizipiert daher wirtschaftlich an deren Geschäftsergebnissen, trägt als Komplementärin jedoch auch das Haftungsrisiko. Motiv für das Treuhandmodell in der GmbH & Co. KG sind daher andere Gründe als die sonst übliche Haftungsbeschränkung[487]. Könnte man aber die steuerrechtlichen Vorteile des Modells mit den gesellschaftsrechtlichen Vorteilen einer typischen GmbH & Co. KG verbinden, erhöhten sich dessen Attraktivität und Anwendungsmöglichkeiten enorm. Auf den ersten Blick kommen drei Lösungsansätze in Frage, die im Folgenden diskutiert werden.

---

485 *Tschesche*, BB 2010, 1452, 1455 f. m.w.N.; auch bei unentgeltlichen Übertragungen ist es wahlweise möglich, gewinnrealisierende Werte zu aktivieren, *Adler/Düring/Schmaltz*, Rechnungslegung und Prüfung der Unternehmen, § 255 Rn. 84; *Schubert/Gadek*, in: Beck'scher Bilanz-Kommentar, § 255 Rn. 100; siehe zu den Gründen für diese Gestaltung unten S. 167.

486 *Oetker*, in: *Oetker*, HGB, § 161 Rn. 69.

487 Siehe oben S. 23 ff.

a. „Normale“ Beteiligungsquoten

Die gängige Konstruktion einer GmbH & Co. KG sieht einen vermögensmäßig nicht bzw. nur minimal beteiligten Komplementär vor. Kapitalgeber sind die Kommanditisten[488], die in einer Publikums-KG möglicherweise zu mehreren tausend auftreten und eine an einen Aktionär angenäherte Funktion und Stellung innehaben. Im Treuhandmodell gibt es lediglich einen Kommanditisten, und diesen auch nur, um überhaupt gesellschaftsrechtlich die Gründung einer Personengesellschaft zu ermöglichen. Er verfolgt also – im Unterschied zu Kommanditisten, die ihre Beteiligung als Investitionsmöglichkeit verstehen – kein eigenes Ziel, sondern „dient“ der Muttergesellschaft. Daher ist auch eine hohe Kapitalbeteiligung für sie selbst nicht notwendig, würde aber konzernweit betrachtet die Quote der Komplementärin senken und so möglicherweise ihren Haftungsumfang mindern. Fraglich ist jedoch, ob eine höhere Beteiligung der Kommanditistin innerhalb des Treuhandmodells möglich ist und ob dies gesellschaftsrechtliche oder betriebswirtschaftliche Vorteile mit sich bringt.

Möglich ist die unterschiedliche Verteilung der Beteiligungsquoten nur dann, wenn sie das steuerrechtliche „Funktionieren“ des Modells nicht tangiert, mit anderen Worten, wenn weiterhin keine Mitunternehmerschaft vorliegt. Dies ist nur dann der Fall, wenn auch ein vermögensmäßig stark beteiligter Kommanditist im Treuhandmodell nicht als Mitunternehmer anzusehen wäre. Die Beurteilung erfolgt typisiert nach den Kategorien Mitunternehmerrisiko und Mitunternehmerinitiative. An der Initiative, d.h. insbesondere den Mitwirkungsrechten, ändern die gegensätzlichen Quoten nichts[489]. Noch immer sorgt die schuldrechtliche Treuhandverbindung zwischen Komplementär und Kommanditist dafür, dass die ohnehin schon begrenzten Rechte eines Kommanditisten (siehe oben S. 70 f.) noch weiter beschnitten werden. Nach überzeugender herrschender Meinung[490] scheitert das Vorliegen einer Mitunternehmerschaft somit schon aufgrund des vollständigen Fehlens von Mitunternehmerinitiative. Versteht man die Mitunternehmerschaft hingegen als „echten“ Typusbegriff und lässt daher auch die komplette Abwesenheit eines der Kriterien bei gleichzeitiger Kompensation des anderen Kriteriums zu (siehe oben S. 66 f.), ist zu untersuchen, ob durch die stärkere vermögensmäßige

488 Vgl. *Oetker*, in: *Oetker*, HGB, § 161 Rn. 11.

489 Auch *Berg/Trompeter*, FR 2003, 903 sehen in ihrer Beschreibung die Komplementärin gesellschaftsrechtlich nicht am Vermögen der Treuhand-KG beteiligt.

490 BFH, Urt. v. 21.04.1988 – IV R 47/85, BStBl. II 1989, 722; BFH, Urt. v. 10.11.1987 – VIII R 166/84, BStBl. II 1989 758.

Beteiligung des Kommanditisten Mitunterrisiko gegeben ist, und zwar in einem Ausmaß, das eine Kompensation der fehlenden Initiative erlaubt. Nach dem bisher zur Wirkungsweise des Treuhandmodells Gesagtem (siehe S. 60 ff) wird jedoch deutlich, dass auch das Mitunternehmerrisiko des Kommanditisten nicht von den Beteiligungsquoten abhängt: Konsequenz der Treuhandverbindung ist die Zurechnung des Kommanditanteils zum Treugeber-Komplementär nach § 39 Abs. 2 Nr. 1 S. 2 AO. Nicht erst die aus dem Anteil stammenden Einkünfte werden zugerechnet, sondern bereits der Anteil selbst. Sollten Einkünfte aus ihm entspringen, so müssen sie dem Treugeber nicht noch einmal zugerechnet werden, sondern fallen originär bei ihm an. Wenn alle Einkünfte ohnehin direkt beim Komplementär anfallen, ist die Erhöhung der Beteiligungsquote des Kommanditisten aber steuerrechtlich ohne Belang und führt daher auch zu keinem Mitunternehmerrisiko. Die Frage nach der Möglichkeit anderer Beteiligungsverhältnisse im Treuhandmodell kann daher bejaht werden.

Allerdings bieten anders gewählte Beteiligungsverhältnisse auch keine Vorteile. Alle Einkünfte fallen beim haftenden Komplementär an, die Treuhandverbindung verhindert zwar wie gewollt eine Mitunternehmerschaft, aber sie verhindert eben auch eine Verlagerung positiver Einkünfte (und damit möglicher Haftungsmasse) zum beschränkt haftenden Kommanditisten.

b. Zwischenschaltung einer weiteren GmbH

Damit die Muttergesellschaft nicht dem vollen Haftungsrisiko ausgesetzt wird, könnte als zweite denkbare Gestaltung eine GmbH zwischen Treuhand-KG und Mutter geschaltet werden. Diese GmbH wäre Komplementär der KG und Treugeber gegenüber dem Kommanditisten. Sie würde aus ihrer Komplementärstellung unmittelbar für die KG haften (§§ 161 Abs. 2, 128 HGB), so dass für deren Einkünfte auch auf diese Weise keine unmittelbare Haftungsbegrenzung zu erreichen wäre. Sie selbst wäre allerdings nur mit dem Mindestkapital ausgestattet, so dass immerhin eine Haftungsabschirmung dergestalt möglich wäre, dass die Mutter nicht mit dem ggf. aus anderen Aktivitäten erwirtschaftetem Kapital haftbar gemacht werden kann. Diese Konstruktion ist folglich in der Lage, einzelne gesellschaftsrechtliche Mängel des Treuhandmodells zu korrigieren. Allerdings geht mit ihr aber auch ein Verlust fast aller Vorteile des Modells einher. Zwar ist die KG steuerlich weiterhin als Betriebsstätte im Sinne des § 12 AO zu qualifizieren, dies aber eben als Betriebsstätte der „Zwischen-GmbH", nicht der Mutter. Zwischen Muttergesellschaft und gewerblich tätiger KG entstehen daher auch steuerrechtlich wieder verschiedene Vermögensmassen. Sollen zwischen Mutter und KG z.B. Wirtschaftsgüter transferiert werden, geschieht dies nicht mehr innerhalb derselben Vermögensmasse, löst also einen grundsätzlich steuerbaren Vorgang aus, der nur unter den Voraussetzungen des § 24 UmwStG oder des § 6 Abs. 5 EStG steuerneutral vorgenommen werden könnte.

Auch hinsichtlich der gewünschten Konsolidierung treten bei der Zwischenschaltung Probleme auf: Sinn der Konsolidierung ist, Gewinne aus der einen mit Verlusten aus der anderen Gesellschaft zu verrechnen. Ist die Komplementärin der KG nicht selbst operativ tätig, sondern lediglich Vehikel, fallen derartige verrechnungsfähige Ergebnisse bei ihr nicht an. Auch an die Ergebnisse der Mutter kommt man unmittelbar nicht heran. Eine Gewerbe- und in Folge des für die „Zwischen-GmbH" geltenden Trennungsprinzips auch „Einkommen-/Körperschaftsteuerinsel" ist die Folge. Diese kann aber zumindest in Teilen mit der zusätzlichen Errichtung einer Organschaft behoben werden. Im Gegensatz zum Ausgangsmodell ist eine solche grundsätzlich möglich, da mit der „Zwischen-GmbH" eine Körperschaft vorliegt, die Organgesellschaft sein kann. Der gesellschaftsrechtliche Preis, der für diese Konsolidierungsmöglichkeit gezahlt werden muss, ist jedoch hoch: Gemäß § 14 Abs. 1 S. 1 KStG erfordert die Begründung einer Organschaft den Abschluss eines Ergebnisabführungsvertrages im Sinne des § 291 Abs. 1 AktG. Teil dieses Vertrags ist aber die vollständige Verlustübernahme des Organträgers für die Organgesellschaft (§ 302 Abs. 1 AktG). Man dreht sich mit dieser Variante also im Kreis: Um in steuerrechtlicher Hinsicht mit den Vorteilen des Ausgangsmodells gleichzuziehen, etabliert man eine Organschaft, die aber mit ihren Voraussetzungen die ursprünglichen gesellschaftsrechtlichen Vorteile zunichtemacht und die Variante auch in ihren Nachteilen dem Ausgangsmodell gleichsetzt. Diese Konsequenz mag sich aber natürlich eines Tages mit der Einführung eines neuen Gruppenbesteuerungssystems, das auf die Notwendigkeit eines Ergebnisabführungsvertrages verzichtet, abmildern[491].

c. *Umgekehrte Treuhandverbindung*

Optimal für die Verbindung steuerrechtlicher und gesellschaftsrechtlicher Vorteile wäre es, die Rollen der Parteien der Treuhandverbindung zu tauschen: Treugeber ist nicht der Komplementär, sondern der Kommanditist. Ersterem wird die Aufgabe des Treuhänders über den KG-Anteil zuteil. Der Anteil wird sodann dem Kommanditisten-Treugeber zugerechnet, die Beteiligungsquoten sind im Ergebnis irrelevant, sie wirken sich lediglich in dem Ausmaß des zuzurechnenden Wirtschaftsgutes aus. In einer konzernweiten Betrachtung sind die vertauschten Bedeutungen innerhalb der Treuhandabrede freilich nur Ausfluss einer ebenfalls

491 Siehe dazu die Diskussion unten S. 237 ff.

zuwiderlaufenden gesellschaftsrechtlichen Struktur. Die Konzernmutter ist (als Treugeberin wirtschaftlich partizipierende) Kommanditistin, die Komplementärin wird nur als Haftungsvehikel gegründet. Es liegt also eine „normale" GmbH & Co. KG-Struktur vor, normal deshalb, weil der Kapitalgeber von der unbeschränkten Haftung freigestellt ist. Dieser rechtsformspezifische, gesellschaftsrechtliche Vorteil wäre also – im Gegensatz zum „Grundtreuhandmodell" – erreicht[492].

Das Risiko dieses Konstrukts springt einem jedoch förmlich ins Auge: Ob es auch hier an einer Mitunternehmerschaft fehlt, die Treuhand-KG folglich weder (beschränktes) Einkommen- noch Gewerbesteuersubjekt darstellt, erscheint fragwürdig. Die Kommanditistin kann aufgrund ihrer erheblichen Vermögensbeteiligung und damit einhergehenden Gewinnmöglichkeiten jedenfalls nicht vom Mitunternehmerrisiko freigesprochen werden. Auch ihre korporationsrechtlichen Befugnisse werden aufgrund der Weisungsbefugnis der Komplementärin gegenüber aus der Treuhandvereinbarung eher diejenigen einer typischen Kommanditistin übersteigen, als hinter ihnen zurückbleiben. Wenn aber schon dieser typischen Kommanditistin regelmäßig Mitunternehmerinitiative zugesprochen wird[493], so gilt das für die Treugeber-Kommanditistin erst recht. Einzige Möglichkeit, die steuerrechtliche Inexistenz der KG zu erhalten, ist somit, auf die „Nicht-Mitunternehmereigenschaft" der Komplementärin hinzuarbeiten. Denn dann wäre wiederum nur einer der zivilrechtlichen Gesellschafter, diesmal der Kommanditist, nach steuerrechtlicher Betrachtung Mitunternehmer. Da eine Mitunternehmerschaft jedoch mindestens zwei Mitunternehmer voraussetzt (siehe oben S. 66), läge sie auch hier nicht vor. Das Treuhandmodell würde steuerlich „funktionieren" *und* gesellschaftsrechtliche Haftungsvorteile bieten.

Die Negierung der Mitunternehmerstellung des Komplementärs gestaltet sich aber aufgrund seiner gesetzlich nach außen nur sehr schwierig einschränkbaren Rechte als problematisch. Mitunternehmerinitiative und -risiko werden in der Regel pauschal bejaht[494]. Die gesamte Konstruktion wird daher heute auch fast

---

492 Die Haftungsbestimmungen in der KG sind formell zu beurteilen, auch eine hohe Machtfülle eines Kommanditisten führt daher nicht zu einer persönlichen Haftung, BGH, Urt. v. 17.06.1966 – II ZR 282/63, BGHZ 45, 204.

493 BFH, Beschl. v. 25.06.1984 – GrS 4/82, BStBl. II 1984, 751.

494 BFH, Urt. v. 03.02.2010 – IV R 26/07 Rz. 27, BStBl. II 2010, 751; BFH, Urt. v. 11.06.1985 – VIII R 252/80, BStBl. II 1987, 33; *Ley*, Ubg 2009, 260, 263, die jedoch unverständlicherweise nicht nur bei Anerkennung des Treuhandmodells (vgl. Fn. 807), sondern auch bei einer umgekehrten Treuhandverbindung und Vorliegen einer

allgemein als ungeeignet abgelehnt[495], die Ziele des Treuhandmodells zu erreichen, selten jedoch mit einem über den eben genannten Aspekt herausgehenden Argument.

Interessant ist in diesem Zusammenhang jedoch, dass insbesondere frühe Stimmen zum Treuhandmodell[496] die Möglichkeit, dieses innerhalb der tradierten Struktur einer GmbH & Co. KG zu etablieren, bejahten, ja sogar unkommentiert als selbstverständlich ansahen.

Diese jeweils nur spärlich begründeten Gegenpole über die fragliche Mitunternehmerschaft des faktisch entmachteten Komplementärs machen eine genauere Auseinandersetzung nicht entbehrlich, sondern regen im Gegenteil dazu an. Insbesondere die herrschende Position, die Grundvoraussetzungen des Mitunternehmerbegriffs lägen bei einem Komplementär stets vor, bedarf einer detaillierteren Auseinandersetzung.

i. Theoretische Möglichkeit eines Nicht-Mitunternehmer-Komplementärs

In diesem Zusammenhang wird (mittlerweile) ein Punkt völlig ignoriert, obwohl er sich durch Gesetzeslektüre fast aufdrängt: Nach heute fast allgemeiner Meinung bezieht sich der Nebensatz des § 15 Abs. 1 S. 1 Nr. 2 EStG („[…] bei der der Gesellschafter als Unternehmer (Mitunternehmer) des Betriebs anzusehen ist, […]") nicht nur auf die „andere[n] Gesellschaft", sondern ebenso auf die KG und vor allem auch auf die zuerst erwähnte OHG[497]. Dieser Relativsatz ist eine Einschränkung. Er impliziert, dass es in den genannten Gesellschaftsformen Gesellschafter gibt, die gerade nicht Mitunternehmer sind – eine unstreitige Tatsache, deren Konsequenz die eigenständige Prüfung der Mitunternehmerschaft mit ihren Indizien ist[498]. Interessant ist jedoch die Einbeziehung der OHG in

---

Mitunternehmerschaft (d.h. eines Gewinnermittlungssubjekts) eine gewerbesteuerliche Bemessungsgrundlage von 0 für möglich hält.

495 BFH, Urt. v. 03.02.2010 – IV R 26/07 Rz. 27, BStBl. II 2010, 751; *Benz/Goß*, DStR 2010, 839, 843; *Stegemann*, INF 2003, 629, 632; implizit auch *Berg/Trompeter*, FR 2003, 903, 905.

496 *Hönle*, DB 1981, 1007; *Bünning*, BB 2010, 2357, 2360 sieht auch im Jahr 2010 immerhin noch „Hinweise" darauf, dass in Einzelfällen (in denen der Komplementär nur als Strohmann agiert) ein umgekehrtes Treuhandmodell möglich sei.

497 St. Rspr., vgl. bereits BFH, Beschl. v. 21.02.1974 – IV B 28/73, BStBl. II 1974, 404; BFH, Urt. v. 08.02.1979 – IV R 163/76, BStBl. II 1979, 405; *Haep*, in: *Herrmann/Heuer/Raupach*, EStG, § 15 Rn. 300; a.A. vornehmlich ältere Publikationen: *Schulze zur Wiesche*, FR 1978, 307, 315 f.; *Hallerbach*, Die Personengesellschaft im Einkommensteuerrecht, S. 154 f.

498 Siehe oben S. 66 ff.

diesen einschränkenden Satz. Wenn es das Gesetz nämlich als notwendig erachtet, auch bei OHG-Gesellschaftern die Mitunternehmerstellung zusätzlich zur Gesellschafterstellung zu fordern, so spricht dies für die abstrakte Möglichkeit, dass auch diese Gesellschafter nicht gleichzeitig immer Mitunternehmer sein müssen[499]. OHG-Gesellschafter haften aber unbeschränkbar nach außen und sind einem Komplementär daher vergleichbar[500]. Kann man bei der erwähnten Kommanditgesellschaft hinsichtlich der Einschränkung des § 15 Abs. 1 S. 1 Nr. 2 EStG noch vertreten, diese beziehe sich ausschließlich auf einen Gesellschaftertypen, nämlich den Kommanditisten, bei dem eine Mitunternehmerstellung in einigen Fällen zu verneinen sei, so zeigt die Erwähnung der OHG und ihrer Gesellschafter jedoch, dass für Komplementäre (die schließlich den OHG-Gesellschaftern entsprechen) nichts anderes gelten kann. Wären OHG-Gesellschafter und Komplementäre stets ohne Weiteres Mitunternehmer, wäre ihr Einbezug in den Relativsatz des § 15 Abs. 1 S. 1 Nr. 2 EStG schlicht überflüssig. Auch bei einem Komplementär besteht somit nach der Konzeption des Gesetzes wenigstens die theoretische Möglichkeit, dass er nicht Mitunternehmer der Kommanditgesellschaft ist. Praktische Auswirkungen hat diese theoretische Möglichkeit dann, wenn nach „normaler" Prüfung die Merkmale eines Mitunternehmers im konkreten Fall nicht vorliegen. Eine pauschale Bejahung der Mitunternehmerschaft verbietet sich somit[501]. Dasselbe gilt aber auch für eine

499 In BFH, Urt. v. 22.11.1955 – I 139/54 S, BStBl. III 1956, 4 wird die Mitunternehmerstellung eines OHG-Gesellschafters explizit verneint; siehe mittlerweile aber BFH, Urt. v. 11.06.1985 – VIII R 252/80, BStBl. II 1987, 33.

500 Auch sonst unterscheiden sich OHG und KG nur durch die Kommanditisten, d.h. OHG-Gesellschafter und KG-Komplementäre sind gleichartig, vgl. *Grunewald*, in: MünchKomm HGB, § 161 Rn. 2.

501 Eine solche nimmt zwar auch der BFH, Urt. v. 11.06.1985 – VIII R 252/80, BStBl. II 1987, 33 nicht vor, sondern setzt sich mit den Merkmalen auseinander. Wenn er dann jedoch in dieser Auseinandersetzung von einer ausnahmslosen Bejahung der Merkmale bei OHG-Gesellschaftern und Komplementären ausgeht, ist das mit Berücksichtigung auf die Rechtsprechung zur Geltung des Relativsatzes in § 15 Abs. 1 S. 1 Nr. 2 EStG (vgl. oben Fn. 497) inkonsequent. Denn es bleibt insbesondere bei der OHG, bei der nicht der Kommanditist Grund für die Einbeziehung in den Relativsatz sein kann, fraglich, wo der Anwendungsbereich und zusätzliche Erkenntniswert für die mit diesem Satz verbundenen Voraussetzungen liegt. Der Satz verkommt dann vielmehr faktisch zum „Selbstgänger" und hat nur Relevanz für die „andere[n] Gesellschaft" und den Kommanditisten der KG.

pauschale Verneinung. Das Gesetz sieht vielmehr vor, den Status bei allen in Frage kommenden Teilhabern zu prüfen[502].

ii. Mitunternehmerrisiko eines Treuhänder-Komplementärs

Ein Komplementär unterliegt einer unbeschränkten Außenhaftung (§ 161 Abs. 1 HGB). Diese entspricht in Art und Umfang derjenigen eines OHG-Gesellschafters (§ 128 HGB), insbesondere ist die Haftung des Komplementärs nach außen nicht beschränkbar. Diese Faktoren genügen den meisten Autoren und Gerichten[503], um ein Mitunternehmerrisiko pauschal zu bejahen - selbst dann, wenn wie gewöhnlich keine vermögensmäßige Beteiligung an der KG vorliegt. Und in der Tat besteht die unbeschränkte Außenhaftung unabhängig von einer solchen Beteiligung.

Treffen Komplementär und Kommanditist aber eine Vereinbarung, nach der ersterer seinen Kommanditanteil nur treuhänderisch für den Treugeber-Kommanditisten hält, so wird eine solche Treuhandvereinbarung in der Regel auch eine schuldrechtliche Regress- oder gar Freistellungsklausel für vom Treuhänder-Komplementär nach außen zu tragende Forderungen beinhalten. An der Außenhaftung ändert dies zwar nichts[504], wirtschaftlich gesehen trägt der Komplementär in einer solchen Betrachtung aber unter normalen Umständen keine Verluste[505].

---

502 Ebenso *Bode*, in: *Blümich*, EStG § 15 Rn. 359, der sich dagegen ausspricht, nur auf die formale Rechtsstellung abzustellen.

503 BFH, Urt. v. 17.11.1987 - VIII R 83/84, BFHE 152, 230; *Wacker*, in: *Schmidt*, EStG, § 15 Rn. 298; zweifelnd jedoch ebenfalls BFH, Urt. v. 21.04.1988 - IV R 47/85, BStBl. II 1989, 722; a.A. nur in atypischen Ausnahmefällen, z.B. bei arbeits-, nicht aber kapitalintensiven Handelsvertretungen, BFH, Urt. v. 04.11.2004 - III R 21/02, BStBl. II 05, 168.

504 Schon 1966 hat der BGH in seiner „Rektor"-Entscheidung einer materiellen Betrachtungsweise (hier ging es darum, ob ein Kommanditist, der mit einer einem Komplementär vergleichbaren Machtfülle ausgestattet ist, wegen des personengesellschaftsrechtlichen Einklanges von Leitung und Haftung persönlich haften muss) aufgrund zu erwartender Rechtsunsicherheit eine Absage erteilt: BGH, Urt. v. 17.06.1966 - II ZR 282/63, BGHZ 45, 204.

505 In BFH, Urt. v. 21.04.1988 - IV R 47/85, BStBl. II 1989, 727 äußert der BFH „Bedenken" gegen eine Herleitung der Mitunternehmerschaft allein aufgrund einer rechtlichen Außenhaftung und scheint ebenso eine wirtschaftliche, an Gewinn und Verlust orientierte Bestimmung zu präferieren; der RFH, Urt. v. 08.11.1939 - VI 661, StuW 1940, Urteil Nr. 52, sieht einen Treuhänder nicht als (gewerbesteuerlichen) Unternehmer an. Er stellt nicht auf das Auftreten und die Außenwirkung ab,

Einzig das Insolvenzrisiko des Kommanditisten, der ihn von seinen zu tilgenden Forderungen freistellt, muss getragen werden. Es verbleibt zwar durch entstehende Domino-Effekte[506] bei einer jeden Tochtergesellschaft, also auch z.B. im „regulären" Modell bei der Tochter-Kommanditistin, bei dem niemand daraus ein Mitunternehmerrisiko ableiten will. Dennoch rechtfertigt es eine unterschiedliche Rechtsfolge, im umgekehrten Modell anders als im regulären, aus diesem Insolvenzrisiko Mitunternehmerrisiko abzuleiten. Folgende Beispiele mögen diesen Unterschied verdeutlichen:

Beispiel 1:
Im umgekehrten Modell muss die Muttergesellschaft (die Kommanditistin) Insolvenz anmelden. Dies führt in der Regel gemäß § 131 Abs. 3 Nr. 2 HGB zunächst zum Ausscheiden dieser Kommanditistin[507]*. Mangels anderer Kommanditisten verbleibt lediglich die Komplementärin. Eine nur aus Komplementären bestehende KG ist jedoch OHG, bei der die Gesellschafter nach § 128 HGB haften*[508]*. Ist zudem nur noch ein Komplementär vorhanden, erlischt die Gesellschaft durch Konfusion*[509]*, was zur Gesamtrechtsnachfolge und Haftung des verbleibenden Gesellschafters führt*[510].

---

sondern ausschließlich, für wessen Rechnung das Gewerbe betrieben wird; *Dötsch*, in: *Dötsch*, Die Personengesellschaft im Steuerrecht, S. 7, 36, hält die Bejahung eines Mitunternehmerrisikos für einen im Innenverhältnis in Vermögensfragen vollständig chancen- und gefahrlosen Komplementär für „zwar praktikabel, aber {...} nicht unbedenklich"; ebenfalls gegen die Mitunternehmerstellung eines solchen Komplementärs *Reiß*, in: *Kirchhof*, EStG, § 15 Rn. 209; für die Möglichkeit eines nichtmitunternehmerschaftlichen Komplementärs auch *Karl*, DStR 2011, 159, 160.

506 *Liebscher*, in: MünchKomm GmbHG, § 13, Anhang: Die GmbH als Konzernbaustein Rn. 1277; diese entstehen, obwohl das deutsche Insolvenzrecht keine Konzerninsolvenz kennt, sondern vielmehr vom Grundsatz „Jedes Unternehmen stirbt seinen eigenen Tod" ausgeht, *Liebscher*, in: MünchKomm GmbHG, § 13, Anhang: Die GmbH als Konzernbaustein Rn. 1282; *Eidenmüller*, in: MünchKomm InsO, Vorbemerkungen vor §§ 217 bis 269 Rn. 34.

507 Anders noch die §§ 131 Nr. 5, 141 HGB a.F. bei denen, wie *de lege lata* noch bei der GbR (§ 728 Abs. 2 BGB), die Eröffnung des Insolvenzverfahrens über das Vermögen eines Gesellschafters zur Auflösung führte.

508 *Windbichler*, Gesellschaftsrecht, § 17 Rn. 2.

509 *K. Schmidt*, in: MünchKomm HGB, § 131 Rn. 7: „ungeschriebener Beendigungstatbestand".

510 *Roth*, in: *Baumbach/Hopt*, HGB, § 131 Rn. 35; *K. Schmidt*, in: MünchKomm HGB, § 131 Rn. 7.

Beispiel 2:
Die Insolvenz der Muttergesellschaft im regulären Modell betrifft hingegen die Komplementärin. Ihre Insolvenz hat nicht das Entstehen einer OHG, sondern das liquidationslose Erlöschen der Treuhand-KG zur Folge[511]*. Die verbleibende Kommanditistin hat weiterhin die Möglichkeit der beschränkten Haftung*[512]*.*

Gemeinsame Rechtsfolge ist zwar das Erlöschen der Treuhand-KG. Die Haftungsfolgen für den verbliebenen Gesellschafter sind jedoch unterschiedlich: Ein verbleibender ex-Kommanditist im regulären Modell (Beispiel 2) haftet weiterhin beschränkt, ein ex-Komplementär im umgekehrten Modell (Beispiel 1) jedoch voll. Eine ehemals bestehende Freistellung gegenüber der nun insolventen Mutter-Kommanditistin ist wertlos. Dies rechtfertigt die Einschätzung, dass der Komplementär im umgekehrten Modell ein geringes Maß[513] an Mitunternehmerrisiko trägt.

iii. Mitunternehmerintiative eines Treuhänder-Komplementärs

Selbst wenn man aufgrund dieser Überlegungen ein Mitunternehmerrisiko des Komplementärs nicht ausschließen kann, muss dieser für seine endgültige Qualifizierung als Mitunternehmer kumulativ Mitunternehmerinitiative entfalten können. Fehlt umgekehrt dieses Merkmal, ist der Komplementär kein Mitunternehmer, auch wenn ihn ein unternehmerisches Risiko trifft[514].

Mitunternehmerinitiative verfolgt grundsätzlich derjenige, der durch Teilhabe an unternehmerischen Entscheidungen Einfluss auf das betriebliche Geschehen nehmen kann[515]. Die Stimm-, Kontroll- und Widerspruchsrechte eines Kommanditisten reichen dafür in der Regel bereits aus[516], so dass dem Komplementär in einer gewöhnlich gestalteten Kommanditgesellschaft erst Recht derartige Befugnis und somit Stellung obliegt. Da aber auch für dieses Merkmal gilt, dass die Einordnung eines Teilhabers in den Typusbegriff „Mitunternehmer" nach

---

511 *Heckschen*, in: *Reul*, Insolvenzrecht in der Gestaltungspraxis, Rn. 161; *K. Schmidt*, in: MünchKomm HGB, § 131 Rn. 46.

512 *Heckschen*, in: *Reul*, Insolvenzrecht in der Gestaltungspraxis, Rn. 161.

513 Von einem in diesen Fällen nur geringen Maß, das die Regelanforderungen an das Mitunternehmerrisiko nicht erfüllt, geht auch der BFH, Urt. v. 25.04.2006 – VIII R 74/03 Rz. 22, BStBl. II 2006, 595 aus.

514 Zur Voraussetzung des kumulativen Vorliegens beider Merkmale siehe oben S. 66.

515 St. Rspr. des BFH, vgl. z.B. BFH, Urt. v. 01.08.1996 – VIII R 12/94, BStBl. II 1997, 272.

516 BFH, Urt. v. 01.08.1996 – VIII R 12/94, BStBl. II 1997, 272.

den Umständen des Einzelfalls zu erfolgen hat[517], muss untersucht werden, ob in atypischen Situationen, d.h. bei besonderen schuldrechtlichen oder gesellschaftsvertraglichen Ausgestaltungen, die Aberkennung der Mitunternehmerinitiative für einen Komplementär denkbar ist.

Zunächst stellt sich die Situation somit vergleichbar mit derjenigen eines Kommanditisten dar. Auch er ist Gesellschafter der Kommanditgesellschaft und in der Regel Mitunternehmer. Erst durch besondere Instrumente (z.B. einer Treuhandverbindung) wird ihm sein Risiko und seine Initiative und damit der Unternehmerstatus entzogen (siehe zu alldem bereits oben S. 64 ff). Unterschiede zwischen Kommanditist und Komplementär bestehen jedoch im Hinblick auf das Ausmaß der zu entziehenden Rechte.

Dabei ist die das Innenverhältnis betreffende Geschäftsführungsbefugnis sogar noch durch den Kommanditisten erfüllbar. Zwar stellt die Geschäftsführung durch den Komplementär den gesetzlichen Normalfall dar (§ 164 HGB), ausweislich der expliziten Bestimmung des § 163 HGB ist die Regelung jedoch dispositiv, der Gesellschaftsvertrag kann von ihr abweichende Festsetzungen treffen. Er kann z.B. den Komplementär in Fragen der Geschäftsführung den Weisungen des Kommanditisten unterwerfen[518]. Er kann aber auch dem Kommanditisten die Führung der Geschäfte insgesamt überlassen und den Komplementär davon ausschließen (§ 114 Abs. 2 HGB)[519]. Letzteres ist kein Verstoß gegen das Prinzip der Selbstorganschaft, da auch der Kommanditist als Gesellschafter der KG kein Fremd-Geschäftsführer ist[520]. Im Innenverhältnis sorgt § 163 HGB also für ein hohes Maß an Vertragsfreiheit, das die Rechte des Komplementärs ähnlich denen eines Kommanditisten minimieren kann.

Anders das Außenverhältnis: § 170 HGB bestimmt, dass Kommanditisten von der Vertretungsbefugnis ausgeschlossen sind. § 163 HGB erstreckt sich nicht auf diese Norm, so dass im Gegensatz zu § 164 HGB diese Regelung zwingend, d.h. nicht schuldrechtlich oder organschaftlich mit Wirkung nach außen abdingbar ist[521]. Dies spricht natürlich zunächst einmal für die generelle Annahme der

517 Anderenfalls wäre es unnötig, einen solchen Typusbegriff überhaupt zu etablieren. Der Gesetzgeber könnte katalogartig die dann pauschale Einordnung der jeweiligen Gesellschaftertypen normieren.

518 *Casper*, in: *Staub*, HGB, § 164 Rn. 6, 45 (sofern im Gesellschaftsvertrag vorgesehen).

519 Dies klarstellend BGH, Urt. v. 09.12.1968 – II ZR 33/67, BGHZ 51, 198.

520 *Fischer*, BB 1986, 779, 781.

521 Diese Bastion des organschaftlichen Systems der KG beginnt jedoch zu bröckeln: Mehrere, durchaus gewichtige Stimmen nehmen an, auch § 170 HGB müsse dispositiv interpretiert werden, vgl. *Grunewald*, in: MünchKomm HGB, § 170 Rn. 12;

Mitunternehmerinitiative eines jeden Komplementärs. Denn wenn Kommanditisten die Gesellschaft nicht vertreten können, muss dies zwangsläufig und unentziehbar (vorbehaltlich des § 127 HGB) ein Komplementär tun müssen. § 170 HGB besagt also nicht nur, dass Kommanditisten *keine* organschaftliche Vertretungsbefugnis zukommen *darf*, er besagt ferner, dass diese einem Komplementär zukommen *muss*[522]. Es mutete aber merkwürdig an, wenn ausgerechnet derjenige, der allein die für eine Handelsgesellschaft unverzichtbare Interaktion nach außen (*vulgo* den namensgebenden Handel) tätigen darf, nach steuerrechtlicher Betrachtung nicht Teil dieser Unternehmung sein soll.

Und in der Tat ist der Begründungsaufwand hierfür hoch, so hoch, dass den Stimmen[523], die pauschal eine Mitunternehmerstellung für alle Komplementäre annehmen, in den meisten Fällen zugestimmt werden muss. Und doch: Folgende Gedanken zeigen, dass dies eben nur in den meisten, nicht aber in allen Fällen angebracht, dass eine am Einzelfall ausgerichtete Differenzierung im Bereich der Mitunternehmerschaft vielmehr geboten ist. Dies aus zwei Gründen. Erstens kann ein Kommanditist die Gesellschaft wenn auch nicht organschaftlich[524], so

---

schon *Brox*, in: *Hefermehl/Gmül*, Festschrift für Harry Westermann zum 65. Geburtstag, S. 21, 25 nimmt die Möglichkeit einer gesellschaftlichen Vertretung an; *Bergmann*, ZIP 2006, 2064, 2070 f., hält sogar eine ausschließliche organschaftliche Vertretungsbefugnis von Kommanditisten für möglich. Die Auswirkungen auf das Treuhandmodell wären immens. Die pauschale Haltung, Komplementäre verfügten stets über Mitunternehmerinitiative, wäre noch weniger zu halten.

522 H.M., vgl. BGH, Urt. v. 25.05.1964 – II ZR 42/62, BGHZ 41, 367; BGH, Urt. v. 09.12.1968 – II ZR 33/67, BGHZ 51, 198; vgl. aber wiederum die neuere Kritik daran, Fn. 521; *K. Schmidt*, in: MünchKomm HGB, § 127 Rn. 7 und *Roth*, in: *Baumbach/Hopt*, HGB, § 127 Rn. 3 sehen zwar auch die Möglichkeit, dem einzigen Komplementär die Vertretungsmacht zu entziehen, dies soll jedoch die Auflösung der Gesellschaft (§ 131 HGB) zur Folge haben. Zwar solle die Möglichkeit eines Fortsetzungsbeschlusses bestehen, ob die *Autoren* hier eine Neuregelung der Gesellschaftsvertretung dergestalt für möglich erachten, dass von nun an nur Kommanditisten vertretungsbefugt sind, ist jedoch zweifelhaft. Aktuell muss davon ausgegangen werden, dass der Grundsatz „Haftung und Herrschaft" auch für die KG erhalten bleibt.

523 BFH, Urt. v. 03.02.2010 – IV R 26/07, BStBl. II 2010, 751; BFH, Urt. v. 10.05.2007 – IV R 2/05, BStBl. II 2007, 927; *Haep*, in: *Herrmann/Heuer/Raupach*, EStG, § 15 Rn. 371.

524 Indirekt ist sogar eine organschaftliche Vertretung möglich: Der Kommanditist kann Geschäftsführer der Komplementär-GmbH sein, ohne dass ein Verstoß gegen das Prinzip der Selbstorganschaft vorliegt, *Grunewald*, in: MünchKomm HGB, § 170 Rn. 19.

aber unstreitig[525] doch rechtsgeschäftlich (z.B. durch Prokura[526]) vertreten. Die obige Zuspitzung, die gleichsam das „Schreckgespenst" einer handlungsunfähigen KG ohne vertretungsberechtigten Komplementär bemühte, ist also übertrieben. Diese Rolle können – auf rechtstechnisch andere Weise – durchaus die Kommanditisten erfüllen. Zweitens ist die formale Außenvertretungsbefugnis ohne eine korrespondierende interne Geschäftsführungskompetenz fast wertlos[527]. Ein Komplementär, dessen letztere Kompetenz wirksam organschaftlich ausgeschlossen ist, macht sich bei jeder Vertretung, die diese interne Bindung ignoriert, einer Verletzung des Gesellschaftsvertrags schuldig. Damit einher gehen in der Regel die Verpflichtung, Schadensersatz zu leisten, der Verlust der Haftungsfreistellung sowie schließlich sogar ein Ausschluss aus der Gesellschaft[528]. Wenn man bedenkt, dass der Ausgangs- und Prüfungspunkt „Mitunternehmer*initiative*" lautet, so muss man eingestehen, dass ein derart beschränkter Komplementär nichts mehr initiieren kann[529]. Eine nur mit derartigen Folgen auszuübende Vertretungsbefugnis ist eine ähnlich „leere Hülse"[530] wie das zivilrechtliche Eigentumsrecht des Treuhänders. Dieses ignoriert das Steuerrecht und erhebt die wirtschaftliche Realität über die formalen Rechtsbeziehungen (vgl. § 39 Abs. 2 AO). Gleiches sollte es auch hier tun.

Fazit: Eine allzu starre, pauschale Qualifizierung des Komplementärs als Unternehmer nur aufgrund seiner rein formellen Vertretungsbefugnis pervertiert das an der wirtschaftlich-unternehmerischen Realität ausgerichtete Merkmal der Mitunternehmerinitiative und degradiert es sogleich zu einem bloßen „Selbstgänger"-Annex der Prüfung einer Mitunternehmerstellung. Nimmt man es ernst, muss in den gezeigten besonderen Gestaltungen davon ausgegangen werden, dass ein Komplementär nicht stets über Mitunternehmerinitiative verfügt.

---

525 So *Grunewald*, in: MünchKomm HGB, § 170 Rn. 15.

526 BGH, Urt. v. 27.06.1955 – II ZR 232/54, BGHZ 17, 392.

527 Ebenso *Fischer*, BB 1986, 779, 781.

528 *Fischer*, BB 1986, 779, 781.

529 Zu den Inkonsistenzen, die auftreten, wenn man einen „angestellten" Komplementär als mit den Merkmalen „ausgestatteten" Mitunternehmer ansieht, siehe *Knobbe-Keuk*, Das Steuerrecht, eine unerwünschte Rechtsquelle des Gesellschaftsrechts?, S. 48 f., die aber daraus eher den Schluss zieht, diese Merkmale seien zu kritisieren, als die Mitunternehmerqualität eines solchen Komplementärs zu verneinen. An den von ihr aufgezeigten Inkonsistenzen ändert diese unterschiedliche Herangehensweise aber nichts.

530 Vgl. oben S. 51 sowie Fn. 146.

iv. Zwischenergebnis und Konsequenzen

Letztlich ist in den angesprochenen Konstellationen das Mitunternehmerrisiko des Treuhänder-Komplementärs nur sehr schwach, nämlich über das Insolvenzrisiko seiner eigenen Mutter, die Mitunternehmerinitiative sogar überhaupt nicht ausgeprägt. Das Fehlen eines Merkmals führt nach überzeugender herrschender Meinung[531] dazu, dass kein mitunternehmerschaftliches Engagement vorliegt. Manche Stimmen nehmen zwar auch hier die Möglichkeit an, ein vollständig fehlendes Merkmal könne durch ein anderes ausgeglichen werden[532]. Dies soll aber nur dann gelten, wenn das andere, ausgleichende Merkmal besonders stark ausgeprägt ist. Davon kann beim schwachen Mitunternehmerrisiko des Treuhänders nicht die Rede sein. Werden die Rechte und Partizipationsmöglichkeiten dieses Treuhänder-Komplementärs im konkreten Einzelfall tatsächlich derart beschnitten, scheint ein die steuer- und gesellschaftsrechtliche Vorteile verbindendes Treuhandmodell m.E. auch „umgekehrt" möglich[533].

Dies führt zunächst zu Haftungsvorteilen[534]. Sie sind aber nicht so gravierend, wie man auf den ersten Blick annehmen könnte, denn die fehlende Mitunternehmerstellung des Komplementärs wird „erkauft". Damit sein Risiko nicht zu hoch wird und nach Meinung einiger die fehlende Initiative ausgleichen kann, ist, wie gezeigt, eine Haftungsübernahme und -freistellung des Kommanditisten nötig. Diese muss, um die genannte Wirkung zu erreichen, so ausgestaltet sein, dass wirtschaftlich betrachtet jede Haftung beim Kommanditisten liegt, dieser also Schulden gegenüber Gläubigern ohne weitere Voraussetzung so trägt, wie es nach außen der Komplementär zu tun hätte. Dies führt zwar nicht dazu, dass sich Gläubiger direkt mit ihren Ansprüchen an den Kommanditisten wenden können, wohl aber vermehrt es die Haftungsmasse der Treuhandgesellschaft und folglich die Befriedigungsmöglichkeiten der Gläubiger.

Diese haftungsrechtliche Absicherung vermindert zwar einerseits die angesprochenen Haftungsvorteile des Unternehmenskonstrukts, führt andererseits aber dazu, dass sich das umgekehrte Treuhandmodell rechtspolitisch einfacher rechtfertigen lässt. Die steuerlichen Vorteile des Modells lassen sich eben nicht vollständig mit gesellschaftsrechtlichen Haftungsvorteilen kombinieren. Vielmehr

531 Siehe Argumentation oben S. 66.

532 Siehe ebenfalls oben Fn. 235.

533 Dies würde der BFH wohl anders sehen, vgl. BFH, Urt. v. 03.02.2010 - IV R 26/07, BStBl. II 2010, 751; BFH, Urt. v. 11.06.1985 - VIII R 252/80, BStBl. II 1987, 33.

534 Siehe dazu oben S. 131 f.

bleibt es dabei[535], dass grundsätzlich ein Herrschender mit Konsolidierungsmöglichkeit haftungsrechtlich für die beherrschte Gesellschaft einstehen muss. Dass dieses – ausgleichend-gerechte – Ergebnis nicht durch teleologische Auslegungserwägung „zurechtgebogen" werden muss, sondern sich aus der systematischen Anwendung des tradierten Mitunternehmerbegriffs mit seinen Typusmerkmalen ergibt, spricht für die Fähigkeit dieser flexiblen Merkmale, auch in neueren, zu ihrer Entstehung gar nicht bedachten Fällen, sachgerechte Ergebnisse zu liefern.

Das umgekehrte Modell hat jedoch eigene Konsequenzen: Im Gegensatz zum Ausgangsmodell kann hier § 15a EStG praktische Relevanz entfalten. Wurde die Anwendbarkeit der Norm oben noch als gleichsam akademische Übung diskutiert[536], so sind hier typischerweise 99 % der (Verlust-)Anteile dem Kommanditisten zuzurechnen, während nur 1 % die treuhänderische Zurechnung des haftenden Komplementäranteils betrifft. Für diese haftungsbeschränkten 99% gilt § 15a EStG grundsätzlich. Absatz 1 der Norm wird aber auch hier nur dann wirken, wenn es sich um eine Mitunternehmerschaft handelt[537]. Dies ist, wie soeben gesehen, auch im umgekehrten Modell nicht der Fall. Eher in Frage kommt die Anwendung von § 15a Abs. 5 EStG, der die Folgen des Absatzes 1 auf „andere Unternehmer, soweit deren Haftung der eines Kommanditisten vergleichbar ist" erstreckt. Wiederum bestehen Vorbehalte, den Verlustabzug gemäß § 15a EStG zu begrenzen. Denn der Kommanditist ist im umgekehrten Treuhandmodell kein „anderer Unternehmer", sondern eben ein Kommanditist, für den Absatz 1 vorgesehen ist. Scheitert seine Anwendung an nicht erfüllten Voraussetzungen (Mitunternehmerschaft), kann man durchaus von einer Sperrwirkung dieses Absatzes ausgehen. Die Anwendbarkeit durch den Verweis in Absatz 5 käme einer Hintertür gleich, die die Voraussetzung der Mitunternehmerschaft in Absatz 1 konterkarieren würde. Neben diesen grammatikalischen und teleologischen Erwägungen sprechen jedoch auch systematische Gründe gegen Absatz 5. Die notwendige umfangreiche Haftungsfreistellung des Kommanditisten gegenüber dem Komplementär führt für ersteren zu einem Verlustrisiko, das untypisch für einen Kommanditisten ist, so untypisch, dass seine Haftung durchaus nicht mehr mit derjenigen eines gewöhnlichen Kommanditisten vergleichbar ist. Der Kommanditisten-Treugeber im umgekehrten Treuhandmodell ist also gleichzeitig zu sehr (nicht „anderer Unternehmer") und zu wenig (nicht der Haftung eines

535 So fordern es auch andere steuerliche Konsolidierungsinstitute, vgl. die für Organträger verpflichtende Verlustübernahme aus § 302 AktG.

536 Siehe oben S. 86 ff.

537 *Wacker*, in: *Schmidt*, EStG, § 15a Rn. 60.

Kommanditisten vergleichbar) Kommanditist, als dass eine Anwendung des § 15a Abs. 5 EStG auf seine Verlustanteile gerechtfertigt ist.

Fast wichtiger als die Haftungsfolgen ist somit eine weitere Konsequenz des umgekehrten Treuhandmodells: Der Anwendungsbereich des Treuhandmodells insgesamt kann ausgedehnt werden. Ist ein nicht-mitunternehmerschaftlicher Komplementär denk- und „gestaltbar", so muss dies auch für einen OHG-Gesellschafter gelten, der nach der Konzeption des HGB in Haftung und Befugnissen einem Komplementär entspricht[538]. Von mehreren OHG-Gesellschaftern können alle bis auf einen derartig in ihren Rechten beschnitten werden, dass eben nur dieser eine als Unternehmer verbleibt, eine Mitunternehmerschaft also wie gehabt am Erfordernis mehrerer Mitunternehmer scheitern würde. Gleiches gilt für Gesellschafter einer GbR. In diesen Konstellationen ergäbe sich zwar überhaupt kein Haftungsvorteil, denn im Gegensatz zum Kommanditisten haften GbR- und OHG-Gesellschafter stets voll, unmittelbar und unbeschränkt. Immerhin aber ist das Modell dann überhaupt auf grundsätzlich alle Personengesellschaften anwendbar, so dass seine steuerlichen Vorteile ihnen alle zugutekommen können. Für die Anwendung in bestehenden Unternehmensstrukturen wäre dies eine erhebliche Folge, die das Modell für zahlreiche[539] weitere Gesellschaften attraktiv machen würde.

2. Beteiligung weiterer Gesellschafter?

Die Beteiligung mehrerer Kommanditisten ist zwar denkbar, aber weder betriebswirtschaftlich noch gesellschaftsrechtlich zielführend. Der Kommanditist ist im Treuhandmodell nämlich keine eigenständig gewerblich tätige Einheit (regelmäßig auch nicht abseits seiner Kommanditistenstellung), sondern lediglich Funktionsvehikel für die Errichtung einer Personengesellschaft, für die stets mindestens zwei Gesellschafter[540] vorhanden sein müssen. Sollen nun – z.B. in einem Großkonzern – mehrere, daneben auch eigenständig gewerbliche,

---

538 Dies wird in der Regel natürlich andersherum formuliert: Der Komplementär entspricht einem OHG-Gesellschafter. Man geht von der OHG mit ihren Gesellschaftern aus und vergleicht damit den Spezialfall der KG mit ihrem Komplementär, vgl. *Grunewald*, in: MünchKomm HGB, § 161 Rn. 2. Sachliche Unterschiede ergeben sich daraus aber nicht.

539 Im Jahr 2010 gab es in Deutschland 15.866 OHGs und 198.927 BGB-Gesellschaften mit einem Umsatz von über EUR 17.500, vgl. *Statistisches Bundesamt*, Umsatzsteuerstatistik (Voranmeldungen) 2010, Fachserie 14 Reihe 8.1, S. 46, erschienen am 28.03.2012.

540 *Ulmer/Schäfer*, in: MünchKomm BGB, § 705 Rn. 60.

Kommanditisten beteiligt werden, so gilt für sie dasselbe wie für die bereits dargestellte Treuhänderin-Kommanditistin: Auch sie dürfen keinesfalls Mitunternehmer der Treuhand-KG werden, denn diese soll ja gerade keine Mitunternehmerschaft i.S.d. § 15 Abs. 1 S. 1 Nr. 2 EStG bilden. Alle aufgezeigten Elemente (Beteiligungsquoten, Treuhandvereinbarung), die durch Beschneidung der Befugnisse und der wirtschaftlichen Partizipation die Mitunternehmerstellung des Kommanditisten verhindern sollen, müssen also bei allen Kommanditisten vorliegen. Wenn aber an der Treuhand-KG ohnehin nur eine Person – die Komplementärin – partizipieren kann, ist die Einschaltung weiterer Gesellschafter sinnlos.

Die Beteiligung weiterer Komplementäre verbietet sich in der Praxis nach oben Gesagtem zur – in ihrer Pauschalität nicht zutreffenden – herrschenden Meinung[541] schon allein deshalb, weil Komplementäre über unabdingbare Befugnisse und Pflichten (Außenhaftung, § 161 Abs. 1 HGB, § 161 Abs. 2 HGB i.V.m. § 128 HGB) verfügen, die sie zu Mitunternehmern werden lassen. Jeder weitere Komplementär ist nach dieser herrschenden Meinung also ein weiterer Mitunternehmer i.S.d. § 15 Abs. 1 S. 1 Nr. 2 EStG und löst deshalb eine Mitunternehmerschaft aus. Die „wirtschaftliche" Einschaltung eines weiteren Gesellschafters ist daher in der aktuellen Praxis im Treuhandmodell nicht möglich[542]. Selbst wenn man die zwingende Mitunternehmerschaft eines Komplementärs mit obiger Begründung ablehnt, müsste dieser zusätzliche Komplementär aber in jedem Falle nach dem dargestellten Muster im Innenverhältnis beschränkt sein. Wirtschaftlich Vorteile ergäben sich nicht.

Umgekehrt ist aber natürlich denkbar, dass ein Komplementär seine Rolle in mehreren Treuhand-KGs ausübt, auch beteiligungsidentisch mit stets derselben Gesellschaft als Kommanditist. Für jedes Konstrukt muss jedoch eine eigene Treuhandverbindung abgeschlossen werden bzw. eine übergreifende Treuhandverbindung muss die Anteile an allen Treuhand-KGs explizit als Treugüter separat aufzeichnen. Auf diese Weise treffen auf der Ebene der Komplementärin beliebig viele Treuhand-KGs in ihrer steuerlichen Gestalt als abhängige Betriebsstätten zusammen. Dies ist sinnvoll, wenn betriebswirtschaftlich und gesellschaftsrechtlich gleich mehrere Unternehmensteile ausgegliedert werden sollen.

---

541 BFH, Urt. v. 03.02.2010 – IV R 26/07, BStBl. II 2010, 751; BFH, Urt. v. 10.05.2007 – IV R 2/05, BStBl. II 2007, 927; *Haep*, in: *Hermann/Heuer/Raupach*, EStG, § 15 Rn. 371.

542 Ebenso wohl (allerdings ohne Begründung) *Benz/Goß*, DStR 2010, 839, 842.

3. Treuhandmodell ohne Treuhand?

Fraglich ist auch, ob die namensgebende schuldrechtliche Vereinbarung zwischen Komplementärin und Kommanditistin überhaupt vorliegen muss. Bei der Frage, ob die gewerblich tätige KG Steuersubjekt ist, geht es nicht darum, ob eine Treuhandschaft vorliegt, sondern lediglich darum, ob die KG Mitunternehmerschaft ist. Für Zwecke der Einkommensteuer führt aufgrund des Transparenzprinzips nicht einmal diese zur Eigenschaft als Steuersubjekt. Allein das GewStG bestimmt, dass eine Mitunternehmerschaft (sachlich) steuerpflichtig ist, § 2 Abs. 1 S. 2 GewStG.

Die Treuhandvereinbarung und ihre durch § 39 Abs. 2 S. 1 Nr. 2 AO erzielte Wirkung ist also nur mittelbar Grund dafür, dass die KG nicht als Steuersubjekt angesehen wird. Lässt sich die Negierung der Mitunternehmerschaft als unmittelbare Wirkung auch anders herstellen, bedürfte es daneben keiner Treuhandvereinbarung. Äußerungen in der Literatur implizieren teilweise diese Möglichkeit[543]. Fraglich ist insbesondere, ob nicht allein gesellschaftsrechtliche Gestaltungen für das Eintreten der gewünschten Wirkungen ausreichen können. Zur Erinnerung: Ziel ist es, die ohnehin in ihren gesellschaftsrechtlichen Befugnissen beschnittene (vgl. § 170 HGB) Kommanditistin ebenso stark in ihren – sonst gewöhnlich vorhandenen – wirtschaftlichen Partizipationsmöglichkeiten zu beschränken, dass sie kein Mitunternehmerrisiko mehr trägt.

Ein Weg, dies zu erreichen, ist der Gezeigte: Eine Kommanditistin, die ihre Anteile und damit verbundenen Gewinnrechte nicht für sich selbst, sondern nur treuhänderisch für eine Treugeberin hält, kann von einem etwaigen Gewinn, der auf ihren Kommanditanteil entfällt, nicht profitieren. Eine andere Möglichkeit könnte aber darin liegen, die Kommanditistin von Vornherein keine gewinnberechtigten Anteile halten zu lassen, so dass ihr auch keine Einkünfte daraus zuteil würden. Eine Zurechnung über § 39 Abs. 2 AO wäre dann entbehrlich, da nichts Zuzurechnendes mehr bei der Kommanditistin verbleibt. Mit diesem „0%-Kommanditisten“ könnte man die gewünschten Folgen des Treuhandmodells ohne Treuhandverbindung eintreten lassen. Dies wäre immerhin nichts Geringeres als die einzige Möglichkeit im deutschen Steuerrecht, eine Ergebnisverrechnung ganz ohne schuldrechtliche Vereinbarung (sei es eine

543 *Blumenberg*, DB 2010, Heft 16, M 21 bezeichnet Strukturen, bei denen der Kommanditist für seine als eigene gehaltene Beteiligung (Kommanditeinlage) nur eine feste Verzinsung bekommt, als vergleichbar; *Rödder*, DStR 2005, 955 bezeichnet die Konstruktion mit einer Treuhandvereinbarung gar nur als „Variante“.

Treuhandvereinbarung oder ein Ergebnisabführungsvertrag wie bei der Organschaft) zu erreichen.

Die Rechtsprechung lässt eine gesellschaftsrechtliche Gestaltung, in der der Kommanditist untypischerweise vermögensmäßig nicht beteiligt ist, theoretisch zu[544]. Der dort behandelte Fall weist jedoch einen Unterschied zur hier vorgestellten Struktur auf: Die überhaupt nicht beteiligten Kommanditisten waren nicht die einzigen der KG. Ein vermögensmäßig beteiligter Kommanditist bestand daneben. Eine KG, in der nicht über eine schuldrechtliche Binnenabrede, sondern schon allein aus den vermögensrechtlichen Beteiligungsverhältnissen hervorgeht, dass sich alle Befugnisse, Pflichten und Vermögenschancen sowie -risiken ausschließlich auf einen einzigen Komplementär vereinigen, läuft Gefahr, dem zivilrechtlichen Mindesterfordernis von zwei Gesellschaftern bei Personengesellschaften[545] zu widersprechen, denn es ist zweifelhaft, ob selbst eine abstrakt-gesellschaftsrechtlicher Herangehensweise die KG unter diesen Umständen als selbständiges Rechtssubjekt anerkennt. Eine echte Ein-Mann-Personengesellschaft widerspricht dem Gedanken der Gesamthandschaft[546]. Im dargestellten Fall verfügt die KG aber formal betrachtet über zwei Gesellschafter; allein faktisch existiert lediglich einer. Begründet man die Voraussetzung von mindestens zwei Gesellschaftern bei Personengesellschaften mit der Tatsache, dass diese schon in ihrer Grundform auf ein vertragliches Schuldverhältnis zurückzuführen sind (§ 705 BGB)[547], muss man jedoch eingestehen, dass zum Abschluss eines solchen Gesellschaftsvertrags auch ein zwar nicht partizipierender oder kompetenzmäßig involvierter, aber gleichwohl rechtsfähiger Kommanditist befähigt ist. Setzt man eine streng formale Betrachtungsweise zugrunde, erscheint ein Verzicht auf die Treuhandvereinbarung bei gleichzeitig aufrecht erhaltener Funktion des Modells möglich.

Es sei jedoch erwähnt, dass die Vorteile eines solchen Verzichts überschaubar sind. Zwar sind die Voraussetzungen für deren steuerliche Anerkennung streng; sie ist somit ein möglicher „Fehlerherd". Bei sorgfältiger Realisierung und Durchführung kann jedoch auf einfache Weise sichergestellt werden, dass § 39 Abs. 2 AO eingreift. Besondere betriebswirtschaftliche Ergebnis- oder gesellschaftsrechtliche Haftungsnachteile ergeben sich nicht.

---

544 Vgl. BFH, Urt. v. 28.10.1999 – VIII R 66–70/97, BStBl. II 2000, 183; *Haep*, in: *Herrmann/Heuer/Raupach*, EStG, § 15 Rn. 372 zu einem Kommanditisten mit bloßer „Darlehensverzinsung".

545 Dazu *Weitemeyer*, in: *Oetker*, HGB, § 105 Rn. 33 m.w.N.

546 *Ulmer/Schäfer*, in: MünchKomm BGB, § 705 Rn. 61.

547 So *Ulmer/Schäfer*, in: MünchKomm BGB, § 705 Rn. 62.

4. „Doppeltes“ Treuhandmodell

In großen Personengesellschaftsstrukturen kann die Anwendung eines doppelten Treuhandmodells attraktiv sein. Gesellschaftsrechtliche Befugnisse und handelsrechtliche Vermögens- und Ergebnisberechnungen könnten so bei steuerlicher Vollkonsolidierung noch differenzierter – nämlich auf mehrere Gesellschaften – verteilt werden. Dieses bislang noch nicht untersuchte Konstrukt besteht in der Nachschaltung einer Treuhand-KG unter eine weitere Treuhand-KG. Es ist damit von „normalen“ doppelstöckigen Personengesellschaften abzugrenzen, bei denen zwar die Komplementärin selbst Mitunternehmerin ist, nicht aber eine eigene Treuhand-KG[548].

Doppelstöckige Personengesellschaft

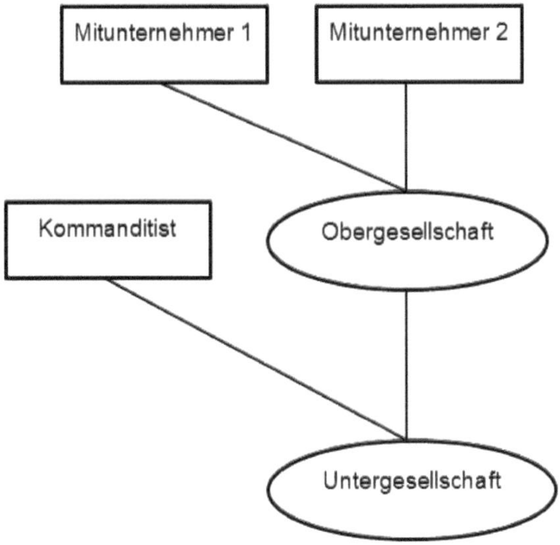

548 Dies wird inkl. seiner Gefahren z.B. bei *Kraft/Sönnichsen*, DB 2011, 1936, 1939 diskutiert.

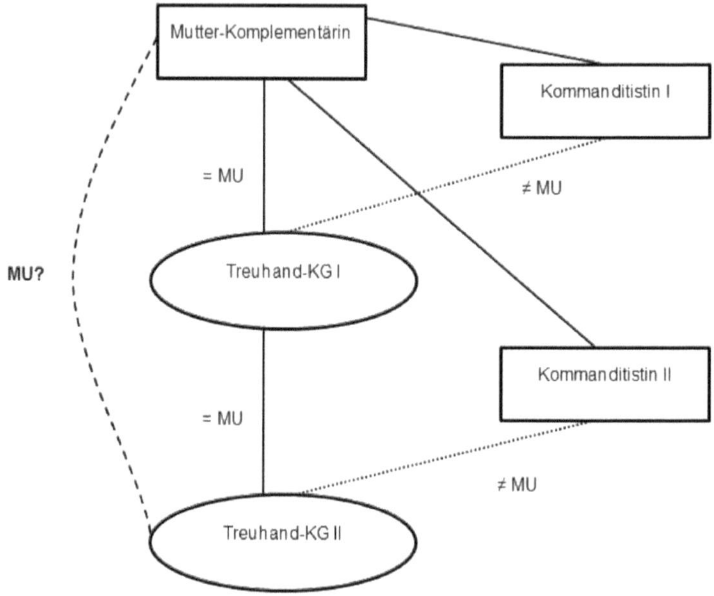

Von der oben diskutierten[549] Beteiligung weiterer Gesellschafter grenzt es sich durch seine vertikale Charakteristik ab. Wo dort „horizontal“ dem Modell weitere Gesellschafter auf gleicher Ebene hinzugefügt werden sollten, geht es hier um eine hierarchische Gliederung mehrerer Gesellschaften in einem Abhängigkeits- und Beteiligungsverhältnis.

Fraglich ist jedoch, ob dieses Modell trägt. Auf Ebene der Treuhand-KG I ändert sich nichts. Ihre zivilrechtliche Existenz ist unbestritten, so dass sie gesellschaftsrechtlich auch Komplementärin der Treuhand-KG II sein kann[550]. Steuerlich ist sie jedoch reguläre Treuhand-KG mit allen Folgen, insbesondere der steuerlichen Nichtexistenz. Für die Treuhand-KG II gilt dies nur, wenn auch an ihr nicht mindestens zwei Mitunternehmer beteiligt sind. Die ebenfalls von der Mutter „gelenkte“ Kommanditistin II wird wiederum eine Treuhandverbindung

549 Siehe S. 143 f.

550 Eine Organschaft kann die Treuhand-KG I hingegen nicht begründen. Sie ist keine Mitunternehmerschaft und kann deshalb wegen § 14 Abs. 1 S. 1 Nr. 2 S. 2 KStG, der eine „Personengesellschaft im Sinne des § 15 Abs. 1 Nr. 2 (sic) Einkommensteuergesetzes“ fordert, nicht Organträger sein.

mit dieser selbst oder der Komplementärin (hier die Treuhand-KG I) eingehen, so dass sie nach den bekannten Regeln nicht als Mitunternehmerin qualifiziert. Die Treuhand-KG I jedoch nimmt als Komplementärin (und Treugeber) diese Stellung ein. Damit steht und fällt die Mitunternehmerschaft auf Ebene der Treuhand-KG II mit der Frage, ob zusätzlich zur Treuhand-KG I auch die Mutter-GmbH Mitunternehmerin der KG II ist.

Dies kann sie aus mehreren Gründen sein. Zum einen könnte sie die Merkmale eines Mitunternehmers selbst erfüllen. Mitunternehmerrisiko trägt derjenige, der am Erfolg und Misserfolg eines Unternehmens teilhat[551]. Dies ist nach wirtschaftlichen, nicht nach formellen Gesichtspunkten zu bestimmen[552]. Zunächst müsste das gesamte Ergebnis der KG II ihrer Komplementärin KG I zugerechnet werden. Da diese aber als Treuhand-KG selbst nicht über steuerliches Gesamthandsvermögen verfügt, schlägt sich die gesamte gewerbliche Tätigkeit der KG II direkt im Vermögen der Mutter-GmbH nieder. Wirtschaftlich betrachtet partizipiert sie unmittelbar an der KG II und trägt daher Mitunternehmerrisiko für diese Gesellschaft. Außerdem führt sie als Komplementärin der KG I deren Geschäfte und ist überwiegend an ihr beteiligt. Für diese KG I gilt wiederum dasselbe im Hinblick auf die KG II. Die Mutter-GmbH ist also über eine ununterbrochene Beherrschungs- und Geschäftsführungskette an der KG II beteiligt. Dies verleiht ihr Teilhabe und Einfluss auf Unternehmensentscheidungen, mithin Mitunternehmerinitiative[553]. Die beiden Hauptmerkmale des Typusbegriffs „Mitunternehmerschaft" sind somit zwar erfüllt. Allerdings ist die Mutter-GmbH nicht Gesellschafterin der KG II. Fraglich ist, ob dies der Mitunternehmerstellung entgegensteht. Der BFH[554] und die herrschende Meinung in der Literatur[555] bejahen das[556].

Auch dann könnte grundsätzlich immer noch § 15 Abs. 1 S. 1 Nr. 2 S. 2 EStG eine Mitunternehmerstellung begründen. Dies ist aber mit obiger Begründung[557] zweifelhaft. Entweder man geht davon aus, dass die Mutter-GmbH bereits nicht Mitunternehmerin bei der KG I ist, da eine Nicht-Mitunternehmerschaft

551 St. Rspr., siehe z.B. BFH, Beschl. v. 25.06.1984 – GrS 4/82, BStBl. II 1984, 751.

552 *Bode*, in: *Blümich*, EStG, § 15 Rn. 349.

553 Zu diesem Merkmal *Bode*, in: *Blümich*, EStG, § 15 Rn. 351 f.

554 BFH, Beschl. v. 25.02.1991 – GrS 7/89, BStBl. II 1991, 691.

555 *Hennerkes/Binz*, DB 1985, 1307; *Wacker*, in: *Schmidt*, EStG, § 15 Rn. 258; *Bode*, in: *Blümich*, EStG, § 15 Rn. 234.

556 Vorzugswürdig ist hingegen die andere Ansicht, nach der die Gesellschafterstellung für die Frage der Mitunternehmerschaft irrelevant ist, vgl. oben S. 67 f.

557 Siehe oben S. 76 f.

(wie die KG I) eben keine Mitunternehmer hat, selbst wenn die Merkmale bei einzelnen Gesellschaftern erfüllt sind. Oder man stellt zwar isoliert darauf ab, ob die Merkmale erfüllt sind, versteht § 15 Abs. 1 S. 1 Nr. 2 S. 2 EStG aber in teleologischer Reduktion so, dass er nur in Fällen anwendbar ist, in denen Gesellschafter der Obergesellschaft über Sonderbetriebsvermögen oder -vergütungen bei der Untergesellschaft verfügen bzw. verfügen sollen[558]. Eben weil die Gesellschafter (= Mutter-GmbH) der Obergesellschaft (= KG I) nach oben genanntem BFH-Beschluss keine Mitunternehmer der Untergesellschaft sind, reagierte der Gesetzgeber mit Einfügung des § 15 Abs. 1 S. 1 Nr. 2 S. 2 EStG. Es sollten so jedoch keine Mitunternehmerschaften begründet werden. Die Norm soll vielmehr sicherstellen, dass derlei Vermögen als Sonderbetriebsvermögen qualifiziert und in die Berechnung des Gesamtgewinns einfließt[559]. Die Gesellschafter der Obergesellschaft werden daher auch nicht direkte Mitunternehmer, sondern sind nur als solche „anzusehen". Wie bei der regulären doppelstöckigen Personengesellschaft muss die Norm jedoch auch beim „doppelten" Treuhandmodell nicht vor der Gefahr der Nichtberücksichtigung von Sonderbetriebsvermögen schützen. Selbst wenn man sie nicht anwendet, bilden KG I *und* KG II keine jeweils eigene steuerliche Vermögenssphäre, sondern werden alle bei der Mutter-GmbH zusammengefasst. Das Vermögen der Gesellschafter der Mutter-GmbH wird also unmittelbar bei dieser erfasst, auch wenn es zivilrechtlich einer der KGs zuzuordnen ist. Die Gefahr, dass eine Untergesellschaft Vermögen bildet, das bei den Gesellschaftern einer Obergesellschaft nicht erfasst werden kann, besteht nicht.

Folgt man dem Wortlaut des § 15 Abs. 1 S. 1 Nr. 2 EStG und der herrschenden Meinung zur Gesellschafterstellung eines Mitunternehmers, so ist auch die Treuhand-KG II mangels zweier Mitunternehmer ein steuerrechtliches *nullum*, das zur Vollkonsolidierung mit seiner Mutter-Mutter genutzt werden kann. Auch das Treuhandmodell bietet *de lege lata* die Möglichkeit des um „Enkel" erweiterten Konsolidierungskreises.

---

558 Siehe genauer oben S. 76 f. sowie Fn. 276.

559 BFH, Urt. v. 06.09.2000 – IV R 69/99, BStBl. II 2001, 731; *Rätke*, in: *Herrmann/Heuer/Raupach*, EStG, § 15 Rn. 629; vgl. auch *Kraft/Sönnichsen*, DB 2011, 1936, 1940.

V. Auswirkungen bei Begründung und Beendigung des Treuhandmodells

1. Begründung einer Treuhandstruktur

Bei der Begründung der Treuhandstruktur muss zwischen zwei Fällen differenziert werden: Denkbar sind Situationen, in denen die grundsätzliche Gesellschaftsstruktur, namentlich die (Treuhand-)KG, bereits besteht. Hier muss lediglich die Treuhandverbindung abgeschlossen und zuvor ggf. noch die Treuhänderin als Vehikel gegründet werden. Dieser Fall wird in der Regel bei Modellen, die auf längere Zeiträume ausgelegt sind, anzutreffen sein. Vorrangiges Ziel ist dann die vollständige Ergebniskonsolidierung zwischen den bestehenden Gesellschaften. Es ist aber ebenso möglich, dass das Modell aus einer völlig anderen Struktur heraus realisiert werden soll, einer Struktur, in der eine (Treuhand-)KG noch gar nicht existiert. Diese muss dann neu gegründet und „mit Leben gefüllt", d.h. mit Wirtschaftsgütern ausgestattet werden. Bei solchen Gegebenheiten dient das Treuhandmodell häufig nur als temporäres Vorbereitungsvehikel, z.B. beim Verkauf von Unternehmensteilen, die vor der Veräußerung ausgegliedert werden sollen. Die Vorgehensweise und zu beachtenden Voraussetzungen und Konsequenzen unterscheiden sich teilweise, so dass beide Fälle im Folgenden gesondert betrachtet werden.

a. Übertragung von Wirtschaftsgütern auf eine neu zu gründende Treuhand-KG

Im einfacheren Fall wird eine Kommanditgesellschaft neu gegründet. Ihre Gesellschafter sind eine weit überwiegend beteiligte Komplementärin sowie eine (u.U. ebenfalls neu zu gründende) *pro forma* Kommanditistin. Die Konzernmutter wird also von vornherein als Komplementärin bestimmt. Wird gleichzeitig mit Gründung der KG die Treuhandverbindung zwischen Komplementärin und Kommanditistin abgeschlossen, entsteht auf Ebene dieser KG erst gar keine Mitunternehmerschaft. Somit stellt sich auch nicht die Frage der Aufdeckung etwaiger stiller Reserven in ihrem Betriebsvermögen, denn sie wird zu diesem Zeitpunkt allenfalls über ein paar Barmittel verfügen[560].

Die neu gegründete KG sollte dabei schnell in das Handelsregister eingetragen werden, da § 176 Abs. 1 HGB sonst zu einer vollen Haftung des Kommanditisten führt. Auch wenn eine GmbH & Co. KG vorliegen sollte, wird die Stellung der Kommanditisten-GmbH dem Gläubiger regelmäßig unbekannt sein

560 *Kraft/Sönnichsen*, DB 2011, 1936, 1937.

(vgl. § 176 Abs. 1 S. 1 a.E. HGB)[561]. Sicherer ist die Gründung unter der aufschiebenden Bedingung der Eintragung der KG[562].

Ist diese Konstellation erst einmal etabliert, lassen sich beliebig Wirtschaftsgüter zwischen der Komplementärin und der Treuhand-KG übertragen, ohne dass dies (ertrag-)steuerliche Konsequenzen hätte[563].

b. Bestehende (Personen-)Gesellschaft wird durch Abrede zur Treuhand-KG

Aufwendiger, gleichwohl möglich, ist der Fall, dass eine bereits bestehende Gesellschaft ihre steuerliche Identität durch Transformation in eine Treuhand-KG verliert. Dies geschieht wiederum durch den Abschluss einer entsprechenden Treuhandvereinbarung zwischen ihren Gesellschaftern. Wieder muss diese dazu führen, dass nur noch die Komplementärin die Merkmale eines Mitunternehmers erfüllt, eine Mitunternehmerschaft auf Ebene der KG also am fehlenden zweiten Unternehmer scheitert.

---

561 Der Grundsatz, dass § 176 HGB bei korrekter Firmierung als GmbH & Co. KG nicht gilt bzw. wegen dieses Ausschlussgrundes nicht erfüllt ist (OLG Schleswig-Holstein, Beschl. v. 14.09.2004 – 5 U 85/04, DZWIR 2005, 163, 165 m. Anm. *Keil*; LG Köln, Urt. v. 10.06.2004 – 6 O 332/02, DZWIR 2004, 390, 391; präziser *K. Schmidt*, GmbHR 2002, 341, 344: Vermutung für andere Kommanditisten nur bei Kenntnis über den GmbH-Komplementär) passt hier nicht. Er ist in seiner Pauschalität auch problematisch, denn der Fall einer GmbH als Kommanditistin wird gar nicht diskutiert (gegen den Grundsatz auch *Kindler*, in: *Koller/Kindler/Roth/Morck*, HGB, § 176 Rn. 4). Das Problem wird meist nur für Fälle dargestellt, in denen eine natürliche Person als Kommanditist in Anspruch genommen werden soll, z.B. *Strohn*, in: *Ebenroth et al.*, HGB, § 176 Rn. 22; *Henze/Notz*, in: *Ebenroth et al.*, HGB, Anhang A zu § 177a Rn. 45; *Hesselmann/Mueller-Thuns/Dremel*, Handbuch der GmbH & Co. KG, § 5 Rn. 69. Dann ist es überzeugend, dass man nicht davon ausgehen kann, diese sei in einer GmbH & Co. KG Komplementär. Wenn der in Anspruch genommene Kommanditist aber keine natürliche Person, sondern GmbH ist, muss umgekehrt von einer Komplementärstellung ausgegangen werden, denn sie ist für eine GmbH schließlich der Normalfall. Die Kenntnis über die Kommanditistenstellung besteht dann nicht, so dass § 176 Abs. 1 HGB mit der Konsequenz Anwendung findet, dass die Kommanditisten-GmbH voll mit ihrem Gesellschaftsvermögen haftet.

562 Die Zulässigkeit dieser Bedingungslösung steht seit langem fest: BGH, Urt. v. 21.03.1983 – II ZR 113/82, NJW 1983, 2258 für den Beitritt eines Kommanditisten zur KG. Ebenso kann der Abschluss des Gesellschaftsvertrags bedingt erfolgen, *Gummert*, in: *Henssler/Strohn*, Gesellschaftsrecht, § 161 HGB Rn. 11.

563 Zu den Details der Übertragung von Wirtschaftsgütern im Treuhandmodell siehe S. 164 ff.

Wird das Modell in einer bestehende GmbH & Co. KG gestartet, wird in der Regel zudem ein „Rollentausch“ der Gesellschafter notwendig sein[564], denn üblicherweise ist die gewerblich tätige Konzernmutter, deren Ergebnis mit dem der Tochter-KG umfassend konsolidiert werden soll, haftungsprivilegierte Kommanditistin. Eine Konsolidierung im Treuhandmodell wird über § 39 Abs. 2 AO jedoch nur mit der Treugeberin, der einzig verbleibenden „Herrscherin“ des Unternehmens erreicht. Dies kann im Modell jedoch normalerweise nur die Komplementärin sein[565]. Eine zusätzlich herrschende Kommanditistin wäre zweiter Mitunternehmer – das Treuhandmodell würde nicht funktionieren. Rechtstechnisch kann die gewerblich tätige Konzernmutter in die Rolle der Komplementärin gelangen, indem sie einfach ihre Gesellschafterstellung inhaltlich ändert. Aus- und Neueintritt sind nicht erforderlich[566]. Meist wird ein solcher Wechsel aber nicht im Gesellschaftsvertrag vorgesehen sein, was eine Änderung unter entsprechenden Zustimmungserfordernissen aller Gesellschafter nötig macht[567]. In gleicher Weise verfährt die bisherige Komplementärin, die durch Inhaltsänderung ihrer Gesellschafterstellung zur Kommanditistin wird. Operiert die designierte Treuhand-KG bislang in der Rechtsform einer Kapitalgesellschaft, ist gleichzeitig ein Formwechsel erforderlich (§ 9 UmwStG i.V.m. §§ 3–8 UmwStG)[568].

Zusätzlich wird wie gehabt die Treuhandvereinbarung abgeschlossen. Unmittelbare Folge ist das Erlöschen der vorher bestandenen Mitunternehmerschaft auf Ebene der KG. Steuerlich werden die Wirtschaftsgüter der Treuhand-KG nun vollständig der Komplementärin zugerechnet (§ 39 Abs. 2 S. 1 Nr. 2, S. 2 AO, s. genauer S. 40 ff.). Ob dies rechtstechnisch durch „steuerliche Anwachsung“[569] oder Verschmelzung[570] geschieht, ist zwar streitig, nicht hingegen die erwähnte Folge.

Problematischer als bei der Neugründung sind die sich aus dem Abschluss ergebenden Konsequenzen, insbesondere hinsichtlich der Behandlung stiller Reserven der Treuhand-KG. Im Gegensatz zum ersten Fall können sich in der Bilanz der KG durch ihre vorherigen Tätigkeiten solche nämlich umfangreich gebildet haben. Hier ist zu differenzieren, inwiefern die Wirtschaftsgüter, bei

564 *Kraft/Sönnichsen*, DB 2011, 1936, 1938, sprechen auch von „Statuswechsel“.

565 Siehe für Ausnahmefälle die Diskussion oben S. 131 ff.

566 BGH, Urt. v. 04.03.1976 – II ZR 145/75, BGHZ 66, 98 = NJW 1976, 848; *Wiedemann*, in: *Lieb/Noack/Westermann*, Festschrift für Wolfgang Zöllner, S. 635, 637.

567 *Grunewald*, in: MünchKomm HGB, § 161 Rn. 26.

568 *Stegemann*, INF 2003, 629, 631 f. noch zur alten Fassung des UmwStG 1995.

569 Vorz., so auch *Benz/Goß*, DStR 2010, 839; *Hubertus/Lüdemann*, BB 2010, 2474, 2476.

570 *Haritz*, in: *Haritz/Menner*, Umwandlungssteuergesetz, § 1 Rn. 90.

denen der Zeitwert den Buchwert übersteigt, auf die Kommanditbeteiligung bzw. auf die Komplementärbeteiligung fallen. Für letztere Anteile werden die Buchwerte fortgeführt. Sie wurden schließlich auch vor Abschluss der Treuhandverbindung schon der Komplementärin zugerechnet, so dass sich insofern kein Anschaffungsvorgang ergibt[571].

Fraglich ist, ob dasselbe für die durch die Kommanditbeteiligung repräsentierten Anteile der Wirtschaftsgüter gilt. Hier droht in einigen Fällen die Aufstockung der Buchwerte. Der Abschluss einer Treuhandverbindung führt dazu, dass die Treugüter wirtschaftlich nicht mehr dem Treuhänder, sondern dem Treugeber zugerechnet werden (§ 39 Abs. 2 Nr. 1 S. 2 AO). Wenn dieser Zurechnungswechsel entgeltlich erfolgt, liegt darin ein der Veräußerung des Anteils vergleichbarer Fall, so dass die stillen Reserven über § 16 Abs. 1 S. 1 Nr. 2, Abs. 2 EStG realisiert werden. Aber auch die unentgeltliche Übertragung kann ertragsteuerliche Konsequenzen mit sich ziehen. Zwar gilt für solche Fälle grundsätzlich § 6 Abs. 3 EStG, der zwingend eine Buchwertfortführung vorschreibt. Allerdings gehen nach Ansicht der Finanzverwaltung die Regelungen über verdeckte Gewinnausschüttungen und verdeckte Einlagen § 6 Abs. 3 EStG vor[572]. Da diese zur Realisierung der stillen Reserven führen und bei der unentgeltlichen Übertragung zwischen Mutter- und Tochterkapitalgesellschaft (also der Komplementärin und der Kommanditistin, die in der Regel beide Kapitalgesellschaften sind) auch anwendbar sind[573], kann auch auf diesem Wege eine Buchwertaufstockung vermieden nicht werden.

Der einzige Weg, dies in der genannten Konstellation doch zu erreichen, besteht im Abschluss einer Übertragungstreuhand[574]. Im Gegensatz zur Vereinbarungstreuhand findet hier kein Zurechnungswechsel statt, denn es wird zwar ein Anteil an der KG an den Treuhänder zivilrechtlich übertragen, gleichzeitig verbleibt es aber durch das Treuhandverhältnis bei der Zurechnung zum Treugeber. Die steuerlichen Vermögens- bzw. Zurechnungsverhältnisse ändern sich nicht.

---

571 *Benz/Goß*, DStR 2010, 839, 843.

572 BMF, Schr. v. 03.03.2005 – IV B 2-S 2241–14/05, BStBl. I 2005, 458; *Tschesche*, BB 2010, 1452, 1455.

573 BFH, Urt. v. 18.12.1990 – VIII R 17/85, BStBl. II 1991, 512; *Kraft/Sönnichsen*, DB 2011, 1936, 1938.

574 Zu diesem Vorgehen siehe auch *Kraft/Sönnichsen*, DB 2011, 1936, 1938.

Schritt 1: Im Ausgangspunkt besteht eine normale GmbH & Co. KG mit einer wirtschaftlich profitierenden, vermögensmäßig beteiligten Mutter als haftungsabgeschirmte Kommanditistin und einem „Vehikel" als haftende Komplementärin.

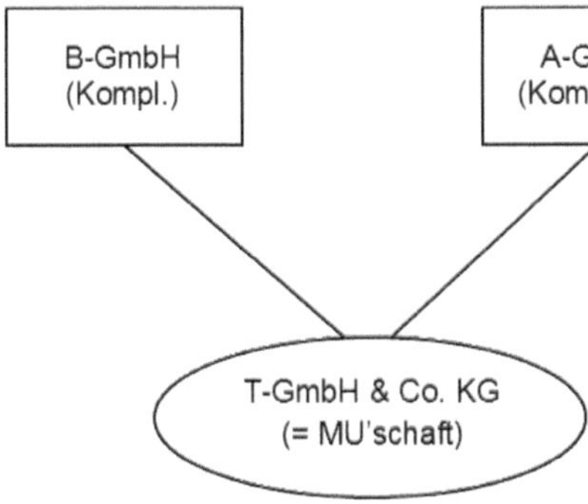

Schritt 2: Komplementärin und Kommanditistin schließen eine Übertragungstreuhand ab. Dadurch wird zwar ein Anteil an der KG der Komplementärin übertragen. Die Treuhandverbindung sorgt jedoch für eine Zurechnung (§ 39 Abs. 2 Nr. 1 S. 2 AO) an die Kommanditistin, die als Treugeber fungiert. Es findet somit kein Zurechnungswechsel bzw. steuerlicher Anschaffungsvorgang statt.

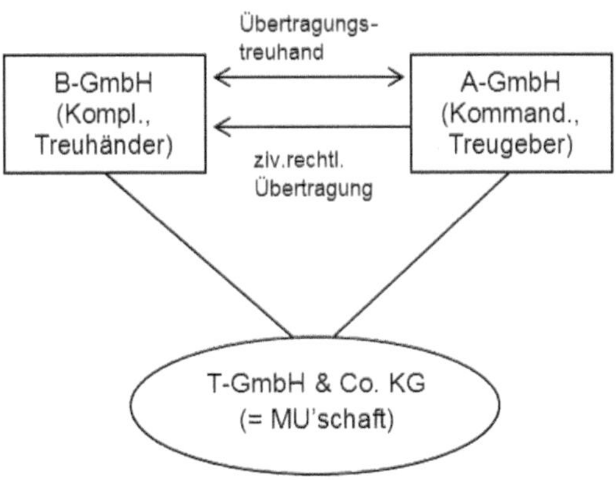

Schritt 3: Indem die Gesellschafter ihre Rollen tauschen, verliert die B-GmbH ihre Komplementärstellung und mangels eigener vermögensmäßiger Beteiligung auch ihre Stellung als Mitunternehmerin. Dennoch werden stille Reserven nicht aufgedeckt, da die A-GmbH bereits vorher alle Anteile auf sich vereinigte. Die T-GmbH & Co. KG ist nun „echte" Treuhand-KG, da sie keine Mitunternehmerschaft mehr darstellt.

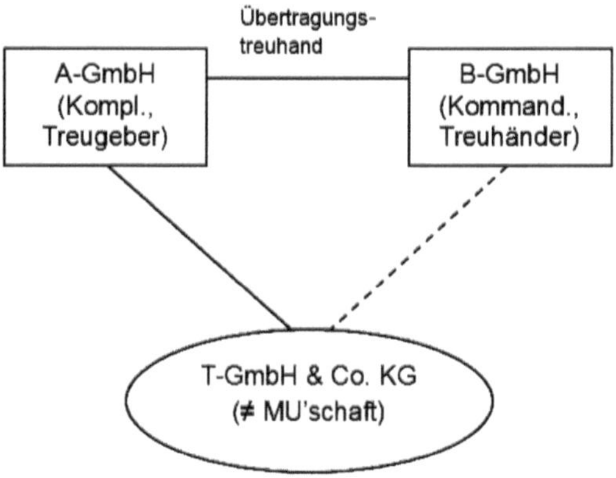

Diese steuerliche „Anwachsung" ist gesetzlich nicht geregelt[575]. Da aber der verbleibende als Mitunternehmer qualifizierende Gesellschafter schon vorher sämtliche Anteile steuerlich auf sich vereinigte, kommt es im Rahmen des Rollenwechsels und damit verbundenen Ausscheidens des ehemaligen zweiten Mitunternehmers zu keiner Übertragung weiterer Wirtschaftsgüter[576]. Der Vorgang ist daher ertragsteuerlich nicht relevant[577]. Das Prozedere kann also die gleiche Wirkung für den Kommanditanteil entfalten, die bei den auf die Komplementärbeteiligung entfallenden Wirtschaftsgüter ohnehin erreicht wird.

Es kann bisweilen ein Bedürfnis dafür bestehen, die Folgen des Modells mit Rückwirkung eintreten zu lassen. Ob diese Möglichkeit besteht, ist umstritten. Einigkeit besteht darin, dass die Treuhandabrede selbst keine steuerliche Rückwirkung entfalten kann. *Benz/Goß* schlagen aber einen Umweg vor, bei dem das Umwandlungssteuergesetz mit seinen Rückwirkungsmöglichkeiten als Vehikel

575 *Benz/Goß*, DStR 2010, 839, 843.

576 OFD Berlin, Verf. v. 19.07.2002 – St 122 – S 2241 -2/02, DStR 2002, 1811.

577 Ebenso *Hubertus/Lüdemann*, BB 2010, 2474, 2476; *Kraft/Sönnichsen*, DB 2011, 1936, 1938; *Stegemann*, INF 2003, 629, 632; im Ergebnis ebenso, aber mit nicht ganz nachvollziehbarer Begründung *Benz/Goß*, DStR 2010, 839, 843.

genutzt wird, diese auf die Treuhandverbindung zu übertragen[578]. Dazu tritt der aus dem Modell bekannte Treuhänder-Kommanditist einer bestehen, „regulären" KG mit zwei Mitunternehmern – Komplementär und Kommanditist – bei. Indem die Treuhandverbindung zwischen dem Komplementär (Treugeber) und dem neuen Kommanditist (Treuhänder) eingegangen wird, bleibt es steuerlich bei den zwei bisherigen Mitunternehmern. Wenn nun der „reguläre" Kommanditist auf die Mutter-Komplementärin verschmolzen wird, können dafür die Rückwirkungsmöglichkeiten des § 2 Abs. 1 UmwStG in Anspruch genommen werden[579]. In dieser Abwandlung stellt diese Verschmelzung gleichzeitig den Zeitpunkt des Erlöschens der Mitunternehmerschaft dar, denn es verbleibt neben der Mutter nur noch der Treuhänder-Kommanditist, der kein Mitunternehmer ist. Mithilfe des Tricks, für das Erlöschen nicht die (nicht rückwirkende) Treuhandverbindung, sondern die (rückwirkende) Verschmelzung heranzuziehen, kann der Zeitpunkt, in dem die Wirkungen einsetzen sollen, in den Grenzen des § 2 Abs. 1 UmwStG gewählt werden[580].

Schritt 1: Den Ausgangspunkt stellt wiederum eine normale GmbH & Co. KG-Konstruktion dar.

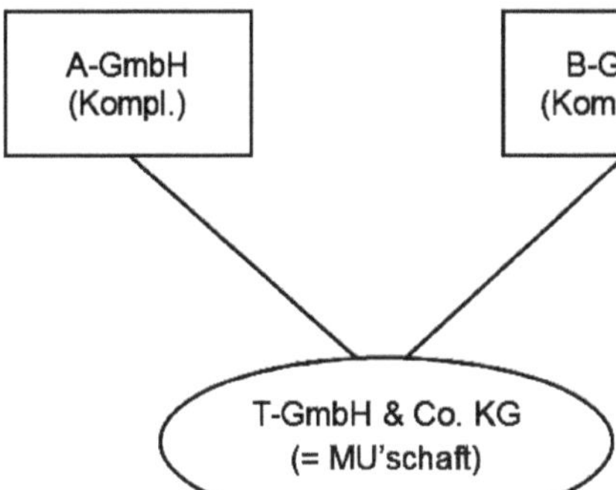

578 *Benz/Goß*, DStR 2010, 839, 844.

579 *Kraft/Sönnichsen*, DB 2011, 1936, 1939.

580 Siehe zu den Wahlmöglichkeiten und das Verhältnis zum handelsrechtlich gewählten Stichtag *Slabon*, in: *Haritz/Menner*, Umwandlungssteuergesetz, § 2 Rn. 49.

Schritt 2: Diesem Konstrukt tritt eine weitere Kommanditistin bei. Sie schließt mit der Komplementärin einen Treuhandvertrag und ist durch dessen Zurechnungswirkung und den beschränkten Kompetenzen keine Mitunternehmerin. Da die B-GmbH aber reguläre Kommanditistin ist, verfügt die T-GmbH & Co. KG weiterhin über zwei Mitunternehmer und bleibt Mitunternehmerschaft.

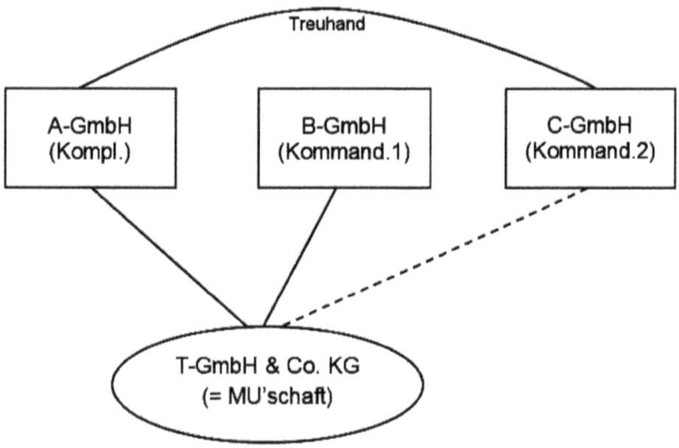

Schritt 3: Nun wird die B-GmbH auf die A-GmbH verschmolzen. Der Zeitpunkt dieser Verschmelzung kann unter Berücksichtigung des § 2 Abs. 1 UmwStG auch mit Rückwirkung gewählt werden.

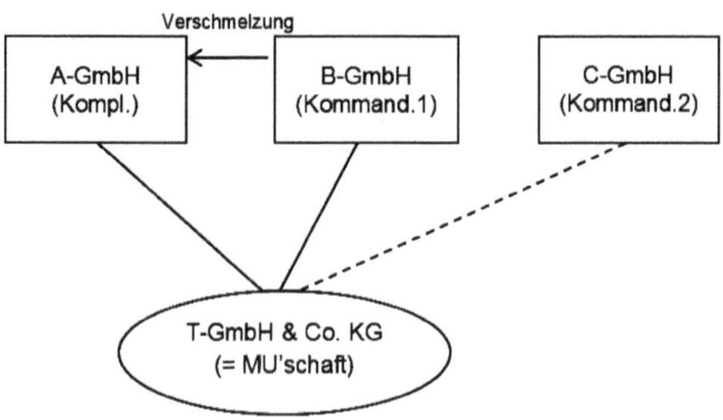

Schritt 4: Nicht durch den Abschluss der Treuhandverbindung (Schritt 2), sondern erst durch die Verschmelzung verliert die T-GmbH & Co. KG ihren zweiten Mitunternehmer und infolge dessen ihre Eigenschaft als Mitunternehmerschaft. Bei einem rückwirkenden Verschmelzungszeitpunkt (siehe oben) führt dies auch zu einem rückwirkenden Wegfall dieser Eigenschaft und somit zu einer rückwirkenden Etablierung des Treuhandmodells.

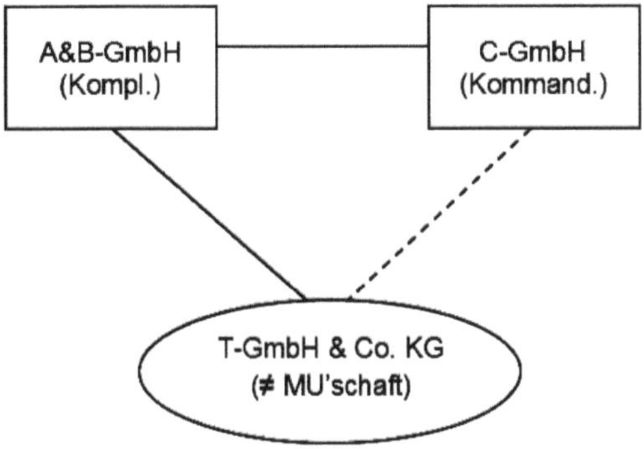

2. Beendigung der Treuhandstruktur

Das Treuhandmodell kann auf verschiedene Arten enden. Zum einen in Gestalt einer Zweckerfüllung, wenn die Anteile an einer ausgegliederten Treuhand-KG zivilrechtlich veräußert werden. Steuerlich liegt hierin mangels Mitunternehmerschaft laufender, nicht Veräußerungsgewinn[581]. Sind die Auswirkungen des Modells nicht mehr gewünscht, kann es auch ohne Veräußerung der KG-Anteile durch Auflösung beendet werden[582]. Die Auflösung kann durch Befristungen, Bedingungen, Kündigungen (gemäß §§ 675, 621 ff. BGB, gemäß § 627 BGB auch fristlos ohne wichtigen Grund[583]) oder Widerruf des Treugebers gemäß § 671 BGB[584] erfolgen[585]. Die zivil- und steuerrechtlichen Folgen sind abhängig von

581 *Brandenberg*, in: *Arbeitsgemeinschaft der Fachanwälte für Steuerrecht*, Jahrbuch der Fachanwälte für Steuerrecht 2005/2006, S. 357, 367.

582 *Stegemann*, INF 2003, 629, 633.

583 *Löhnig*, Treuhand, S. 263; *Schaub*, DStR 1995, 1634, 1639 zur insoweit identischen Situation bei GmbH-Anteilen als Treugut.

584 Diese „Widerruf“ genannte, einseitige Aufhebung des Treuhandvertrags wird im Treuhandmodell regelmäßig deswegen möglich sein, da es der Treugeber ist, der ein wesentliches Interesse an der Durchführung hat, zu dieser Beendigungsmöglichkeit siehe *Liebich/Mathews*, Treuhand und Treuhänder in Recht und Wirtschaft, S. 122.

585 *Butler*, NWB 2012, 2925, 2932.

den im Treuhandvertrag getroffenen Regelungen. Im Wesentlichen sind zwei Szenarien denkbar[586]: Sieht die Abrede vor, dass das Treugut, also der Anteil an der Treuhand-KG, bei Beendigung wieder zivilrechtliches Eigentum der Komplementärin wird, wächst er dieser an[587]. Das Zivilrecht folgt damit dem Steuerrecht, das bereits während des Bestehens des Treuhandverhältnisses von der „wirtschaftlichen" Eigentümerstellung (siehe S. 60 ff.) der Komplementärin und der „steuerrechtlichen" Anwachsung (siehe S. 152 ff.) bei ihr ausgegangen ist. Durch die bereits vorher erfolgte steuerliche Zurechnung ist das jetzige, lediglich zivilrechtliche Nachvollziehen dieses Zustands ertragsteuerlich irrelevant[588].

Ist in der Treuhandabrede hingegen bestimmt, dass sich bei Beendigung nur die Befugnisse der Beteiligten, nicht aber die Beteiligungsverhältnisse ändern, bleibt der Anteil zivilrechtlich beim Kommanditisten, der darüber hinaus ab sofort auch nicht mehr den zwischenparteilichen Weisungen des ehemaligen Treugebers unterworfen ist. Konsequenz dieser Regelung ist der Wegfall der wirtschaftlichen Zurechnung bei der Komplementärin – § 39 Abs. 2 Nr. 1 S. 2 AO ist mangels Treuhandverhältnis nicht mehr anwendbar – und das Erstarken des Kommanditisten zum Mitunternehmer an der ex-Treuhand-KG, die nun selbst Mitunternehmerschaft wird. Hier muss – umgekehrt zum soeben dargestellten Fall – das Steuerrecht dem Zivilrecht folgen, die steuerlichen Folgen des Vorgangs sind also noch nicht vorweggenommen und müssen daher differenzierter betrachtet werden.

Mit der Beendigung von Treuhandverhältnis und Zurechnung des Kommanditanteils zur Komplementärin erlischt deren „wirtschaftliches" Eigentum. Wirtschaftliche und zivilrechtliche Zurechnung des Kommanditanteils vereinigen sich nach der Grundnorm des § 39 Abs. 1 AO in der Person der Kommanditistin. Das von den jeweiligen Anteilen repräsentierte Vermögen wird steuerrechtlich auf die mitunternehmerschaftliche KG übertragen, wodurch die zivilrechtlich schon immer bestehende Trennung der Vermögenssphären auch steuerrechtlich entsteht. Während der Laufzeit des Treuhandmodells können sich in den Wirtschaftsgütern der KG (die bei der Komplementärin bilanziert wurden) stille Reserven gebildet haben. Wieder stellt sich die Frage, ob diese durch die beendigungsbedingte Einbringung in die nun mitunternehmerschaftliche

586 *Kraft/Sönnichsen*, DB 2011, 1936, 1940 f.

587 *Kraft/Sönnichsen*, DB 2011, 1936, 1940; eine Verschmelzung der KG auf die Komplementär-GmbH ist somit möglich, eine Verschmelzung der GmbH auf die KG umgekehrt jedoch nicht, OLG Hamm, Beschl. v. 24.06.2010 – 15 Wx 360/09 m. Anm. *Schlüter*, EWiR 2010, 799,

588 *Stegemann*, INF 2003, 629, 633 m.w.N.

KG aufgedeckt werden. Eine Möglichkeit (nicht: Pflicht, vgl. § 24 S. 2 UmwStG), bei Einbringungsvorgängen in Personengesellschaften die Buchwerte fortzuführen, bietet grundsätzlich § 24 UmwStG. Dass sich die Einbringung im vorliegenden Fall lediglich auf die steuerlich-wirtschaftliche Betrachtung bezieht, es zivilrechtlich aber bei der schon vorher bestehenden Zuordnung zur KG bleibt, ist nach herrschender Meinung unschädlich[589]. Dennoch wird die Buchwertübertragung gemäß § 24 UmwStG oft scheitern, und zwar aufgrund des vorgeschriebenen Einbringungsgegenstandes. Die Norm ist ausweislich des klaren Wortlauts in Absatz 1 nicht auf Einzelwirtschaftsgüter anwendbar, sondern nur auf (Teil-)Betriebe. Eine analoge Anwendung kommt nicht (mehr) in Betracht[590], angesichts des § 6 Abs. 5 EStG dürfte es mittlerweile auch an einer Regelungslücke dafür fehlen. Natürlich ist denkbar, dass die steuerlich in die KG einzubringenden Wirtschaftsgüter einen solchen Teilbetrieb darstellen. Dass ein solcher Teilbetrieb vorliegt, ist jedenfalls dann nur schwer vorstellbar, wenn das Treuhandmodell zum Zwecke der Verkaufsvorbereitung begründet wurde (und nach z.B. nach Scheitern der Verkaufsbemühungen wieder beendet werden soll). Ist nämlich die Buchwertübertragung einziges Motiv der Gründung, wird man bei Vorliegen der Teilbetriebsanforderungen in der Regel schon zu diesem Zeitpunkt auf den darauf „passenden" § 24 UmwStG zurückgreifen, d.h. nicht nur wie im Modell zivilrechtlich, sondern sogleich auch steuerrechtlich einbringen. Dass innerhalb der Durchführungszeit aus den Wirtschaftsgütern ein Teilbetrieb[591] entsteht, so dass währenddessen die Anwendung von § 24 UmwStG ermöglicht wird, ist möglich, aber ebenfalls unwahrscheinlich.

Ist vorrangiges Ziel der Treuhandbegründung aber nicht (nur) eine Vermögensübertragung zu Buchwerten, sondern auch die trotz gesellschaftsrechtlicher

---

589 *Menner*, in: *Haritz/Menner*, Umwandlungssteuerrecht, § 20 Rn. 221.; *Schmitt*, in: *Schmitt/Hörtnagl/Stratz*, Umwandlungssteuergesetz, § 20 Rn. 21 mit ausführlicher Begründung und Auseinandersetzung mit der Gegenansicht. Das gilt für die Auslegung des *terminus* „Einbringung" insgesamt, also auch im Rahmen des § 24 UmwStG, OFD Hannover, Verf. v. 06.04.2006 – S 1978 c-56-StO 243 (allerdings wohl zur alten Rechtslage, was jedoch keinen Einfluss auf die Gleichsetzung von § 20 UmwStG und § 24 UmwStG hat). Dies ist auch überzeugend. Warum gerade hier, *notabene* im Umwandlungs*steuerrecht* von der Maßgeblichkeit wirtschaftlicher Zugehörigkeit zu Gunsten einer erforderlichen Vollrechtsübertragung abgerückt werden soll, ist unverständlich.

590 *Schlößer/Schley*, in: *Haritz/Menner*, Umwandlungssteuerrecht, § 24 Rn. 44 f.; *Schmitt*, in: *Schmitt/Hörtnagl/Stratz*, Umwandlungssteuergesetz, § 24 Rn. 82.

591 Zu dem nicht legaldefinierten Begriff des Teilbetriebs *Menner*, in: *Haritz/Menner*, Umwandlungssteuerrecht, § 20 Rn. 90 ff.

Trennung mögliche Vollkonsolidierung der Treuhand-KG, so ist ohne weiteres nachvollziehbar, dass im Gründungszeitraum auf das Modell zurückgegriffen wird, auch wenn die zu übertragenen Wirtschaftsgüter einen Teilbetrieb darstellen. Das Treuhandmodell bietet hier mit der dauerhaften steuerlichen Vermögensverknüpfung und Verrechnungsmöglichkeit schließlich ein „Mehr" gegenüber § 24 UmwStG, dessen Vorteil sich auf einen Einmaleffekt beschränkt. Es sind also als Teilbetrieb qualifizierende Treuhand-KGs denkbar. Liegen die Voraussetzungen dieser Regelung bei Gründung – wenn auch zunächst unangewandt – vor, so ist ihr Bestehen bei einer späteren Beendigung ebenfalls wahrscheinlich. Der ursprünglich negligierte § 24 UmwStG kann dann für die beendigungsbedingte Einbringung genutzt werden.

In anderen Fällen muss auf die Parallelvorschrift § 6 Abs. 5 EStG zurückgegriffen werden. Sie erlaubt (bzw. erzwingt) in einigen Fällen die betriebliche Übertragung einzelner Wirtschaftsgüter, ohne dass deren stille Reserven aufgedeckt werden. Sollen Wirtschaftsgüter von der Komplementärin auf die KG übertragen werden, ist *prima facie* § 6 Abs. 5 S. 3 Nr. 1 EStG einschlägig. Er regelt die Übertragung eines Wirtschaftsgutes zwischen Betriebsvermögen eines Mitunternehmers und Gesamthandsvermögen einer Mitunternehmerschaft. Dass die KG erst im Augenblick dieser Übertragung zur Mitunternehmerschaft wird, spricht nicht gegen die Anwendung von § 6 Abs. 5 S. 3 Nr. 1 EStG[592]. Problematischer ist das Merkmal der Übertragung. Wie bei § 24 UmwStG[593] wird diskutiert, ob diese Übertragung zivilrechtlich vollzogen werden muss oder ob der Wechsel der wirtschaftlichen Zurechnung ausreicht. Manche Autoren[594] bevorzugen die erstgenannte Ansicht und daher[595] für die Einbringung von Einzelwirtschaftsgütern im Zuge der Beendigung der Treuhandverbindung die Anwendung von § 6 Abs. 5 S. 1 EStG.

592 Str., vgl. *Müller*, in: *Widmann/Mayer*, Umwandlungsrecht, Anhang 16 Rn. 20 ff.; dafür *Winkeljohann/Stegemann*, DB 2003, 2033.

593 Vgl. soeben Fn. 589.

594 *Hubertus/Lüdemann*, BB 2010, 2474, 2477; wohl auch *Schmitt*, in: *Schmitt/Hörtnagl/Stratz*, Umwandlungssteuergesetz, § 24 Rn. 88 sowie BFH, Urt. v. 21.06.2012 – IV R 1/08, DStR 2012, 1500.

595 Das „Daher" darf nicht im Sinne eines Alternativverhältnisses von Satz 1 und Satz 3 verstanden werden. So ergibt sich aus der Tatsache, dass Satz 3 für unanwendbar gehalten wird, nicht automatisch die Anwendbarkeit von Satz 1. Die Tatbestände müssen vielmehr unabhängig voneinander geprüft werden, schließlich ist auch denkbar, dass überhaupt keine Buchwertfortführung vorgenommen werden kann.

Dies ist aus mehreren Gründen nicht überzeugend. Zwar findet ein zivilrechtlicher Rechtsträgerwechsel durch die Beendigung der Treuhandverbindung tatsächlich nicht statt. Zivilrechtlich befanden sich die Wirtschaftsgüter schon immer im Eigentum und Vermögen der KG. Allerdings ist völlig ungesichert, ob die Norm, die die Überführung zwischen verschiedenen Betriebsvermögen *desselben* Steuerpflichtigen regelt, in Fällen wie dem vorliegenden überhaupt einschlägig bzw. analog anwendbar ist[596]. Wenn hierfür die Entscheidung des IV. Senats des BFH[597] zur Übertragung zwischen Schwesterpersonengesellschaften angeführt wird[598], muss beachtet werden, dass der I. Senat[599] – mit schwerwiegenden Argumenten – genau gegenteilig erkannt hat. Solange sich nicht der Große Senat bzw. das Bundesverfassungsgericht[600] geäußert oder der Gesetzgeber derlei Fälle explizit normiert hat[601], besteht hier jedenfalls keine Rechtssicherheit.

Neben diesem Argument *gegen* § 6 Abs. 5 S. 1 EStG spricht umgekehrt eines *für* die Anwendung von Satz 3 Nr. 1 der Vorschrift. Es ist nämlich auch hier nicht einzusehen, warum die von Satz 3 geforderte Übertragung zivilrechtlicher Natur sein muss. § 6 Abs. 5 EStG ermöglicht in den genannten Konstellationen eine Buchwertfortführung von Wirtschaftsgütern. Bereits die *termini* „Buchwert" und „Wirtschaftsgut" (nicht: Sache, Anteil, Vermögensgegenstand), sowie die Stellung in § 6 EStG mit der amtlichen Überschrift „Bewertung" zeigen, dass sich hier offenbar auf wirtschaftliche Auswirkungen fokussiert wird. Stille Reserven, deren Aufdeckung die Regelung verhindert, entspringen überhaupt erst der wirtschaftlichen Betrachtung rechtlicher Vorgänge. Das zivilrechtliche Eigentum, das nicht bilanziert, das nicht wirtschaftlich bewertet werden muss, kennt keine stillen Reserven. Wenn die Norm insgesamt einer wirtschaftlichen Betrachtungsweise folgt und sie sogar regelt, muss das somit auch für das Tatbestandsmerkmal

596 Gegen die Anwendung der Vorschrift auf Kapitalgesellschaften und die GmbH & Co. KG *Kulosa*, in: *Schmidt*, EStG, § 6 Rn. 682; *Stegemann*, INF 2003, 629, 632.

597 BFH, Beschl. v. 15.04.2010 – IV B 105/09, BStBl. II 2010, 971.

598 *Hubertus/Lüdemann*, BB 2010, 2474, 2477.

599 BFH, Urt. v. 25.11.2009 – I R 72/08, BStBl. II 2010, 471.

600 Der I. Senat hat die Frage, ob die fehlende Möglichkeit einer Übertragung von Wirtschaftsgütern zu Buchwerten zwischen beteiligungsidentischen Personengesellschaften gleichheitswidrig ist, dem BVerfG vorgelegt: BFH, Vorlagebeschl. v. 10.04.2013 – I R 80/12, DStR 2013, 2158.

601 Dies fordert z.B. *Jebens*, BB 2010, 2025, 2027.

„übertragen" gelten, das folglich schon bei der Übertragung des sog. wirtschaftlichen Eigentums erfüllt ist[602].

Die rückwirkende Beendigung des Treuhandmodells ist nicht ohne weiteres möglich. Die angesprochenen Folgen treten eben mit Beendigung der Treuhandverbindung auf. Diese kann als zivilrechtliches Dauerschuldverhältnis zwar gekündigt, aufgehoben etc. werden, ggf. sogar ohne Frist – nie jedoch mit Rückwirkung. *Benz/Goß* finden zwar auch hier einen (Um-)Weg, die Wirkung für die Vergangenheit eintreten zu lassen[603]. Im Gegensatz zur rückwirkenden Begründung des Modells dürfte aufgrund seiner Vorteile das praktische Bedürfnis für die rückwirkende Beendigung aber nicht besonders hoch sein.

VI. Umstrukturierungen und Verkaufsvorbereitungen

Einzelne Geschäftsbereiche eines bislang einheitlichen Unternehmens können aus vielen Gründen ausgegliedert werden. Häufig sollen sich betriebswirtschaftlich-operativ ohnehin bestehende Trennungen zwischen verschiedenen Bereichen eines Unternehmens auch gesellschaftsrechtlich niederschlagen. Auf diese Weise können Haftung und Kompetenzen (z.B. eigene Geschäftsführer anstelle von Abteilungsleitern für die Bereiche) deutlicher abgegrenzt werden. Auch die Veräußerung eines Geschäftsbereiches ist einfacher im Wege eines *share-deals* zu bewerkstelligen, wenn dieser Bereich zuvor auf eine eigene Gesellschaft ausgegliedert worden ist und er somit durch Anteile verkörpert wird. Für die Ausgliederung selbst wird das Treuhandmodell zwar nicht benötigt, wohl aber in vielen Fällen für deren Ertragsteuerneutralität.

1. Möglichkeit der steuerlichen Buchwertfortführung

Diese Neutralität entsteht durch eine steuerliche Fortführung der Buchwerte aller ausgegliederten Wirtschaftsgüter. Die Buchwertfortführung trotz eines

---

602 So auch BFH, Urt. v. 20.10.2011 – IV R 35/08, BFH/NV 2012, 377; *Niehus/Wilke*, in: *Herrmann/Heuer/Raupach*, EStG, § 6 Rn. 1451a; *Ehmcke*, in: *Blümich*, EStG, § 6 EStG Rn. 1317; *Kraft/Sönnichsen*, DB 2011, 1936, 1941.

603 *Benz/Goß*, DStR 2010, 839, 844. Genutzt wird die Rückwirkungsmöglichkeit des § 24 Abs. 4 HS 2 UmwStG i.V.m. § 20 Abs. 5, 6 UmwStG (dazu insb. im Verhältnis zur Organschaft *Gebert*, DStR 2011, 102; *Heurung/Engel*, BB 2011, 151.). Dort wird mit der geforderten Gesamtrechtsnachfolge jedoch unstrittig ein genuin zivilrechtlicher Begriff gebraucht, so dass man eine zivilrechtliche Gesamtrechtsnachfolge durch eine neue (§ 123 UmwG) zwischengeschaltete Personengesellschaft, auf die die KG verschmolzen wird, konstruiert.

Rechtsträgerwechsels ist ertragsteuerrechtlich nur unter bestimmten Voraussetzungen möglich.

a. Übertragungen von (Teil-)Betrieben, § 24 UmwStG

Eine Möglichkeit bietet § 24 UmwStG, der die steuerneutrale Einbringung von Betriebsvermögen in eine Personengesellschaft vorsieht. Natürlich müssen dafür Bedingungen erfüllt sein. Die offensichtlichste und gleichzeitig praktisch problematischste ist die, die an den Einbringungsgegenstand gestellt wird: Die auf die Treuhand-KG auszugliedernden Wirtschaftsgüter müssen in ihrer Gesamtheit einen Betrieb oder Teilbetrieb darstellen[604]. Dies setzt, auch und gerade nach der mittlerweile herrschenden[605] funktionalen Begriffsbestimmung durch die Fusions-Richtline[606], eine eigene Funktionsfähigkeit ohne zusätzliche Investitionen oder weitere Einbringungen voraus[607]. Dass die in die Treuhand-KG einzubringenden Wirtschaftsgüter diese Qualität besitzen, ist möglich, aber keineswegs immer zwingend[608].

b. Übertragungen von (Einzel-)Wirtschaftsgütern, § 6 Abs. 5 EStG

Sind die (Teil-)Betriebserfordernisse nicht erfüllt, gibt es für die Übertragung von Einzelwirtschaftsgütern eine vergleichbare Vorschrift, durch deren Anwendung

---

604 Zu dem nicht legaldefinierten Begriff des Teilbetriebs *Menner*, in: *Haritz/Menner*, Umwandlungssteuergesetz, § 20 Rn. 90 ff.; im AEUmwStG v. 11.11.2011 - IV C 2-S 1978-b/08/10001//2011/0903665, BStBl. I 2011, 1314, findet sich in Tz. 15.02 der Hinweis zu einer funktionalen Auslegung.

605 Vgl. z.B. *Kahle*, DStZ 2012, 691, 700, der jedoch aufgrund von der inkonsistenten weiteren Anwendung einiger früherer Grundsätze z.B. zur Nutzungsüberlassung von einem lediglich „halbherzigen Bekenntnis" zum europäischen Teilbetriebsbegriff spricht; früher wurden im Wesentlichen die Merkmale des Teilbetriebs nach § 16 EStG herangezogen, vgl. zu den Unterschieden *Menner*, in: *Haritz/Menner*, Umwandlungssteuergesetz, § 20 Rn. 93 ff.; auch heute werden diese noch den Steuerpflichtigen begünstigend oder ergänzend herangezogen, *Schmitt*, in: *Schmitt/Hörtnagl/Stratz*, Umwandlungssteuergesetz, § 20 Rn. 84.

606 RL 90/434/EWG v. 23.07.1990, zuletzt geändert durch RL 2005/19/EG v. 17.02.2005.

607 EuGH, Urt. v. 15.01.2002 - C-43/00 „Ändersen og Jensen", NZG 2002, 149 Rz. 35.

608 Teilbetrieb denkbar bei Zweigniederlassungen i.S.v. § 13 HGB oder Filialen, nicht jedoch bei isolierten Produktionsbetrieben, Lagerstätten oder industriellen Großanlagen, s. weitere Beispiele bei *Schmitt*, in: *Schmitt/Hörtnagl/Stratz*, Umwandlungssteuergesetz, § 20 Rn. 104 ff.

ebenfalls stille Reserven unaufgedeckt bleiben[609]. Dies ermöglicht § 6 Abs. 5 EStG in verschiedenen Tatbeständen mit unterschiedlichen Voraussetzungen.

Satz 1 der Vorschrift behandelt Überführungen von Wirtschaftsgütern zwischen verschiedenen Betriebsvermögen eines Steuerpflichtigen. Eine GmbH (& Co. KG) hat jedoch stets nur einen Betrieb und somit auch nur ein Betriebsvermögen[610]. Daran ändert sich auch dadurch nichts, dass das Ergebnis der Treuhand-KG in dasjenige der Mutter einfließt. Es fließt vollständig ein und bildet kein separates „Betriebsstättenergebnis"[611]. Die Norm ist daher primär auf natürliche Personen mit mehreren Betrieben zugeschnitten[612]. § 6 Abs. 5 S. 3 EStG erweitert die Rechtsfolge des Satzes 1 auf Fälle, in denen ein Wirtschaftsgut unentgeltlich oder gegen Gewährung von Gesellschaftsrechten übertragen wird, allerdings nur soweit eine Mitunternehmerschaft involviert ist. Gerade diese liegt auf Ebene der Treuhand-KG aber nicht vor[613]. Darüber hinaus würde eine unterstellte Anwendung der Norm zweier Probleme begegnen: Erstens wird bei der gleichzeitigen Übernahme von mit dem Wirtschaftsgut zusammenhängenden Schulden vom BFH[614] angenommen, dass die Übertragung zumindest teilentgeltlich – und damit gewinnwirksam – sei. Zweitens steht die Anwendung von § 6 Abs. 5 S. 3 EStG unter den zeitlichen Schranken des Satzes 4, der insbesondere Behaltensfristen für die übertragenen Wirtschaftsgüter postuliert – ein bei Verkaufsabsicht unwillkommener Effekt.

---

609 *Herlinghaus*, in: *Dötsch*, Die Personengesellschaft im Steuerrecht, S. 67, 85 kritisiert die seiner Meinung nach durch die tatbestandlichen Differenzen schlecht abgestimmten Übertragungsnormen und wirft dem Gesetzgeber vor, unter „Lobbydruck" gehandelt zu haben, da er in § 6 Abs. 5 S. 3 ff. EStG nicht nur „vollständige betriebliche Einheiten", sondern auch Einzelwirtschaftsgüter steuerneutral übertragen lässt, obwohl deren alleinige Übertragung keine sinnvolle Betriebsfortführung ermögliche.

610 R 2.4 Abs. 3, 4 GewStR 2009.

611 *Stegemann*, INF 2003, 629, 632; a.A. offenbar *Berg/Trompeter*, FR 2003, 903, 905 und wohl auch *Forst*, EStB 2004, 217, 220. Wodurch diese zusätzliche Betriebsvermögenssphäre entstehen soll, ist jedoch unter Beachtung der Tatsache, dass eben ein einheitlicher Betrieb vorliegt, unklar.

612 *Stegemann*, INF 2003, 629, 632.

613 Unverständlich daher, dass *Stegemann*, INF 2003, 629, 632 die Norm dennoch in der vorliegenden Konstellation anwenden will.

614 Sog. Bruttobetrachtung, BFH, Urt. v. 11.12.2001 – VIII R 58/98, BStBl. II 2002, 420; allerdings nach Ansicht des IV. Senats erst, wenn die Schulden den Buchwert übersteigen, BFH, Urt. v. 19.09.2012 – IV R 11/12, DStR 2012, 2051.

c. *Treuhandmodell: Übertragungen nur im zivilrechtlichen, nicht aber steuerlichen Sinne*

Alle genannten Tatbestände ermöglichen bzw. erzwingen zwar die Fortführung der Buchwerte, stellen aber mehr oder weniger strenge Voraussetzungen an den Übertragungsvorgang, gegenstand oder die Zeit danach. Es gibt jedoch eine Möglichkeit, die Aufdeckung von stillen Reserven zu verhindern, ohne dass diese oder vergleichbar hohe Anforderungen erfüllt werden müssen. Man muss dafür jedoch einen Schritt früher ansetzen: Anstatt sich zu fragen, unter welchen Voraussetzungen die Übertragung eines Wirtschaftsguts oder Teilbetriebs ohne Gewinnrealisierung möglich ist, muss man fragen, wie die steuerliche Übertragung selbst verhindert, also ein Realisierungstatbestand erst gar nicht berührt werden kann. Dies geschieht z.B. dann, wenn sich ein zivilrechtlicher Rechtsträgerwechsel nicht auch darin niederschlägt, dass der Gegenstand von einer steuerrechtlichen Vermögenssphäre in eine andere übergeht[615].

Genau dies ist der Fall bei der Ein-Unternehmer-Gesellschaft und ihrer Mutter. Da die Treuhand-KG ein ertragsteuerliches *nullum* ist, besitzt sie keine eigene steuerliche Vermögenssphäre, in die ein zivilrechtlich übertragenes Wirtschaftsgut übergehen, realisiert werden könnte. Im Ergebnis wird so der steuerliche Effekt (bzw. „Nicht-Effekt“) einer Buchwertfortführung erreicht, auch wenn streng genommen sogar mehr, nämlich eine vollständige Fortführung nicht nur der Wertansätze, sondern der gesamten selben Steuerbilanz vorliegt[616].

2. Handelsrechtlicher step-up

Die unterschiedliche Behandlung in Zivil- und Steuerrecht schlägt sich auch in den bilanz- und bewertungsrechtlichen Konsequenzen des Treuhandmodells nieder[617]. Denn handelsrechtlich können trotz steuerlicher Buchwertfortführung die stillen Reserven aus den übertragenen Wirtschaftsgütern realisiert werden. Auch bei der unentgeltlichen Übertragung besteht für den Erwerber ein handelsrechtliches Wahlrecht, die Wirtschaftsgüter (bzw. Vermögensgegenstände) gewinnrealisierend zu aktivieren[618]. Eine maßgeblichkeitsbedingte Rückwirkung

---

615 Für einen vergleichbaren Fall OFD Berlin, Verf. v. 23.04.2004 – St 122 – S 2241 – 3/02; explizit für das Treuhandmodell *Forst*, EStB 2004, 217, 220; *Rödder*, DStR 2005, 955, 956.

616 Vgl. oben S. 84 f.

617 Siehe schon oben S. 127 f.

618 *Adler/Düring/Schmaltz*, Rechnungslegung und Prüfung der Unternehmen, § 255 Rn. 84; *Schubert/Gadek*, in: Beck'scher Bilanz-Kommentar, § 255 Rn. 100.

dieses *step-ups* („Hebung") auf eine Steuerbilanz der KG gibt es nicht, da die KG überhaupt gar keine solche Bilanz erstellt[619]. Andersherum könnte man bei der Übertragung von Vermögensgegenständen von der KG auf ihre Mutter zwar grundsätzlich daran denken, dass sich eine in der Handelsbilanz der Mutter gewählte Aufdeckung stiller Reserven wegen § 5 Abs. 1 EStG auch steuerlich niederschlägt. Allerdings zeigt § 5 Abs. 6 EStG die Grenzen der sog. Maßgeblichkeit auf und schließt Bewertungsfragen ausdrücklich aus. Ein handelsrechtlich durchgeführter step-up läuft somit in keinem Fall Gefahr, die aufwendig erreichte steuerliche Neutralität von Vermögensverschiebungen zwischen Mutter und KG zu torpedieren.

Die Gewinnrealisierung in der Handelsbilanz kann durchaus gewollt sein. Insbesondere im Rahmen von Rekapitalisierungsmaßnahmen führt ein *step-up* zu höheren Aktiva und damit zur Erhöhung der Rechengröße „Eigenkapital"[620]. Die sich aus dem Verhältnis von Eigenkapital zur gesamten Bilanzsumme ergebende Eigenkapitalquote ist eine der entscheidenden betriebswirtschaftlichen Kennzahlen für Kreditvergaben und Zinssätze[621]. Das Treuhandmodell eröffnet auf diese Weise die Möglichkeit von steuerneutralen Buchwertaufstockungen in Handelsbilanzen[622].

VII. Zinsschranke

Auch im Bereich der sog. Zinsschranke kann das Treuhandmodell für den Steuerpflichtigen positive Wirkungen entfalten. Die Zinsschranke lässt den Abzug von Zinsaufwendungen nur beschränkt, nämlich über den Zinsertrag hinaus nur in Höhe des sog. verrechenbaren EBITDA (§ 4h Abs. 1 S. 2 EStG) zu. Sie wurde 2008 als Gegenfinanzierungsmaßnahme eingeführt[623]. Sie war und ist Gegenstand kontroverser Diskussion, selbst nachdem sie 2009 abgeschwächt[624] und in ihrem Anwendungsbereich weiter begrenzt wurde[625]. Es ist Ziel vieler Gestaltungen, ihre Wirkungen zu verhindern oder weitestgehend abzumildern.

---

619 Siehe bereits oben S. 74.

620 *Hubertus/Lüdemann*, BB 2010, 2474, 2477.

621 *Wöhe/Döring*, Einführung in die allgemeine Betriebswirtschaftslehre, S. 594 f.

622 Ebenso *Keß*, FR 2010, 633, 634.

623 Einführung durch das UntStReformG 2008, Gesetz v. 14.08.2007, BGBl. I 2007, 1912.

624 Zunächst befristet durch das BürgerEntlG KV, Gesetz v. 16.07.2009, BGBl. I 2009, 1959; später dauerhaft durch das WachstBeschlG, Gesetz v. 22.12.2009, BGBl. I 2009, 3950; zu den Änderungen instruktiv *Kessler/Lindemer*, DB 2010, 472.

625 Die Zinsschranke wird in der Literatur überwiegend als verfassungswidrig angesehen, vgl. z.B. *Förster*, in: *Gosch*, KStG, EStG-Exkurs: § 4h EStG Rn. 35, *Hey*, BB 2007,

1. Zinsschranke bei Personengesellschaften

Fraglich ist, ob auch die Treuhandlösung dazu in der Lage ist. Grundsätzlich findet die in neben § 8a KStG auch in § 4h EStG geregelte Zinsschranke auf Betriebe aller Rechtsformen, also auch solcher von Personengesellschaften Anwendung[626] – obwohl sie als Gegenfinanzierungsmaßnahme vornehmlich die Absenkung des Körperschaftsteuertarifs auf 15 % (§ 23 Abs. 1 KStG) ausgleichen sollte[627]. Problematisch ist in diesem Zusammenhang die Anknüpfung der Norm: Wirkt sie nur gegenüber dem Steuerpflichtigen, im Einkommensteuerrecht also letztlich nur der natürlichen Person, oder auch gegenüber Personengesellschaften bzw. Mitunternehmerschaften? Letztere sind lediglich Gewinnermittlungs-, nicht aber Besteuerungssubjekt der Einkommensteuer. § 4h EStG ist seiner *ratio* und vor allem systematischen Stellung nach eine Gewinnermittlungsvorschrift[628]. Die persönliche Steuerpflicht muss also nicht Voraussetzung für ihre Anwendung sein, vielmehr ist das Anknüpfen an die Organisationseinheit „Betrieb" akzessorisch an die Fähigkeit, eigenen steuerlichen Gewinn ermitteln[629] und erzielen[630] zu können, zu verstehen[631]. Danach ist jedenfalls eine mitunternehmerschaftliche Personengesellschaft eigener Betrieb im Sinne der Zinsschranke.

1303, 1305, oder wenigstens scharf kritisiert, *Gosch*, DStR 2007, 1553, 1559; a.A. aber *Heuermann*, DStR 2013, 1, 4; auch der BFH hält die Verfassungsmäßigkeit jedenfalls einzelner Teile (§ 8a Abs. 2 Alt. 3 KStG) für „ernstlich zweifelhaft", BFH, Beschl. v. 13.03.2012 – I B 111/11, BStBl. II 2012, 611.

626 *Heuermann*, in: *Blümich*, EStG, § 4h Rn. 1; *Förster*, in: *Gosch*, KStG, EStG-Exkurs: § 4h EStG Rn. 9; Anwendung findet die Norm auf Betriebe, Normadressat ist aber der Steuerpflichtige, der den Betrieb unterhält, *Heuermann*, in: *Blümich*, EStG, § 4h Rn. 22; zur Zinsschranke bei Personengesellschaften allgemein *Todsen*, Die Zinsschrankenregelung des Unternehmensteuerreformgesetzes 2008.

627 *Hoffmann/Rüsch*, DStR 2007, 2079; *Heuermann*, DStR 2013, 1, 2 f., sieht in der Norm hingegen weder eine Missbrauchsvermeidung noch primär das Motiv der Einnahmeerzielung; vielmehr stelle sie eine Lenkungsnorm dar, die die Eigenkapitalbasis von Betrieben stärken und zu Inlandsinvestitionen anreizen solle.

628 BMF, Schr. v. 04.07.2008 – IV C 7-S 2742-a/07/10001, BStBl. I 2008, 718 Rn. 2.

629 *Kraft/Mayer-Theobald*, DB 2008, 2325, 2326.

630 *Geißelmeier/Bargenda*, NWB 2008, 2897, 2898; *O. Schmidt*, Zinsschranke und Rechtsformwahl, S. 24.

631 *Heuermanns* Definition, *Heuermann*, in: *Blümich*, EStG, § 4h Rn. 28, die tätigkeitsbezogen in Anknüpfung an § 15 Abs. 2 EStG einen Betrieb schon dann annimmt, wenn eine selbständige, nachhaltige Betätigung, die mit der Absicht, Gewinn zu erzielen unternommen wird und die sich als Beteiligung am allgemeinen wirtschaftlichen Verkehr darstellt, ist dagegen zu weit. Neben diese rein tatsächliche Dimension

2. Zinsschranke im Treuhandmodell, Vermeidung der Konzernbildung

Eine solche mitunternehmerschaftliche Personengesellschaft ist die Treuhand-KG nicht. Sie ermittelt daher auch keinen steuerlichen Gewinn. Nach soeben Gesagtem kann die Konsequenz dessen im Hinblick auf die Zinsschranke nur darin liegen, dass die KG kein eigenständiger Betrieb im Sinne des § 4h EStG ist[632]. Die Zinsschranke wird nur auf Ebene der gewinnermittelnden Mutter angewandt[633]. Dies kann – geschickt angestellt – zu Vorteilen gegenüber Unternehmensgruppen mit mehreren Betrieben führen. Die Vorteile liegen insbesondere in der sog. Konzernvermeidung. Gehört ein Betrieb nicht oder nur anteilsmäßig zu einem Konzern, ist er von den Beschränkungen der Zinsschranke befreit, kann seine diesbezüglichen Aufwendungen mithin vollständig abziehen (§ 4h Abs. 2 S. 1 lit. b EStG). Wann ein Betrieb zu einem Konzern im Sinne der Zinsschranke gehört, regelt § 4h Abs. 3 S. 5, 6 EStG. Die Konzernzugehörigkeit eines Betriebs wird angenommen bei der (auch nur abstrakten![634]) Möglichkeit, ihn mit einem anderen Betrieb konsolidieren zu können (Satz 5) oder seine Finanz- und Geschäftspolitik einheitlich mit einem anderen Betrieb bestimmen zu können (Satz 6). Konsolidierung und einheitliche Bestimmung liegen zwischen der KG und ihrer Komplementärin zwar vor, allerdings müssen die Voraussetzungen dem eindeutigen Wortlaut nach im Verhältnis zu einem *anderen* Betrieb erfüllt sein. Ein Konzern im Sinne des § 4h EStG setzt daher mindestens zwei Betriebe voraus[635].

---

muss eine rechtliche, die Gewinnermittlungssubjektivität, treten, damit der Norm als Gewinnermittlungsvorschrift Rechnung getragen wird.

632 H.M. vgl. *Köhler*, in: *Kessler/Kröner/Köhler*, Konzernsteuerrecht – National – International, § 4 Rn. 37, 168; *Benz/Goß*, DStR 2010, 839, 845.

633 Siehe aber eine Übersicht zu anderen Konzepten – Anwendung der Zinsschranke nur bei der KG oder sowohl bei der Mutter, als auch bei der KG – bei *van Lishaut/Schumacher/Heinemann*, DStR 2008, 2341, 2342.

634 Vgl. § 4 h Abs. 3 S. 5 EStG: „(…) konsolidiert wird *oder werden könnte* (hervorgehoben durch Verfasser).“; außerdem *Förster*, in: *Gosch*, KStG, EStG-Exkurs: § 4h EStG Rn. 164.

635 So auch *Förster*, in: *Gosch*, KStG, EStG-Exkurs: § 4h EStG. Rn. 161; deshalb verneint *Hick*, in: *Hermann/Heuer/Raupach*, EStG, § 4h Rn. 25 auch die Konzerneigenschaft speziell im Treuhandmodell, geht aber sehr zaghaft davon aus, die Finanzverwaltung könnte das trotz ihrer (mittlerweile) grundsätzlichen Anerkennung des Modells anders sehen.

Daraus zu schließen, mit dem Treuhandmodell könne man über die Konzernklausel stets die Anwendung der Zinsschranke bzw. die aufwendige Prüfung anderer Ausnahmen verhindern, ist jedoch vorschnell[636]. Schließlich gehört zur Struktur des Modells zwingend eine dritte Gesellschaft, die Kommanditistin. Sie mag zwar für die KG keine Mitunternehmerin und für das gesamte Modell bloß Vehikel sein. Dies ändert aber zum einen nichts daran, dass sie als GmbH eigenen steuerlichen Gewinn ermitteln und erzielen kann und zum anderen außerhalb des Modells auch selbst tätig, also insgesamt mehr als eine Zweckgesellschaft sein kann. Ist sie aber zweiter Betrieb im Konstrukt, muss geprüft werden, ob nicht sie mit der Komplementärin einen Konzern bildet. Ist die Unternehmensgruppe stark fremdfinanziert, muss dies bereits bei Begründung des Modells verhindert werden, indem man eine Gestaltung wählt, in der die Gesellschaft weder die Pflicht (§ 290 HGB) noch das Recht (§ 296 HGB) trifft, in den Konsolidierungskreis eines Konzernabschlusses der Muttergesellschaft einbezogen zu werden (vgl. § 4h Abs. 3 S. 5 EStG)[637]. Es muss folglich ein beherrschender Einfluss nach § 290 Abs. 2 HGB vermieden werden, was sich jedoch im Hinblick auf die abzuschließende Treuhandverbindung und den Zweck der Kommanditistin als problematisch erweisen kann. § 290 Abs. 2 Nr. 4 HGB stellt schließlich eine unwiderlegliche Vermutung („besteht *stets*") für eine Beherrschung auf, wenn die Gesellschaft sog. Zweckgesellschaft ist, die dazu dient, ein Ziel zu erreichen, von dem wirtschaftlich zuvorderst die Mutter profitiert – typischer Fall im Treuhandmodell. Man müsste also eine untypische Gestaltung wählen, in der die Kommanditistin grundsätzlich vollwertige, autonome Gesellschaft ist und nur im Rahmen der Treuhandlösung für die Ein-Unternehmer-KG eine partielle Zweckfunktion einnimmt.

Eine einheitliche Bestimmung nach Satz 6 kann durch sorgfältig gewählte Beteiligungsverhältnisse umgangen werden. Sie erfordert nämlich grundsätzlich ein Unterordnungsverhältnis[638]. Die Politik zweier unabhängiger Rechtsträger wird nie einheitlich bestimmt[639].

---

636 In diese Richtung jedoch *Benz/Goß*, DStR 2010, 839, 845; vorsichtiger *Fischer/Wagner*, DB 2008, 1872, dort Fn. 36, allerdings noch zur Rechtslage vor der Wiederanerkennung des Modells.

637 *Heuermann*, in: *Blümich*, EStG, § 4h Rn. 57.

638 *Förster*, in: *Gosch*, KStG, EStG-Exkurs: § 4h EStG Rn. 170.

639 BMF, Schr. v. 04.07.2008 – IV C 7-S 2742-a/07/10001, BStBl. I 2008, 718 Rn. 59; UntStRG2008E, BT-Drucks. 16/4841, S. 50: „in der Regel" nur Beherrschung durch Anteilseigner.

In jedem Fall ist zu darauf zu achten, dass, wenn die Komplementärin eine Kapitalgesellschaft ist, keine schädliche Gesellschafterfremdfinanzierung im Sinne des § 8a Abs. 2 KStG vorliegt. Diese Rückausnahme führt trotz fehlendem Konzern zu einer Wiederanwendung der Zinsschrankenregelung.

Wird die Konzernklausel des § 4h Abs. 2 S. 1 lit. b EStG ebenso wenig wie der Eigenkapitalvergleich nach lit. c genutzt, kann sich die Tatsache, dass die Treuhand-KG kein eigener Betrieb ist, sogar nachteilig auswirken. Die dritte Ausnahme, die eine Freigrenze von EUR 3 Millionen für die Finanzierungsdifferenz vorsieht, ist nämlich betriebsbezogen, kann also dann nur einmal auf Ebene der Mutter angewandt bzw. geprüft werden[640]. Liegen die Zinsaufwendungsunterschiede von KG und Komplementärin jeweils unter diesem Betrag, übersteigen ihn jedoch bei einheitlicher Betrachtung, kann das Treuhandmodell zu einer Abzugsbeschränkung führen, unter der zwei steuerlich getrennte, sonst aber vergleichbare Gesellschaften nicht zu leiden hätten. Dies ist logische Konsequenz der Feststellung, dass die Struktur steuerlich einem Einheitsunternehmen entspricht[641].

Fazit: Geschickt angewandt kann sich das Treuhandmodell durch die Konzernvermeidung vorteilhaft auf dem Gebiet der Zinsschranke auswirken. Ebenso bietet die Struktur aber bei Missachtung soeben dargelegter Grundsätze Risiken und Gefahren, die bei der Umsetzung beachtet werden müssen.

VIII. Organschaftsähnliche Konsolidierung

Die bisherigen Ausführungen haben es bereits gezeigt: § 39 Abs. 2 AO sorgt dafür, dass alle wirtschaftlichen Tätigkeiten sowohl der KG als auch der Mutter steuerrechtlich nur für letztere Konsequenzen haben. Die KG wirtschaftet zwar handelsrechtlich für eigene Rechnung; alle steuerlichen Folgen dieser Betätigung treffen jedoch originär die Komplementärin in ihrem Vermögen. Dies stellt nichts anderes als eine „echte" Konsolidierung der Ergebnisse zweier zivilrechtlich selbständiger Gesellschaften dar. Das Treuhandmodell tritt damit in Konkurrenz zu anderen Gestaltungen, die eine Konsolidierung ebenfalls vornehmen oder ihr jedenfalls nahe kommen – so wie die Organschaft.

---

640 *Hahne*, StuB 2010, 420, 423; *Thieme*, StC 2010, 22, 23.

641 Auch dieses Einheitsunternehmen wäre ja nur ein Betrieb und würde folglich bei einem Aufwendungsdefizit von mindestens 3 Millionen EUR (und Konzernzugehörigkeit) der Zinsschranke unterfallen. Die Lage würde sich also durch Ausgliederung der KG immerhin nicht verschlechtern.

1. Vergleichbarkeit der Konstruktionen

Eine vergleichende Analyse verschiedener Instrumente setzt die Wirkungen des Treuhandmodells in Relationen zu denen bereits bekannter Strukturierungsformen und kann die bislang vorgenommene isolierte Betrachtung bereichern. Dabei liegt der Vergleich der Institute „Treuhandmodell" und „Organschaft" auf der Hand[642]. Dies gilt umso mehr, wenn sogar die FG- und BFH-Instanz im Treuhandmodell-Fall Parallelen zur Organschaft ziehen. So spricht das FG Düsseldorf von „der Organschaft [als] eine weitgehend abschließenden Regelung zur Ergebniskonsolidierung" und sieht ein seiner Meinung nach abzulehnendes Treuhandmodell als „alternative Gestaltung"[643]. Auch der BFH greift die Wirkung der „organschaftsähnlichen Ergebniskonsolidierung" auf[644].

An dieser Vergleichsmöglichkeit ändert sich auch nichts dadurch, dass beide Konstrukte unterschiedliche Realisierungs- und Durchführungsvoraussetzungen haben[645]. Dem Rechtsanwender sind die tatbestandlichen Anforderungen einer Gestaltung zwar nicht egal. Er wird jedoch, jedenfalls wenn diese neu „aufgesetzt" werden soll, zunächst die Rechtsfolgen, d.h. die wirtschaftlichen Auswirkungen evaluieren. Sind die Anforderungen der danach präferierten Ausgestaltung erfüllbar, wird man die Struktur dementsprechend errichten bzw. anpassen. Will er z.B. eine gewerbliche Sparte ausgliedern, kann der Unternehmer prinzipiell entscheiden, ob er für den ausgegliederten Teil die Rechtsform einer Kapitalgesellschaft (Organgesellschaft in der Organschaft) oder einer Kommanditgesellschaft (Treuhand-KG im Treuhandmodell) wählt. Vom umgekehrten Weg auszugehen, nämlich zu prüfen, welche wirtschaftlichen Implikationen mit gegebenen Tatbeständen realisierbar sind, geht in der Regel an der betriebswirtschaftlichen Realität moderner Betriebe vorbei[646] und ist höchstens dann nachvollziehbar, wenn starre Unternehmensstrukturen beibehalten werden sollen, aber dennoch „das beste herausgeholt werden" muss. Selbst in diesen Fällen wird häufig aber eine Kosten-Nutzen-Abwägung vorgenommen werden, die eines Vergleichs verschiedener Strukturierungsmöglichkeiten bedarf.

---

642 A.A. *Hubertus/Lüdemann*, BB 2010, 2474, 2476.

643 FG Düsseldorf, Urt. v. 19.04.2007 – 16 K 4489/06 G Rz. 41, EFG 2007, 1097.

644 BFH, Urt. v. 03.02.2010 – IV R 26/07 Rz. 43, BStBl. II 2010, 751

645 So aber *Hubertus/Lüdemann*, BB 2010, 2474, 2476, die den Vergleich von Treuhandmodell und Organschaft mit dieser Begründung für überflüssig halten.

646 Selbst wenn dies anders wäre, dieser umgekehrte Weg also der Regelfall wäre, ist das kein Grund, auf einen Vergleich zu verzichten. Die Wissenschaft sollte sich nicht nur mit Regelfällen befassen.

Aber nicht nur der Praktiker profitiert von einer Gegenüberstellung beider Institute. Auch für die These dieser Arbeit, nach der das Treuhandmodell Wirkungen hervorruft bzw. wiederherstellt, die dem deutschen Steuerrecht gerade aufgrund von Einrichtungen wie der Organschaft bekannt sind, ist ein Vergleich sinnvoll, gar notwendig.

Mit oben begründeter praktischer Vorgehensweise geht die nachfolgende Betrachtung von der Übersicht der Rechtsfolgen der Instrumente aus. Erst danach wird ein Vergleich auf der Anforderungsebene angestellt.

a. Auswirkungen

Im Vergleich der Rechtsfolgen wird von der Organschaft als Maßstab ausgegangen, d.h. es werden die Wirkungen der Organschaft auf einem bestimmten Gebiet (z.B. ertragsteuerliche Konsolidierung) mit denjenigen des Treuhandmodells verglichen. Über die Konsolidierung hinaus gehende Wirkungen und Gestaltungsmöglichkeiten des Modells werden separat behandelt. Ein Vergleich wäre insofern sinnlos, als die Organschaft hier überhaupt keine Wirkungen erzielt[647]. Für Rechtsanwender liegt aber bereits dann ein Vorteil im Treuhandmodell, wenn er eben diese weiter gehenden Wirkungen nutzen möchte. Da diese das Modell dann aber exklusiv bietet, hat auch er die Organschaft in diesem Fall nicht als Alternative, muss auch er also keinen Vergleich anstellen.

i. Ertragsteuerliche Konsolidierung

(1) Organschaft

Die Organschaft macht aus dem Organkreis, d.h. Organträger und -gesellschaft, kein Einheitsunternehmen. Vielmehr behalten alle Gesellschaften ihre zivilrechtliche und steuerliche Subjektivität bei[648]. Dennoch lässt sich eine Konsolidierungswirkung, die *raison d'être* der Organschaft, erreichen. Dies geschieht gemäß § 14 Abs. 1 KStG durch Zurechnung des Ergebnisses von der Organgesellschaft an den Träger[649]. Zugerechnet werden kann das Ergebnis jedoch nur, wenn es vorher separat ermittelt wurde. Die Organgesellschaft stellt also ihren

647 Eine Ausnahme bildet die Regelung zur Zinsschranke, bei auch in der Organschaft Träger und Gesellschaften „einen Betrieb“ bilden, § 15 S. 1 Nr. 3 KStG, vgl. dazu *Frotscher*, Körperschaftsteuer, Gewerbesteuer, Rn. 456 ff. Zu den Folgen im Treuhandmodell siehe bereits S. 168.

648 *Montag*, in: *Tipke/Lang*, Steuerrecht, § 14 Rn. 9.

649 Sog. Zurechnungstheorie, vgl. bereits RFH, Gutachten v. 26.07.1932 – I D 2/31 und III D 2/32, RStBl 1933, 136, 138.

eigenen Gewinn nach den allgemeinen Regeln des § 8 Abs. 1 KStG i.V.m. §§ 4 ff. EStG fest. Sie tut dies grundsätzlich ohne Rücksicht auf die Organschaft wie eine „autarke" Gesellschaft außerhalb eines Organkreises[650].

Zu diesem Grundsatz gibt es jedoch Ausnahmen: Gemäß § 15 S. 1 Nr. 1 KStG darf die Organgesellschaft in der Organschaft keinen Verlustabzug nach § 10d EStG vornehmen. Dies betrifft logischerweise nur Verlustvorträge, die die Organgesellschaft vor Beginn der Organschaft angesammelt hat. Denn während der Organschaft kann die Gesellschaft aufgrund der Übernahmeverpflichtung des Trägers keine Verluste generieren[651]. Da § 15 S. 1 Nr. 1 KStG jedoch nur „bei Organschaft" gilt, verliert die Gesellschaft die vororganschaftlich festgestellten Verluste nicht. Endet die Organschaft, ist § 15 KStG nicht mehr anwendbar und die Verluste sind wieder nutzbar[652]. Eine weitere Ausnahme von der „normalen" Gewinnermittlung der Organgesellschaft findet sich in § 15 S. 1 Nr. 2 KStG. Nach der sog. Bruttomethode sind Bezüge und Veräußerungsgewinne aus etwaigen Beteiligungen der Organgesellschaft bei ihr auch dann zu erfassen, wenn sie eigentlich gemäß § 8b Abs. 2 KStG steuerfrei wären. Die Zurechnung an den Organträger zwingt dazu, dass er bzw. seine Rechtsform für die Steuerfreiheit solcher Einkünfte maßgebend ist. Ein Organträger, der natürliche Person oder Personengesellschaft mit natürlichen Personen als Gesellschafter ist, darf aufgrund seiner Rechtsform nicht von § 8b Abs. 2 KStG profitieren und muss solche Gewinne dem Teileinkünfteverfahren (§ 3 Nr. 40 EStG) unterwerfen. Dafür müssen diese – anders als ohne Organschaft – bei der kapitalistischen Organgesellschaft im ersten Schritt festgestellt werden[653]. Ebenso wie die Gesellschaft führt auch der Träger diesen ersten Schritt der „normalen" Gewinnermittlung nach §§ 4 ff. EStG (ggf. i.V.m. § 8 Abs. 1 KStG) durch.

Die organschaftlich bedingte Zurechnung stellt erst den zweiten Schritt und die tatsächliche Konsolidierung dar. Sie ist eine genuin steuerrechtliche Wirkung, die aufgrund von § 14 Abs. 1 KStG auftritt und von der handelsrechtlichen Ergebnisabführung zu trennen ist[654].

---

650 *Frotscher*, Körperschaftsteuer, Gewerbesteuer, Rn. 312.

651 *Neumann*, in: *Gosch*, KStG, § 14 Rn. 396.

652 Man spricht daher auch von lediglich „eingefrorenen" Verlusten, *Neumann*, in: *Gosch*, KStG, § 14 Rn. 396.

653 Siehe detaillierter zu diesen und weiteren Besonderheiten *Danelsing*, in: *Blümich*, EStG, § 15 KStG Rn. 9 ff.

654 *Frotscher*, Körperschaftsteuer, Gewerbesteuer, Rn. 312.

(2) Treuhandmodell

Anders die Lage im Treuhandmodell: Die Treuhandgesellschaft ist als KG ohnehin, d.h. auch ohne die Treuhandverbindung, kein Ertragsteuersubjekt. Eine Zurechnungswirkung, die in Kapitalgesellschaften erst durch die Organschaft (in ähnlicher Form) etabliert werden kann, tritt bei Personengesellschaften durch die ertragsteuerliche Transparenz (§ 15 Abs. 1 S. 1 Nr. 2 EStG) ganz automatisch ein. Die Rechtsfolgen im Ertragsteuerrecht sind daher in ihrer Konsolidierungswirkung vergleichbar. Dies liegt aber nicht am Treuhandmodell, sondern bereits an der Rechtsform der KG als Personengesellschaft. Im Treuhandmodell kommt aber noch hinzu, dass die KG keine Mitunternehmerschaft ist. Sie ist ertragsteuerrechtlich damit noch „weniger" als eine mitunternehmerschaftliche Personengesellschaft. Während sich Organschaft und Mitunternehmerschaft nicht nur in ihrer Konsolidierungswirkung, sondern auch im zweistufigen Ermittlungs- und Zurechnungsprozedere ähneln, entfallen im Modell diese Schritte. Jedwedes gewerbliche Handeln äußert sich steuerrechtlich unmittelbar und ausschließlich auf der Ebene der Muttergesellschaft. Dies stellt eine verwaltungsmäßige Erleichterung für das Treuhandmodell dar.

Wie bei der Organschaft muss geklärt werden, was mit „vormodellartigen" Verlusten geschieht. Diese Frage wird dann nicht relevant, wenn die KG eigens für das Treuhandmodell gegründet wurde. In diesen Fällen wird sie noch keine Verluste „erwirtschaftet" haben. Im Gegensatz zur Organschaft ist aber auch in Konstellationen, in denen eine bestehende KG erst in ein Treuhandkonstrukt eingebettet wird, die Frage nach der Behandlung von Verlustvorträgen obsolet. Die KG kann nämlich mangels Einkommensteuersubjektivität keine derartigen Vorträge generieren; sollte sich ihrer Geschäftstätigkeit ein negatives Ergebnis erwachsen, so wird dieses bei ihr zwar festgestellt, sodann aber ihren Mitunternehmern zugerechnet. Den Verlustvortrag können also nur die Mitunternehmer bilden und dies auch nur dann, so sie nicht selbst nur beschränkt (nämlich auf die Ermittlung) Steuersubjekt sind.

Den Kommanditisten einer mitunternehmerschaftlichen KG treffen bei der Verlustzurechnung allerdings die Einschränkungen des § 15a EStG. Wie oben (S. 65) gesehen, ist diese Norm während der Durchführung des Modells nicht einschlägig, da aufgrund der Zurechnung an die unbeschränkt haftende Komplementärin keine mit der Haftungsbeschränkung bemakelten Verluste bestehen. Wird das Treuhandmodell jedoch nicht mit einer neuen KG realisiert, sondern mit einer bereits (als Mitunternehmerschaft) bestehenden, so ist denkbar, dass Verluste, die gemäß § 15a EStG lediglich verrechenbar sind, an ihren Kommanditisten zugerechnet wurden. Fraglich ist, ob diese „vormodellartigen" § 15a-Verluste durch Etablierung des Treuhandmodells und Zurechnung an die Komplementär-Treugeberin (§ 39 Abs. 2 Nr. 1 S. 2 AO) sich von lediglich verrechenbaren zu komplett abzugs- und ausgleichsfähigen wandeln. In einem ähnlichen Fall der nachträglichen Haftungserweiterung hat sich der BFH gegen eine Umwandlung ausgesprochen[655]. Unabhängig davon, ob die Erweiterung durch einen identitätswahrenden Formwechsel in eine OHG, eine Erhöhung der Haftsumme oder eine Einlage zum Ausgleich negativer Kapitalkonten herbeiführt werde, sei der Systematik und *ratio* des § 15a EStG gemäß nicht von einer Transformierung der Verluste auszugehen. § 15 a EStG nehme die *aktuellen* wirtschaftlichen Erleichterungen des Kommanditisten in Bezug und sehe keine Heilungsmöglichkeit vor. Dies überzeugt insbesondere im Hinblick auf das Treuhandmodell. Dieses bedarf lediglich des Abschlusses einer Treuhandverbindung, um die Wirkungen des § 39 Abs. 2 Nr. 1 S. 2 AO und damit die Verhinderung bzw. Zerstörung der Mitunternehmerschaft und Nichtanwendbarkeit des § 15a EStG herbeizuführen. Da es zudem leicht reversibel ist, würde die Nichtanwendung von § 15a EStG auf die bereits beim Kommanditisten bestehenden Verluste ein einfaches „Reinwaschen" ermöglichen. Einmal unter der Geißel des § 15a EStG stehende Verluste sind daher auch nach Abschluss der Treuhandverbindung nur durch Verrechnung abziehbar.

Interessant ist die Folgefrage, ob im Treuhandmodell Beteiligungsgewinne, die zu einer Verrechnungsmöglichkeit nach § 15a Abs. 2 EStG führen, denkbar sind. Wenn man argumentiert, dass durch die Zurechnung an den Treugeber die Gewinne dort direkt entstehen, d.h. nur die Beteiligung, nicht aber die Erträge zugerechnet werden müssen, so sind während der Zurechnungsphase Gewinne im Sinne des Absatz 2 nicht möglich. Sie sind eben nicht wie gefordert dem Kommanditisten aus seiner Beteiligung an der Kommanditgesellschaft zuzurechnen, sondern entstehen – ohne juristische Sekunde – unmittelbar bei der Komplementär-Treugeberin (siehe bereits oben S. 82 f.). Insofern besteht für § 15a-Verluste eine Wirkung, die mit der des „Einfrierens" nach § 15 S. 1 Nr. 1 KStG vergleichbar ist.

ii. Gewerbesteuerliche Konsolidierung

(1) Organschaft

Die steuerliche Belastung, die die Gewerbesteuer in Unternehmen auslöst, kann abhängig vom Hebesatz derjenigen der Körperschaftsteuer nahe kommen. Daher besteht in Unternehmensgruppen ein Interesse daran, auch die Gewerbeerträge

---

655 BFH, Urt. v. 14.10.2003 – VIII R 38/02, BStBl. II 2004, 115.

konsolidieren zu können. Die körperschaftsteuerliche Organschaft wirkt sich hier nicht unmittelbar aus. Es besteht daher die Notwendigkeit, neben dieser eine weitere Organschaft, die gewerbesteuerliche, zu etablieren. Sie unterscheidet sich zwar nicht in ihren Voraussetzungen[656] (§ 2 Abs. 2 S. 2 GewStG verweist auf die §§ 14, 17, 18 KStG) von der Grundform, wohl aber in ihren Rechtsfolgen.

Sind die wirtschaftlichen Folgen – schlussendliche Zurechnungswirkung an den Organträger[657] und die Behandlung vororganschaftlicher Verluste (§ 10a S. 3 GewStG ist eine Parallelvorschrift zu § 15 S. 1 Nr. 1 KStG[658]) – noch vergleichbar, lässt sich das von den rechtlichen Folgen nicht behaupten. Im Gegensatz zum Körperschaftsteuerrecht „gilt [die Organgesellschaft] als Betriebsstätte des Organträgers" (§ 2 Abs. 2 S. 2 GewStG) und verliert somit ihre Subjektstellung. Sie hat also nicht ein Einkommen von 0, sondern überhaupt keines – sog. Filialtheorie[659].

(2) Treuhandmodell

Damit ist die organschaftliche Konstruktion im Gewerbesteuerrecht eher als im Körperschaftsteuerrecht mit den Wirkungen des Treuhandmodells, das ebenfalls auf die vollständige Negierung der Steuer-Rechtsfähigkeit hinwirkt, vergleichbar.

---

656 *Keß*, in: *Lenski/Steinberg*, GewStG, § 2 Rn. 3541: Dies gilt erst seit dem Jahr 2002. Bis einschließlich 2001 verwies § 2 Abs. 2 S. 2 GewStG a.F. nur auf die Nummern des § 14 KStG, nicht aber auf seine „Einleitung". Konsequenz war, dass für die gewerbesteuerliche Organschaft kein Ergebnisabführungsvertrag notwendig war – hier gab es in den letzten Jahren also sogar eine Verschärfung.

657 *Frotscher*, Körperschaftsteuer, Gewerbesteuer, Rn. 695.

658 Die Normen decken sich nicht exakt, so ist nicht wie bei §§ 15 S. 1 Nr. 1, 14 Abs. 2 KStG erst der Zeitpunkt des Wirksamwerdens des Ergebnisabführungsvertrags, d.h. der Organschaft entscheidend, sondern nach dem klaren Wortlaut des § 10a S. 3 GewStG bereits dessen *rechtswirksamer Abschluss*, vgl. auch *Drüen*, in: *Blümich*, EStG, § 10a GewStG Rn. 94. Rechtswirksam kann der Vertrag aber bereits abgeschlossen sein, bevor die eigentliche Organschaft entsteht (wenn z.B. die Handelsregistereintragung noch nicht erfolgt, vgl. *Kleinheisterkamp*, in: *Lenski/Steinberg*, GewStG, § 10a Rn. 334). Damit ist § 10a S. 3 GewStG großzügiger, da er die Kürzung um die Fehlbeträge, die in diesem Zeitraum entstehen, zulässt; a.A. aber BMF, Schr. v. 10.11.2005 – IV B 7-S 2770–24/05, BStBl. I 2005, 1038 Rz. 25; wohl zust. *Dötsch*, DB 2005, 2541, 2543.

659 In der „reinen" Form vertreten vom RFH, Urt. v. 23.01.1940 – I 226/39, RStBl 1940, 436; der BFH vertritt mittlerweile eine eingeschränkte Filialtheorie, nach der jede Organgesellschaft zwar ihre Subjektsqualität verliert, jedoch weiterhin Ermittlungssubjekt bleibt, die steuerliche Zurechnung also wie im Körperschaftsteuerrecht zweistufig erfolgt, st. Rechtsprechung seit BFH, Urt. v. 06.10.1953 – I 29/53 U, BStBl. III 1953, 329; ebenso R 2.3 Abs. 1 S. 3, 4 GewStR 2009.

Wie oben gesehen (siehe S. 90 ff.), kann das Modell diese Wirkung auch im Gewerbesteuerrecht entfalten, und zwar auf im Vergleich zum Einkommensteuerrecht spektakuläre Art: Musste dort noch eingestanden werden, dass für die bloße Einkommenszurechnung das Modell wegen der transparenten Besteuerung gar nicht notwendig ist, liegt der Fall bei der Gewerbesteuer anders: Eine mitunternehmerschaftliche (d.h. nicht „treuhandmodellartige") Personengesellschaft ist Subjekt der Gewerbesteuer (§ 5 Abs. 1 S. 3 GewStG), eine gewerbesteuerliche Transparenz wie im Einkommensteuerrecht besteht nicht. Erst die Tatsache, dass kein Gewerbebetrieb nach § 15 Abs. 1 S. 1 Nr. 2 EStG vorliegt, löst diese Charakterisierung auf und macht die Treuhand-KG gewerbesteuerlich zu einer Betriebsstätte der Muttergesellschaft[660]. Diese ermittelt ihren Ertrag nicht eigenständig[661], sondern alle gewerblichen Tätigkeiten der Treuhand-KG fallen unter die sachliche Steuerpflicht der Komplementärin und schlagen sich in ihrer Steuerbilanz nieder. Das Entfallen der selbständigen Gewerbesteuerpflicht der KG ist *raison d'être* des Treuhandmodells.

(3) Verlustvorträge

Im Hinblick auf „vormodellartige" Verlustvorträge der KG gilt zunächst das zur Einkommensteuer Gesagte: Die KG selbst bildet keinen Verlustvortrag. Dies überrascht, denn vor Beginn des Modells ist sie als Mitunternehmerschaft schließlich selbst persönlich steuerpflichtig (§ 5 Abs. 1 S. 3 GewStG). Die § 10a S. 4 ff. GewStG führen jedoch dazu, dass trotz ihrer Subjektsqualität nicht die Personengesellschaft Trägerin des Verlustvortrags ist, sondern ihre Mitunternehmer[662]. Zweck dieser Regelung ist jedoch nicht, umfangreiche Konsolidierungen mit anderen gewerblichen Unternehmungen des Mitunternehmers zu ermöglichen, sondern

1. sicherzustellen, dass nur diejenige Person vom Verlustvortrag profitiert, die den Fehlbetrag selbst erlitten hat (Unternehmeridentität), was insbesondere bei Gesellschafterwechseln zum Entfallen des Vortrags führen kann[663] und

660 Siehe S. 200 ff.; die Folgen sind dabei weiter gehend als bei der gewerbesteuerlichen Organschaft. Es entsteht ein echtes Einheitsunternehmen ohne zweistufige Gewinnermittlung und -zurechnung.

661 *Hofmeister*, in: *Blümich*, EStG, § 28 GewStG Rn. 3.

662 Siehe ebenso R 10a.3 Abs. 3 S. 1 GewStR 2009; zu den Verfahrensfragen dieser Zurechnung siehe *Hahne*, StuB 2010, 420, 422 f.; dieser Effekt kann durchaus mit *Ley*, Ubg 2011, 274, 279, für eine auch (begrenzte) gewerbesteuerrechtliche Transparenz sprechen.

663 R 10a.3 Abs. 1 S. 2 GewStR 2009.

2. sicherzustellen, dass der Betrieb, dessen Ertrag durch Verlustvorträge gemindert werden soll, derselbe ist wie derjenige, der ihn erwirtschaftet hat (Unternehmensidentität)[664].

Punkt 1 stellt für sich genommen lediglich eine Verschiebung des Vortrags von der Gesellschaft zum Unternehmer dar. Dies hätte negative Auswirkungen für einen Neugesellschafter, der bestehende Verlustvorträge in dem Gewerbebetrieb, dem er beitritt, nutzen möchte. Das bleibt ihm durch die Unternehmerakzessorietät versagt. Isoliert betrachtet hätte der Punkt jedoch positive Folgen für einen Unternehmer mit mehreren Betrieben, würde er doch oben genannte Konsolidierungsmöglichkeit eröffnen. Daher beinhaltet Punkt 2 eine Rückeinschränkung: Zwar „klebt" der Vortrag am Unternehmer, gleichzeitig kann er aber auch nur für einen Betrieb genutzt werden. Ein horizontaler Verlustausgleich mit anderen Gewerbebetrieben ist nicht möglich.

Fraglich ist, inwieweit das Treuhandmodell diese Grundätze aufrechterhält. Hat ein Komplementär gemäß seiner kapitalmäßigen Beteiligung (§ 10a S. 4, 5 GewStG) gewerbesteuerliche Verlustvorträge in Höhe von EUR 500.000 aus einer gewerblichen KG, so kann er diese auf künftige Gewerbeerträge der KG anrechnen. Entfällt nun aber durch Anwendung des Treuhandmodells die Fähigkeit der KG, eigene Gewerbeerträge zu erwirtschaften, so kann auch keine zukünftige Anrechnungsmasse entstehen. Die Vorträge wären aufgrund des Grundsatzes der Unternehmensidentität an den Gewerbebetrieb der KG gekoppelt und für den Komplementär wertlos bzw. für die Zeit der Durchführung des Modells „eingefroren". Die Wirkung wäre gleich derer des § 10a S. 3 GewStG bei der Organschaft.

Dies gälte allerdings nur dann, wenn die Unternehmensidentität streng subjektbezogen auszulegen wäre, der vom Vortrag profitierende Betrieb also nicht z.B. der Tätigkeit nach, sondern seiner exakten Gestalt nach mit dem den Fehlbetrag erwirtschafteten Betrieb identisch sein muss. Dies ist jedoch nach herrschender Ansicht nicht der Fall[665]. Vielmehr kommt es darauf an, dass nach dem Gesamtbild ein wirtschaftlicher, organisatorischer und finanzieller Zusammenhang zwischen den Betrieben besteht. Indizien können dabei u.a. die Art der Betätigung, der Kunden- und Lieferantenkreis, die Arbeitnehmerschaft oder die Geschäftsleitung sein[666]. All diese Merkmale ändern sich durch den Abschluss der Treuhandverbindung nicht. Die KG bleibt in der Regel weiterhin in gleicher

664 R 10a.2 GewStR 2009.

665 R 10a.2 GewStR 2009.

666 Siehe R 10a.2 GewStR 2009; *Güroff*, in: *Glanegger/Güroff*, GewStG, § 10a Rn. 8.

Art gewerblich tätig. Die Unternehmensidentität ist also im Treuhandmodell gewahrt, so dass etwaige Verlustvorträge mit zukünftigen Erträgen genutzt werden können. Dies gilt umso mehr, wenn man der herrschenden Meinung folgt, dass eine Personengesellschaft stets einen einheitlichen Gewerbebetrieb darstellt[667]. Diese „automatische Unternehmenseinheit“ sorgt dann nämlich dafür, dass ein Verlustvortrag auch mit anderen, eigentlich wirtschaftlich und organisatorisch verschiedenen gewerblichen Tätigkeiten der Komplementärin nutzbar ist[668]. Die ehemals auf der Ebene der Treuhand-KG erfasste gewerbliche Tätigkeit „rutscht“ durch das Treuhandmodell nach oben auf die Ebene der Komplementärin. Dort ist sie inklusive ihrer Verlustvorträge mit anderen gewerblichen Tätigkeiten der KG, mit der sie nach herrschender Meinung nun stets eine Einheit bildet, verrechenbar. Dies war im Zeitraum zwischen der BFH Entscheidung vom 21.02.1980[669] und der Wiederanerkennung durch BFH IV R 26/07 nicht der Fall. Hier lässt sich gut nachvollziehen, wie das Treuhandmodell damit unmittelbar die Folgen dieser Entscheidung kuriert.

Zusammenfassend lässt sich sagen, dass auch in der Gewerbesteuer beide Institute zu Konsolidierungswirkungen führen. Wiederum geht das Treuhandmodell aber einen Schritt weiter: Es verwirklicht die Eingliederung der Treuhand-KG als echte, nicht fiktionale gewerbesteuerliche Betriebsstätte. Nur das Treuhandmodell lässt ein Einheitsunternehmen entstehen, nur das Treuhandmodell ermöglicht die volle Nutzung bestehender gewerbesteuerlicher Verlustvorträge. Außerdem ist es – einmal abgeschlossen – für beide Steuerarten von gleicher Wirkung. Bei der Organschaft findet sich in § 2 Abs. 2 S. 2 GewStG zwar ein Verweis auf das

---

667 BFH, Urt. v. 15.12.1992 – VIII R 52/91, BFH/NV 1993, 684; anders wohl noch Anm. zu BFH, Urt. v. 12.01.1983 – IV R 177/80, DStR 1983, 398, 399; ebenso aber R 2.4 Abs. 3 GewStR 2009; dies gilt natürlich nur für mehrere gewerbliche Aktivitäten *derselben* Mitunternehmerschaft. Die Gewerbebetriebe *mehrerer* Mitunternehmerschaften bilden seit BFH, Urt. v. 21.02.1980 – I R 95/76, BStBl. II 1980, 465 nie einen einheitlichen Betrieb, sonst wäre das Treuhandmodell auch gar nicht notwendig.

668 Geht man hingegen mit der Gegenmeinung (z.B. wohl BFH, Urt. v. 12.01.1983 – IV R 177/80, BStBl. II 1983, 425) davon aus, dass auch Mitunternehmerschaften mehrere Gewerbebetriebe unterhalten können, ist der Verlustvortrag aus der KG-Tätigkeit auch weiterhin nur mit Erträgen aus dieser Tätigkeit verrechenbar. Der Ausgleich mit Erträgen anderer Unternehmungen der Komplementärin wird dann durch den Grundsatz der Unternehmenseinheit verhindert. Dies erfordert dementsprechend eine eigenständige Ermittlung und Feststellung der unterschiedlichen Gewerbebetriebe unter dem Dach der Komplementärin.

669 BFH, Urt. v. 21.02.1980 – I R 95/76, BStBl. II 1980, 465, siehe zu diesem Urteil genauer S. 195 f.

KStG, letztlich handelt es sich jedoch um verschiedene Institute. Es gibt also für verschiedene Steuerarten verschiedene Organschaften. „Die“ Organschaft existiert nicht[670], „das“ Treuhandmodell hingegen schon[671] – wiederum eine nicht zu unterschätzende Verwaltungserleichterung.

iii. Umsatzsteuerliche Verrechnung

Die umsatzsteuerliche Organschaft lässt die Unternehmereigenschaft der Organgesellschaft entfallen (§ 2 Abs. 2 Nr. 2 UStG). Damit geht einher, dass von der Organgesellschaft getätigte Umsätze nicht als ihre, sondern als vom Träger getätigte angesehen werden[672]. Inländische Innenumsätze sind nicht steuerbar[673].

Das Treuhandmodell kann dies nicht bewirken. Die KG bleibt als gewerbliche zivilrechtlich selbständige Gesellschaft Unternehmer[674]. Die von ihr getätigten Außen- und Innenumsätze sind umsatzsteuerpflichtig. In diesem Bereich geht die Wirkung der Organschaft über die des Treuhandmodells hinaus[675]. Gleichwohl muss mit obiger Argumentation[676] darüber nachgedacht werden, ob nicht eine Kombination beider Institute, d.h. eine umsatzsteuerliche Organschaft innerhalb des Modells *de lege ferenda* geboten ist.

b. Anforderungen

Die oben genannte Frage „Warum ein Vergleich?“[677] gilt auch im Rahmen der Gegenüberstellung der Voraussetzungen von Organschaft und Treuhandmodell. Warum sollen auch sie verglichen werden, insbesondere, da diejenigen des

---

670 *Hüttemann*, in: *Schön/Osterloh-Konrad*, Kernfragen des Unternehmenssteuerrechts, S. 127, 131; *Prinz*, DStR Beihefter 2010, 67, 68.

671 Auch das Treuhandmodell existiert hinsichtlich Begründungsprozedere, Beteiligungsquoten und anderen Gestaltungsalternativen natürlich in unterschiedlichen Ausprägungen. Ist es aber einmal etabliert, gilt es für alle angesprochenen Steuerarten gleichermaßen. Es gibt daher keine Unterscheidung zwischen Einkommensteuer-Treuhandmodell, Gewerbesteuer-Treuhandmodell etc.

672 *Englisch*, in: *Tipke/Lang*, Steuerrecht, § 17 Rn. 64.

673 BFH, Urt. v. 20.08.2009 – V R 30/06, BStBl. II 2010, 863; *Korn*, in: 2. Rn. 142.

674 Siehe oben S. 100.

675 Auch dort beschränkt sich die Wirkung seit Einführung des Vorsteuerabzugs aber regelmäßig auf die Verwaltungsvereinfachung: *Hummel*, UR 2010, 207; *Buttgereit/Schulte*, UR 2011, 605.

676 Siehe zur Argumentation für die umsatzsteuerliche Organschaft in Personengesellschaftskonzernen oben S. 105.

677 Siehe oben S. 173 f.

Treuhandmodells schon im vorherigen Teil ausführlich dargestellt und analysiert wurden, die Organschaft wiederum nicht explizit Gegenstand dieser Arbeit ist? Die Frage ist einfach zu beantworten: Die Anforderungen sollen verglichen werden, da die Rechtsfolgenbetrachtung soeben zeigte, dass beide Modelle zumindest ähnliche Wirkungen haben. Damit bleibt aber die Frage offen, in welchen Situationen (= unter welchen Voraussetzungen) diese Wirkungen eintreten. Will man das Treuhandmodell auch in dieser Hinsicht zur konsolidierungstechnischen Konkurrenzinstitution „Organschaft" richtig einordnen und seine rechtssystematische wie rechtspolitische Berechtigung bewerten, muss dieser Vergleich erfolgen. Dies geschieht im Folgenden[678].

i. *Errichtung und „stehende" Struktur*

(1) Gesellschaftsrechtliche Struktur und Beteiligungsverhältnisse

Das Treuhandmodell fußt auf einer genau festgelegten Struktur (siehe oben S. 29 ff.). Die Treuhandgesellschaft muss KG sein[679], ihre Kommanditisten derart entmachtet, dass sie nicht als Mitunternehmer qualifizieren. Spielraum gibt es danach lediglich bei der Rechtsform der Komplementärin, die grundsätzlich jede Gesellschaftsform annehmen, nicht aber natürliche Person sein darf (siehe oben S. 30).

Grenzüberschreitende Konstellationen sind im Treuhandmodell zwar denkbar, aber wenig sinnvoll. Zwar können Treugeber und Treuhand-KG sowohl ihren Sitz als auch ihre Geschäftsleitung im Ausland haben[680]. Eine grenzüberschreitende Konsolidierung in sog. *inbound*-Fällen (d.h. eine ausländische Gesellschaft verfügt über eine inländische Betriebsstätte) wird aber regelmäßig an abkommensrechtlichen Regelungen scheitern, die ähnlich Art. 7 Abs. 1, 2 OECD-MA den Betriebsstättengewinn der Treuhand-KG der deutschen Besteuerung unterwerfen werden. Die Auslandsgesellschaften sind insoweit beschränkt steuerpflichtig

---

678 Dabei werden die schon behandelten Voraussetzungen des Treuhandmodells nicht sämtlich noch einmal wiederholt. Vielmehr werden die der Organschaft knapp benannt und ihre Unterschiede zum Modell erwähnt. „Die" Organschaft bezeichnet hier die körperschaftsteuerliche, die als Grundform mittlerweile den Tatbestand der gewerbesteuerlichen vorgibt (§ 2 Abs. 2 S. 2 GewStG). Letzteres trifft auf die umsatzsteuerliche Organschaft nicht zu. Sie wird hier nicht behandelt, da sie ohnehin keine Alternative zum Treuhandmodell darstellt, sondern ggf. daneben etabliert werden muss. Zu ihren Voraussetzungen siehe im Übrigen schon oben S. 105.

679 Nach der hier vertretenen Meinung (vgl. S. 117 ff.) ist auch eine ganz speziell ausgeformte OHG oder GbR denkbar.

680 *Butler*, NWB 2012, 2925, 2931.

(vgl. § 49 Abs. 1 Nr. 2 lit. a EStG ggf. i.V.m. § 8 Abs. 1 S. 1 KStG). Vergleichbares – keine „*cross-border*-Konsolidierung“ durch das Besteuerungsrecht des Betriebsstättenstaates – wird in *outbound*-Fällen (Steuerinländer unterhalten eine Auslandsbetriebsstätte) in umgekehrter Weise gelten: Ausländische Betriebsstättengewinne sind im Ausland zu versteuern, Verluste dementsprechend dort zum Abzug zu bringen – sog. Symmetriethese[681]. Die Errichtung einer Treuhandstruktur mit Auslandsbezug ist somit, vorausgesetzt alle Beteiligten sind nach deutscher Ansicht Rechtssubjekte, die eine solche Verbindung abschließen können, zwar möglich. Eine Gewinnverlagerung ins Ausland oder auch nur Konsolidierungen „über die Grenze“ scheitern aber regelmäßig am eigenen Besteuerungsrecht des Betriebsstättenstaates mit den eben daraus gezogenen Gewinnen. Dies gilt im Grundsatz auch für unionsrechtliche Fälle. In der Rechtssache *Marks & Spencer*[682] hat der EuGH die Nutzung von Verlusten ausländischer Tochtergesellschaften zwar als grundsätzlich möglich angesehen, dies aber nur als *ultima ratio*, also nur dann, wenn eine Nutzung im Staat der Tochtergesellschaft endgültig (d.h. auch unter Berücksichtigung von Verlustvor- und nachtrag) wegfällt. Diese strikten Grundsätze hat der EuGH zudem nicht auf grenzüberschreitende Verlustverrechnungen zwischen Betriebsstätte und Stammhaus übertragen[683], so dass selbst innerhalb der Europäischen Union keine echte Konsolidierungswirkung erzielt werden kann.

Die Beteiligungsverhältnisse sind im Treuhandmodell zwar frei wählbar, wirtschaftlich jedoch nicht gestaltbar (siehe S. 128 f.), da letztlich alle Anteile der Komplementärin zugerechnet werden.

Die Organschaft ist in ihren Anforderungen an die Unternehmensstruktur in vielen Punkten flexibler. Der Organträger, der eine der Komplementärin vergleichbare Rolle einnimmt, kann grundsätzlich fast „alles“ sein, d.h. juristische Person wie auch (gewerbliche) Personengesellschaft, insbesondere aber im Gegensatz zur Treuhand-Komplementärin auch natürliche Person (§ 14 Abs. 1 Nr. 2 KStG). Will man jedoch eine „Ketten-Konsolidierung“ durchführen, ist man bei der Vermischung von Treuhandmodell und Organschaft beschränkt:

---

681 Dazu *Jacobs*, in: *Jacobs/Bärsch*, Internationale Unternehmensbesteuerung, S. 421 ff.; sollte die Betriebsstättendefinition des Art. 5 OECD-MA weiter gefasst werden (dazu *Hamannt*, DB 2012, Heft 10, M01.), vergrößern sich diese Zahlungs- und Erklärungspflichten von Betriebsstätten in den Belegenheitsländern.

682 EuGH, Urt. v. 13.12.2005 – C-446/03, DStR 2005, 2168.

683 EuGH, Urt. v. 15.05.2008 – C-414/06 „Lidl Belgium“, DStR 2008, 1030 m. Anm. *Dörfler/Ribbrock*, BB 2008, 1322, 1325 ff.; der EuGH wich in seiner überraschenden Entscheidung von den Schlussanträgen der Generalanwältin *Sharpston* ab.

Eine Gesellschaft, die bereits Treuhand-KG ist, kann nicht Organträger, wohl aber Komplementär einer weiteren Treuhand-KG sein[684]. Übergreifende Voraussetzung für einen Organträger ist zudem, dass die Person/Gesellschaft unbeschränkt steuerpflichtig mit Geschäftsleitung im Inland[685] ist. An die Rechtsform einer Organgesellschaft (in ihrer Rolle vergleichbar mit der Treuhand-KG) stellt die Organschaft fast gegensätzliche Voraussetzungen: Es kommt gerade keine Personengesellschaft wie im Treuhandmodell in Betracht, sondern ausschließlich eine Kapitalgesellschaft (§§ 14 Abs. 1 S. 1, 17 KStG)[686], die zudem im Unterschied zum diesbezüglich „liberalen" Treuhandmodell immer noch einen Sitz in einem Mitgliedstaat der Europäischen Union oder in einem Vertragsstaat des EWR-Abkommens aufweisen muss (§ 14 Abs. 1 S. 1 KStG)[687].

Die Beteiligungsverhältnisse sind wiederum weniger streng als im Modell. § 14 Abs. 1 Nr. 1 KStG fordert eine finanzielle Eingliederung, die nach der Klammerdefinition bereits vorliegt, wenn dem Organträger die Mehrheit der Stimmrechte aus den Anteilen an der Organgesellschaft zusteht. Neben dem Träger können also konzernfremde Minderheitsgesellschafter beteiligt sein. Dies ist im Treuhandmodell nicht möglich. Es erfordert eine vollständige Zurechnung an die (somit einzig wirtschaftlich partizipierende) Komplementärin. Ferner ermöglicht § 14 Abs. 1 Nr. 1 S. 2 KStG u.U. gar mittelbare Beteiligungen und sog. Organkreise[688].

---

684 Siehe oben S. 147 ff. sowie insbesondere Fn. 550.

685 Für ausländische Organträger siehe die Sonderregelung des § 18 KStG.

686 Vgl. zur GmbH-Organgesellschaft, § 17 KStG und seinen Verweis auf § 302 AktG *Hohage/Willkommen*, BB 2011, 224.

687 Früher, d.h. bis zum Jahre 2013, wurde sogar der sog. doppelte Inlandsbezug vorausgesetzt. Danach mussten sich Geschäftsleitung und Sitz im Inland befinden. Dies war später im Falle für eine in einem EU-/EWR-Staat gegründete Gesellschaft europarechtlich determiniert dahin auszulegen, dass eine inländische Geschäftsleitung ausreichend ist, vgl. dazu BMF, Schr. v. 28.03.2011 – IV C 2-S 2770/09/10001, DOK 2011/0250044, BStBl. I 2011, 300; siehe auch die weitgehende Entscheidung des BFH zum alten Gewerbesteuer-Organschaftsrecht, Urt. v. 09.02.2011 – I R 54, 55/10, BStBl. II 2012, 106 (gleichwohl mit Nichtanwendungserlass BMF, Schr. v. 27.12.2011 – IV C 2 – S 2770/11/10002, DOK 2011/0965132); in jüngerer Zeit mehren sich zudem Stimmen, die davon ausgehen, dass nicht erst der damalige doppelte Inlandsbezug, sondern bereits das Erfordernis eines EAV gegen abkommensrechtliche Diskriminierungsverbote verstoßen kann, siehe dazu *Stöber*, BB 2011, 1943., 1946 m.w.N; zu den Schwierigkeiten, bei ausländischen Töchtern, deren Recht keinen Ergebnisabführungsvertrag kennt, eine Organschaft durch ein schuldrechtliches Äquivalent begründen zu wollen siehe *Hoene*, IStR 2012, 462.

688 Dazu mit Beispielen *Neumann*, in: *Gosch*, KStG, § 14 Rn. 137 ff.

Auch das Treuhandmodell kennt – doppelt angewandt – jedoch immerhin eine Konsolidierung mit Enkel-Gesellschaften[689]. Selbstverständlich können darüber hinaus wie im Treuhandmodell die Ergebnisse mehrerer Organgesellschaften (im Modell Treuhandgesellschaften) auf Ebene eines Trägers konsolidiert werden. Dazu muss dieser die Voraussetzungen im Hinblick auf jede Organgesellschaft erfüllen[690].

Im Hinblick auf die Unternehmensstruktur hat die Organschaft folglich teilweise flexiblere, vor allem aber andere Voraussetzungen als das Treuhandmodell. Anders herum formuliert bieten sich seit (Wieder-)Anerkennung des Modells in weiteren, ganz verschiedenen Situationen Konsolidierungsmöglichkeiten.

(2) Verbindung

Die Institute setzen aber neben einer bestimmten Struktur jeweils eigenständige Formen einer (schuldrechtlichen bzw. im zivilrechtlichen Sinn organschaftlichen[691]) Verbindung voraus. Im Treuhandmodell ist das die Treuhandverbindung, an der die Treuhand-KG zwar nicht als Partei beteiligt ist, die durch die Beendigung bzw. Verhinderung ihres Status als Mitunternehmerschaft aber ganz erhebliche Auswirkungen auf sie hat. Mindestens ebenso starke Auswirkungen hat jedoch auch der zwingend abzuschließende Ergebnisabführungsvertrag auf die Organgesellschaft. Sie bleibt zwar (im Körperschaftsteuerrecht) als Steuersubjekt erhalten, „darf" jedoch kein richtiges eigenes Ergebnis mehr ausweisen – nicht einmal handelsrechtlich (§ 14 Abs. 1 S. 1 KStG i.V.m. § 291 Abs. 1 AktG). Steuerrechtlich geschieht dies durch die Zurechnungswirkung des § 14 Abs. 1 S. 1 KStG als bereits oben genannte Rechtsfolge, handelsrechtlich findet sich der Grund bereits auf der (hier interessierenden) Tatbestandsseite der Organschaft: Es ist der Ergebnisabführungsvertrag. Er muss handelsrechtlich bereits Wirkung entfalten, bevor die – davon streng zu trennenden[692] – steuerrechtlichen Folgen eintreten können. Damit tritt durch den Ergebnisabführungsvertrag bereits auf Tatbestandsseite eine handelsrechtliche und steuerrechtliche Vermögensverknüpfung ein. Um einen doppelten Effekt durch Abführung und Zurechnung zu vermeiden, macht § 16 KStG die Folgen der handelsrechtlichen Abführung für das Steuerrecht zwar wieder rückgängig. Aber da § 16 KStG eben nur innerhalb einer Organschaft Anwendung findet, ändert auch dieses Korrektiv nichts an

689 Siehe oben S. 147 f.

690 Zu einer ähnlichen Möglichkeit im Treuhandmodell siehe oben S. 143 f.

691 *Danelsing*, in: *Blümich*, EStG, § 14 KStG Rn. 75 ff.

692 *Frotscher*, Körperschaftsteuer, Gewerbesteuer, Rn. 312.

der Verknüpfung der Vermögensbereiche eines Steuersubjekts im Handels- und Steuerrecht, sondern setzt sie vielmehr voraus und reagiert auf sie.

Indem § 14 Abs. 1 S. 1 KStG auf den Ergebnisabführungsvertrag Bezug nimmt, wird sein wirksamer[693] Abschluss[694] zur zentralen Voraussetzung einer jeden Organschaft. Dabei ist es nicht einmal so, dass das Organschaftsrecht bei seiner Begründung auf den Ergebnisabführungsvertrag als bereits bestehendes Institut zurückgriff. Vielmehr war es das Organschaftsrecht selbst, das diese Abführungsverträge und damit letztlich das gesellschaftsrechtliche Konzernrecht „erfunden" hat. Die §§ 291 ff. AktG sind „Kinder des Steuerrechts"[695]. Das macht diese auch international spezielle[696] Anforderung noch erstaunlicher und verdeutlicht, wie eng die Begriffe im deutschen Organschaftsrecht miteinander verbunden sind.

Während die Organschaft hinsichtlich der gesellschaftsrechtlichen Struktur etwas flexiblere Anforderungen aufweist und daher wohl quantitativ in zahlreicheren Unternehmen durchgeführt werden kann, sind die Folgen für die involvierten Gesellschaften bei der vorausgesetzten Verbindung schlicht gigantisch: Die Organgesellschaft hat ihren gesamten Gewinn abzuführen (§ 291 Abs. 1 AktG), der Träger als „anderer Teil" hingegen die Pflicht, etwaige Verluste auszugleichen bzw. zu „übernehmen" (§ 302 Abs. 1 AktG). Geht man davon aus, dass das Erwirtschaften und das Verwenden eines positiven Jahresergebnisses unter eigenem Risiko Daseinszweck der meisten *for-profit* Unternehmen ist, berühren diese Pflichten den Kern unternehmerischen Handelns. Die Treuhand-KG bleibt zivilrechtlich paradoxerweise eigenständiger (sie „behält" ihren Gewinn[697]), obwohl sie steuerrechtlich sogar inexistent wird. Während auf der Rechtsfolgenseite in beiden Modellen die Zurechnung steht, einmal aus § 39 Abs. 2 AO, einmal

---

693 *Neumann*, in: *Gosch*, KStG, § 14 Rn. 196 ff.

694 Zur Durchführung siehe sogleich unten.

695 *Herzig/Blumenberg/Thiel*, Organschaft, S. 39.

696 *Hey*, DB 2011, Heft 23, M01.: „deutsches Unikum"; abgesehen von Slowenien haben alle Länder den EAV abgeschafft bzw. nie vorausgesetzt, zuletzt Österreich – aus einer zum deutschen System vergleichbaren Organschaft heraus – im Jahre 2005, *Kaeser*, DStR Beihefter 2010, 56, 61.

697 Diese Diagnose mildert sich ab, wenn man in Betracht zieht, dass die gesellschaftsrechtliche Beteiligungsstruktur, die das Modell voraussetzt, letztlich auch handelsrechtlich zu einer Haftung (§ 161 Abs. 2 HGB i.V.m. § 128 HGB) und Gewinnbeteiligung (§ 161 Abs. 2 HGB i.V.m. § 120 HGB) der Treugeberin als Komplementärin führt. Dies geschieht jedoch nicht durch die Treuhandverbindung, sondern durch kerngesellschaftsrechtliche Haftungs- und Partizipationsmechanismen. Die Treuhand-KG ist also nicht weniger „frei" als andere Gesellschaften, die Organgesellschaft hingegen schon.

aus § 14 Abs. 1 S. 1 KStG, so findet die tatbestandliche Ergebnisabführung der Organschaft im Treuhandmodell kein Pendant.

ii. Durchführung

Der Charakter eines Gesellschaftsverbundes zur Ergebniskonsolidierung bemisst sich neben seinen einmaligen Anforderungen an Gesellschaftsstruktur, Beteiligungen und Schuldverhältnissen (bzw. Organisationsverträgen) vor allem durch seine Erfordernisse an die laufende Durchführung. Das Treuhandmodell bietet hier eine verhältnismäßig große Flexibilität bzw. geringen Aufwand. Die einmal aufgesetzte Struktur ändert die steuerliche Behandlung der Treuhand-KG so lange, wie sich Beteiligungen und Treuhandverbindung nicht ändern. Bei stets korrekter Bilanzierung (vgl. oben S. 95) wird das Treuhandverhältnis als durchgeführt angesehen und bedarf keiner weiteren administrativen Sonderbehandlung.

Anders bei der Organschaft. Der Ergebnisabführungsvertrag muss nicht nur auf mindestens fünf Jahre[698] abgeschlossen, sondern während seiner gesamten Geltungsdauer durchgeführt werden (§ 14 Abs. 1 S. 1 Nr. 3 S. 1 KStG). Diese Durchführung gestaltet sich jedoch im Vergleich zum Treuhandmodell als ungleich aufwendiger[699]. Sie liegt nämlich nur dann vor, wenn der *ganze*[700] Gewinn der Organgesellschaft *tatsächlich* abgeführt wird. „Ganz“ bedeutet in diesem Zusammenhang, dass nicht weniger[701], aber wegen § 301 AktG auch nicht mehr als der nach §§ 291, 300 ff. AktG festgelegte Gewinn abgeführt werden muss[702]. Es

698 Gemeint sind laut BFH Zeitjahre, nicht Wirtschaftsjahre, BFH, Urt. v. 12.01.2011 – I R 3/10, BStBl. II 2011, 727.

699 Überblick über die „nahezu unüberschaubare Kasuistik“ zur richtigen Durchführung eines EAV bei *Olbing*, GmbH-StB 2011, 281.

700 Zur Frage, wann der „ganze“ Gewinn abgeführt ist, insbesondere, ob auch nach DBA steuerfreie Gewinne umfasst sind, zuletzt BFH, Beschl. v. 31.03.2011 – I B 177/10, GmbHR 2011, 836.

701 Zwar besteht grundsätzlich die Möglichkeit, den abzuführenden Gewinn durch Rücklagen zu verringern, steuerrechtlich wird dies durch § 14 Abs. 1 S. 1 Nr. 4 KStG jedoch nur in begrenztem Umfang – soweit „bei vernünftiger kaufmännischer Beurteilung wirtschaftlich begründet“ – zugelassen, zur Kritik daran siehe *Neumann*, in: *Gosch*, KStG, § 14 Rn. 323.

702 Siehe zur fehlerhaften Durchführung wegen der Überschreitung des gemäß § 301 AktG gestatteten Betrags durch „Vergessen“ der Verrechnung vororganschaftlicher Verluste BFH, Urt. v. 21.10.2010 – IV R 21/07, DStR 2010, 2505; welch strengen Maßstab der BFH an die Bestimmung der Höhe der Ausgleichszahlungen anlegt, wird auch in BFH, Urt. 04.03.2009 – I R 1/08, BStBl. II 2010, 407 offenbar, einer

muss also gleich einer „Punktlandung“[703] der korrekte Abführungsbetrag getroffen werden, und zwar der tatsächliche. Dies ist bzw. war nicht zwingend gleichbedeutend mit dem handelsrechtlich bilanzierten Gewinn der Organgesellschaft, nämlich dann nicht, wenn Buchführungsfehler zu einer nicht nach GoB erstellten Bilanz führen. Der Abführungsbetrag musste somit „besser“ sein als der Jahresabschluss – ein kaum mögliches Unterfangen, vergegenwärtigt man sich, dass neben diesem Abschluss in der Regel keine besseren Erkenntnisquellen über Abführungsbeträge vorhanden sind. Die „Kleine Organschaftsreform“[704] bietet hier Abhilfe[705]: Durch Einfügung des § 14 Abs. 1 S. 1 Nr. 3 S. 4 und 5 KStG n.F. wird die wirksame Durchführung des Ergebnisabführungsvertrages auch bei bilanziellen Fehlern fingiert, soweit der Jahresabschluss wirksam festgestellt, der Fehler nicht hätte erkannt werden müssen und ein von der Finanzverwaltung beanstandeter Fehler fristgemäß korrigiert wird. Aber nicht nur im Falle eines positiven Ergebnisses der Organgesellschaft ist zu handeln. Ein Verlust der Gesellschaft muss nach der Verlustübernahmepflicht des § 302 AktG, die mit jedem Ergebnisabführungsvertrag i.S.d. § 291 AktG einhergeht (vgl. § 302 Abs. 1 AktG), ausgeglichen werden.

Die Anforderungen an die Durchführung einer Organschaft sind somit sehr hoch, die Missachtung jener gleichzeitig gefährlich: Ist der Ergebnisabführungsvertrag nämlich nicht nach diesen Kriterien tatsächlich durchgeführt, treten gravierende und für die (dann „verunglückte“[706]) Organschaft steuerlich in der

---

Entscheidung, die das BMF jedenfalls zwischenzeitig mit einem den Steuerpflichtigen bevorteilenden (!) Nichtanwendungserlass belegte: BMF, Schr. v. 20.04.2010 – IV C 2 – S 2770/08/10006, DOK 2010–0216002, BStBl. I 2010, 372; die Praxis verhilft sich mit genauen Formulierungs- und Durchführungsvorschlägen, vgl. *Wulf*, AG 2011, 23; seit dem BilMoG (vgl. Fn. 444) muss im Falle selbst geschaffener immaterieller Wirtschaftsgüter der Sperrbetrag nach § 268 Abs. 8 HGB in der Berechnung nach § 301 AktG berücksichtigt werden, *Neumayer/Imschweiler*, GmbHR 2011, 57, 58, bestehende Abführungsverträge müssen jedoch nicht angepasst werden, BMF, Schr. v. 14.01.2010 – IV C 2-S 2770/09/10002, BStBl. I 2010, 65.

703 *Von Wolfersdorff et al.*, DB 2012, 2241, 2243.

704 Enthalten im Gesetz zur Änderung und Vereinfachung der Unternehmensbesteuerung und des steuerlichen Reisekostenrechts (Beschlussempfehlung vom Bundestag am 17.01.2013 angenommen, BR-Drucks. 34/13; Fraktionsentwurf der Regierungsparteien CDU, CSU und FDP v. 25.09.2012, BT-Drucks. 17/10774).

705 Allerdings ist auch diese Änderung nicht frei von Kritik: *von Wolfersdorff et al.*, DB 2012, 2241, 2243 ff.; zweifelnd auch *Schneider/Sommer*, GmbHR 2013, 22.

706 Dazu ausführlicher *Neumann*, in: *Gosch*, KStG, § 14 Rn. 532 ff.

Regel sehr nachteilige Folgen ein[707]: Sie wird als ab dem Jahr der erstmaligen Nichtdurchführung unwirksam behandelt (R 60 Abs. 8 S. 2 KStR 2004), bei Fehlern innerhalb der ersten fünf Jahre tritt die Unwirksamkeit gar mit Wirkung *ex tunc* ein (R 60 Abs. 8 S. 1 KStR 2004)[708]. Ähnliches gilt für die Kündigung oder sonstige Beendigung[709] des Vertrags. Auch hier entfallen die Organschaftswirkungen bei Beendigung nach mindestens fünfjähriger Durchführung nur für das laufende Wirtschaftsjahr, bei vorzeitiger Beendigung jedoch grundsätzlich ebenfalls rückwirkend auf den Beginn der Organschaft (R 60 Abs. 6 S. 5 KStR 2004). Im Unterschied zur fehlerhaften Durchführung besteht jedoch die Möglichkeit einer unschädlichen Beendigung, nämlich gemäß § 14 Abs. 1 S. 1 Nr. 3 S. 2, 3 KStG dann, wenn diese durch einen wichtigen Grund gerechtfertigt ist. Wichtige Gründe sind dabei vor allem im außersteuerlichen Bereich zu finden[710]. Erfüllt der Organträger seine Pflichten gegenüber der Gesellschaft aus § 302 AktG nicht mehr, liegt z.B. ein solcher Grund vor[711], nicht hingegen dann, wenn er die Organgesellschaft veräußert[712]. Gerade die Veräußerung ist hingegen im Treuhandmodell einfach zu bewerkstelligen, führt nicht zu rückwirkenden

707 *Viskorf*, DStR Beihefter 2010, 53 spricht von „existenzielle[n] Ausmaße[n]" in vielen Fällen.

708 Dies führt zu Folgeproblemen, wie z.B. verdeckten Gewinnausschüttungen oder verdeckten Einlagen, wenn (irgend-)eine Gewinnabführung oder ein Verlustausgleich weiterhin vorgenommen wird, siehe dazu BFH, Urt. v. 26.04.1989 – I R 152/84, BStBl. II 1989, 668; BFH, Urt. v. 13.09.1989 – I R 110/88, BStBl. II 1990, 24; *Danelsing*, in: *Blümich*, EStG, § 14 KStG Rn. 241 ff; die Änderung bereits formell bestandskräftiger Steuerbescheide ist auch dann noch gemäß § 175 Abs. 1 Nr. 2 AO möglich, *Brill*, KÖSDI 2012, 18103, 18107.

709 Über den Gesetzeswortlaut des § 14 Abs. 1 S. 1 Nr. 3 S. 2 KStG hinaus werden auch andere Beendigungsformen, z.B. die einvernehmliche Aufhebung des Vertrags umfasst, *Frotscher*, Körperschaftsteuer, Gewerbesteuer, Rn. 289.

710 Aktuelle Rechtsprechungsübersicht über „wichtige Gründe" bei *Heurung/Engel/Müller-Thomczik*, GmbHR 2012, 1227.

711 *Danelsing*, in: *Blümich*, EStG, § 14 KStG Rn. 133.

712 FG Niedersachsen, Urt. v. 10.05.2012 – 6 K 140/10, GmbHR 2012, 917, Revision eingelegt I R 45/12; allerdings behandelt das Urteil den Fall einer konzerninternen Veräußerung, die sich einfacher steuern lässt und daher die Gefahr einer unschädlichen Beendigung und einer beliebigen Mindestdauer des EAV innerhalb eines Konzerns (vgl. Tz. 63) aufweist. Das Urteil stellt sich zudem teilweise gegen die Finanzverwaltung (R 60 Abs. 6 S. 2 KStR 2004), nach der eine solche Veräußerung ein wichtiger Fall sein „kann"; *Behrens*, BB 2012, 2787 plädiert dafür, die Veräußerung der Organbeteiligung stets als wichtigen Grund i.S.d. § 14 Abs. 1 Nr. 3 S. 2 KStG anzuerkennen.

negativen Auswirkungen und stellt häufig gar den Grund für die Ausgliederung eines Geschäftsbereiches auf eine Treuhand-KG dar. Überhaupt darf die baldige Aufhebung des Treuhandmodells von vornherein geplant sein, die der Organschaft aber nicht. Steht bereits bei Abschluss des Ergebnisabführungsvertrags fest, dass er kürzer als fünf Jahre vollzogen wird, so gilt er nicht als „auf mindestens fünf Jahre abgeschlossen" und ist daher von Beginn an unwirksam (R 60 Abs. 6 S. 3, 5 KStR 2004). Dies verdeutlicht die der Organschaft vom Gesetzgeber zugestandene Rolle: Sie soll als Konsolidierungsinstrument für bestehende Strukturen genutzt werden. Flexibel einsetzbares Mittel zur steuerlich motivierten Konzern(um)strukturierung ist sie nicht.

2. Fazit

Treuhandmodell und Organschaft unterscheiden sich in ihren Voraussetzungen, ähneln sich jedoch in ihren Auswirkungen. Sie führen letztlich auf unterschiedlichem Weg zu einer Ergebniskonsolidierung beim Organträger bzw. der Treugeberin. Die Organschaft stellt eine Durchbrechung des Trennungsprinzips dar[713], die in transparenten Personengesellschaften einkommensteuerlich nicht notwendig ist. Im Gewerbesteuerrecht lässt sie die Steuerpflicht entfallen und degradiert die Organgesellschaft zur Betriebsstätte, körperschaftsteuerrechtlich bleibt die Organgesellschaft hingegen Steuersubjekt.

Unternehmensgruppen sind „Zwitter": Sie sind weder Einheitsunternehmen noch sind sie wirtschaftlich unabhängig und unverbunden[714]. Modelle für die Besteuerung von Unternehmen mit mehreren Gesellschaften sind daher in zweifacher Hinsicht denkbar. Entweder verfolgen sie das Subjektsteuerprinzip und betonen die rechtliche Selbständigkeit der Gesellschaften oder sie besteuern den wirtschaftlichen Verbund. Die Organschaft in der Körperschaftsteuer verfolgt das erste Modell. Die Anknüpfung erfolgt nicht an die wirtschaftliche Einheit, sondern an die einzelnen Gesellschaften, deren Ergebnis im Falle der Organgesellschaften freilich regelmäßig „0" beträgt. Das Treuhandmodell zeichnet hingegen die erwähnte Zwitterstellung nach: Im formell geprägten Zivilrecht geht es von getrennten Gesellschaften aus, im Steuerrecht, das der wirtschaftlichen Realität den Vorzug gibt, entsteht ein Einheitsunternehmen.

Die Anforderungen beider Institute sowohl an die Gesellschaftsstruktur als auch an die Durchführung unterscheiden sich stark. Während die Organschaft

713 *Hüttemann*, in: *Schön/Osterloh-Konrad*, Kernfragen des Unternehmenssteuerrechts, S. 127, 133.
714 *Ismer*, DStR 2012, 821, 822.

größere Freiheiten beim zuerst angesprochenen Punkt erlaubt, ist das Treuhandmodell bedeutend einfacher durchführbar. Dies liegt insbesondere daran, dass hier kein Ergebnisabführungsvertrag mit zivilrechtlichen Vermögensverschiebungen notwendig ist. Das Treuhandmodell entfaltet nur in steuerrechtlicher Hinsicht Wirkung und lässt die handelsrechtliche Vermögenslage der KG unberührt.

Die Organschaft lässt sich hingegen mit der Formel

„1. steuerliche Einkommenszurechnung, aber
2. nur bei Aufhebung der zivilrechtlichen Vermögenstrennung auch gegenüber Dritten.“ charakterisieren[715].

Das Treuhandmodell geht somit in Punkt 1 über die Organschaftswirkungen hinaus, ohne Punkt 2 überhaupt vorauszusetzen. Das steuerliche Vermögen der abhängigen Tochter existiert nicht mehr bei ihr, sondern bei der Mutter – also dort, wo es betriebswirtschaftlich ohnehin verortet wird. All das wird erreicht durch die einmalige Aufsetzung einer – zugegebenermaßen korsettartigen – Struktur. Dabei ist diese nicht sehr fehleranfällig, es ist lediglich darauf zu achten, dass Treuhandvereinbarung und korrespondierende Bilanzierung wirksam und korrekt sind. Ist dies erfüllt, besticht das Modell durch eine einfache und flexible Durchführung: Es muss kein Ergebnisabführungsvertrag mit der Gefahr von Mehr- und Minderabführungen abgeschlossen werden, sondern es besteht mit den Wirkungen des § 39 Abs. 2 AO ein „EAV auf Autopilot“, der keine potentielle Fehlerquelle darstellt. Auch Beginn und vor allem Beendigung des Modells können zeitlich und administrativ deutlich flexibler durchgeführt werden. Indem es keine Zurechnung vornehmen muss, sondern eine direkte Einkommensentstehung bei der Treugeberin etabliert, sind die steuerlichen Wirkungen zudem weiter gehend, während die zivilrechtliche Verknüpfung der Vermögensbereiche nicht nur hinter der der Organschaft zurück bleibt, sondern schlicht nicht stattfindet.

Das ist erstaunlich. Man muss es noch einmal wiederholen: Bereits im jetzigen *status quo* besteht *de lege lata* eine Möglichkeit, Einkünfte zu konsolidieren und die steuerliche Vermögenstrennung aufzuweichen, ohne dass diese Aufweichung handelsrechtlich nachvollzogen werden muss.

---

715 Ähnlich auch *Hüttemann*, in: *Schön/Osterloh-Konrad*, Kernfragen des Unternehmenssteuerrechts, S. 127, 134, der die Verknüpfung explizit begrüßt.

IX. Zwischenergebnis

Zweck, Konstruktion und Auswirkungen des Treuhandmodells sind damit abgehandelt. Es wurde auf die Anforderungen des Modells hinsichtlich der Gesellschaftsstruktur und der Treuhandvereinbarung eingegangen. Dabei wurden zivilrechtliche und steuerrechtliche Voraussetzungen gleichermaßen begutachtet. Das Treuhandmodell fordert danach eine Verbindung fiduziarischer, fremdnütziger Art in der Form der Vereinbarungs-, Übertragungs- oder Erwerbstreuhand. Die Vereinbarung muss ernst gemeint, tatsächlich durchgeführt und nach hier vertretener Ansicht auch wirksam geschlossen worden sein. Das Treuhandmodell funktioniert jedoch nicht nur innerhalb der bislang vorgestellten, recht starren Modalitäten, sondern auch in anderen Ausgestaltungen, die jedoch nur in manchen Fällen auch zu praktischen Vorteilen führen.

Nach den Anforderungen wurden die Auswirkungen dieser Unternehmensstruktur beleuchtet. Hier sind es vor allem die steuerrechtlichen Konsequenzen gewesen, die der genaueren Untersuchung bedurften: § 39 Abs. 2 Nr. 1 S. 2 AO rechnet Wirtschaftsgüter dem Treugeber zu. Dies sind hier die Anteile (bzw. anteiligen Wirtschaftsgüter) der Treuhand-KG, die der Treuhänder hält. Diese Zurechnung entmachtet den Treuhänder in einer Weise, die es ihm verbietet, mitunternehmerschaftliche Kompetenzen oder Partizipation zu entfalten. Weder nach dem allgemeinen Typusbegriff noch nach anderen Tatbeständen ist er daher als Mitunternehmer anzusehen. Eine Mitunternehmerschaft bedarf mindestens zweier Mitunternehmer[716]. Da mit der Komplementärin aber nur eine mögliche Mitunternehmerin vorliegt, existiert die Treuhand-KG im Treuhandmodell nicht als eine solche Mitunternehmerschaft. Nur diese ist aber ertragsteuerrechtlich relevantes Gewinnermittlungssubjekt. Der Treuhand-KG verbleibt die Rolle als einkommensteuerrechtliches *nullum* ohne eigenes steuerliches Gesamthandsvermögen und ohne einheitliche und gesonderte Gewinnfeststellung.

Diese Degradierung hat nicht nur Auswirkungen auf die Einkommensteuer. Nach langem Hin und Her[717] ist nun auch fast allgemein anerkannt, dass die Inexistenz der KG in der Einkommensteuer auch ins Gewerbesteuerrecht ausstrahlt. Dessen einschlägige §§ 2 und 5 GewStG sind nämlich nicht zivilrechts-, sondern einkommensteuerakzessorisch auszulegen. Andere Auslegungen sind nicht nur grammatikalisch und systematisch wenig überzeugend[718], sondern

716 Siehe oben S. 64 f.

717 Siehe zur historischen Entwicklung zu dieser Frage unten S. 195 ff.

718 Siehe genauer für die Bewertung S. 210 ff.

bringen erhebliche Folgeschwierigkeiten mit sich, insbesondere hinsichtlich der Berechnung der gewerbesteuerlichen Bemessungsgrundlage und der Anwendung einkommensteuerlicher Regelungen wie § 35 EStG[719]. Das Treuhandmodell eröffnet Personengesellschaftsgruppen bei interessanten bilanziellen Implikationen im Einkommensteuerrecht damit auch im Gewerbesteuerrecht – und indirekt sogar noch in weiteren Steuerarten (Umsatz- und Grunderwerbsteuer) – die Möglichkeit, Ergebnisse zwischen zivilrechtlichen Rechtssubjekten zu verrechnen – eine Möglichkeit, die im Einkommensteuerrecht durch die dort geltende transparente Besteuerung ohnehin genauso besteht wie im Körperschaft-, Gewerbe- oder Umsatzsteuerrecht für Kapitalgesellschaften.

In seinen kombinierten Wirkungen und erweiterten Anwendungsbereichen mag das Treuhandmodell ein Novum sein. Folgen, die über das hinausgehen, was andere Steuerarten oder Gesellschaftsformen bereits kennen, bietet es hingegen nicht. Mag es in Teilbereichen wie der weiterhin bestehenden handelsrechtlichen Vermögenstrennung bei gleichzeitiger Konsolidierung über die Wirkungen der körperschaftlichen Organschaft hinausgehen[720], sind dies jedoch keine dem deutschen Steuerrechtssystem fremde Phänomene, sondern, z.B. im Rahmen der einkommensteuerrechtlichen Transparenz, geradezu dessen Wesensmerkmale. Dies ist bei der Beantwortung der Frage, ob das Modell in rechtssystematischer und rechtspolitischer Hinsicht berechtigt ist, zu berücksichtigen.

719 Dazu noch S. 228 ff.

720 Siehe soeben oben S. 191 f.

Kapitel 3. Berechtigung des Modells

Vor dem Hintergrund der nun abgehandelten Auswirkungen des Treuhandmodells in seiner Grundfassung sowie seinen alternativen Ausgestaltungen widmet sich dieses Kapitel der Frage, ob das Eintreten dieser Auswirkungen berechtigt ist. „Berechtigt“ meint in diesem Kontext zunächst die rechtssystematische Berechtigung. Es wird untersucht, ob den Konsequenzen des Modells Hindernisse entgegenstehen, die sich aus einer systematischen Betrachtungsweise des geltenden Rechts ergeben. Beginn und Herzstück dieser Untersuchung ist die (fehlende) Gewerbesteuerpflicht der Treuhand-KG, die anhand ihrer historischen Entwicklung und der zu ihr ergangenen Gerichtsurteile diskutiert wird. Dem systematischen Teil folgt eine Untersuchung, die sich fiskal- sowie rechtspolitischen Fragen im Zusammenhang mit dem Treuhandmodell und seinen Folgen widmet.

I. Rechtssystematische Berechtigung

1. Berechtigung der fehlenden Gewerbesteuerpflicht der Treuhand-KG

Die gewerbesteuerliche Verrechnungsmöglichkeit, die das Treuhandmodell bietet, ist gleichzeitig sein Herzstück, sein „Clou“. Historisch war sie der am meisten umstrittene und umkämpfte Bereich innerhalb der Diskussion um das Modell. Aufgrund dieser außerordentlichen Wirkungsweise – die fehlende Gewerbesteuerpflicht scheint *prima facie* mit dem Wortlaut des § 5 Abs. 1 S. 3 GewStG unvereinbar – besteht für das Treuhandmodell hier auch besonderer Rechtfertigungsbedarf. Die nachfolgende Darstellung zeichnet die Entwicklung der Beurteilung und Rechtfertigung der gewerbesteuerlichen Folgen nach und nimmt jeweils gleichzeitig eine Bewertung der sich im Laufe der Zeit veränderten Ansätze vor.

a. 1. Phase: Entwicklung des Treuhandmodells

Vorreiter des Treuhandmodells in theoretischer Hinsicht war *Hönle*[721]. Sein Aufsatz *„Die Einheit des Unternehmers und des Unternehmens im Gegensatz zur Unternehmer- und Unternehmenseinheit“* aus dem Jahr 1981 umfasst bereits alle für das Modell relevanten und notwendigen Überlegungen, wenn auch mit

721 *Hönle*, DB 1981, 1007.

noch teilweise anderer Terminologie, einer anderen Struktur[722] und anderen gesetzlichen Voraussetzungen[723]. Begründet hat *Hönle* aber nicht die Nutzung der steuerrechtlichen Wirkungen des Modells, sondern dessen Ausgestaltung. Schon weit vor den 1980er-Jahren wurden diese Wirkungen, insbesondere die Konsolidierungsmöglichkeit, im Gesellschaftsverband genutzt. Dies ermöglichte die sog. gewerbesteuerliche Unternehmenseinheit, die die Rechtsprechung allerdings 1980 für unzulässig bzw. als schlicht nicht vorhanden erklärte[724].

Auf diese Rechtsprechung geht daher auch *Hönle* intensiv in seinem Aufsatz ein und zeigt, dass sie weder das von ihm nun so gestaltete (wenn auch noch nicht so bezeichnete) Treuhandmodell verhinderte noch ihrer Zielsetzung nach verhindern wollte. Es ging nämlich bei der Abkehr der Rechtsprechung von der Unternehmenseinheit keineswegs darum, gesellschaftsverbundsinterne Verlustverrechnungen zu unterbinden, sondern in erster Linie um vollstreckungs- und haftungsrechtliche Probleme, die der Autor in seiner „atypischen" Treuhandkonstruktion als nicht gegeben ansieht[725]. Dies kann nur mit einem kurzen Rückblick

722 Vgl. S. 131 ff.

723 Insbesondere § 2 Abs. 2 GewStG und § 5 Abs. 1 S. 3 GewStG unterscheiden sich in ihrer damaligen Fassung vom heute geltenden Recht. § 2 Abs. 2 GewStG lautete: „Als Gewerbebetrieb gilt stets und in vollem Umfang die Tätigkeit

1. der offenen Handelsgesellschaften, Kommanditgesellschaften und anderer Gesellschaften, bei denen die Gesellschafter als Unternehmer (Mitunternehmer) des Gewerbebetriebs anzusehen sind;
2. der Kapitalgesellschaften (Aktiengesellschaften, Kommanditgesellschaften auf Aktien, Gesellschaften mit beschränkter Haftung, Kolonialgesellschaften, bergrechtliche Gewerkschaften), der Erwerbs- und Wirtschaftsgenossenschaften und der Versicherungsvereine auf Gegenseitigkeit. Ist eine Kapitalgesellschaft in ein anderes inländisches gewerbliches Unternehmen in der Weise eingegliedert, daß die Voraussetzungen des § 14 Nr. 1 und 2 des Körperschaftsteuergesetzes erfüllt sind, so gilt sie als Betriebstätte des anderen Unternehmens. Dies gilt sinngemäß, wenn die Eingliederung im Sinne der vorbezeichneten Vorschriften im Verhältnis zu einer inländischen im Handelsregister eingetragenen Zweigniederlassung eines ausländischen gewerblichen Unternehmens besteht."; § 5 Abs. 1 GewStG lautete: „(1) Steuerschuldner ist der Unternehmer. Als Unternehmer gilt der, für dessen Rechnung das Gewerbe betrieben wird. In den Fällen des § 2 Abs. 2 Nr. 1 ist Steuerschuldner die Gesellschaft.".

724 BFH, Urt. v. 21.02.1980 – I R 95/76, BStBl. II 1980, 465 ff.

725 *Hönle*, DB 1981, 1007, 1010.

auf das Institut der gewerbesteuerlichen Unternehmenseinheit[726] erläutert werden. Bis Anfang der 1980er Jahre konnten mehrere Personengesellschaften, deren beteiligte Mitunternehmer identisch waren und die miteinander im Verhältnis der Nebenordnung (also nicht wie bei der Organschaft im Verhältnis der Ober-/Unterordnung[727]) standen, eine solche Unternehmenseinheit bilden. Diese Einheit wurde als ein Gewerbebetrieb (Steuerobjekt) i.S.d. § 2 Abs. 1 S. 1 GewStG und ebenso als Steuerschuldner nach § 5 Abs. 1 S. 1 GewStG angesehen. Zivilrechtlich war diese Unternehmenseinheit jedoch nicht greifbar, mithin ein *nullum*. Dies verdeutlicht bereits Gemeinsamkeiten und Unterschiede des Instituts der Unternehmenseinheit mit dem späteren Institut des Treuhandmodells. Gemein ist beiden, dass mehrere zivilrechtlich bestehende Gesellschaften einen Gewerbebetrieb bilden und somit ihre Ergebnisse konsolidieren können. Im Unterschied zum Treuhandmodell, wo ein „Mehr" an zivilrechtlichen Gesellschaften (Tochter und Mutter) einem „Weniger" an Steuersubjekten (nur Mutter) gegenübersteht, gab es bei der Unternehmenseinheit ein zusätzliches Steuersubjekt (die Unternehmenseinheit als solche), dem sich aber gerade kein zivilrechtliches Äquivalent darbot. Die Beweggründe des BFH für die Abkehr von dieser Gestaltung liegen daher auf der Hand: Steuerschuldner war ein Gebilde, das zivilrechtlich weder haftete noch mangels eigenem Gesamthandsvermögen taugliches Vollstreckungsobjekt war[728].

Nachdem die gewerbesteuerliche Ergebniskonsolidierung durch die richterliche Nichtanerkennung der sog. Unternehmenseinheit nicht mehr möglich war, reagierte die Literatur mit Forderungen an den Gesetzgeber, Personengesellschaften Kapitalgesellschaften, denen die gewerbesteuerliche Organschaft offenstand, gleichzustellen[729]. *Hönle* erkannte demgegenüber, dass jedenfalls die Verrechnungsmöglichkeiten, die die Unternehmenseinheit bot, in bestimmten

---

726 Dieses Institut bestand in ähnlicher Form als sog. Unternehmereinheit auch für die Umsatzsteuer, wurde aber ebenso vom BFH für unzulässig erklärt, vgl. BFH, Urt. v. 16.11.1978 – V R 22/73, BStBl. II 1979, 347.

727 Auf eine Ausweitung dieses Instituts auch auf solche Fälle aber schon damals *Luther*, BB 1976, 309, 312.

728 Auch Haftung und Vollstreckung bei den einzelnen nebengeordneten Gliedgesellschaften war nicht möglich, vgl. zu all dem BFH, Urt. v. 21.02.1980 – I R 95/76, BStBl. II 1980, 465 ff.

729 *Budde*, FR 1981, 1, 5, fordert z.B., dass die Organschaftsregelungen durch Gesetzesänderung auch auf Personengesellschaften anwendbar werden, gleiches forderte *Luther*, BB 1976, 309, 312 bereits vor dem erwähnten BFH-Urteil. Man sah also eine Gesetzesänderung für nötig an, die später aufgezeigte Möglichkeit des Treuhandmodells innerhalb des bestehenden Rechtssystems wurde noch nicht gesehen.

Konstruktionen auch *de lege lata* möglich waren[730]. Er argumentiert zunächst, dass beim Treuhandmodell die vom BFH in der Unternehmenseinheit gesehenen Gefahren – mangelnde zivilrechtliche Haftung, fehlendes taugliches Vollstreckungsobjekt – nicht gegeben seien. Mit der Muttergesellschaft als Steuerobjekt (§ 2 Abs. 1 S. 1 GewStG) und Schuldnerin (§ 5 Abs. 1 S. 1 GewStG) der Gewerbesteuer werde kein singulär steuerrechtliches Gebilde „erfunden", sondern es stehe eine zivilrechtlich bestehende Gesellschaft mit eigenem Gesamthandsvermögen als Haftungs- und Vollstreckungsmasse zur Verfügung. Das Treuhandmodell war also in seinen Wirkungen kein neuer „Clou", mit dem als Steuersparmodell der Fiskus um etliche Einnahmen gebracht wurde. Es war vielmehr eine Möglichkeit, die bisherigen – vom BFH nicht kritisierten – Wirkungen der Gewerbesteuerkonsolidierung unter Umsetzung der von der Rechtsprechung aufgestellten Kriterien (Haftungs- und Vollstreckungssicherheit) sicherzustellen. Die Idee für das Modell wurde also, wie üblich, von der Rechtsfolge gedacht: Wenn eine Konsolidierung auf der Ebene einer abstrakten Unternehmenseinheit ausscheidet, so muss als „Verrechnungsträger" eben ein bereits vorhandenes Steuersubjekt gewählt werden – die Mutter. Die Verrechnung funktioniert aber nur, wenn dieses Steuersubjekt das einzige im Sinne der Gewerbesteuer bleibt.

Dennoch soll mit der Treuhand-KG ein weiteres Gebilde gewerblich tätig sein. Es musste also eine Möglichkeit gefunden werden, mit der gewerbliche Aktivitäten außerhalb der Form einer eigenen Gewerbesteuersubjektivität getätigt werden können. Dabei ging es nicht darum, diese Tätigkeiten überhaupt nicht der Gewerbesteuer zu unterstellen (dies wäre nach der umfassenden Definition des § 2 Abs. 1 GewStG auch gar nicht möglich). Es sollte lediglich die zentrale steuerliche Erfassung bei einem gewerbesteuerpflichtigen Mutterunternehmen erreicht werden. Das konnte das Treuhandmodell nach damalig einhelliger Überzeugung leisten, und zwar auf folgendem Weg:

Die Gewerbesteuerpflicht setzt sowohl die sachliche als auch die persönliche Steuerpflicht voraus, wobei die sachliche vor der persönlichen geprüft wird. Diese Prüfungsreihenfolge der beiden Voraussetzungen ergibt sich daraus, dass die persönliche Steuerpflicht einen primär verfahrensrechtlichen Hintergrund hat[731]; sie klärt, wer Schuldner der Steuer ist, also lediglich die Zahlungspflicht. Um dies tun zu können, muss aber zunächst festgestellt werden, ob eine Steuerschuld grundsätzlich besteht. Nur wenn das der Fall ist, kann geprüft werden, wen diese Schuld trifft. Zu prüfen, wer „nichts" schuldet, wäre hingegen müßig.

730 *Hönle*, DB 1981, 1007.

731 *Wild/Reinfeld*, DB 2005, 69, 70; *Bogenschütz/Striegel*, DB 2000, 2547, 2550.

Die sachliche Steuerpflicht richtet sich nach § 2 GewStG. Gemäß § 2 Abs. 1 S. 1 GewStG ist Steuergegenstand jeder stehende Gewerbebetrieb, soweit er im Inland betrieben wird. Fraglich ist somit, ob die Treuhand-KG als Gewerbebetrieb i.S.d. § 2 GewStG qualifiziert. Dessen Satz 2 enthält für die Bestimmung dieses Tatbestandsmerkmals einen Verweis in das Einkommensteuerrecht. An der Frage, in welchem Ausmaß für die Bestimmung des gewerbesteuerrechtlichen Gewerbebetriebs auf das Regelungssystem des Einkommensteuerrechts verwiesen wird, hängt die Beurteilung nach der sachlichen Gewerbesteuerpflicht der KG. Zu Zeiten der Begründung des Modells wurde diese Frage einheitlich beantwortet: Der Verweis des § 2 Abs. 1 S. 2 GewStG auf das Einkommensteuergesetz sei umfassend, der Begriff stimme in Einkommen- und Gewerbesteuerrecht überein[732]. Ein umfassender Verweis bedeutet, dass nicht nur die Tätigkeitsmerkmale des § 15 Abs. 2 EStG entscheidend sind, sondern – wie im Einkommensteuerrecht – ein Gewerbebetrieb bei einer Personengesellschaft nur dann vorliegt, wenn an dieser mindestens zwei Gesellschafter als Mitunternehmer beteiligt sind, § 15 Abs. 1 S. 1 Nr. 2 EStG. Eben dies ist beim Treuhandmodell nicht der Fall. Die gesamte gesellschaftsrechtliche Konstruktion dient gerade dem Ziel, eine Personengesellschaft ohne Mitunternehmer zu etablieren. Auch die Fälle des § 15 Abs. 3 Nr. 1, 2 EStG treffen nicht zu[733]. Nach dieser Auffassung der umfassenden Verweisung auf das Einkommensteuerrecht liegt bei der Treuhand-KG mangels einkommensteuerlichem Gewerbebetrieb auch für Zwecke der Gewerbesteuer kein solcher vor. Wie erwähnt kommt bereits *Hönle* zu diesem Ergebnis. Allerdings argumentiert er etwas anders, nämlich rechtsformabhängig und aus Sicht der Mutter. Sei diese Kapitalgesellschaft, ergebe sich die Qualifizierung als Gewerbebetrieb unmittelbar aus § 2 Abs. 2 Nr. 2 GewStG1981, bei einer mitunternehmerschaftlichen Personengesellschaft aus § 2 Abs. 2 Nr. 1 GewStG1981[734].

---

732 Dies gilt auch heute wieder (fast) einheitlich, *Wacker*, in: *Schmidt*, EStG, § 15 Rn. 9; auch nach Abschn. 11 Abs. 4 S. 1 GewStR 1998 (jetzt R 2.1 (2) GewStR 2009) begründet die gewerbliche Tätigkeit einer KG nur dann einen Gewerbebetrieb nach § 2 Abs. 1 GewStG, wenn die Gesellschafter dieser KG als Mitunternehmer anzusehen sind.

733 Siehe oben S. 71 ff.; die Fälle waren bei Begründung des Treuhandmodells Anfang der 1980er Jahre noch gar nicht im EStG normiert. Ihre Einfügung als Reaktion auf die Aufgabe der sog. Geprägerechtsprechung (BFH, Beschl. v. 26.5.1984 – GrS 4/82, BStBl. II 1984, 751) durch das Steuerbereinigungsgesetz von 1986 (Ges. v. 19.12.1985, BGBl. I 1985, 2436) hindert aber wie gezeigt das Funktionieren des Treuhandmodells nicht.

734 Heute wäre in letztgenanntem Fall § 2 Abs. 1 S. 2 GewStG i.V.m. § 15 Abs. 1 S. 1 Nr. 2, Abs. 3 Nr. 1, 2 EStG einschlägig.

Stets sei die Mutter also Gewerbebetrieb. Im Gegensatz zu einer natürlichen Person[735] hätten Kapitalgesellschaften oder Mitunternehmerschaften jedoch nur einen einheitlichen Gewerbebetrieb[736]. Die Tochter-KG dieses Gewerbebetriebs könne folglich nicht selbst Gewerbebetrieb sein[737]. Eine sachliche Gewerbesteuerpflicht der KG bestehe demnach nicht.

Auch das Fehlen der persönlichen Gewerbesteuerpflicht der KG wurde nicht ernstlich bezweifelt. Damals postulierte § 5 Abs. 3 S. 1 GewStG noch keine isolierte persönliche Steuerschuldnerschaft der „Personengesellschaft“[738]. Vielmehr verwies die Norm auf „Fälle[n] des § 2 Abs. 1 Nr. 1“, in denen Steuerschuldner die Gesellschaft sei. Fälle des § 2 Abs. 1 Nr. 1 GewStG a.F. lagen aber nur bei einer mitunternehmerschaftlichen KG vor[739]. § 5 GewStG verwies also auf § 2 GewStG, dieser wiederum auf das Einkommensteuerrecht, genauer § 15 EStG. Diese Verweisungskette erzielte einen Gleichlauf in der Behandlung von einkommensteuerrechtlicher sowie sachlicher und persönlicher gewerbesteuerrechtlicher Steuerpflicht. Da nur die Mutter sachlich gewerbesteuerpflichtig sei, treffe auch sie allein die persönliche Steuerpflicht[740].

Was aber ist diese Treuhand-KG in gewerbesteuerlicher Hinsicht, wenn sie kein eigenes Steuersubjekt darstellt, die Ergebnisse ihrer gewerblichen Geschäftstätigkeit aber dennoch bei der Mutter erfasst werden? Die Antwort ist einfach: Dies ist die Konstellation, die bei Betriebsstätten i.S.d. § 2 Abs. 1 GewStG anzutreffen ist. Was eine Betriebsstätte ist, richtet sich zunächst nach der Legaldefinition des § 12 S. 1 AO[741]. Danach ist jede feste Geschäftseinrichtung oder Anlage, die der Tätigkeit eines Unternehmens dient, Betriebsstätte. § 12 S. 2 AO führt einen nicht abschließenden („insbesondere“) Katalog an Beispielen für Betriebsstätten auf. Streitig ist

735 Verschiedene gewerbliche Betriebe natürlicher Personen bilden hingegen ebenso viele Steuerobjekte, vgl. R 2.3 (1) GewStR 2009; a.A. *Schumacher*, StuW 1987, 111, 114.

736 So auch *Montag*, in: *Tipke/Lang*, Steuerrecht, § 12 Rn. 12 m.w.N.

737 *Hönle*, DB 1981, 1007, 1008 f.

738 Vgl. § 5 Abs. 3 S. 1 GewStG in der heutigen Fassung.

739 Siehe oben Fn. 723.

740 *Hönle*, DB 1981, 1007, 1010.

741 Die Maßgeblichkeit des § 12 AO muss zwar für jedes Einzelsteuergesetz geprüft werden, ist aber i.R.d. § 2 GewStG vorhanden: BFH, Urt. v. 03.02.1993 – I R 80/91, BStBl. II 1993, 462; für grenzüberschreitende Sachverhalte findet in der Regel die Betriebsstättendefinition des Art. 5 Abs. 1 OECD-MA Anwendung, hier ist aktuell eine Änderung geplant, durch die der Begriff der Betriebsstätte weiter gefasst würde, *Hamannt*, DB 2012, Heft 10, M01.

das Vorliegen in der Regel bei kleineren Einrichtungen[742]. Die Treuhand-KG führt ein handelsrechtlich selbständiges, gewerblich tätiges Unternehmen. Dazu unterhält sie fast zwangsläufig örtlich dauerhaft verankerte Sachgesamtheiten (Gebäude, Hallen, Lager etc.[743]), die Grundlage ihrer Unternehmenstätigkeit sind[744], und damit feste Einrichtungen i.S.d. § 12 AO darstellen. Je nach Tätigkeit wird gar ein Katalogbeispiel (z.B. § 12 S. 2 Nr. 2 – 4 AO) vorliegen. Die Erfüllung der Betriebsstättenmerkmale ist jedenfalls nicht ernstlich zu bezweifeln. In Betriebsstätten werden gewerbliche Tätigkeiten ausgeführt, deren Umsätze auch für Zwecke der Gewerbesteuer steuerbar sind, § 2 Abs. 1 S. 3 GewStG. Die Besteuerung erfolgt jedoch nicht bei der Betriebsstätte selbst (sie ist nicht Steuerschuldner, § 5 GewStG), sondern bei ihrem Stammhaus[745]. Es wird folglich erreicht, dass gewerbliche Tätigkeiten außerhalb des „Verrechnungsträgers" (der Mutter), selbst wenn sie aus zivilrechtlichen oder betriebswirtschaftlichen Gründen eigene Gesellschaften sein sollen, gewerbesteuerrechtlich lediglich Betriebsstätten der Stammhaus-Mutter sind.

Somit schafft *Hönle* durch sein Modell, dass ähnliche Konsequenzen wie durch die von der Rechtsprechung aufgegebene Unternehmenseinheit erreicht werden können. Die Überlegung, dass diese vergleichbaren Wirkungen durch eine Treuhandvereinbarung zwischen zwei Gesellschaftern einer dritten Treuhandgesellschaft herbeigeführt werden können, findet sich zwar bereits im angesprochenen Aufsatz[746]. Dessen Fokus liegt aber deutlich auf den nach *Hönle* nicht durch die BFH-Urteile zur Unternehmenseinheit verhinderten Wirkungen der Konstruktion. Ihre zivilrechtlichen Voraussetzungen werden erstaunlich knapp abgehandelt und als offensichtlich unproblematisch angesehen. Auch wird der Kommanditist als taugliches Mutterunternehmen angesehen[747], die Wirkungen des § 39 Abs. 2 AO werden nur beiläufig[748] angesprochen. Ein Grund für diese Verknappung ist, dass die Anforderungen des Modells in der Tat früher geringer waren. Man muss es sich noch einmal in Erinnerung rufen: Nicht, dass zwischen Mutter und

---

742 Markt- und Weihnachtsstände, FG Köln, Urt. v. 17.12.2001 – 3 K 2338/01, EFG 2002, 485; Spiel- und Warenautomaten, BFH, Urt. v. 16.09.1964 – IV B 164/64 U, BStBl. III 1965, 69; Taxistände, BFH, Urt. v. 18.10.1962 – IV 319/60 U, BStBl. III 1963, 38; Mülltonnen, BFH, Urt. v. 08.03.1988 – VIII R 270/81, BFH/NV 1988, 735.

743 Weitere Beispiele bei *Koenig*, in: *Pahlke/Koenig*, Abgabenordnung, § 12 Rn. 6.

744 Vgl. BFH, Urt. v. 17.09.2003 – I R 12/02, BStBl. II 2004, 396.

745 Dazu speziell in Treuhandkonstellationen *Kirsten/Matheja*, Treuhand und Treuhänder im Steuerrecht, S. 87.

746 *Hönle*, DB 1981, 1007, 1010.

747 Dazu bereits S. 131 ff.

748 *Hönle*, DB 1981, 1007, 1009.

Vehikel-Gesellschaft eine Treuhandverbindung vorliegt, ist entscheidend für die Funktionsfähigkeit der Konstruktion, sondern dass der Mitunternehmerstatus dieses Vehikels verloren geht. Die Treuhandverbindung ist lediglich ein gutes Instrument, ein Weg, um diese Eigenschaft verloren gehen zu lassen. Notwendig war sie jedoch nicht immer. Vielmehr wurde früher ein so genannter arbeitnehmerähnlicher Gesellschafter nicht als Mitunternehmer angesehen[749] und war damit einem heutigen Treuhänder im Modell vergleichbar. Das Ziel „Nicht-Mitunternehmerschaft" bedurfte also des Instruments „Treuhandverbindung" nicht. Dies änderte sich erst im Zuge einer Rechtsprechungsänderung[750]. Daher ist es nicht überraschend, dass sich *Hönles* Aufsatz hierauf noch nicht fokussiert.

Das Treuhandmodell als Nachfolger der gewerbesteuerlichen Unternehmenseinheit war durch ihn zwar gedacht, seine exakte Ausgestaltung wurde in der Folgezeit jedoch von der Literatur und der Beratungspraxis präzisiert.

b. 2. Phase: Stopp des Modells durch geänderte Verwaltungsauffassung und Bestätigung durch das Urteil FG Düsseldorf vom 19.04.2007[751]

In dieser Grundform wurde das Modell fast ein Vierteljahrhundert lang von der Beratungspraxis empfohlen, von Personengesellschaftskonzernen durchgeführt und von der Finanzverwaltung akzeptiert, bis schließlich im Jahr 2005 die Finanzverwaltung eine Kehrtwende machte und die Treuhand-KG als eigenständig sachlich gewerbesteuerpflichtig gemäß § 2 Abs. 1 GewStG ansah. Die OFD Hannover teilte das Ergebnis der Erörterungen der Abteilungsleiter (Steuern) der obersten Finanzbehörden des Bundes und der Länder mit[752]. Danach sei in einer nach dem Treuhandmodell strukturierten Unternehmensgruppe die Treuhand-KG zwar einkommensteuerlich keine Mitunternehmerschaft, so dass auch keine gesonderte und einheitliche Gewinnfeststellung durchzuführen sei[753]. Gewerbesteuerlich sei die KG hingegen eigener Steuergegenstand und Steuerschuldner. Es sei unbeachtlich, wem welche Einkünfte in welcher Höhe einkommensteuerrechtlich zuzurechnen seien[754]. Allein die (stets gegebene) gewerbliche

---

749 *Ley*, Ubg 2009, 260.

750 BFH, Urt. 21.02.1980 – I R 95/76, BStBl. II 1980, 465; *Ley*, Ubg 2009, 260.

751 16 K 4489/06 G, EFG 2007, 1097.

752 OFD Hannover, Gewerbesteuerliche Behandlung des Treuhandmodells v. 22.03.2005.

753 Insoweit gleichlautend mit den Ergebnis auf S. 64 ff. und S. 80 f.

754 Diese Formulierung der OFD Hannover ist ungenau, da – wie gesehen, S. 63 – nicht die Einkünfte zugerechnet werden. Das einzige, das im Treuhandmodell zugerechnet wird, ist der (typischerweise kleine) Kommanditanteil, § 39 Abs. 2 Nr. 1 S. 2 AO. Durch die so verhinderte Mitunternehmerschaft liegt kein Gewinnermittlungssubjekt

Tätigkeit des Unternehmens sei Voraussetzung der Gewerbesteuerpflicht. Diese Einschätzung stellte eine Neuauffassung von § 2 Abs. 1 GewStG dar: Es wird nicht auf das gesamte Regelungsregime des EStG zum Gewerbebetrieb, d.h. § 15 Abs. 1 – 3 EStG, abgestellt. Es wird vielmehr ein tätigkeitsspezifisches Verständnis angewandt. Allein die gewerbliche Betätigung unter eigenem Namen soll für die Annahme eines Gewerbebetriebs nach § 2 Abs. 1 GewStG genügen. Nach diesem Verständnis würde der Verweis dieser Norm auf § 15 Abs. 2 EStG begrenzt. Im Schreiben der OFD Hannover erfolgt diese Begrenzung weitgehend unbegründet. Einige Tage später folgte jedoch eine Verfügung der OFD Magdeburg[755], die diese Abkehr vom bisherigen Verständnis genauer erläuterte. Hervorgehoben werden insbesondere der Objektsteuercharakter der Gewerbesteuer sowie die Tatsache, dass die KG eine nach außen wirkende Personengesellschaft ist. Auch zur Steuerschuldnerschaft wird Stellung genommen: Nach § 5 Abs. 1 S. 1 GewStG sei der Unternehmer Schuldner der Gewerbesteuer. Unternehmer sei derjenige, für dessen Rechnung das Gewerbe betrieben wird. Allein dies, nicht hingegen das Vorliegen einer Mitunternehmerschaft, ist nach Ansicht der OFD Magdeburg entscheidend für die persönliche Steuerpflicht. Um zu bestimmen, auf wessen Rechnung das Gewerbe betrieben wird, rekurriert die OFD auf den Inhaber des Handelsgeschäfts. Dies ergebe sich aus R 35 Abs. 2 GewStR 1998[756]. Dass dieser Absatz seinem Wortlaut nach nur für atypische stille Gesellschaften gilt, wird nicht erwähnt. Inhaber des Handelsgeschäfts sei die Treuhand-KG selbst. Auch aus dem GewStG ergebe sich nichts anderes. § 5 Abs. 1 S. 3 GewStG nenne als Steuerschuldner die Personengesellschaft und verlange lediglich ob seines vollstreckungsrechtlichen Hintergrunds eine Personengesellschaft, die Gesellschaftsvermögen bilden *kann*[757]. Auch hier seien die bürgerlich-rechtlichen Vorgaben zum Vorliegen einer Personengesellschaft relevant, nicht die einkommensteuerrechtlichen zur Mitunternehmerschaft.

Beide Schreiben ließen die Fortführung solcher Treuhandkonstruktionen jedoch auch für die Zukunft bestehen (d.h. sie sahen die jeweiligen KGs auch weiterhin als nicht gewerbesteuerpflichtig an), die vor dem 18.09.2004 bekannt

auf Ebene der KG vor, dessen Einkünfte zugerechnet werden können. Sie entstehen originär bei der Muttergesellschaft.

755 OFD Magdeburg, Verfügung betr. gewerbesteuerliche Behandlung des so genannten Treuhandmodells v. 04.05.2005, DStR 2005, 867.

756 Jetzt R 5.1 Abs. 2 GewStR 2009.

757 So auch BFH, Urt. v. 12.11.1985 – VIII R 364/83, BStBl. II 1986, 311.

waren und anerkannt wurden[758]. Dies geschah aus Gründen des Vertrauensschutzes. Allerdings wurde dieser Bestandsschutz nicht personenbezogen im Hinblick auf Steuerpflichtige für deren gesamte zukünftige Strukturierungstätigkeiten, sondern nur für bereits erfolgte Ausgliederungen und Neugründungen nach dem Modell gewährt. Unternehmen, die vor dem 18.09.2004 das Modell etablierten, mussten diesbezüglich also eine gewisse Zementierung ihrer Konzernstruktur hinnehmen. Änderten sie sie, verloren sie ihren von der Finanzverwaltung eingeräumten Bestandsschutz[759].

Damit war das über mehrere Jahrzehnte praktizierte Treuhandmodell faktisch unbrauchbar. Die auf S. 73 ff. aufgeführten Probleme, die mit einer eigenen Steuerpflicht der Treuhand-KG (auch wenn sie sich lediglich auf die Gewerbesteuer bezog) einhergingen, verhinderten eine sinnvolle Anwendung. Wie nicht anders zu erwarten, wurden Gewerbesteuermessbescheide, die nach dieser Verwaltungsansicht trotz Unternehmensstrukturierungen nach dem Treuhandmodell eine Gewerbesteuerpflicht für die KG annahmen, nach erfolglosem Einspruchsverfahren im Klageweg angefochten. Im Folgenden wird der Verfahrensgang des Sachverhalts dargestellt[760], der in dem BFH-Urteil[761] zur Wiederanerkennung des Modells kulminiert. Anhand dieses Urteils und seinem Bezug auf die Vorinstanz[762] können die Argumente für und gegen eine eigene Gewerbesteuerpflicht der KG anschaulich dargestellt und im gleichen Schritt bewertet werden.

Klägerin war die XA-GmbH[763]. Sie war Rechtsnachfolgerin der gewerblich tätigen XA-GmbH & Co. KG, an der die X-KG als Komplementärin mit einem Anteil von 99,99 % und die A-GmbH als Kommanditistin zu 0,01 % beteiligt war. Zwischen der X-KG und der A-GmbH wurde ein Vertrag geschlossen, nach welchem die A-GmbH ihren Kommanditanteil als Treuhänderin für Rechnung und Gefahr der X-KG hielt. Diese war gegenüber jener weisungs- und herausgabebefugt. Eine

758 OFD Magdeburg, Verfügung betr. gewerbesteuerliche Behandlung des so genannten Treuhandmodells v. 04.05.2005, DStR 2005, 867; OFD Hannover, Gewerbesteuerliche Behandlung des Treuhandmodells v. 22.03.2005.

759 OFD Hannover, Gewerbesteuerliche Behandlung des Treuhandmodells v. 22.03.2005.

760 Der Sachverhalt wird verkürzt wiedergegeben. Nur diejenigen der zahlreich erfolgten Abspaltungs- und Verschmelzungsvorgänge innerhalb des Konzerns, die die zentrale Frage nach der Gewerbesteuerpflicht der KG berühren, werden erwähnt.

761 BFH, Urt. v. 03.02.2010 – IV R 26/07, BStBl. II 2010, 751.

762 FG Düsseldorf, Urt. v. 19.04.2007 – 16 K 4489/06 G, EFG 2007, 1097.

763 Die verwendeten Firmenbezeichnungen und Abkürzungen differieren zwischen den Urteilen des FG und des BFH. Um Missverständnisse zu vermeiden, werden hier und im Folgenden einheitlich die vom BFH benutzten Abkürzungen verwendet.

Vollmacht sicherte die Befugnis zur Stimmrechtsausübung zu. Im Gegenzug wurde die A-GmbH von allen Verpflichtungen, die sich im Zusammenhang mit der Kommanditbeteiligung ergeben können, freigestellt. Auch die Bareinlage in Höhe von EUR 10,- musste nicht von ihr, sondern von der X-KG erfüllt werden.

Die im Dezember 2005 von der XA-GmbH & Co. KG eingereichte Gewerbesteuererklärung für 2004 wies einen Gewerbeertrag von 0 aus, da man sich aufgrund oben dargestellter Struktur lediglich als Betriebsstätte der X-KG sah. Das später beklagte und revisionsbeklagte Finanzamt wandte jedoch die mittlerweile geänderte Verwaltungsauffassung an und setzte gegenüber der XA-GmbH & Co. KG einen Gewerbesteuermessbescheid mit einem Messbetrag in Höhe von EUR 141.370,- fest. Nachdem der dagegen fristgemäß erfolgte Einspruch der XA-GmbH & Co. KG als unbegründet zurückgewiesen wurde, kam es zur finanzgerichtlichen Klage. In dieser beantragte die XA-GmbH, den Gewerbesteuermessbescheid aufzuheben; das beklagte Finanzamt beantragte, die Klage abzuweisen.

Die Positionen der Parteien dürften wenig überraschen: Während sich die XA-GmbH auf die durch jahrelange Praxis anerkannte Ansicht stützte, die Treuhand-KG (hier XA-GmbH & Co. KG) könne mangels Vorliegen einer Mitunternehmerschaft keine eigenständige Gewerbesteuerpflicht treffen, berief sich das beklagte Finanzamt auf die Verfügungen der Oberfinanzdirektionen, nach denen allein die bürgerlich-rechtlichen Vorgaben zum Vorliegen einer Personengesellschaft relevant seien. Zu diesem Sachverhalt hatte das FG Düsseldorf zu entscheiden.

Bereits die Person der Klägerin – bzw. genauer gesagt ihre Rechtsform – mutet auf den ersten Blick merkwürdig an. Die geänderte Verwaltungsauffassung betraf die Gewerbesteuerpflicht der Treuhand-KG. Gegen diese musste daher ein Gewerbesteuermessbescheid ergehen, so dass sie auch aktiv legitimierte Klägerin wäre. Klägerin ist hier aber eine GmbH, die nicht die Funktion der Treuhand-KG erfüllen kann[764]. Dies lässt sich jedoch mit der am 08.08.2006 erfolgten Verschmelzung der XA-GmbH & Co. KG auf die XA-GmbH und ihrer damit einhergehenden Gesamtrechtsnachfolgerschaft erklären. Möglich, dass diese Verschmelzung bereits eine Reaktion auf die zwischenzeitliche Nichtanerkennung des Treuhandmodells war. Denn auch die XA-GmbH & Co. KG ist ihrerseits durch eine Ausgliederung eines Teilbetriebs ihrer Komplementärin (der X-KG) hervorgegangen. Man hat hier die Vorteile einer gemeinsamen steuerlichen

764 Siehe oben S. 29; darüber hinaus wäre es bei Bestehen einer GmbH ohnehin möglich, eine Organschaft mit der GmbH als Organgesellschaft zu etablieren.

Vermögensphäre[765] nutzen wollen. Durch die drohenden Nachteile der selbständigen Gewerbesteuerpflicht der XA-GmbH & Co. KG wird dieser Vorteil aber wohl nicht mehr überwogen haben, so dass man sich zu einer auch steuerlichen Trennung der Vermögensbereiche von Mutter und Treuhandgesellschaft entschieden hat. Dieses zweigleisige Vorgehen – eine „sich fügende" Reaktion in der Unternehmensstruktur, in der das Treuhandmodell beendet wird bei gleichzeitigem Vorgehen im Klagewege – ist nachvollziehbar. Dennoch zeigt es, dass die geänderte Auffassung der Finanzverwaltung letztlich trotz Niederlage vor dem BFH ein zumindest temporärer Erfolg war. Es wurde verhindert, dass zwischen 2005 und 2010 weitere Treuhandmodelle realisiert wurden. Mehr noch: Auch davor bestehende wurden durch Verschmelzungsvorgänge beendet[766]. Interessant ist diesem Zusammenhang, dass sowohl der Abschluss der Treuhandvereinbarung als auch die Abspaltung und deren Eintragung sämtlich im August 2004 erfolgten. Sie lagen somit vor dem Stichtag (18.09.2004), den die Oberfinanzdirektionen als für den Bestandsschutz relevant festlegten. Offensichtlich wurden die Voraussetzungen „bekannt und anerkannt" aus den Schreiben[767] eng und aus Sicht der Finanzverwaltung ausgelegt. „Bekannt und anerkannt" war ein Treuhandmodell nicht bereits dann, wenn es die zugrunde liegenden Konzernstrukturen gesellschaftsvertraglich festgelegt, durchgeführt und eingetragen waren, sondern erst, wenn das zuständige Finanzamt einen Gewerbesteuermessbescheid gegenüber der Mutter erließ, in dem auch die gewerbliche Tätigkeit der Treuhand-KG berücksichtigt wurde[768]. Erst dieser Bescheid enthielt konkludent die Festsetzung, dass dieser Ertrag nicht bei der KG anfällt. Dies war im streitgegenständlichen Verfahren nicht vor dem 18.09.2004 geschehen.

Das FG Düsseldorf hielt die zulässige Klage für nicht begründet und bejahte ebenfalls die eigenständige Gewerbesteuerpflicht der Treuhandgesellschaft. Im Urteil wird – im Gegensatz zu den angesprochenen Verfügungen der Oberfinanzdirektionen – in der Prüfung und Begründung zwischen sachlicher und persönlicher Steuerpflicht differenziert.

---

765 Siehe S. 60 ff.

766 Der Vertrauensschutz erstreckte sich nur auf bestehende Treuhandstrukturen, etwaige Umstrukturierungen hätten und haben ihn zerstört.

767 OFD Hannover, Gewerbesteuerliche Behandlung des Treuhandmodells v. 22.03.2005; OFD Magdeburg, Verfügung betr. gewerbesteuerliche Behandlung des so genannten Treuhandmodells v. 04.05.2005, DStR 2005, 867.

768 OFD Magdeburg, Verfügung betr. gewerbesteuerliche Behandlung des so genannten Treuhandmodells v. 04.05.2005, DStR 2005, 867.

Erstere folge aus § 2 Abs. 1 GewStG i.V.m. § 15 Abs. 1 S. 1 Nr. 1, Abs. 2 EStG. Beachtenswert ist, dass das Finanzgericht zunächst mit Bezug auf die Rechtsprechung des BFH[769] konstatiert, dass die Verweisung des § 2 Abs. 1 S. 2 GewStG sich nicht nur auf § 15 Abs. 2 EStG, sondern auch auf die Absätze 1 und 3 bezieht. Danach kann auch für das FG Düsseldorf die unbestritten vorliegende gewerbliche Tätigkeit der XA-GmbH & Co. KG (später XA-GmbH) nicht allein ausreichend für die sachliche Gewerbesteuerpflicht sein. An dieser Stelle folgt das Gericht also nicht dem ausschließlich tätigkeitsbezogenen Argumentationsmuster der Finanzverwaltung. Und auch andere Fragen im Zusammenhang des Treuhandmodells werden wie bis dato beurteilt. So sieht das Gericht – jeweils unter Berufung auf die BFH-Rechtsprechung – den Kommanditisten nicht als Mitunternehmer der Treuhandgesellschaft[770] und diese folglich auch nicht als eigenständiges Gewinnermittlungssubjekt im Sinne der Einkommensteuer[771] an. Für die eigentliche Problematik des Sachverhalts – die Gewerbesteuerpflicht der Treuhandgesellschaft – bereitet das Urteil die dazu vertretenen, unterschiedlichen Literaturmeinungen auf und verweist unter Erwähnung auf bis zum damaligen Zeitpunkt fehlende höchstrichterliche Entscheidungen[772] auf ein Urteil des FG Saarbrücken[773], das die Ein-Unternehmer-Treuhandgesellschaft ungeachtet ihrer fehlenden Qualifikation als Mitunternehmerschaft für eigenständig gewerbesteuerpflichtig erachtete. Begründet wurde diese Ansicht in erster Linie unter Verweis auf die eigene Rechtsfähigkeit (§ 161 Abs. 2 i.V.m. § 124 HGB) der KG. Dass eine Auslegung der §§ 2, 5 GewStG dahingehend, dass die dort normierte Pflicht allein an die Rechtsfähigkeit einer Person anschließt, angreifbar ist, wird sich unten in der Wiedergabe der Revisionsentscheidung des BFH zeigen. Das FG Düsseldorf nimmt im Folgenden an, dass die Treuhand-KG einen eigenständigen Gewerbesteuergegenstand bildet. Bei unbedarfter erstmaliger Lektüre

769 BFH, Beschl. v. 03.05.1993 – GrS 3/92, BStBl. II 1993, 616.

770 Dazu BFH, Beschl. v. 25.02.1991 – GrS 7/89, BStBl. II 1991, 691; BFH, Urt. v. 01.10.1992 – IV R 130/90, BStBl. II 1993, 574; BFH, Urt. v. 10.12.1992 – XI R 45/88, BStBl. II 1993, 538; BFH, Urt. v. 16.05.1995 – VIII R 18/93, BStBl. II 1995, 714; BFH, Urt. v. 12.10.1999 – VIII R 67/98, BFH/NV 2000, 427.

771 Dazu BFH, Urt. v. 05.06.1986 – IV R 53/82, BStBl. II 1986, 798; BFH, Urt. v. 01.10.1992 – IV R 130/90, BStBl. II 1993, 574.

772 Zitiert werden allerdings zwei *obiter dicta*, die einmal in Richtung einer eigenständigen Gewerbesteuerpflicht deuten, vgl. BFH, Urt. v. 11.06.1985 – VIII R 252/80, BStBl. II 1987, 33 m. Anm. HFR 1986, 71, 72; ein anderes Mal das Gegenteil für jedenfalls „denkbar“ erachten, vgl. BFH, Urt. v. 10.11.1983 – IV R 56/80, BStBl. II 1984, 150.

773 FG Saarbrücken, Urt. v. 16.04.1986 – I 226/84, EFG, 1986, 413.

überrascht diese Betrachtungsweise, denn schließlich sieht auch das Finanzgericht in § 2 Abs. 1 S. 2 GewStG einen umfangreichen Verweis auf § 15 EStG und verneint für die KG das Vorliegen einer Mitunternehmerschaft. So bedient sich das Gericht auch eines Kunstgriffes, um zu obigem Schluss zu kommen: Es behandelt die Personengesellschaft als „faktisches Einzelunternehmen“[774] seiner Mutter. Völlig abwegig ist das nicht: Irgendwie muss die nichtmitunternehmerschaftliche Personengesellschaft steuerrechtlich qualifiziert werden. Indem sich das Gericht für die Charakterisierung als „faktisches Einzelunternehmen“ entscheidet[775], betont es die Nähe zum „richtigen“ Einzelunternehmen (der natürlichen Person), das grundsätzlich mehrere Gewerbebetriebe unterhalten kann[776]. Durch die in gleichem Maße gewonnene Distinktion zu Kapitalgesellschaften[777] und Personenhandelsgesellschaften soll die gewerbesteuerliche Hürde umgangen werden, dass diese grundsätzlich einen einheitlichen Gewerbebetrieb bilden[778]. Denn, so argumentiert das Gericht, werden gewerbliche Tätigkeiten nicht unter dem Mantel einer Kapital- oder Personenhandelsgesellschaft ausgeübt, sondern eben unter einem „faktischen Einzelunternehmen“, sei oben erwähnte Einheitsbetrachtung (mit ggf. zum Einheitsgewerbebetrieb zugehörigen Betriebsstätten) nicht durchzuführen. Vielmehr sei auf allgemeine Abgrenzungskriterien für die Frage einer sachlichen Selbständigkeit zurückzugreifen. Dafür werden zwei Schlagworte bemüht: Objektsteuercharakter und Organschaftswirkungen.

Die Gewerbesteuer sei eine Objektsteuer[779]. Trete eine handelsrechtlich wirksam begründete (GmbH & Co) KG mit eigener Rechtsfähigkeit und individualisierter Firmenbezeichnung im Rechtsverkehr auf, so sei sie eigenständig und als ein solches eigenständiges Objekt auch der Objektsteuer unterworfen. Dieser Gedanke führe die Anmerkungen des BFH im Urteil zur Beseitigung der

---

774 Warum sich das Gericht entschloss, die XA-GmbH & Co. KG als „Tochtergesellschaft“ (Anführungszeichen im Original) zu bezeichnen, obwohl eine Tochter*gesellschaft*, deren Vorliegen sich nach Gesellschaftsrecht richtet, zweifellos vorliegt, ist unklar. Seinem weiteren Argumentationsmuster folgend müsste er das zivilrechtliche Bestehen gerade nicht durch typographische Ergänzungen relativieren, sondern im Gegenteil herausstellen.

775 Es führt damit aber im Gegensatz zur Alternative – der Qualifizierung als Betriebsstätte – einen nicht kodifizierten *terminus* ein.

776 R 2.4 Abs. 1 GewStR 2009; BFH, Urt. v. 09.08.1989 – X R 130/87, BStBl. II 1989, 901.

777 Die A-KG wuchs zwischenzeitlich auf die C-GmbH an, die ihre Rechtsnachfolgerin wurde.

778 Vgl. R 2.4 Abs. 3, 4 GewStR 2009.

779 Siehe bereits oben S. 91 ff. zu den Charakteristika der Gewerbesteuer.

Unternehmenseinheit[780] konsequent fort. Hier wie dort sei die zivilrechtliche Identifikation einer Gesellschaft als Rechtssubjekt entscheidend. In der Unternehmenseinheit seien dies die sich zusammenschließenden Gesellschaften gewesen, nicht die abstrakte Einheit selbst. Der BFH habe daher auch die Gesellschaften und nicht die Einheit für Gewerbesteuersubjekte erklärt. Im Treuhandmodell sei die Treuhand-KG das vom Rechtsverkehr identifizierte handelnde Rechtssubjekt. Folgerichtig müsse auch sie Gewerbesteuersubjekt sein.

Dass sich das FG Düsseldorf auf das BFH-Urteil zur Unternehmenseinheit[781] bezieht, überrascht, ist dies doch das Urteil, aufgrund dessen *Hönle* das Treuhandmodell überhaupt erst erdacht hat. Dieses sollte also gerade nicht der Unternehmenseinheit vergleichbar sein, sondern sich durch die oben genannten Modifikationen, insbesondere die Haftungssicherheit durch die zivilrechtlich bestehende Treuhandgesellschaft, von ihr abgrenzen. Es erstaunt, dass das FG Düsseldorf für das Alternativmodell (= Treuhandmodell) trotzdem das zum „alten" Modell (= Unternehmenseinheit) ergangene Urteil für fruchtbar hält, denn die Sachverhalte und Voraussetzungen beider Modelle sind so unterschiedlich, dass eine Fortführung der Gedanken nicht eben nahe liegt. Der Rechtsverkehr konnte im Falle der alten Unternehmenseinheit dieses Abstraktum weit schwerer als handelndes Rechtssubjekt – es war schließlich keines – identifizieren, als die Treuhand-KG – sie ist schließlich eines – im Treuhandmodell. Wenn ein Modell, das auf die damaligen Angriffspunkte der Rechtsprechung reagiert und sie auszumerzen sucht, später von der Rechtsprechung mit Verweis auf eine Rechtsprechungstradition unter Berücksichtigung der gleichen Argumente wiederum für nicht tragfähig erklärt wird, bestehen zwei Möglichkeiten. Entweder, die Reaktion in Gestalt des Treuhandmodells auf das alte Einheitsmodell war tatsächlich ungenügend, so dass die Kritikpunkte weiter fortbestanden und deshalb auch gleichbleibende Gründe angeführt werden konnten. Oder, und das ist nach dem auf S. 195 ff. Gesagten überzeugender, das Gericht missachtet diese Weiterentwicklung in recht deutlicher Manier und wird seinen Neuerungen somit nicht gerecht.

Im zweiten Argumentationsstrang konzentriert sich das FG Düsseldorf auf die Wirkungen des Treuhandmodells. Es geht insbesondere auf die Möglichkeit ein, Ergebnisse zwischen den Gesellschaften auch gewerbesteuerlich zu konsolidieren. Diese Verrechnung ähnele der einer gewerbesteuerlichen Organschaft (vgl. § 2 Abs. 2 S. 2 GewStG). Diese sei aber im deutschen Steuerrecht

---

780 BFH, Urt. v. 21.02.1980 – I R 95/76, BStBl. II 1980, 465 ff.

781 BFH, Urt. v. 21.02.1980 – I R 95/76, BStBl. II 1980, 465 ff.

nicht grundsätzlich vorgesehen, sondern im Gegenteil ein enger Ausnahmefall. Gewöhnlich würde jedes rechtlich selbständige Unternehmen mit seinem eigenen Gewinn besteuert. Hier wählt das Gericht also im Vergleich zur vorherigen Argumentation eine methodisch völlig andere Herangehensweise. Indem es organschaftsähnliche Ergebniskonsolidierungen als eng begrenzte Ausnahmefälle ansieht, die besonderer Kodifikation bedürften, argumentiert es vom Ergebnis her: Für den hypothetischen Fall, dass das Treuhandmodell wirken solle, träten Folgen ein, die vom Gesetzgeber nicht vorhergesehen und vermutlich auch nicht gewollt seien. Das bei Anerkennung des Modells eintretende Ergebnis wird somit als Argument gegen die Anerkennung selbst eingesetzt – ein für die gerichtliche Steuerrechtspraxis, die die Folgen ihres Handelns nicht außer Acht lassen darf, grundsätzlich statthaftes, wenn auch ungewöhnliches, weil eher induktives Vorgehen[782].

Auf die persönliche Steuerpflicht geht das Finanzgericht getrennt, aber nur kurz ein. Seiner Auffassung nach muss eine Personengesellschaft lediglich ihrer Rechtsform nach in der Lage sein, über Gesamthandsvermögen zu verfügen. Ob sie es auch tatsächlich tut, sei für die Auslegung von § 5 Abs. 1 S. 3 GewStG irrelevant. Eine KG sei jedoch zur eigenen Vermögensbildung in der Lage (§ 161 Abs. 2 i.V.m. § 124 HGB) und deshalb bei eigener gewerblicher Tätigkeit, wie sie bei der früheren XA GmbH & Co. KG zweifelsfrei vorgelegen habe, auch in sachlicher Hinsicht gewerbesteuerpflichtig.

Zuletzt erwähnt das Urteil das Problem, dass bei eigenständiger Gewerbesteuerpflicht der KG deren Gewerbeerträge doppelt besteuert würden: einmal auf Ebene der KG, einmal auf Ebene ihrer Mutter. Das liegt daran, dass auch nach Meinung des Finanzgerichts die KG ein einkommensteuerrechtliches *nullum* ist, ihre Gewinne hier also originär als einkommensteuerlicher Gewinn der Mutter anfallen. Wenn das Gewerbesteuerrecht in § 7 GewStG aber den einkommensteuerlichen Gewinn als maßgeblich auch für die gewerbesteuerrechtliche Bemessungsgrundlage ansieht, so erhöht sich diese Bemessungsgrundlage der Mutter um die Gewinne der KG – auch wenn diese nach Ansicht des Finanzgerichts bereits bei der KG selbst besteuert werden mussten. Um dieses Problem zu umgehen, empfiehlt das Gericht eine analoge Anwendung der Kürzungsvorschriften des § 9 Nr. 2 S. 1 GewStG.

782 In Rechtswissenschaft und Justiz wird aufgrund der gebotenen Gesetzesauslegung meist deduktiv, d.h. vom Allgemeinen auf das Spezielle schließend vorgegangen.

Erwartungsgemäß riefen die geänderte Auffassung der Finanzverwaltung[783] und deren Bestätigung durch das Urteil des FG Düsseldorf[784] Unverständnis und Ablehnung in der Praxis hervor. Auch die klagende XA-GmbH legte gegen das Urteil Revision beim BFH ein.

c. 3. Phase: Wiederanerkennung durch BFH-Urteil vom 03.02.2010[785]

So wurde im Jahr 2010 durch den 4. Senat des BFH erstmalig höchstrichterlich zu dem Treuhandmodell Stellung genommen[786]. Der Senat gab der Revision statt. Das Urteil geht dabei detailliert sowohl auf die in den OFD-Verfügungen (und wohl auch den im Prozess von der Finanzverwaltung) hervorgebrachten Argumente als auch auf das vorinstanzliche Urteil ein. Dabei entkräftet der BFH all diese Darlegungen systematisch.

Nach recht ausführlichen, aber einzelfallspezifischen Anmerkungen zur Zulässigkeit beginnt der Senat mit der Auslegung des § 5 Abs. 1 GewStG. Die Untersuchung der persönlichen Gewerbesteuerpflicht bleibt zentraler Punkt des gesamten Urteils. Die Auslegung erfolgt methodisch schulmäßig: mit der grammatikalischen, systematischen, der historischen und teleologischen Auseinandersetzung der Norm werden die üblichen *topoi* bemüht.

Insbesondere die Auslegung[787] der Norm nach ihrer geschichtlichen Entwicklung ist aufschlussreich. Die Steuerschuldnerschaft und § 5 GewStG wurden in den letzten Jahrzehnten zweimal reformiert – einmal direkt und einmal indirekt. Bis 1976 waren gemäß § 5 Abs. 1 S. 3 GewStG bei von mehreren Personen geführten Gewerbebetrieben diese Personen Gesamtschuldner der Steuer und hafteten, soweit sie dies auch zivilrechtlich taten[788]. Dies eröffnete eine persönliche Schuldnerschaft der Gesellschafter, die neben die mitunternehmerschaftliche Schuldnerschaft (§ 5 Abs. 1 S. 1, 2 GewStG), die nach der Rechtsprechung[789] eine Vollstreckung in das Gesamthandsvermögen ermöglichte, trat. Eine Personengesellschaft selbst hingegen war nach dieser Rechtsprechung nie Schuldnerin der Gewerbesteuer.

---

783 *Brandenberg*, in: *Arbeitsgemeinschaft der Fachanwälte für Steuerrecht*, Jahrbuch der Fachanwälte für Steuerrecht 2005/2006, S. 357, 366 f.; *Kroppen*, in: *Arbeitsgemeinschaft der Fachanwälte für Steuerrecht*, Jahrbuch der Fachanwälte für Steuerrecht 2005/2006, S. 679, 686; *Rödder*, DStR 2005, 955, 957; *Suchanek*, FR 2005, 559, 560.

784 *Benz/Grundke*, StuW 2009, 151, 162; *Ley*, Ubg 2009, 260, 261 f.

785 IV R 26/07, BStBl. II 2010, 751.

786 BFH, Urt. v. 03.02.2010 – IV R 26/07, BStBl. II 2010, 751.

787 Zum Folgenden BFH, Urt. v. 03.02.2010 – IV R 26/07 Rz. 33 ff., BStBl. II 2010, 751.

788 BFH, Urt. v. 03.02.2010 – IV R 26/07 Rz. 33, BStBl. II 2010, 751.

789 BFH, Urt. v. 21.02.1980 – I R 95/76, BStBl. II 1980, 465.

Eine unmittelbare Änderung erfuhr § 5 GewStG durch das EGAO 1977[790]. Bedeutende Änderung war, dass nun die Gesellschaft selbst in einigen Fällen als Steuerschuldner angesehen wurde. Welche Fälle dies waren, wurde durch einen Verweis auf § 2 Abs. 2 Nr. 1 GewStG (1977) präzisiert. Damals regelte diese Norm, dass als Gewerbebetrieb stets und in vollem Umfang die Tätigkeit einer OHG, KG oder anderen Gesellschaft gilt, *bei denen die Gesellschafter als Unternehmer (Mitunternehmer) anzusehen sind*; mithin also die sog. Abfärberegelung, die mittlerweile modifiziert in § 15 Abs. 3 Nr. 1 EStG verortet ist. Damit war bei *mitunternehmerschaftlichen* Gesellschaften die Vollstreckungsmöglichkeit in das Gesellschaftsvermögen kodifiziert. Ferner konnten Gewerbesteuer(mess)bescheide direkt an die Gesellschaft gerichtet werden.

Eine weitere Modifikation des § 5 GewStG war indirekter Art. Der in Bezug genommene § 2 Abs. 2 Nr. 1 GewStG wurde im Zuge einer Neuorganisation der Abfärbe- und Geprägenormen als entbehrlich gestrichen[791]. Entbehrlich deswegen, weil die Norm in § 15 EStG (als § 15 Abs. 3 Nr. 1 EStG) integriert wurde. Dies geschah laut Gesetzesbegründung „aus rechtssystematischen Gründen“[792] und ohne „materielle Rechtsänderung“[793]. Wenn ein Regelungsgegenstand aber vom GewStG in das EStG transferiert wird, ohne dass sich dadurch materielle Änderungen ergeben sollen, so ist die einzige logische Konsequenz, dass das GewStG auch weiterhin auf die Norm, jetzt also einen Teil des EStG, Bezug nehmen muss. Der Gesetzgeber ging also davon aus, dass zum einen § 2 GewStG direkt auf § 15 EStG (und zwar nicht nur § 15 Abs. 2 EStG, sondern jedenfalls inklusive des 1986 neu gefassten § 15 Abs. 3 Nr. 1 EStG) rekurriert[794], zum anderen § 5 Abs. 1 S. 3 GewStG – und das ist bemerkenswerter – dasselbe tut. Dies zeigt folgender Gedankengang: Da § 2 Abs. 2 Nr. 1 GewStG nicht mehr existierte, musste er auch aus dem auf ihn verweisenden § 5 Abs. 1 S. 3 GewStG gestrichen werden. Auch dies geschah lediglich als Folgeänderung „redaktioneller Art“[795]. War vorher der Verweis in § 5 GewStG auf die Abfärberegelung ausdrücklich kodifiziert, so musste er nun hineingelesen werden – materiell sollte sich schließlich nichts

790 Einführungsgesetz zur Abgabenordnung 1977, Ges. vom 14.12.1976, BGBl. I 1976, 3341, BStBl. I 1976, 694.

791 Dies geschah durch das Steuerbereinigungsgesetz 1986, Ges. v. 19.12.1985, BGBl. I 1985, 1985, 2436, siehe auch bereits oben Fn. 733.

792 Gesetzentwurf zur vordringlichen Regelung von Fragen der Besteuerung von Personengesellschaften, BT-Drucks. 10/3663, S. 8.

793 BT-Drucks. 10/3663, S. 8.

794 So wurde es dann ja auch in § 2 Abs. 1 S. 2 GewStG kodifiziert.

795 BT-Drucks. 10/3663, S. 8.

ändern. Interessant ist daran, dass der Verweis in § 5 GewStG ersatzlos gestrichen wurde, während die Abfärberegelung lediglich ins EStG „gewandert" ist. Ebenso gut hätte der Gesetzgeber den Verweis einfach anpassen können (auf § 15 Abs. 3 Nr. 1 EStG anstelle von § 2 Abs. 2 Nr. 1 GewStG), anstatt ihn zu streichen. Indem er aber gerade letzteres tat, offenbarte er, der keine materielle Rechtsänderung wollte, dass er die Anknüpfung von § 5 GewStG an § 15 EStG nicht nur für einschlägig, sondern für selbstverständlicher hielt als die an § 2 GewStG. Historisch betrachtet war und ist die Anknüpfung nicht nur der sachlichen, sondern auch der persönlichen Gewerbesteuerpflicht an das EStG der Normalfall und die Mitunternehmerschaft damit stets auch eine dem GewStG immanente Figur.

Neben historischen, bzw. historisch-systematischen Gründen führt der Senat auch eine systematische Auslegung der gewerbesteuerrechtlichen Normen im *status quo* durch. Hierbei verweist er insbesondere auf drei Punkte: Erstens die Einbeziehung von Sonderbetriebseinnahmen und -ausgaben in den Gewerbeertrag, zweitens den Verlustabzug nach § 10a GewStG und drittens die Berechnung des Gewerbeertrags allgemein gemäß § 7 GewStG.

Ad 1: Die allgemeine Meinung bildet den Gewerbeertrag einer Gesellschaft nicht nur aus deren Ergebnis, sondern sieht etwaige Sonderbetriebseinnahmen und -ausgaben sowie Sondervergütungen an Gesellschafter als mitumfasst an[796]. Aus dieser Tatsache entwickelt der BFH den Schluss bzw. die Prämisse, dass Mitunternehmer eines Betriebs auch gewerbesteuerrechtlich selbst als Unternehmer anzuerkennen sind. Dieser Argumentation ist zuzugeben, dass das Ergebnis (= Sonderbetriebseinnahmen sind inklusive) nur dann einleuchtend ist, wenn auch eine passende Grundlage dafür besteht. Grundlage für die Existenz von Sonderbetriebseinnahmen und ausgaben ist eine (Mit-)Unternehmerschaft (vgl. § 15 Abs. 1 S. 1 Nr. 2 S. 1 a.E. EStG)[797]. Der Gedankengang des BFH ist daher durchaus stringent, für den speziellen Fall des Treuhandmodells allerdings nicht ergiebig. Ist ein in Frage stehendes Gewerbesteuersubjekt eine Personengesellschaft und gleichzeitig auch eine Mitunternehmerschaft, stellt sich das Problem, wie mit Sonderergebnissen der Mitunternehmer gewerbesteuerrechtlich umzugehen ist. Will man erreichen, dass diese Ergebnisse der Mitunternehmer gewerbesteuerlich zum Ertrag zählen, so ist es in der Tat geboten, die Mitunternehmer auch gewerbesteuerlich als Unternehmer anzusehen. Ist das in Frage stehende Gewerbesteuersubjekt hingegen wie im vorliegenden Fall

---

796 BFH, Urt. v. 03.02.2010 – IV R 26/07, BStBl. II 2010, 751; *Montag*, in: *Lang/Seer/Tipke* (Hrsg.), Steuerrecht, 2013a. Rn. 21 m.w.N.

797 *Bode*, in: *Blümich*, EStG, § 15 Rn. 458.

zwar eine Personengesellschaft, aber keine Mitunternehmerschaft, tritt das Problem der Sonderergebnisse schon einkommensteuerrechtlich überhaupt nicht auf. Dann kann aber auch die gefundene Folge nicht zwingend sein. Die Lösung (= „Sonderbetriebseinnahmen sind inklusive") des Problems ist kein Argument für Fälle, in denen bereits das Problem überhaupt nicht besteht. In dieser Hinsicht wäre eine nichtmitunternehmerschaftliche Personengesellschaft, bei der keine Sonderergebnisse anfallen können, sogar ein einfacher zu handhabendes Gewerbesteuersubjekt. Aufgezeigter Argumentationsstrang besagt daher nur, dass wenn im Einkommensteuerrecht Mitunternehmer bestehen, diese auch im Gewerbesteuerrecht Unternehmer des Betriebs sein müssen. Was im umgekehrten Fall geschieht, in dem keine Mitunternehmer gegeben sind, ist damit jedoch noch nicht gesagt.

Möglicherweise erkannte der BFH dies ebenfalls. Er verwendet dieses Argument daher auch nicht unmittelbar dazu, die Treuhand-KG als nicht gewerbesteuerpflichtig anzusehen, sondern beschreitet einen Umweg für sein eigentliches Argument. Dieser Umweg besteht im impliziten Etablieren eines Gleichlaufs von Mitunternehmer (§ 15 Abs. 1 S. 1 Nr. 2 EStG) und Unternehmer (§ 5 Abs. 1 S. 1, 2 GewStG), das er sogleich weiterführt.

Ad 2: Neben der Einbeziehung von Sonderergebnissen führt der Senat § 10a GewStG als weiteren Grund dafür an, dass die (Mit-)Unternehmerschaft einkommen- und gewerbesteuerrechtlich gleichläuft. § 10a GewStG regelt den gewerbesteuerlichen Verlustabzug und ist damit eine Parallelvorschrift des § 10d EStG[798]. Sie erlaubt die Kürzung des nach §§ 7–10 GewStG errechneten Gewerbeertrags um etwaige Fehlbeträge, die sich in den vorangegangenen Erhebungszeiträumen ergaben. Ebenso wie im Einkommensteuerrecht[799] sollen auch hier die Härten des Periodizitätsprinzips abgemildert werden[800]. Fraglich ist jedoch, wem diese Verlustabzugsmöglichkeit offen steht. Nähme man den Objektsteuercharakter des Gewerbesteuerrechts ernst, so käme allein der Steuergegenstand, also der Gewerbebetrieb als solcher in Betracht. Im Gegensatz dazu haben Verwaltung[801] und

---

798 Sie ist jedoch nicht identisch mit ihr, so ist ein Verlustrücktrag im Gewerbesteuerrecht z.B. nicht möglich.

799 Dazu *Ismer*, in: *Hey*, Einkünfteermittlung, S. 91, 117.

800 *Montag*, in: *Tipke/Lang*, Steuerrecht, § 12 Rn. 36; allerdings ist durch Einführung der sog. Mindestbesteuerung, die die Kürzung bei Beträgen von über EUR 1 Mio. auf 60 % des übersteigenden Betrags begrenzt, eine vollständige Abmilderung dieses Prinzips nicht mehr gegeben, zur verfassungsrechtlichen Problematik siehe *Lang/Englisch*, StuW 2005, 3.

801 R 10a.3 GewStR 2009.

BFH[802] jedoch das Kriterium der Unternehmeridentität aufgestellt bzw. unmittelbar aus § 10a S. 8 (ehemals S. 2) GewStG i.V.m. § 2 Abs. 5 GewStG gelesen. Danach kann ein Gewerbetreibender den Verlustabzug nur dann in Anspruch nehmen, wenn er den Gewerbeverlust zuvor in eigener Person erlitten hat – § 10a GewStG wird personenbezogen ausgelegt. Mehr noch: Seit Einführung der Sätze 4 und 5 in § 10a GewStG durch das JStG 2007[803] ist normiert, dass nicht nur einer personenbezogenen, sondern einer mitunternehmerschaftlichen Deutung nachzukommen ist. Ein Mitunternehmer muss nach den Regeln der Unternehmeridentität den Gewerbeverlust selbst erleiden, um von § 10a GewStG profitieren zu können[804]. Den Verlust selbst erleiden kann aber nur, wer auch selbst steuerpflichtig ist. Es ist also in der Rechtsprechungstradition des BFH nur folgerichtig, den Mitunternehmer genauso wie den Unternehmer als steuerpflichtig anzusehen. Dies geschieht durch das in § 5 Abs. 1 S. 1, 2 GewStG hineingelesene Zusammentreffen der beiden Unternehmerbegriffe. § 5 Abs. 1 S. 1 GewStG besagt „Steuerschuldner ist der Unternehmer“ und meint nach dieser Lesart ebenfalls „Steuerschuldner der Gewerbesteuer ist der Mitunternehmer gemäß § 15 EStG“. Auch § 10a GewStG nimmt auf den Mitunternehmer Bezug und ist damit Ausfluss einer Abkehr vom Objektsteuercharakter hin zu einer Transparenz der Gewerbesteuer[805].

Hat der BFH nun als „Vorbereitung“ den Gleichlauf von Mitunternehmer (§ 15 Abs. 1 S. 1 Nr. 2 EStG) und Unternehmer (§ 5 Abs. 1 S. 1, 2 GewStG) festgestellt, so kann er nun § 5 Abs. 1 S. 3 GewStG als davon abweichende Ausnahmevorschrift herausstellen. Sie durchbricht den Normalfall (nämlich den Gleichlauf) und spricht die subjektive Steuerpflicht ausnahmsweise der Personengesellschaft zu. Nach Ansicht des BFH ist Satz 3 aber nur eine Ausnahmeregelung hinsichtlich der Rechtsfolgen, nicht hinsichtlich des Tatbestands. Dies werde wiederum deutlich im Zusammenspiel mit den Auslegungsmethoden „Wortlaut“ („Ist die Tätigkeit einer Personengesellschaft *Gewerbebetrieb* [...]“) und „Historie“ (zur historischen Auslegung siehe soeben oben). Satz 3 war danach nötig, um eine (sonst gemäß den Sätzen 1 und 2 für die Unternehmer)

802 BFH, Beschl. v. 03.05.1992 – GrS 3/92, BStBl. II 1993, 616, 620; ebenso BVerfG, Beschl. v. 10.07.2009 – 1 BvR 1416/06, ZIP 2009, 1995; krit. *Drüen*, in: § 10 a GewStG. Rn. 61 f. m.w.N.

803 Ges. v. 13.12.2006, BGBl. I 2006, 2878.

804 Dazu muss die Mitunternehmeridentität ununterbrochen bestehen, selbst ein Ausscheiden als Mitunternehmer für nur eine logische Sekunde lässt diese Identität wegfallen, BFH, Urt. v. 11.10.2012 – IV R 3/09, DStR 2013, 27.

805 *Hey*, DStR Beihefter 2009, 109, 117.

ohnehin bestehende Schuldnerschaft auf die Personengesellschaft umzuleiten[806], nicht, um eine neue Schuldnerschaft zu begründen. Die Norm ist demzufolge systematisch nicht zu lesen als „Ist *abweichend* von den Sätzen 1 und 2 der Gewerbebetrieb eine Personengesellschaft", sondern als „Ist *zusätzlich* zu den Sätzen 1 und 2 der Gewerbebetrieb eine Personengesellschaft". Damit ist der gesamte Argumentationsbogen gespannt: Nach diesem Verständnis liegen im Treuhandmodell keine Mitunternehmer, ergo keine gewerbesteuerlichen Unternehmer vor. Da auch § 5 Abs. 1 S. 3 GewStG diese aber tatbestandlich fordert, ist er nicht einschlägig. Ohne Mitunternehmer kann eine Personengesellschaft nicht Subjekt der Gewerbesteuer sein.

Ad 3: Der dritte der angesprochenen Punkte betrifft die Ermittlung des Gewerbeertrags gemäß § 7 GewStG. Diese Norm bezeichnet in Satz 1 im Fall von Personengesellschaften wie der Treuhand-KG den nach den Ermittlungsvorschriften der §§ 4–7k EStG berechneten Gewinn als maßgebend für die Gewerbesteuerermittlung. Indem das Gesetz den Gewerbeertrag auf das einkommensteuerrechtliche Ergebnis verweist, stellt es eine Verknüpfung beider Regelungsregime dar. Angesichts der unterschiedlichen Ausrichtung dieser Regelungen – Ertragsteuer vs. Objektsteuer – muss es dabei fast zwangsläufig zu Differenzen kommen. Für Treuhandkonstruktionen liegt das auf der Hand: Nähme man eine eigene Steuerpflicht der KG an, so müsste für sie auch ein Gewerbeertrag gemäß § 7 GewStG gebildet werden, denn dieser Ertrag ist Grundlage der Besteuerung (§ 6 GewStG). Dafür müsste ein einkommensteuerrechtlicher Gewinn herangezogen werden (§ 7 S. 1 GewStG), der jedoch mangels Mitunternehmerschaft und einkommensteuerlicher Ermittlungssubjektivität der Treuhandgesellschaft nicht besteht. Der Senat führt daher an, der Verweis des § 7 S. 1 GewStG gehe „ins Leere"[807]. Auch die Finanzverwaltung erkannte dieses Problem und ordnete daher eine „Als-ob-Steuerbilanz" an, die die KG allein für gewerbesteuerliche Zwecke anfertigen sollte[808]. Wirtschaftsgüter, die die Muttergesellschaft der KG überließ (und die mangels weiterer einkommensteuerlicher Vermögenssphäre bei der Mutter bilanziert wurden), sollten nach Verwaltungsansicht bei der KG als Sonderbetriebsvermögen zu Buchwerten erfasst werden. Der BFH begegnet diesen Anweisungen mit harscher Kritik. Ein derartiges Abweichen von

806 Dies geschah aus Gründen der Vollstreckung und Adressierung, siehe soeben oben.

807 Er folgt damit *Wild/Reinfeld*, DB 2005, 69 und *Rödder*, DStR 2005, 955, 957, die diese Bedenken als Reaktion bereits kurz nach Veröffentlichung der OFD-Verfügungen im Jahre 2005 äußerten.

808 OFD Münster, Kurzinformation betr. gewerbesteuerliche Behandlung des sog. Treuhandmodells v. 13.02.2004, DStR 2005, 744.

§ 7 GewStG und eine Zurechnungsfiktion von Wirtschaftsgütern von der Mutter an die KG sei ohne Rechtsgrundlage nicht möglich[809]. An einer solchen fehle es aber gerade. Es sei im Gegenteil durch die Verweisungsnorm des § 7 GewStG sichergestellt, dass sich der Gewerbeertrag am Bilanzgewinn nach EStG orientiert, also gerade keine Ausnahmebilanz für die Gewerbesteuer erstellt werden solle. Auch § 39 Abs. 2 Nr. 2 AO spreche gegen die Auslegung der Verwaltung. Die dort normierte „Zurechnungskontinuität" verbiete die angeordnete Bilanzierung von Wirtschaftsgütern bei der KG. Ohne rechtliche Grundlage werde durch eine „Als-ob Bilanz" sowohl § 7 GewStG als auch § 39 Abs. 2 Nr. 2 AO und damit das gesamte gewerbesteuerliche Ertragsermittlungsreglement systemwidrig durchbrochen.

Und tatsächlich: § 39 Abs. 2 Nr. 2 AO, der mangels Eingreifen von § 15 Abs. 1 S. 1 Nr. 2 EStG anwendbar und zudem tatbestandlich einschlägig ist[810], ordnet die Wirtschaftsgüter aus dem Gesamthandsvermögen der KG steuerlich den Gesellschaftern zu. Warum nach Ansicht der Verwaltung und der Vorinstanz abweichend davon eine Rückzurechnung an die KG geschehen soll, ist nicht nachvollziehbar. Zu § 39 Abs. 2 Nr. 1 S. 2 AO, mithilfe dessen die endgültige Zurechnung auch des Kommanditanteils und der dadurch verkörperten Wirtschaftsgüter an die Treugeber-Mutter vollzogen wird, hat der BFH explizit entschieden, dass die einmal erfolgte steuerliche Zurechnung durch § 39 Abs. 2 AO nicht durch anderslautende Vorschriften gleichzeitig an eine anderen Person vorgenommen werden darf[811]. Genau diese untersagte Doppelzurechnung (Mutter im Einkommensteuerrecht, Tochter im Gewerbesteuerrecht) wollten Verwaltung und FG Düsseldorf aber anwenden.

Im weiteren Verlauf führt der Senat keine eigenen positiven Gründe für die fehlende Steuersubjektivität der Treuhand-KG an, sondern begnügt sich damit, die von der Finanzverwaltung und dem FG Düsseldorf hervorgebrachten Punkte zu entkräften[812]. Hier konzentriert sich der Senat auf vier geäußerte Punkte, die er allesamt für nicht entscheidend bzw. nicht geeignet hält, um am oben positiv festgestellten Ergebnis etwas zu ändern.

Der erste dieser Punkte betrifft den im Rahmen der Diskussion des FG-Urteils bereits angesprochenen Vergleich mit der Organschaft. Im Gegensatz

809 BFH, Urt. v. 03.02.2010 – IV R 26/07, BStBl. II 2010, 751.

810 Siehe oben S. 82.

811 BFH, Urt. v. 16.10.1991 – I R 115/87, BStBl. II 1992, 199 Rz. 17.

812 Dies ist aber methodisch auch gar nicht angreifbar: Nicht die fehlende Steuerpflicht muss im Eingriffsrecht bewiesen bzw. argumentativ unterstützt werden, sondern im Gegenteil eine positive Subjektivität.

zum Finanzgericht geht der BFH nicht pauschal davon aus, dass eine abschließende Regelung über Organschaftswirkungen bestehe, die durch das Treuhandmodell nicht gleichsam „durch die Hintertür“ unterlaufen werden dürfe. Korrekt ist, dass in zwei Fällen (siehe sogleich näher) normiert ist, dass Ergebniszurechnungen und damit Konsolidierungen möglich sind und dass der Fall des Treuhandmodells nicht dazu gehört. Der BFH deutet in seinem Urteil jedoch an, wieso dies auch nicht nötig ist. Die beiden vom FG Düsseldorf in Bezug genommenen Fälle seien § 2a GewStG (sog. Arbeitsgemeinschaften) und § 2 Abs. 2 S. 2 GewStG (Organgesellschaft). Diese behandelten andere Konstellationen als das Treuhandmodell. § 2a GewStG setze eine Mitunternehmerschaft voraus[813], § 2 Abs. 2 S. 2 GewStG regele die sog. Betriebsstättenfiktion einer Organgesellschaft i.S.d. §§ 14, 17, 18 KStG. Die Treuhand-KG hingegen sei weder Mitunternehmerschaft noch, da sie keine Kapitalgesellschaft sei, taugliche Organgesellschaft. Das GewStG regele also andere Fälle, und zwar solche, in denen die Ergebnisse zugerechnet werden müssten.

Dieser Argumentation des BFH ist beizupflichten. Es scheint lohnenswert, sie noch etwas zu verdeutlichen und zu erläutern. Bereits die Bezeichnung als Betriebsstätten*fiktion* („[…] gilt sie als Betriebsstätte […]“) verdeutlicht, dass bei der Organschaft ohne eine gesetzliche Regelung die Organgesellschaft als Gewerbebetrieb ihren eigenen Gewerbeertrag versteuern müsste. Erst die fingierte Qualifizierung als Betriebsstätte sorgt dafür, dass die Erträge beim Organträger erfasst werden. Gleiches gilt für § 2a GewStG. Ohne positive Normierung wären auch temporäre Tätigkeiten, sog. Arbeitsgemeinschaften, Gewerbebetriebe, die mit ihren Erträgen der Gewerbesteuer unterfielen. Auch hier ist die gesetzliche Regelung (§ 2a GewStG) notwendig, um ein gegenteiliges Ergebnis zu erreichen. Ganz anders im Treuhandmodell: Hier besteht eine Ausgangslage, nach der ganz ohne gesetzliche Normierungen kein Gewerbebetrieb besteht. Deshalb ist es auch ungenau, in diesem Zusammenhang von einer Betriebsstättenfiktion zu sprechen[814]. Die Treuhand-KG ist Betriebsstätte *qua* gesetzlicher Systematik (vgl. oben S. 195 ff.), sie muss nicht durch eine § 2 Abs. 2 S. 2 GewStG vergleichbare Norm dazu gemacht werden.

§§ 2 Abs. 2 S. 2, 2a GewStG sind folglich Ausnahmeregelungen, die das Erfassen von Gewerbeerträgen und damit etwas verhindern, das in Treuhandkonstruktionen von Vornherein nicht gegeben ist. Vom Bestehen dieser Normen

---

813 So neben dem besprochenen Urteil auch schon BFH, Urt. v. 13.10.1998 – VIII R 61/96, BFH/NV 1999, 463.

814 So aber *Butler*, NWB 2012, 2925, 2933.

darauf zu schließen, dass keine anderen Fälle mit ähnlichen Wirkungen bestehen dürfen, wäre also nur dann stringent, wenn die anderen Fälle vergleichbare Normen benötigten. Dann wäre tatsächlich *e contrario* anzunehmen, dass sie nicht in den Genuss der normierten Wirkungen kommen sollen. Bedürfen sie aber dieser Normen nicht, um ähnliche Ergebnisse zu erreichen, kann man die grundlegende Gesetzessystematik wohl kaum mit dem Vorliegen zweier Sonderregelungen aushebeln.

Der zweite vom BFH entkräftete Punkt ist der Objektsteuercharakter der Gewerbesteuer. Er zielt eher gegen die Verwaltungsansicht[815] als gegen das vorinstanzliche Urteil. Zwar wird erwähnter Charakter nicht grundsätzlich in Frage gestellt. Er wird aber in Einklang mit einer langen Rechtsprechungshistorie[816] dahingehend interpretiert, dass er nur insoweit Rechtswirkungen nach sich ziehen kann, wie es die positive Normierung zulässt. Ebenso wenig wie die §§ 2 Abs. 2 S. 2, 2a GewStG könne auch er nicht ein durch Gesetzesanwendung erzieltes Ergebnis in sein Gegenteil umkehren.

Fraglich ist allerdings, ob dieser Einschätzung unter Zuhilfenahme grundlegender Zusammenhänge von Ursache und Wirkung im konkreten Fall zugestimmt werden kann. Nimmt man die im GewStG normierten Tatbestände als gegeben und den Objektsteuercharakter als aus ihnen destillierte Beschreibung dieses gegebenen Gesetzes an, so wird man wohl kaum aus der nachträglichen Charakterisierung Schlüsse auf die vorher bestehenden Normen ziehen können. War es hingegen so, dass *a priori* ein Objektsteuercharakter bestand bzw. für eine noch zu etablierende Gewerbesteuer bestehen sollte, nach welchem man einige Vorschriften zu einem Gesetz geformt hat, kann dieser schon eher als Auslegungshilfe dienen. Auch wenn unter Verweis auf das Alter der Gewerbesteuer und deren Zielsetzung, Betriebe als solche und nicht Personen zu besteuern, das zweite Szenario recht wahrscheinlich ist, so ist dem BFH aber zuzugeben, dass der Gesetzesanwender dennoch Normen benötigt, die er dann unter Zuhilfenahme dieses Charakters historisch und teleologisch auslegen kann. Ohne einen normierten Anknüpfungspunkt kann eine Steuerpflicht in einem Rechtstaat nicht begründet werden[817]. Ein solcher, der mit dem Objektsteuercharakter dergestalt ausgelegt werden kann, dass er auch für Treuhand-KGs eine

815 OFD Magdeburg, Verfügung betr. gewerbesteuerliche Behandlung des so genannten Treuhandmodells v. 04.05.2005, DStR 2005, 867.

816 BFH, Beschl. v. 03.05.1993 – GrS 3/92, BStBl. II 1993, 616; BFH, Urt. v. 24.10.1990 – X R 64/89, BStBl. II 1991, 358; BFH, Urt. v. 24.05.1985 – IV R 83/83, BStBl. II 1986, 350.

817 Siehe zum Gesetzesvorbehalt, der auch und gerade für das Eingriffsrecht „Steuerrecht" gilt, *Grzeszick*, in: *Maunz/Dürig*, Grundgesetz, Art. 20 Rn. 75 ff., 111.

Steuerpflicht begründet, ist jedoch nicht ersichtlich. Im Rahmen des § 5 Abs. 1 S. 3 GewStG kann der Charakter zwar ein Indiz darstellen, vermag jedoch nicht die genannten Argumente gegen eine persönliche Steuerpflicht der KG entkräften. Vor allem kann die aufgezeigte Systematik der Verweisungsnorm des § 2 Abs. 1 S. 2 GewStG, der auf die einkommensteuerliche Mitunternehmerschaft Bezug nimmt, auf diese Weise nicht umgangen werden. Zu deutlich sind hier die Ergebnisse, die die Auslegung nach dem Wortlaut und der Systematik vorgeben. Der Objektsteuercharakter ist somit weder Normergänzung im luftleeren Raum, die Steuerpflichten begründen kann, noch bloßes *nullum*, sondern – in diesem Fall von anderen übertrumpftes – Auslegungsindiz.

Drittens begegnet der Senat den vollstreckungsrechtlichen Erwägungen, die die OFD Magdeburg in ihrer Verfügung anstellt[818]. Auch für sie bestehe keine Veranlassung. Ein unmittelbarer Zugriff auf das Vermögen der KG würde erstens der – im Ausgangspunkt nicht bestrittenen – vollstreckungsrechtlichen *raison d'être* des § 5 Abs. 1 S. 3 GewStG[819] nicht Genüge tun und sei zweitens auch nicht notwendig. Verfehlt würde der Zweck der Norm, da der KG kein Gewerbeertrag zugerechnet und folglich weder Gewerbesteuermess- noch Gewerbesteuerbescheid zugehen könnten. Nicht notwendig sei der Zugriff darüber hinaus, da die Mutter-Treugeberin gewerbesteuerpflichtig sei. Ihr Vermögen, und zwar das gesamte, auch die Beteiligungen und Rechte an der Treuhand-KG umfassende, sei vollstreckungsrechtlich fassbar.

Bei näherer Betrachtung macht es sich der Senat mit der ersten Aussage ein wenig zu einfach; man könnte sie gar als Zirkelschluss bezeichnen. In der durch die „Als-ob-Bilanz" manifestierten Logik der Verwaltung stimmt es ja gerade nicht, dass die Treuhand-KG keinen Gewerbeertrag ausweist. Innerhalb des Argumentationsmusters der Verwaltung könnte über § 5 Abs. 1 S. 3 GewStG auf den in der „Als-ob-Bilanz" ausgewiesenen Teil des Gewerbeertrags sehr wohl zugegriffen werden. Die Lösung ist daher durchaus stringent und würde die Zielsetzung der Vorschrift keineswegs „durchgängig verfehlen"[820]. Das Vorgehen des BFH hingegen, erst ein Argument (eigener Gewerbeertrag durch Erstellung

818 OFD Magdeburg, Verfügung betr. gewerbesteuerliche Behandlung des so genannten Treuhandmodells v. 04.05.2005, DStR 2005, 867.

819 Mit Bezug auf diese *ratio* der Norm lehnt *Hüttemann*, in: *Dötsch*, Die Personengesellschaft im Steuerrecht, S. 39, 64 f. denn auch die mitunternehmerschaftliche Auslegung des BFH und damit die gewerbesteuerliche Anerkennung des Treuhandmodells ab. Beides sei Ausfluss einer „Einzelunternehmerideologie", zu diesem Begriff verweist er auf *Knobbe-Keuk*, Bilanz- und Unternehmenssteuerrecht, S. 758.

820 So aber BFH, Urt. v. 03.02.2010 – IV R 26/07, BStBl. II 2010, 751 Rz. 47.

einer „Als-ob-Bilanz") zu entkräften und dann ein weiteres, darauf aufbauendes (Vollstreckungsmöglichkeit auf diesen Ertrag) als inkonsistent zu bezeichnen, da ja das soeben gleichsam dekonstruierte Fundament fehle, ist nicht recht verständlich.

Unmittelbar nachvollziehbar und darüber hinaus auch völlig genügend ist hingegen der zweite Einwand: Das Vermögen der Treuhand-KG ist lediglich Teilmenge desjenigen der Mutter. Wenn aber auf das gesamte Vermögen der Mutter uneingeschränkt vollstreckungsrechtlicher Zugriff besteht, ist eine daneben tretende, gleichzeitig aber im Umfang dahinter zurück bleibende Möglichkeit der Erfassung des KG-Vermögens obsolet. Die vollstreckungsrechtliche Intention des § 5 Abs. 1 S. 3 GewStG war für Fälle gedacht, in denen das Gesamthandsvermögen eben keine Teilmenge eines Treugebers darstellt. In solchen Konstellationen entfaltet die Norm neue Vollzugsmöglichkeiten, in solchen Konstellationen streitet ihre *ratio* daher auch für eigenständige Steuersubjektivität. Im Treuhandmodell tut sie es nicht[821].

Schließlich widmet sich der Senat dem vierten Punkt: Einer laut Verwaltung gebotenen bürgerlich-rechtlichen Betrachtung der persönlichen Steuerpflicht. Die Verwaltung[822] beruft sich hinsichtlich einer privaten Gewerbesteuerpflicht für „Ein-Unternehmer-Personengesellschaften" auf Grundsätze vorangegangener BFH-Rechtsprechung[823]. Der Senat widerspricht einer Indizwirkung dieser Rechtsprechung auf den vorliegenden Fall. Besagtes Urteil behandele atypisch stille Innengesellschaften. Es erkläre in derlei Konstellationen § 5 Abs. 1 S. 3 GewStG für unanwendbar, da eine atypisch stille Innengesellschaft, obwohl Mitunternehmerschaft, kein Gesamthandsvermögen bilden könne. Nur nach außen tätige Unternehmer mit Gesamthandsvermögen unterlägen der Steuerpflicht. Das Urteil, auf das sich die OFD Magdeburg stützt, habe also eine teleologische Reduktion des § 5 Abs. 1 S. 3 GewStG zum Gegenstand. Es sei unverständlich, wie die Verwaltung daraus schließen wolle, dass die Norm auch für „Ein-Unternehmer-Personengesellschaften" gelte, mithin eine teleologische Extension (Analogie) vorgenommen werden könne. Das Urteil bekräftige im Gegenteil explizit das zwingende Vorliegen einer Mitunternehmerschaft für die Anwendung

821 Daher ist die Kritik von *Hüttemann*, in: *Dötsch*, Die Personengesellschaft im Steuerrecht, S. 39, 64 f. (vgl. oben Fn. 819) auch etwas zu kurz gegriffen und seine auf diesen Punkt gestützte Ablehnung der mitunternehmerschaftlichen Auslegung des § 5 Abs. 1 S. 3 GewStG vorschnell.

822 OFD Magdeburg, Verfügung betr. gewerbesteuerliche Behandlung des so genannten Treuhandmodells v. 04.05.2005, DStR 2005, 867.

823 Hier genauer auf BFH, Urt. v. 12.11.1985 – VIII R 364/83, BStBl. II 1986, 311.

von § 5 Abs. 1 S. 3 GewStG[824]. Schließlich sei die Fallkonstellation der Innengesellschaften mit derjenigen der Treuhandkonstruktion nicht vergleichbar.

Auch diese Begründung des BFH gegen die Ansicht der Finanzverwaltung muss differenziert bewertet werden. Das Ergebnis ist dabei ähnlich wie in dem vorangegangenen Fall: In der Sache ist dem BFH zuzustimmen. Die in § 5 GewStG normierte persönliche Steuerpflicht ist nicht zivilakzessorisch auszulegen, sondern richtet sich nach steuerrechtsimmanenten Gesichtspunkten. Dies wurde früher durch den expliziten Verweis auf § 2 Abs. 2 Nr. 1 a.F. GewStG bekräftigt. Dessen Regelungsinhalt befindet sich nun in § 15 EStG, so dass mittlerweile insbesondere das Einkommensteuerrecht für die Qualifikation als steuerpflichtig ausschlaggebend ist. Nicht beizupflichten ist dem Senat jedoch wiederum in der Art und Weise, in der die Verwaltungsansicht verstanden und dekonstruiert wird. Der BFH stützt sich ausschließlich auf juristische Methoden wie der teleologischen Reduktion und ihrem Gegenstück, der Analogie. Er unterstellt der Verwaltung, dasselbe tun zu wollen und bezeichnet das erwähnte Urteil als dafür ungeeignet, ja kontraproduktiv. Diese Kritik geht am eigentlichen Anliegen der OFD, wie es hier verstanden wird (explizit äußert sich das Schreiben nicht dazu), vorbei. Ihr geht es nicht darum, bei § 5 Abs. 1 S. 3 GewStG eine teleologische Extension vorzunehmen, sondern aufzuzeigen, dass für die Frage der persönlichen Gewerbesteuerpflicht ein Gleichlauf zwischen Gewerbesteuerrecht und Zivilrecht besteht. Wenn das genannte Urteil VIII R 364/83 feststellt, dass § 5 Abs. 1 S. 3 GewStG bei atypisch stillen Gesellschaften deshalb nicht anwendbar ist, weil diese Gesellschaften kein Gesamthandsvermögen bilden können[825], dann kann darin sehr wohl eine Bestätigung der Verwaltungsauffassung gesehen werden. Dann steht nämlich nicht eine (im Fall der atypisch stillen Gesellschaften tatsächlich vorzunehmende) teleologische Reduktion im Vordergrund, sondern die Tatsache, dass die Anwendung des § 5 Abs. 1 S. 3 GewStG davon abhängig ist, ob handelsrechtlich Gesamthandsvermögen gebildet werden kann. Und weil eben dies in der Treuhand-KG als zivilrechtlich „normale" Gesellschaft der Fall ist, können genannte Urteilsgrundsätze als Indiz für eine persönliche Gewerbesteuerpflicht der KG angesehen werden. Dass dem BFH in der Sache beizupflichten ist, liegt somit nicht in seiner Argumentation, sondern in der Tatsache begründet, dass die von der Verwaltung vorgebrachten Grundsätze des älteren BFH-Urteils eben nur ein Indiz darstellen. Dieses streitet zwar für eine durch die Parallelität von § 5 Abs. 1 S. 3 GewStG und zivilrechtlichen

824 BFH, Urt. v. 12.11.1985 – VIII R 364/83, BStBl. II 1986, 311, 317.
825 BFH, Urt. v. 12.11.1985 – VIII R 364/83, BStBl. II 1986, 311, 317.

Ausformungen begründete Steuerpflicht. Die gegenteilige Auffassung ist jedoch durch die Normhistorie des § 5 Abs. 1 S. 3 GewStG und seinen systematischen Verweisungszusammenhängen gestützt und damit überzeugender.

In einem letzten Argumentationsstrang richtet sich der Senat nicht gegen die Verwaltung oder die Vorinstanz, sondern entkräftet gleichsam prophylaktisch eine These, die lediglich aus dem Schrifttum[826] und in einem älteren Finanzgerichtsurteil[827] vorgebracht wurde. Diese These beruht im Wesentlichen auf der Übertragung von Rechtsprechungsgrundsätzen[828] zur Umsatzsteuer auf die Gewerbesteuer. Für die Umsatzsteuer hat der BFH in den angegebenen Urteilen entschieden, dass eine Personengesellschaft selbst dann als Unternehmer i.S.d. § 2 Abs. 1 UStG anzusehen ist, wenn nur einer ihrer Gesellschafter als Mitunternehmer nach § 15 Abs. 1 Nr. 2 EStG qualifiziert. Nach Ansicht des BFH verbietet sich eine Übertragung dieser Idee auf die Gewerbesteuer jedoch. Wie gezeigt, knüpfe die Gewerbesteuer über § 2 Abs. 1 S. 2 GewStG an § 15 EStG an, während die Umsatzsteuer eine Verkehrsteuer sei[829], für die die Fähigkeit, Umsätze durch die Teilnahme am wirtschaftlichen Verkehr zu generieren, allein entscheidend sei. Für diese Fähigkeit genüge in der Tat, dass eine zivilrechtlich wirksam gegründete Gesellschaft vorliege. Gewerbe- und Umsatzsteuer hätten somit unterschiedliche Ausrichtungen und Anknüpfungspunkte[830], die die Anwendung der BFH-Rechtsprechung auf den vorliegenden Fall verhinderten.

Das überzeugt. Der BFH hat explizit festgestellt, dass es keine umsatzsteuerrechtliche Mitunternehmerschaft gebe[831]. Die systematischen Verweisungen auf das Einkommensteuerrecht, die dem Gewerbesteuerrecht in § 2 GewStG und implizit § 5 GewStG inhärent sind, fehlen im Umsatzsteuergesetz. Die damalige Übertragung des FG des Saarlandes von Rechtsprechungsgrundsätzen, die zur

---

826 *Ohne Angabe*, Anmerkung zum BFH-Urteil vom 11.6.1985 – VIII R 252/80, HFR 1986, 72.

827 FG des Saarlandes, Urt. v. 16.04.1986 – I 226/84, EFG 1986, 413.

828 Diese Grundsätze finden sich in BFH, Urt. v. 18.12.1980 – V R 142/73, BStBl. II 1981, 408; auch nach dem Urteil des FG des Saarlandes noch einmal bestätigt in BFH, Beschl. v. 09.03.1989 – V B 48/88, BStBl. II 1989, 580.

829 Die Einteilung der Umsatzsteuer als Verkehrsteuer ist strittig. Wegen ihrer Belastungswirkung wird sie materiell-rechtlich auch als Verbrauchsteuer qualifiziert, vgl. *Englisch*, in: *Tipke/Lang*, Steuerrecht, § 17 Rn. 10.

830 Dies habe der BFH – zugegebenermaßen nach dem Urteil des FG des Saarlandes – in einem der genannten Urteile im Übrigen selbst festgestellt: BFH, Beschl. v. 09.03.1989 – V B 48/88, BStBl. II 1989, 580.

831 BFH, Urt. v. 18.03.1988 – V R 178/83, BStBl. II 1988, 646; BFH, Beschl. v. 09.03.1989 – V B 48/88, BStBl. II 1989, 580.

Umsatzsteuer ergangen sind, auf die Gewerbesteuer ist daher ob der völlig unterschiedlichen Ausrichtungen dieser Steuerformen nicht nachvollziehbar. Bezeichnend ist, dass selbst die Finanzverwaltung diesen Argumentationsstrang nicht aufgreift. Auch das FG Düsseldorf[832] erwähnt zwar das Urteil des FG des Saarlandes, ignoriert die angesprochene Argumentation aber ebenfalls. Warum der BFH im letztinstanzlichen Urteil überhaupt auf diese Frage eingeht, erschließt sich nicht unmittelbar. Es ist wohl anzunehmen, dass hier möglichen künftigen Argumenten, z.B. in einem Nichtanwendungserlass[833], begegnet werden sollte – daher das oben gebrauchte Attribut „prophylaktisch".

Zusammenfassend ist das BFH-Urteil, das das Treuhandmodell „rehabilitierte", wie folgt zu bewerten: Mustergültig oder so uneingeschränkt überzeugend wie von den (naturgemäß begeisterten) Literaturstimmen der Beratungspraxis dargestellt[834] ist es nicht. Wie gezeigt, werden der Verwaltung und der Vorinstanz häufig Inkonsistenzen unterstellt, die sich überhaupt nur erst durch die vorangegangene Entkräftung einiger Argumente dieser Instanzen ergeben. Dies trifft vor allem auf die Auseinandersetzung mit vollstreckungsrechtlichen Fragen zu. An anderer Stelle (der vermeintlich gebotenen zivilrechtlichen Auslegung des § 5 Abs. 1 S. 3 GewStG) wird die Revisionsbeklagte schlicht falsch verstanden. Dennoch hat das Urteil seine Zustimmung zu Recht erfahren. Der historisch-systematischen Betrachtung des § 5 Abs. 1 S. 3 GewStG ist kaum etwas hinzuzufügen. Auch die Unstimmigkeiten, die sich aus der Anwendung des § 7 GewStG und einer „Als-ob Bilanz" bei einer etwaigen Steuerpflicht der KG ergäben, werden überzeugend aufgezeigt.

Überraschend ist, dass sich der Senat kaum mit der sachlichen Steuerpflicht des § 2 Abs. 1 GewStG auseinandersetzt. Er konzentriert sich fast ausschließlich auf die persönliche Steuerpflicht des § 5 Abs. 1 S. 3 GewStG, also die Steuerschuldnerschaft. Dies ist deshalb interessant, weil steuersystematisch im Hinblick auf den primär verfahrensrechtlichen Hintergrund des § 5 GewStG[835] zunächst erst einmal „etwas" (der Steuergegenstand) vorliegen muss, das geschuldet werden kann. Da für eine endgültige Besteuerungswirkung bei der KG aber beide Pflichten kumulativ vorliegen müssen, ist andererseits natürlich ausreichend, diese

832 FG Düsseldorf, Urt. v. 19.04.2007 – 16 K 4489/06 G, EFG 2007, 1097.

833 Eingehend hierzu *Desens*, Bindung der Finanzverwaltung an die Rechtsprechung.

834 *Benz/Goß*, DStR 2010, 839, 842; *Hubertus/Lüdemann*, BB 2010, 2474, 2477; (beratungs)praxisfernere Literaturstimmen sind kritischer, vgl. *Gosch*, in: *Blümich*, EStG, § 5 GewStG Rn. 51 ff.; *Hüttemann*, in: *Dötsch*, Die Personengesellschaft im Steuerrecht, S. 39, 64 f.

835 Siehe oben Fn. 731.

Besteuerung mit Verweis auf das Fehlen eine dieser Pflichten zu verneinen – nur die Bejahung der Gewerbebesteuerung bei der KG hätte die positive Prüfung beider Pflichten erfordert.

2. Kein Entgegenstehen von § 42 AO

Das Steuerrecht ignoriert gemäß § 42 Abs. 1 Satz 3 AO missbräuchliche rechtliche Gestaltungen, die allein der Umgehung von Steuergesetzen dienen sollen. Ein Missbrauch liegt nach § 42 Abs. 2 S. 1 AO vor, wenn eine unangemessene rechtliche Gestaltung gewählt wird, die beim Steuerpflichtigen im Vergleich zu einer angemessenen Gestaltung zu einem gesetzlich nicht vorgesehenen Steuervorteil führt. § 42 Abs. 1 S. 3 AO legt für diese Fälle als Rechtsfolge fest, dass der Steueranspruch des Staates so entsteht, wie er es bei einer angemessenen rechtlichen Gestaltung getan hätte.

Auf das Treuhandmodell gemünzt bedeutet das, dass – so man die Voraussetzungen der Norm als erfüllt ansähe – die Treuhand-KG in einer angemessenen rechtlichen Gestaltung als Mitunternehmerschaft errichtet wäre und sie somit nach § 5 Abs. 1 Satz 3 GewStG selbst gewerbesteuerpflichtig wäre. Ob allerdings im Rahmen des Modells tatsächlich eine Struktur vorliegt, die nach oben erwähnter Definition missbräuchlich ist, erscheint zweifelhaft. Zwar hat der Vertreter des beklagten Finanzamts genau dieses Argument in der mündlichen Verhandlung vor dem BFH[836] zum Treuhandmodell angeführt[837]. Es ist jedoch sowohl beim Berichterstatter als auch bei den übrigen Mitgliedern des erkennenden Senats auf keinerlei Verständnis getroffen[838]. Dies zeigt sich auch darin, dass § 42 AO im betreffenden Urteil nicht einmal erwähnt, geschweige denn diskutiert wird. Selbst die Vorinstanz[839], die dem beklagten Finanzamt in der Sache noch Recht gegeben hatte, hielt das Scheitern des Modells aufgrund von § 42 AO für so fernliegend, dass man es nicht einmal prüfte[840].

---

836 BFH, Urt. v. 03.02.2010 – IV R 26/07, BStBl. II 2010, 751.

837 *Benz/Goß*, DStR 2010, 839 dort Fn. 56.

838 *Benz/Goß*, DStR 2010, 839 dort Fn. 56.

839 FG Düsseldorf, Urt. v. 19.04.2007 – 16 K 4489/06 G Rz. 22, EFG 2007, 1097.

840 Natürlich bedurfte es dort streng genommen einer Erörterung des § 42 AO nicht mehr, schließlich hatte man das Modell schon aufgrund der Gesetzessystematik der §§ 2, 5 GewStG abgelehnt. Allerdings ist das Urteil des Finanzgerichts derart umfangreich, dass man – insbesondere im Hinblick auf das auch damals schon fast sicher eintretende Revisionsverfahren – zu diesem Themenkomplexwohl im Rahmen eines *obiter dictum* Stellung genommen hätte, falls man ihn als naheliegend angesehen hätte.

Nun ist für eine wissenschaftliche Arbeit die Missachtung eines Aspekts in der Praxis kein Grund, sich diesem nicht zu widmen, sondern eher Anreiz, es in besonderem Maße zu tun. In diesem Fall wird die allgemeine Missbrauchsverhinderungsvorschrift aber tatsächlich auch hier nur der Vollständigkeit halber erwähnt, denn ihre Anwendung auf das Treuhandmodell kann bereits anhand des zentralen Tatbestandsmerkmals verneint werden: Es liegt kein Missbrauch vor. Zweifelhaft ist schon, welcher Bestandteil des Treuhandmodells konkreter Anknüpfungspunkt für die Prüfung oder gar Bejahung von § 42 AO sein kann. Weder die Gründung und Rechtsformwahl einer Gesellschaft als Kommanditgesellschaft, noch die Gründung und Rechtsformwahl der dafür erforderlichen Kommanditistin als GmbH können als solche missbräuchlich sein[841]. Möglicher Anknüpfungspunkt für eine missbräuchliche Gestaltung könnte zwar die Treuhandverbindung zwischen den Gesellschaftern sein. Aber auch hier gilt, dass die Steuervermeidung durch Missbrauch von einer vernünftigen Steuervermeidungsstrategie abzugrenzen ist, deren rechtliche Gestaltung eine geringe Steuerlast hervorruft, ohne dass ihr dadurch gleich ein missbräuchliches Motiv zugrunde liegt[842]. Das Treuhandmodell fällt in die zweite Kategorie. Dies wird dann besonders deutlich, wenn man die Motive, die in aller Regel hinter seiner Begründung stehen, näher betrachtet. Der Ausgangspunkt des Treuhandmodells ist stets ein betriebswirtschaftlicher oder handels- bzw. gesellschaftsrechtlicher[843]. Es sollen Bereiche ausgegliedert, zivilrechtliche Vermögen getrennt oder Kompetenzen verteilt werden. Nichts davon ist im ersten Schritt steuerlich motiviert. Erst in einem weiteren, darauf folgenden Schritt wird nach einer steuerrechtlich vorteilhaften Lösung für die Umsetzung dieser im Grundsatz außersteuerlichen (vgl. § 42 Abs. 2 S. 2 AO) Beweggründe gesucht. Diese bietet das Treuhandmodell. Dabei stellt es die Wirkungen eines Einheitsunternehmens steuerlich wieder her und besteuert zentral die Muttergesellschaft. Mag es in einer isolierten

---

841 Vgl. *Ratschow*, in: *Klein*, Abgabenordnung, § 42 Rn. 41.

842 Allein das Motiv, Steuern zu vermeiden, ist kein missbräuchliches, vgl. BFH, Urt. v. 29.11.1982 – GrS 1/81 Rz. 73; BFH, Urt. v. 03.02.1998 – IX R 38/96; es ist sogar „magna carta" des Steuerpflichtigen: *Fischer*, DB 1996, 644 m.w.N., insb. (dort Fn. 44) der Aussage des Lord Tomlin im Fall IRC v. Duke of Westminster: „*Every man is entitled, if he can, to order his affairs so that the tax attaching under the appropriate Acts its less than it otherwise would be. If he succeeds in ordering them so as to secure this result, then however unappreciative the Commissioners of Inland Revenue or his fellow taxpayers may be of this ingenuity, he cannot be compelled to pay an increased tax.*"

843 Siehe S. 23 f.

Betrachtung dazu führen, dass die Treuhand-KG keine Gewerbesteuer zahlt, so verbleibt es bei einer Gesamtbetrachtung bei der Steuerpflicht bzgl. aller kumulierten Erträge für die Muttergesellschaft, dem häufig ehemaligen Einheitsunternehmen. Da das Modell somit nie steuerrechtlicher Selbstzweck ist, sondern immer nur steuerliche Optimierung für betriebswirtschaftlich oder gesellschaftsrechtliche motivierte Veränderungen in der Unternehmensstruktur, stellt es keinen Missbrauch im Sinne von § 42 AO dar.

3. Methodische Berechtigung durch ansonsten (d.h. bei einer hypothetischen Versagung des Treuhandmodells) auftretende Inkonsistenzen zwischen Einkommen- und Gewerbesteuer

Neben den aus dem Urteil hervorgehenden, angesprochenen Inkonsistenzen[844] finden sich weitere Unstimmigkeiten, die im Falle einer Versagung des Treuhandmodells auftreten könnten.

a. Problem der drohenden Doppelbesteuerung

Eine davon hat bereits die Vorinstanz erkannt[845]: Wenn die Treuhand-KG bei Versagung des Modells Gewerbesteuer, aber mangels Trennungsprinzips keine Einkommensteuer zahlt, droht eine Doppelbesteuerung. Denn der Gewerbeertrag der Mutter richtet sich gemäß § 7 S. 1 GewStG nach dem EStG, dessen transparente Gewinnermittlung das Ergebnis der KG einbezieht. Die Mutter zahlt dann nicht nur auf ihren, sondern auch auf den Gewinnanteil der KG Gewerbesteuer. Dieses Problem sei über eine analoge Anwendung der Hinzurechnungs- (§ 8 Nr. 8 GewStG) und vor allem Kürzungsvorschriften (§ 9 Nr. 2 GewStG) zu lösen. Eine direkte Anwendung scheidet deswegen aus, weil sich die Vorschriften auf Mitunternehmerschaften beziehen, bei denen sich sonst durch die unterschiedlichen Besteuerungskonzepte (transparente Einkommensteuer, jedenfalls teilweise intransparente, „getrennte" Gewerbesteuer[846]) dasselbe Problem der

844 Hier sind vor allem Sonderbetriebseinnahmen, § 10a GewStG und die „Als-ob" Steuerbilanz zu nennen.

845 FG Düsseldorf, Urt. v. 19.04.2007 - 16 K 4489/06 G, EFG 2007, 1097.

846 Dass die Treuhand-KG kein Gewerbesteuersubjekt ist, macht die Gewerbesteuer keineswegs zu einer transparenten Steuer. Es besteht schon keine Mitunternehmerschaft, auf die das Merkmal „transparent" überhaupt anwendbar wäre, insoweit auch *Ley*, Ubg 2011, 274, 279, die jedoch aus anderen Gründen eine gewisse gewerbesteuerliche Transparenz annimmt; ebenfalls eine generelle gewerbesteuerliche Transparenz ablehnend *Orth*, DStR 2012, 116, 117.

doppelten Berücksichtigung von Gewinnen und Verlusten ergeben würde. Zwar mag eine analoge Anwendung hier die Symptome erfolgreich mindern. Dass der Gesetzgeber diesen Fall nur für Mitunternehmerschaften (die die Treuhand-KG ja unstreitig nicht ist) regelte, weist aber darauf hin, dass er den Fall einer nicht-mitunternehmerischen Personengesellschaft, die Gewerbesteuersubjekt sein soll, nicht vorsah.

b. Inkonsistenzen im Rahmen des § 35 EStG

Eine weitere Frage, die der ungewöhnlichen Konstruktion geschuldet ist und bislang unerwähnt blieb, ist im Zusammenhang mit der Anwendung von § 35 EStG zu klären. § 35 EStG bietet innerhalb seines Anwendungsbereichs Steuerermäßigungen bei Einkünften aus Gewerbebetrieb.

Im Normalfall des § 35 EStG, nämlich in § 35 Abs. 1 S. 1 Nr. 1 EStG, wird die Gewerbesteuer vom Nutznießer des § 35 EStG selbst gezahlt.

Normalfall des § 35 Abs. 1 S. 1 Nr. 1 EStG

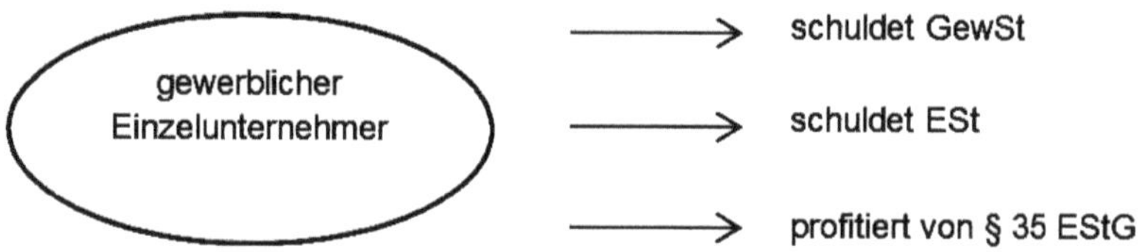

Dieser Normalfall ist hier augenscheinlich nicht gegeben. Die Treuhand-KG mag zwar einer Ansicht nach selbst Gewerbesteuer schulden. Einkommensteuer schuldet sie auf ihre Gewinne aber unstreitig nicht. Das liegt nicht (erst) an der transparenten Besteuerung von Personengesellschaften im Einkommensteuerrecht, sondern bereits an der mangelnden Mitunternehmerschaft und der damit verbundenen Unfähigkeit der Treuhand-KG, steuerliches Gesamthandsvermögen zu bilden. Sie selbst kann, da sie keine Einkommensteuer schuldet, auch nicht vom § 35 EStG profitieren[847]. Das für die Einkommensteuer maßgebliche zu versteuernde Einkommen wird vielmehr direkt bei der Mutter ermittelt und bei deren Mitunternehmern (angenommen, es handelt sich um natürliche Personen und somit um Einkommensteuersubjekte) transparent besteuert. Diese Mitunternehmer sind es also, bei denen tarifliche Einkommensteuer – ein Tatbestandsmerkmal des § 35 EStG – überhaupt anfällt. Sie sind die potentiellen

847 Vgl. *Danelsing*, in: *Blümich*, EStG, § 35 Rn. 13.

Nutznießer der Norm. Im Gegensatz zum Normalfall des § 35 Abs. 1 S. 1 Nr. 1 EStG wird bei angenommener Steuerpflicht der Treuhand-KG aber eben genau diese mit der Gewerbesteuer belastet. Dass Nutznießer und Pflichtiger auseinander fallen, ist für sich jedoch noch nicht außergewöhnlich – schließlich ist diese Diskrepanz bei Mitunternehmerschaften, bei denen die Mitunternehmer einkommensteuerrechtlich profitieren (§ 35 Abs. 1 S. 1 Nr. 2 EStG), die Mitunternehmerschaft selbst jedoch Gewerbesteuersubjekt ist, gesetzlich vorgesehen.

Gesetzlich vorgesehener (§ 35 Abs. 1 S. 1 Nr. 2) Ausnahmefall des Auseinanderfallens von Gewerbe- und Einkommensteuerpflicht in Mitunternehmerschaften

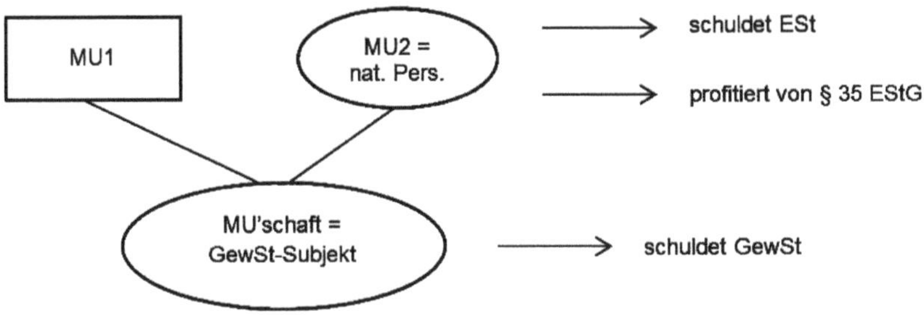

Ungewöhnlich in der Konstellation des Treuhandmodells ist jedoch, dass hier Gewerbesteuer von einer Gesellschaft (Treuhand-KG) gezahlt würde, die eben nicht Mitunternehmerschaft ist. Fraglich ist daher in dem Falle, zu was den einkommensteuerpflichtigen Mitunternehmern der Muttergesellschaft der § 35 EStG verhilft: Denkbar ist, dass lediglich die direkt von der Mutter gezahlte Gewerbesteuer abzugsfähig ist, da sie (unstreitig) die einzige Mitunternehmerschaft ist, denkbar ist aber ebenso, dass die gesamte Gewerbesteuerbelastung, also auch die von der Tochter gezahlte Gewerbesteuer in die Ermäßigung einfließt, da ja schließlich einkommensteuerrechtlich die Gewerbesteuer aus derselben Vermögenssphäre – die Tochter hat einkommensteuerrechtlich unstreitig keine eigene – geleistet wird.

Im Falle der hypothetischen Gewerbesteuersubjektivität stellte sich die Folgefrage, ob die Mitunternehmerschaft1 als Profiteur des § 35 EStG lediglich die von der Komplementär-KG gezahlte Gewerbesteuer abziehen kann oder auch die von der Treuhand-KG geleistete. Der diesen Fall für mehrstöckige Mitunternehmerschaften regelnde § 35 Abs. 2 S. 5 EStG (siehe unten) gilt nicht direkt, da er eine Mitunternehmerschaft auf Ebene der Untergesellschaft voraussetzt.

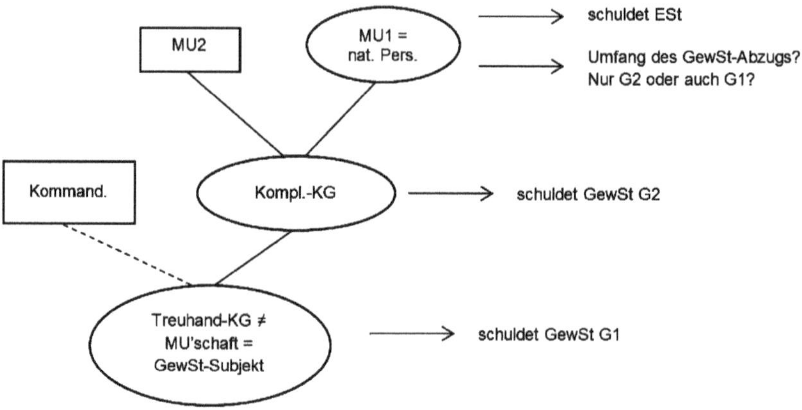

Nimmt man jedoch eine Gewerbesteuersubjektivität der Treuhand-KG an und trennt diese Sphären für Zwecke der Gewerbesteuer wieder, muss man konsequenterweise die von der Tochter gezahlte Gewerbesteuer als aus einem anderen Gesamthandsvermögen geleistet ansehen. Es liegt also einkommensteuerrechtlich nur eine Mitunternehmerschaft auf Ebene der Muttergesellschaft vor, gewerbesteuerrechtlich aber eine doppelstöckige Personengesellschaft. Diese Konstruktion würde sich damit wieder der gesellschaftsrechtlichen annähern. Steuerrechtlich entstünde eine Inkongruenz zwischen Einkommen- und Gewerbesteuerrecht, die naturgemäß bei der Verzahnungsnorm des § 35 EStG große Schwierigkeiten bereitet. Denn plötzlich wäre die Mutter mit der Treuhand-KG nicht mehr steuer-/vermögensrechtlich identisch, sondern an ihr beteiligt. Für solche Beteiligungskonstellation hält die Norm zwar ein weiteres Instrument bereit: Im Fall von gewerblichen Beteiligungserträgen der Mitunternehmerschaft bemisst sich die Einbeziehung der Gewerbesteuer-Messbeträge dieser Beteiligung nach § 35 Abs. 2 S. 5 EStG.

Weiterer gesetzlich vorgesehener Fall der mehrstöckigen Mitunternehmerschaft: Auch die gezahlte Gewerbesteuer der Mitunternehmerschaft1 ist beim Mitunternehmer2a wegen § 35 Abs. 2 S. 5 EStG abzugsfähig. Diese Norm setzt allerdings eine Mitunternehmerschaft voraus, gilt also im Rahmen des Treuhandmodells jedenfalls nicht unmittelbar.

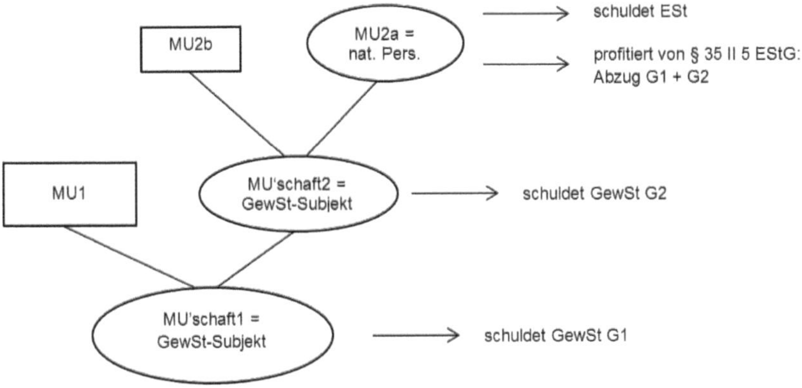

Danach sind aber nur anteilige Gewerbesteuermessbeträge, die aus einer Beteiligung an einer *Mitunternehmerschaft* stammen, einzubeziehen, also an den mittelbar (nämlich an der Obergesellschaft) als natürliche Person beteiligten Mitunternehmer durchzureichen[848]. Dies ist notwendig, da anderenfalls dieser Mitunternehmer einer Obergesellschaft nicht die Möglichkeit hätte, die von der Untergesellschaft gezahlte, bei der Obergesellschaft aber aufgrund der § 8 Nr. 8 GewStG (Hinzurechnungen bei Verlusten) und § 9 Nr. 2 GewStG (Kürzungen bei Gewinnen) eliminierte Gewerbesteuer von ihrer Einkommensteuer abzuziehen[849].

§§ 8 Nr. 8, 9 Nr. 2 GewStG müssten jedoch bei Versagung des Treuhandmodells auch nach Ansicht des Finanzgerichts (analog) angewandt werden[850]. Folglich besteht das Problem, dem § 35 Abs. 2 S. 5 EStG abzuhelfen versucht, bei der Treuhandkonstruktion in gleicher Weise. Auch § 35 Abs. 2 S. 5 EStG verwendet aber den einkommensteuerrechtlichen Begriff der Mitunternehmerschaft. Die Beteiligung der Mutter besteht jedoch nicht an einer Mitunternehmerschaft, sondern an einer nichtmitunternehmerschaftlichen Personengesellschaft. Diese Konstellationen sind vom Gesetzgeber offensichtlich nicht bedacht worden, denn für die vergleichbare Konstellation ist § 35 Abs. 2 S. 5 EStG tatbestandlich

848 *Wacker*, in: *Schmidt*, EStG, § 35 Rn. 28.
849 *Levedag*, in: *Herrmann/Heuer/Raupach*, EStG, § 35 Rn. 78.
850 FG Düsseldorf, Urt. v. 19.04.2007 – 16 K 4489/06 G, EFG 2007, 1097.

nicht einschlägig. Es kommt auch hier allenfalls eine – grundsätzlich zulässige, da für den Steuerpflichtigen vorteilhafte – Analogie in Frage[851]. Praktische Erfahrungswerte über den Umgang der Finanzverwaltung mit dieser Problematik bestehen nicht, da das Treuhandmodell in der Zeit seiner Ablehnung wohl kaum noch neu angewandt[852] und für bestehende Konstruktionen Bestandsschutz[853] gewährt wurde. Zu beachten ist schließlich, dass auch im Fall einer Anwendbarkeit von § 35 EStG auf die Mutter (bzw. ihre „natürlichen", einkommensteuerpflichtigen Mitunternehmer) eine vollständige Kompensation der gezahlten Gewerbesteuer nur in bestimmten Konstellationen zu erreichen ist[854].

Die Analogie bei §§ 8 Nr. 8, 9 Nr. 2 GewStG zöge also eine weitere Analogie bei § 35 Abs. 2 S. 5 EStG nach sich. Dass die Versagung des Treuhandmodells als Folge einer direkten, konsequenten Gesetzesanwendung hinzunehmen sei[855] und somit gesetzlich sozusagen vorgesehen sei, ist damit sehr zweifelhaft. Letztlich ist auch § 35 EStG ein Zeichen für die mangelhafte Abstimmung von Einkommen- und Gewerbesteuerrecht, insbesondere im Hinblick auf die jeweiligen Steuersubjekte. Auch diese Norm offenbart die gesetzessystematischen Verrenkungen und die praktischen Probleme, mit denen eine Versagung des Treuhandmodells in gewerbesteuerrechtlicher Hinsicht einhergehen würde und zeigt, dass auch der Gesetzgeber, wenn er in § 35 Abs. 2 S. 5 EStG explizit auf die Mitunternehmerschaft rekurriert, nicht davon ausging, dass es gewerbesteuerpflichtige Personengesellschaften gibt, die keine Mitunternehmerschaft darstellen.

---

851 Diese würde aufgrund der vergleichbaren Interessenlage wohl auch bejaht.

852 Siehe die Gründe dafür auf S. 94 ff.

853 OFD Hannover, Gewerbesteuerliche Behandlung des Treuhandmodells v. 22.03.2005.

854 Vollständig neutralisiert wird die Gewerbesteuerschuld in der Regel bei einem Hebesatz von 400,9 %, siehe dazu *Knief/Nienaber*, BB 2007, 1309, 1311; siehe ebenfalls für Berechnungen zu Unter- und (der nicht mehr möglichen, vgl. § 35 Abs. 1 S. 5 EStG) Überkompensation *Ortmann-Babel/Zipfel*, BB 2007, 2205, 2207; zudem muss im jeweiligen Veranlagungszeitraum überhaupt Einkommensteuer geschuldet werden, vgl. *Danelsing*, in: *Blümich*, EStG, § 35 Rn. 13.

855 So aber *Gosch*, in: *Blümich*, EStG, § 5 GewStG Rn. 53, dem im Grundsatz natürlich darin zuzustimmen ist, dass Praktikabilitätserwägungen nicht primär die Gesetzesauslegung beeinflussen oder gar das gesetzlich vorgesehene Ergebnis konterkarieren dürfen; allerdings ist hier „sein" Ergebnis aus den aufgezeigten Gründen eben weder vorgesehen noch durch Auslegung determiniert.

c. *Abstimmungsprobleme und Wiederherstellung durch das Treuhandmodell*

Der Gesetzgeber ist an diesen Schwierigkeiten nicht unschuldig. Insgesamt bestehen erhebliche Abstimmungsprobleme der beiden (bzw. inklusive der Körperschaftsteuer drei) Steuerarten. Ausgehend von einem Objektsteuercharakter soll der stehende inländische Gewerbebetrieb (§ 2 Abs. 1 S. 1 GewStG) als solcher besteuert werden. Diese Zielrichtung weicht von den reinen Ertragsteuerarten „Einkommensteuer" und „Körperschaftsteuer" ab. Dennoch finden sich im Gewerbesteuergesetz viele Verweise und Bezugnahmen auf das Einkommen- und Körperschaftsteuerrecht (s. z.B. § 2 Abs. 1 S. 2 GewStG, § 2 Abs. 2 S. 2 GewStG, § 7 S. 1 GewStG). Wo der Verweis des § 8 Abs. 1 S. 1 KStG auf die §§ 4 ff. EStG aufgrund der jeweiligen Ausrichtungen am Gewinn elegant und sinnvoll ist, können die erwähnten gewerbesteuerlichgesetzlichen Anknüpfungen nur dann als ebenso angesehen werden, wenn sich die Gewerbesteuer insgesamt weg von einer Objektbesteuerung hin zu einer „echten" Ertragsteuer bewegen soll. Dann ist aber nicht nachvollziehbar, wieso § 5 Abs. 1 S. 3 GewStG zivilrechtsakzessorisch und eine persönliche Steuerpflicht von Personengesellschaften unabhängig vom Vorliegen einer Mitunternehmerschaft gegeben sein soll: entweder eine konsistente Anknüpfung an das Einkommensteuergesetz oder gar keine. Darüber hinaus – d.h. die Ebene des Treuhandmodells verlassend – kann man durchaus fragen, warum nicht überhaupt eine gewerbesteuerliche Transparenz für sämtliche Personengesellschaften (also auch Mitunternehmerschaften) vorgesehen ist. *De lege lata* spricht § 5 Abs. 1 S. 3 GewStG für Mitunternehmerschaften explizit dagegen. Dies führt für Personengesellschaftskonzerne allerdings zu den angesprochenen Nachteilen von „Lock-In-Effekten" und „Gewerbesteuerinseln". Im Einkommensteuerrecht besteht diese Gefahr eben gerade durch die dort geltende Transparenz nicht: auf Ebene der Mitunternehmer werden positive und negative Einkünfte mit anderen Einkünften verrechnet. Deshalb besteht im Einkommensteuerrecht auch kein Bedarf für eine Organschaft. Wenn das Gewerbesteuerrecht aber an einer Stelle dem Zivilrecht folgt (zivilrechtliche Personengesellschaft ist selbst Steuerschuldner, vergleichbar einer Körperschaft im Ertragsteuerrecht), an anderer hingegen dem Ertragsteuerrecht (Anknüpfung der Organschaft an das Körperschaftsteuerrecht und damit keine Anwendbarkeit für Personengesellschaften), so offenbart es Unstimmigkeiten und Divergenzen. Die Personengesellschaft im Gewerbesteuerrecht ist das einzige Steuersubjekt, dem keine Möglichkeit zur Ergebnisverrechnung offensteht. Das Treuhandmodell ändert dies durch die Modifikation einer nicht-mitunternehmerschaftlichen Personengesellschaft und stellt damit lediglich einen Zustand her, der in anderen Steuerarten (transparente Einkommensteuer, daher kein Steuersubjekt) oder Gesellschaftsformen (Kapitalgesellschaft ist zwar Steuersubjekt, kann jedoch Organgesellschaft sein) selbstverständlich ist. Sieht man das Modell diesem Gedanken folgend als Wiederherstellung des Normalzustandes[856] an und nicht als große, privilegierende Ausnahme, sinkt auch sein rechtspolitischer Argumentations- und Rechtfertigungsaufwand.

II. Rechtspolitische Berechtigung

Die folgenden Fragen nach der Berechtigung des Modells, die die gesetzesimmanente Sphäre verlassen und rechts- sowie insbesondere fiskalpolitische Aspekte berühren, dürfen bei der soeben dargestellten höchstrichterlichen Auslegung des *status quo* und seiner Vereinbarung mit dem Treuhandmodell keine Rolle gespielt haben; eine wissenschaftliche Abhandlung muss in ihrer Bewertung jedoch über dasjenige, das Gerichte in Betracht zu ziehen haben, hinaus gehen. Im Gegensatz zu einem Urteil besteht hier das Privileg, nicht nur über einen konkreten, abgeschlossenen Fall urteilen zu müssen, sondern auch in die Zukunft gerichtete Vorschläge an die Verwaltung und den Gesetzgeber geben zu können.

So ist die rechtspolitische Rechtfertigung des Modells zunächst im Rahmen der Frage[857] entscheidend, ob das Treuhandmodell durch eine Kodifizierung der Gewerbesteuerpflicht der Treuhand-KG verhindert werden kann und vor allem soll. Der Bedarf einer solchen Verhinderung sinkt proportional zum Ausmaß, in dem das Modell in rechtspolitischer Hinsicht überzeugen kann.

Auch bei einer etwaigen zukunftsgerichteten, parlamentarisch begründeten Ausweitung der Charakteristika des Modells auf eine Vielzahl weiterer Fälle[858] ist die rechtspolitische Beurteilung von zentraler Bedeutung. Denn für die im Ausblick aufgeworfene Frage nach der Vorbildfunktion des Treuhandmodells für künftige Gruppenbesteuerungssysteme kann die rechtspolitische Dimension seiner Auswirkungen nicht ausgeblendet werden. Das Modell, das ohne Verknüpfung der handels- mit der steuerbilanziellen Vermögenssphäre auskommt, kann z.B. nur dann Blaupause für eine „verknüpfungslose", d.h. EAV-freie Gruppenbesteuerung sein[859], wenn es nicht nur *de lege lata* bereits durchführbar, sondern darüber hinaus auch rechtspolitisch wünschenswert oder zumindest unbedenklich ist.

---

856 Siehe die Kernthese dieser Arbeit auf S. 26 ff.

857 Siehe unten S. 237 ff.

858 Siehe dazu genauer unten S. 240 ff.

859 Dazu kurz unten S. 240 ff.

Gestaltungen, die dem Steuerpflichtigen Vorteile bieten, führen, soweit sie „echte" monetäre, nicht nur verwaltungserleichternde Vorteile sind, zwangsläufig spiegelbildlich zu Mindereinnahmen des Fiskus. Wenn mit dem Treuhandmodell Vollkonsolidierungen und die Vermeidung von Gewerbesteuerinseln möglich sind, dann bedeutet das eben auch, dass der Fiskus z.B. bei Verlust der Tochter und Gewinn der Mutter nur auf das verrechnete Gesamtergebnis, nicht aber auf den vollen Gewinn der Mutter zugreifen kann. „Der Fiskus" sind bei der Gewerbesteuer vor allem die Gemeinden, für die sich im Modell mangels „Lock-In-Effekt" der gewerbesteuerlichen Verluste und daher mangels nicht angewandter Mindestbesteuerung (§ 10a GewStG) in Einzelfällen trotz Zerlegung nach der Lohnsumme (§ 29 Abs. 1 Nr. 1 GewStG) temporäre Nachteile ergeben können[860]. Bedeutsam sind diese Nachteile jedoch nur dann, wenn sie den Wertungen der einfachgesetzlichen Steuern und vor allem ihren verfassungsrechtlichen Grundlagen widersprechen. Dies ist z.B. bei der Verlagerung von Steuersubstrat ins Ausland, der Generierung von „weißen", d.h. unversteuerten Einkünften, und somit gänzlich missbrauchsgetriebenen Gestaltungen der Fall.

Das Modell ist bei all dem rechtspolitisch vertretbar: Es fasst zusammen, was wirtschaftlich zusammen gehört. Verstöße gegen das Prinzip der Besteuerung nach der Leistungsfähigkeit liegen nicht vor, denn allein die Ausgliederung eines Geschäftsbereiches auf die zivilrechtlich eigenständige Treuhand-KG führt nicht zu einer Erhöhung der Leistungsfähigkeit über einen ggf. steigenden Gewinn hinaus[861]. Dieser steigende Gewinn wird aber im Treuhandmodell bei der Komplementärin besteuert. Eine darüber hinaus gehende Mehrbelastung, die sich allein durch die zivilrechtliche Selbständigkeit der KG ergibt, wäre nicht gerechtfertigt, sie verstieße womöglich umgekehrt gar gegen Prinzipien einer an der Leistungsfähigkeit orientierten Besteuerung.

Das Modell entzieht dem deutschen Fiskus kein Steuersubstrat[862], auch „weiße Einkünfte" vermag es nicht vorzubringen. Es ist vornehmlich kein Steuersparmodell, mit dem die konzerneigene Steuerquote gesenkt werden könnte. Seine Begründung ist stets gesellschaftsrechtlich (Trennung von Kompetenzen, bessere

---

860 In seiner Kürze übertrieben (in der Weise, dass diese Nachteile als gleichsam stets unausweichlich und pauschal auftretend dargestellt werden) *Kroppen*, in: *Arbeitsgemeinschaft der Fachanwälte für Steuerrecht*, Jahrbuch der Fachanwälte für Steuerrecht 2005/2006, S. 679, 690, hier *Ege* in der Diskussion.

861 *Hey*, FR 2012, 994, 996, die aus dieser Diagnose jedoch keine Notwendigkeit zur Vollkonsolidierung (dies aber insbesondere im Sinne einer Transparenz für Kapitalgesellschaften, um die es hier ohnehin nicht geht) ableiten will.

862 So auch *Hubertus/Lüdemann*, BB 2010, 2474, 2478.

Gliederung und Struktur) oder betriebswirtschaftlich (operative Trennung von Geschäftsbereichen) motiviert. Das Treuhandmodell ist eine Möglichkeit, Mehrbelastungen zu verhindern, indem der steuerliche *status quo* im Vergleich zum Einheitsunternehmen (d.h. Treuhand-KG und Mutter sind zivilrechtlich nicht getrennt) aufrecht erhalten wird, die Steuerquote also auf *gleichem* Niveau verbleibt. Wenn aber die Wirkung des Modells nur im Konservieren steuerlicher Strukturen liegt, muss es auch „nur" an diesem Maßstab gemessen werden. Und der Befund ist immer gleich: Ja, die Treuhandlösung ermöglicht steuerliche Vollkonsolidierung – dies hat aber das Einheitsunternehmen auch. Ja, es liegt nur ein Betrieb im Sinne der Zinsschranke gemäß § 4 h EStG vor – wie auch das Einheitsunternehmen nur ein Betrieb ist. Nein, eine doppelte Inanspruchnahme der Freigrenze nach § 4 h Abs. 2 S. 1 lit. a EStG bleibt im Modell verwehrt – auch das Einheitsunternehmen kann den Betrag nur einmal nutzen. Diese Parallelen zeigen, dass hier nichts hervorgebracht wird, was das deutsche Steuerrecht nicht ohnehin bereits kennt – nur möglicherweise in anderen Konstellationen. Das Treuhandmodell war seit seiner Begründung immer nur „Reaktion"[863], nie „Avantgarde".

Damit sind seine Folgen nicht nur vertretbar, sondern ausbaufähig, und zwar auf andere Unternehmensstrukturen, die aktuell noch auf die Organschaft angewiesen sind. Dies funktioniert dann natürlich nicht über § 39 Abs. 2 AO mit der gewollten Negierung einer Mitunternehmerschaft. Es zeigt aber, dass man steuerliche Konsolidierungswege finden kann, die abseits eines Ergebnisabführungsvertrags und einer zivilrechtlichen Vermögensverknüpfung bzw. -beeinflussung bestehen. Natürlich kann mit obiger Formel nur das zusammengefasst werden, was tatsächlich zusammengehört. Diese Zusammengehörigkeit können aber auch höhere Beteiligungsquoten[864] sicherstellen.

---

863 Siehe dazu detailliert bereits oben S. 195 ff.

864 Siehe S. 245 ff.

Kapitel 4. Ausblick und Fazit

I. De lege ferenda – Kodifizierung einer Gewerbesteuerpflicht möglich und sinnvoll?

Die Steuerrechtspraxis reagierte auf das wiederanerkennende Urteil des BFH[865] und die Entscheidung der Finanzverwaltung, dieses Urteil über den Einzelfall hinaus zu akzeptieren – das Urteil wurde im Bundessteuerblatt veröffentlicht – mit Erleichterung, ja beinahe Euphorie[866]. Diese Euphorie ist ob der vielen positiven Effekte des Modells verständlich, schlägt aber dann in Leichtsinn um, wenn das aktuelle Urteil und seine Einschätzung als „letztes Wort" zur Gewerbesteuerpflicht einer Treuhand-KG angesehen wird. Es ist nicht sehr wahrscheinlich, dass die Finanzverwaltung ihre Meinung erneut ändert, dem Urteil nicht entsprechende Gewerbesteuermessbescheide an Treuhand-KGs schickt und somit eine erneute Niederlage vor dem IV. Senat riskiert. Nicht beachtet bzw. ausreichend ernst genommen wird aber die Möglichkeit des Gesetzgebers, die Gewerbesteuerpflicht schlicht zu kodifizieren. Dieser Fall wird zwar grundsätzlich gesehen, aber mit dem Hinweis, man müsse ja wegen der fehlenden Gewinnfeststellung nach Einkommensteuerrecht (die Treuhand-KG war ja schließlich auch nach zwischenzeitiger Verwaltungsmeinung nie eine Mitunternehmerschaft) eine eigene Gewinnermittlung nur für die Gewerbesteuer kodifizieren und somit das gesamte Ertragsfeststellungssystem nach § 7 S. 1 GewStG aufgeben, als wenig sinnvoll, ja rechtstechnisch geradezu unmöglich beurteilt[867].

Die Meinungen, man könne die Gewerbesteuerpflicht der Treuhand-KG nicht systematisch sinnvoll kodifizieren, greifen m.E. jedoch zu kurz und unterschätzen die Kreativität eines Gesetzesgebers in haushaltspolitischer Not[868]. Diese Ansichten gehen allesamt allein von der legislativen Festsetzung der Gewerbesteuer aus und weisen diesbezüglich zu Recht auf Ungleichgewichte und Inkonsistenzen hin.

Die „Gefahr", der Gesetzgeber könnte bereits auf einer früheren Stufe ansetzen, wird bislang jedoch noch nicht gesehen. Dabei wäre es ein Leichtes, § 15

865 BFH, Urt. v. 03.02.2010 – IV R 26/07, BStBl. II 2010, 751.

866 *Benz/Goß*, DStR 2010, 839, 842; *Hubertus/Lüdemann*, BB 2010, 2474, 2477.

867 So *Benz/Goß*, DStR 2010, 839, 842; *Plewka*, NJW 2010, 2554, 2556.

868 Die bisherige Zurückhaltung von Gesetzgeber und Finanzverwaltung sollte (vor allem bei sich ändernden volkswirtschaftlichen Rahmenbedingungen) nicht als dauerhaft angesehen werden.

EStG um eine (weitere) Fiktion dergestalt zu erweitern, dass die Treuhand-KG schon auf Ebene der Einkommensteuer als Mitunternehmerschaft angesehen wird. Rechtstechnisch könnte man dies erreichen, indem man z.B. § 15 Abs. 1 S. 1 Nr. 2 EStG einen Satz 3 hinzufügt:

> *„Als Mitunternehmerschaft ist auch eine Gesellschaft anzusehen, bei der die eine Mitunternehmerstellung eines oder mehrerer Gesellschafter begründenden Umstände durch schuldrechtliche Vereinbarungen verhindert bzw. dem einzigen Unternehmer zugerechnet werden."*

Eine Durchbrechung (bzw. erhebliche Überdehnung) des tradierten Begriffs der Mitunternehmerschaft wäre dies zweifellos. Dies ist aber auch bereits § 15 Abs. 1 S. 1 Nr. 2 S. 2 EStG, der nicht die Mitunternehmerschaft, jedoch den Begriff des Mitunternehmers ausdehnt oder der gesamte § 15 Abs. 3 EStG, der den Begriff des Gewerbebetriebs in ähnlicher Form über die Norm des Absatz 2 durch Fiktionen erweitert. Ebenfalls denkbar ist, noch früher, nämlich bei den Zurechnungstatbeständen der Abgabenordnung anzusetzen. Hier könnte § 39 Abs. 2 Nr. 1 AO folgender Satz 3 hinzugefügt werden:

> *„Eine Zurechnung findet nicht statt, wenn der Treugeber mehrheitlich an dem Treuhänder beteiligt ist."*

Dies unterbindet bereits die Zurechnung des Kommanditanteils an die Komplementärin, so dass diese weiterhin Mitunternehmer wäre. Einer wirtschaftlichen Betrachtungsweise (und damit der *ratio* des § 39 Abs. 2 AO) würde dies nicht einmal in besonderem Maße widersprechen: Wirtschaftlich betrachtet kann der Mehrheitsanteilseigner ohnehin über den Treuhänder verfügen. Die Treuhandverbindung gibt hier für das Treugut im Vergleich zu den gesellschaftsrechtlichen Befugnissen des Treugebers über nicht treuhänderisch gebundene Wirtschaftsgüter keine entscheidenden weiteren Kompetenzen, so dass die „Realität" auch dann korrekt abgebildet ist, wenn die Treugüter dem Treuhänder zugerechnet werden. Es ist allerdings anzumerken, dass der Gesetzgeber bislang darauf verzichtet hat, in die Abgabenordnung, *vulgo* den „Allgemeinen Teil" des Steuerrechts, allzu punktuelle Anpassungen und Reflexe auf bestehende Gestaltungen einzufügen. In der Vergangenheit waren es meist die Einzelsteuergesetze, deren Systematik durch derlei reagierende Fiktionen u.ä. beeinträchtigt wurde. Eine Korrektur über § 15 EStG wäre mithin wahrscheinlicher.

Sie wäre auch zulässig, denn von der aktuellen Rechtfertigung und der rechtspolitischen Gebotenheit des Treuhandmodells kann nicht automatisch auf seine *verfassungsmäßige* Gebotenheit geschlossen werden. Das Modell selbst als Strukturierungselement privater Rechtsformen ist ohnehin kein taugliches Objekt, das sich an Art. 3 GG messen lassen muss. Eine Norm, die, wie soeben aufgezeigt, seine Hauptwirkung verhindert, wäre es als Legislativakt zwar durchaus[869]. Dass jedoch die gewünschte Ergebnisverrechnung auch auf dem Gebiet des Gewerbesteuerrechts unter Berücksichtigung von Art. 3 GG zwingend eintreten muss, scheint zu hoch gegriffen. Rechtsformneutrale Besteuerung ist ein Ideal, kein absolutes Muss, es kann dies nicht sein in einem System, das unterschiedliche Rechtsformen nicht nur in der Höhe, sondern auch und sogar in der Steuerart unterschiedlich behandelt. Eine (Treuhand-)KG und eine GmbH sind eben nicht im Sinne von Art. 3 GG „gleich", sondern im Gegenteil verschieden. Die eine ist kein Ertragsteuerobjekt, die andere sehr wohl. Die eine wird daher transparent und nach dem EStG besteuert, die andere für sich getrennt und nach dem KStG. Und die eine kann eben keine gewerbesteuerliche Organschaft begründen, während die andere diese Möglichkeit besitzt. Und auch von der der Transparenz des Einkommensteuerrecht geschuldeten „automatischen" Verrechnungsmöglichkeit einer Personengesellschaft in dieser Steuerart auf die verfassungsmäßige Gebotenheit derselben Möglichkeit im Gewerbesteuerrecht schließen zu wollen, ist zu simpel und negiert die historischen Unterschiede, die zwischen diesen Steuerarten bestehen[870]. Das heißt nicht, dass Wirkungen, die jeweils eine Angleichung herstellen, nicht wünschenswert wären. Es heißt aber eben auch nicht, dass diese Wirkungen (das Treuhandmodell) von Verfassungs wegen diktiert werden.

Möglicherweise sind diese Formen der Versagung des Modells nur deshalb noch nicht angedacht worden, weil sie sogar über die Verwaltungsauffassung der Jahre 2005 – 2010 hinausgehen. Damals wurde lediglich die Gewerbesteuerpflicht angenommen, die Behandlung als Mitunternehmerschaft würde jedoch dazu führen, dass die KG Gewinnermittlungssubjekt im Einkommensteuerrecht würde. Damit würde – wie bei allen Mitunternehmerschaften – die Gewerbesteuerpflicht als direkte Konsequenz und Anwendung des § 5 Abs. 1 S. 3 GewStG ebenfalls vorliegen, und zwar ohne die Ungereimtheiten, die von den oben genannten Autoren geltend gemacht werden: Ist die KG erst einmal einkommensteuerliches Gewinnermittlungssubjekt, kann für Zwecke der Gewerbesteuer auf dieses Ergebnis in gewöhnlicher Form (§ 7 S. 1 GewStG) zurückgegriffen werden, ohne dass eine „Als-ob" Betrachtung vorgenommen werden müsste. Die „Drohkulisse" einer angeblich zwingend erforderlichen Ertragsberechnung nur

869 Vgl. Art. 3 GG: „[...] vor dem Gesetz gleich"; das Grundrecht gilt auch für inländische juristische Personen des Privatrechts, *Dürig/Scholz*, in: *Maunz/Dürig*, Grundgesetz, Art. 3 Rn. 289; auch eine KG ist juristische Person im Sinne des GG: *Remmert*, in: *Maunz/Dürig*, Grundgesetz, Art. 19 Rn. 39.

870 Siehe zu diesen S. 91 ff.

für die Gewerbesteuer[871] würde umschifft. Natürlich hieße das, dass durch die dann auch steuerlich getrennten Vermögenssphären von KG und Komplementärin nicht nur die Vollkonsolidierung, sondern auch die Übertragung von Wirtschaftsgütern erschwert würde.

Bleibt die Frage, ob eine fingierte Mitunternehmerschaft *de lege ferenda* auch sinnvoll wäre. Rechtspolitischer Bedarf im Sinne einer Missbrauchsverhinderung besteht nach der eben erfolgten rechtspolitischen Stellungnahme jedenfalls nicht. Festgehalten werden muss bei alldem außerdem, dass der Gesetzgeber durch diese Regelungen langfristig kein neues originäres Steuersubstrat schaffen, sondern den Steuerpflichtigen lediglich zu einer für ihn nachteiligen Allokation (siehe die Folgen auf S. 94 ff.) zwingen würde. Kurzfristig könnte die Tatsache, dass Erträge der einen Gesellschaft nicht mit Verlusten der anderen konsolidiert werden könnten, zu erhöhten Einnahmen des Fiskus führen, dies aber nur insoweit, als sich die „Lock-in-Effekte" auch über einen längeren Zeitraum erhalten (die Regeln der Mindestbesteuerung, § 10 a GewStG, sind hier natürlich hilfreich). Im Bereich der Vermögensübertragungen würde die Regelung als *deal breaker* wohl eher betriebswirtschaftlich sinnvolle Ausgliederungen verhindern, als dass sie zu Steuermehreinnahmen führen könnte. Im Ergebnis wäre eine solche Kodifikation zwar weder systematisch vollständig überzeugend noch fiskalisch übermäßig vorteilhaft oder nachhaltig. Sie wäre aber relativ unproblematisch durchführbar und beileibe nicht die erste dieser Art[872].

II. Zukünftige Bedeutung des Treuhandmodells

1. Strukturierungsform für Personengesellschaftsgruppen

Nachdem gezeigt wurde, dass eine legislative Beseitigung des Treuhandmodells rechtlich und politisch wenig sinnvoll ist, stellt sich die Frage nach dessen zukünftiger Relevanz.

Bereits heute ist das Modell eine beliebte Strukturierungsart von Unternehmensgruppen. Es wird entweder dauerhaft als Konsolidierungsmittel[873] bei gleichzeitiger gesellschaftsrechtlicher Eigenständigkeit der Gesellschaften oder temporär als Ausgliederungsvehikel[874] für die Verkaufsvorbereitung eines Unternehmensteils

871 Eine solche Drohkulisse zeichnet z.B. *Rödder*, DStR 2005, 955, 957, allerdings mit Verweis auf die damalige Verwaltungsauffassung.

872 Sie würde lediglich zu den erwähnten bereits kodifizierten Fiktionen des § 15 EStG hinzutreten.

873 Siehe dazu bereits oben S. 173 ff.

874 Siehe dazu bereits oben S. 164.

genutzt. Diese Beliebtheit kam bereits kurz nach Erfindung des Modells durch *Hönle* Anfang der 1980er Jahre auf und konnte nur kurz durch den Stopp der Verwaltung in den Jahren 2005 bis 2010 getrübt werden. Nach der Wiederbelebung durch den BFH im Jahre 2010 kann man dem Modell gar eine höhere Bedeutung attestieren. Zum einen hat sich der Anteil der Gewerbesteuer an der Gesamtsteuerzahllast erhöht[875]. Zum anderen kann durch den zwischenzeitlich im Jahre 2008 eingefügten § 4 Abs. 5b EStG[876] die Gewerbesteuer nicht mehr als Betriebsausgabe abgezogen werden. Dass die Treuhand-KG eben diese nicht selbständig zu zahlen verpflichtet ist, wirkt sich somit noch drastischer aus. An diesem Befund ändert auch die Anrechnungsmöglichkeit des § 35 EStG nichts. Sie greift ohnehin nur dann, wenn auch die Mutter (Mitunternehmerin) einkommensteuerpflichtig (und nicht etwa körperschaftsteuerpflichtig) ist. Außerdem bestehen selbst im Falle einer einkommensteuerpflichtigen Mitunternehmerin „Unschärfen"[877] bei der Anwendung von § 35 EStG[878].

2. Impulse des Treuhandmodells für die Einführung einer neuen Gruppenbesteuerung

Das Treuhandmodell erzielt heute schon heute Wirkungen - steuerliche Einkünftekonsolidierung bei weiterhin getrennten handelsrechtlichen Vermögenssphären –, die von vielen als Eckpfeiler eines modernen Gruppenbesteuerungsmodells angesehen und auch für andere Unternehmensstrukturen gefordert werden[879]. Überraschenderweise ist das Treuhandmodell in dieser Diskussion aber bisher noch nie als Argument für Reformmodelle, die auf die enge Verknüpfung steuerlicher und handelsrechtlicher Vermögensverknüpfung verzichten wollen, angeführt worden. Dies soll hiermit nachgeholt werden[880].

---

875 *Hubertus/Lüdemann*, BB 2010, 2474, 2476.

876 Eingefügt durch das UntStReformG 2008, Gesetz v. 14.08.2007, BGBl. I 2007, 1912.

877 *Benz/Goß*, DStR 2010, 839, dort Fn. 27.

878 Siehe dazu bereits oben S. 228 ff.

879 Siehe z.B. *Hey*, DB 2011, Heft 23, M01.

880 Dieser Ausblick kann unmöglich die gesamte aktuelle Reformdiskussion vertiefen oder auch nur vollständig darstellen. Er beschränkt sich allein auf die Wirkung, die das Treuhandmodell in diesem Rahmen entfalten kann.

a. Das Treuhandmodell im Vergleich zu anderen Reformmodellen

Das geltende Organschaftsrecht ist komplex[881] und wird von fast allen Seiten als veraltet bezeichnet[882]. Stein des Anstoßes ist vor allem der als fehleranfällig und jedenfalls seit Aufgabe der umgekehrten Maßgeblichkeit durch das BilMoG[883] auch als veraltet angesehene Ergebnisabführungsvertrag[884]. Sein Abschluss und insbesondere seine Durchführung stellten den Rechtsanwender vor erhebliche Probleme. Auch bei großer Sorgfalt könne er sich der korrekten Ergebnisabführung in der Regel nicht ganz sicher sein, zu starr seien die organschaftlichen Tatbestandsvoraussetzungen, die das Institut zu einem „Paradebeispiel einer formalrechtlichen Betrachtungsweise“[885] werden lassen. Die „Kleine Organschaftsreform“[886] halte am Erfordernis des Ergebnisabführungsvertrags fest und bleibe daher hinter den Plänen einer modernisierten Konzernbesteuerung, die die Regierungsparteien im Koalitionsvertrag[887] ankündigten, weit

---

881 Vgl. Begründung der Stellungnahme des Bundesrates zum Entwurf eines Jahressteuergesetzes 2013, BR-Drucks. 302/12 (Beschluss) v. 06.07.2012, S. 75.

882 *Frey/Sälzer*, BB 2012, 294 bezeichnen es gar als „nicht mehr praxistauglich“; *Kessler*, DB Standpunkte 2011, 73, 74; *Endres*, DB Standpunkte 2011, 77, 78; *Blumenberg*, DB Standpunkte 2011, 79, 80; *Prinz*, DStR Beihefter 2010, 67, 72; *Herzig*, DStR Beihefter 2010, 61, 62, 67; *Kaeser*, DStR Beihefter 2010, 56, 61 sieht „viele praktische Probleme“; a.A. jedoch *Ismer*, DStR 2012, 821, 823, 829, der umgekehrt die diskutierten Beiträge zur Gruppenbesteuerung als „mit erheblichen Nachteilen verbunden“ ansieht.

883 Dieses Problem sieht auch der Bundesrat, Begründung der Stellungnahme des Bundesrates zum Entwurf eines Jahressteuergesetzes 2013, BR-Drucks. 302/12 (Beschluss) v. 06.07.2012, S. 75.

884 *Hey*, DB 2011, Heft 23, M01; zu weiteren Problemen in diesem Zusammenhang *Ismer*, GmbHR 2011, 968, 973; *Gosch*, BFH/PR 2011, 266, 268 zufolge droht hingegen bei Verzicht auf dieses Erfordernis jedenfalls bei Auslandsberührung ein „fiskalischer Super-GAU“.

885 So *von Wolfersdorff et al.*, DB 2012, 2241; dass diese Bezeichnung im „pragmatischen“, von tatsächlichen wirtschaftlichen Gegebenheiten determiniertem Steuerrecht abwertenden Charakter aufweist, versteht sich von selbst.

886 Enthalten im Gesetz zur Änderung und Vereinfachung der Unternehmensbesteuerung und des steuerlichen Reisekostenrechts (Beschlussempfehlung vom Bundestag am 17.01.2013 angenommen, BR-Drucks. 34/13; Fraktionsentwurf der Regierungsparteien CDU, CSU und FDP v. 25.09.2012, BT-Drucks. 17/10774).

887 Koalitionsvertrag zwischen CDU, CSU und FDP für die 17. Legislaturperiode vom 26.10.2009, S. 13 f.

zurück[888]. Die Schwierigkeiten, die das geltende Organschaftsrecht allen Beteiligten bereite, vermöge diese Reform nicht zu lösen[889].

Praxis und Politik sparen nicht mit dem Hervorbringen von weitergehenden Änderungsvorschlägen[890]. Aus den Finanzministerien der Länder sind insbesondere zwei Konzeptionen interessant. Das hessische Ministerium arbeitete ein sog. Gruppenbeitragsmodell aus, in dem Verluste verrechnet werden können, wenn sie wirtschaftlich tatsächlich fließen[891]. Innerhalb einer sog. Gruppe (Konzern) können Zahlungen unter den verschiedenen (ihre Steuersubjektivität übrigens erhaltenden) Mitglieder-Gesellschaften geleistet werden[892]. Bei der zahlenden Gesellschaft sind sie Betriebsausgaben, beim erhaltenden Mitglied entsprechend gewinnwirksame Einnahmen[893]. Das Ob und die Höhe der Zahlungen können gewählt werden, die Gefahr etwaiger Mehr- oder Minderabführungen besteht mangels eines strikten Abführungsvertrags, der sich an einer handelsrechtlichen Bilanz orientieren muss, nicht. Durch die Möglichkeit, Zahlungen nicht nur zwischen Gruppenträger und Gruppengesellschaft (vergleichbar mit Organträger und -gesellschaft), sondern zwischen allen Mitgliedern, also insbesondere auch gleichrangigen Gruppengesellschaften, vorzunehmen, gewinnt das Modell gegenüber der Organschaft hinsichtlich seiner Durchführung an Flexibilität[894]. Nicht so hingegen bezüglich seiner vorausgesetzten Konzernstruktur: Eine Gruppe, innerhalb deren ergebniswirksame Beitragsströme vorgenommen werden können, soll nur gegeben sein, soweit zwischen Gruppenträger und den einzelnen Gesellschaften Beteiligungsquoten von mindestens 95 % vorliegen[895].

Auch das Finanzministerium aus Bayern hat einen Reformvorschlag erarbeitet und vorgelegt[896]. Im sog. Einkommenszurechnungssystem erfolgt eine

888 *Von Wolfersdorff et al.*, DB 2012, 2241, 2247.
889 Dies gelte insbesondere für den praktisch wichtigen Bereich der grenzüberschreitenden Fälle, *Ismer*, GmbHR 2011, 968, 976.
890 Überblick und Bewertung bei *Frey/Sälzer*, BB 2012, 294.
891 Siehe zu diesem Modell: *BMF*, Facharbeitsgruppe "Verlustverrechnung und Gruppenbesteuerung", Bericht v. 10.11.2011.
892 *BMF*, Facharbeitsgruppe „Verlustverrechnung und Gruppenbesteuerung“, Anlage 7 v. 10.11.2011, S. 4.
893 *BMF*, Facharbeitsgruppe „Verlustverrechnung und Gruppenbesteuerung“, Anlage 7 v. 10.11.2011, S. 4.
894 *Frey/Sälzer*, BB 2012, 294, 296.
895 *BMF*, Facharbeitsgruppe „Verlustverrechnung und Gruppenbesteuerung“, Anlage 7 v. 10.11.2011, S. 3.
896 *BMF*, Facharbeitsgruppe „Verlustverrechnung und Gruppenbesteuerung“, Anlage 6 v. 10.11.2011, S. 3.

steuerliche Gewinn- und Verlustzurechnung ohne tatsächlich zu leistende Beiträge[897]. Dies geschieht auf Antrag aller involvierten Gesellschaften. Dieser soll eine Mindestbindungsdauer von fünf Jahren haben[898]. Das Steuerrecht löst sich nach dieser Konzeption vom Handelsrecht, indem die steuerlich vorzunehmende Ergebniszurechnung handelsrechtlich nicht nachvollzogen werden muss, soweit neben dem Antrag eine mindestens 75 %ige Beteiligung des Trägers an der Gesellschaft vorliegt[899].

Neben diesen Vorschlägen aus den Finanzverwaltungen gibt es einen weiteren Reformbeitrag eines Expertengremiums des IFSt (Institut Finanzen und Steuern)[900]. Er ähnelt konzeptionell dem bayerischen Vorschlag und unterscheidet sich von ihm nur in Nuancen wie den zu führenden Konten[901]. Auch dieser Vorschlag verzichtet auf tatsächlich zu zahlende Beiträge und sieht eine Trennung von Handels- und Steuerrecht in Fragen der Konzernergebnisberechnung vor[902].

Die angesprochenen Reformvorschläge berufen sich in ihrer Argumentation für ihre jeweiligen Bestandteile vor allem auf ausländische Regelungen[903]. Es wird jedoch erkennbar, dass sie alle – womöglich unbewusst – Anleihen auch am Treuhandmodell nehmen. Der – für das deutsche Steuerrecht revolutionäre – Ansatz, steuerliche Einkünftezurechnungen nicht mehr von tatsächlichen und handelsrechtlich bilanzierten Geldströmen abhängig zu machen, findet sich im Treuhandmodell seit längerem. Gleiches gilt für die geforderten, deutlich erhöhten Beteiligungsquoten. Und ebenso sehen alle genannten Beiträge wie auch das Treuhandmodell von der Notwendigkeit einer an der Handelsbilanz starr ausgerichteten Ergebnisabführung ab.

---

897 *BMF*, Facharbeitsgruppe „Verlustverrechnung und Gruppenbesteuerung", Anlage 6 v. 10.11.2011, S. 5 f.

898 *BMF*, Facharbeitsgruppe „Verlustverrechnung und Gruppenbesteuerung", Anlage 6 v. 10.11.2011, S. 4 f.

899 *BMF*, Facharbeitsgruppe „Verlustverrechnung und Gruppenbesteuerung", Anlage 6 v. 10.11.2011, S. 3.

900 *Hey/Haas/Herzig u. a.*, Einführung einer modernen Gruppenbesteuerung, 2011., zusammengefasst in *BMF*, Facharbeitsgruppe "Verlustverrechnung und Gruppenbesteuerung", Bericht v. 10.11.2011.

901 Siehe detaillierter zu den Unterschieden *BMF*, Facharbeitsgruppe „Verlustverrechnung und Gruppenbesteuerung", Bericht v. 10.11.2011, S. 119 f.

902 *Frey/Sälzer*, BB 2012, 294, 295.

903 Siehe z.B. *BMF*, Facharbeitsgruppe „Verlustverrechnung und Gruppenbesteuerung", Anlage 7 v. 10.11.2011, S. 4; *BMF*, Facharbeitsgruppe „Verlustverrechnung und Gruppenbesteuerung", Anlage 6 v. 10.11.2011, S. 3 f.

Mögen diese genannten Anleihen auch unbewusst sein, zufällig sind sie nicht. Denn das Modell funktioniert in seinem Anwendungsbereich, und zwar so gut, dass es sich eben als (möglicherweise partielle) Blaupause für weitere Konstellationen, die bislang noch dem Organschaftsregime unterworfen sind, andient.

b. Ausgleichsmöglichkeiten zur Verhinderung von Missbrauch durch den Wegfall des EAV

Bleibt die Frage, ob der EAV ersatzlos gestrichen werden oder lediglich ein anderes Sicherungssystem an seine Stelle treten soll. Nimmt man das Treuhandmodell zum Vorbild, wird klar: Das Privileg der Vollkonsolidierung muss „erkauft" werden. Seine gesellschaftsrechtlich geforderten Anteilsverhältnisse sind strikter als bei der Organschaft (siehe S. 183). Und das zu Recht: Ergebnisverrechnungen von nur lose zusammenhängenden Gesellschaften sind für den Fiskus gefährlich. Sie sind deshalb auch – soweit ersichtlich – in allen vergleichbaren Jurisdiktionen unbekannt[904]. Schafft man mit dem EAV die zwingende handelsrechtliche Vermögensverknüpfung, Verlustausgleichspflicht sowie eine Mindestdurchführungsdauer ab und gewährt gleichzeitig Konsolidierungsmöglichkeiten bei flexiblen und niedrigen Anteilsquoten, werden ständig wechselnde, ggf. durch schuldrechtliche Ausgleichszahlungen motivierte Verrechnungen möglich. Man könnte, vorbehaltlich anderer Sicherungsinstrumente wie § 8c KStG, defizitäre Gesellschaften durch einen geringen, nur auf kurze Zeit angelegten Beteiligungserwerb immer dort „anhängen", wo sie die höchste Konsolidierungswirkung für einen Veranlagungszeitraum versprechen.

Man wird sich also Gedanken über Beteiligungsquoten als alternative Korrekturmöglichkeit zu einer willkürlicher Verlustnutzung durch Temporärbeteiligungen machen müssen[905]. Besondere Milde ist hier – wenn man sich das

---

904 Sie alle fordern mehr oder weniger hohe Beteiligungsquoten zwischen den zu konsolidierenden Gesellschaften: In Irland, Spanien, UK und Zypern ist es eine Quote von 75 %. Japan fordert gar eine Quote von 100 %, Frankreich, Luxemburg, die Niederlande und Polen von mindestens 95 %, Finnland, Lettland, Portugal, Norwegen und Schweden von mindestens 90 % und die USA von mindestens 80 %. Weniger als 75 % sind lediglich in Litauen, Dänemark, Italien, Malta und Österreich ausreichend, siehe *BMF*, Facharbeitsgruppe „Verlustverrechnung und Gruppenbesteuerung", Bericht v. 10.11.2011, S. 114.

905 Ein Kompromiss dahingehend, dass der EAV abgeschafft, die Beteiligungsquoten derweil erhöht werden, sehen auch *Kahle/Schulz*, FR 2012, 741, 754 mit Verweis auf *BMF/Ministère de l'économie des finances et de l'industrie*, Grünbuch der Deutsch-Französischen Zusammenarbeit.

Treuhandmodell zum Vorbild nimmt – nicht angesagt. Im Modell ergeben die Beteiligungsquoten der Komplementärin und Kommanditistin addiert stets 100 %. Die genaue Aufteilung, also gleichsam die Summanden dieser Addition, ist aufgrund der Zurechnungswirkung des § 39 Abs. 2 AO an die Komplementärin irrelevant[906]. Die Organschaft ist hier zwar mit mehr als 50 % Mindestbeteiligungsquote (§ 14 Abs. 1 S. 1 Nr. 1 S. 1 KStG) weniger streng, verlangt aber – wie gesehen – mit dem EAV eine zusätzliche Verbindung.

Eine steuerrechtsweite Betrachtung ergibt, dass der Gesetzgeber mit den Beteiligungsquoten, die einer Abhängigkeit hin bis zu einer wirtschaftlichen Einheit genügen sollen, keine einheitlichen Werte verfolgt[907]. So findet man neben den 50 % für die Organschaft auch Werte von 95 % (§ 6a GrEStG) und sogar 100 % (§ 8c Abs. 1 S. 5 KStG). In der aktuellen Diskussion werden am häufigsten Mindestbeteiligungsquoten von ca. 75 % genannt[908]. *Hüttemann* verlangt hingegen, wolle man in der Gruppenbesteuerung tatsächlich eine Betrachtung der wirtschaftlichen Einheit vornehmen, eine asymptotische Näherung an 100 %[909]. Den absehbaren Aufschrei aus der Beratungspraxis entkräftet *Ismer*[910] gleichsam präventiv mit einem Verweis auf § 6a S. 3 GrESt. Dort würde die Absenkung der Schwelle für Steuervergünstigungen bei Beteiligungen von derzeit 95 % auf 75 % zu großen Widerständen führen[911]. Und auch *Grotherr*[912] ist Recht zu geben, wenn er anmerkt, dass die Legitimation einer Einheitsbetrachtung eben mit höherem Beteiligungserfordernis einfacher wird. Nicht überzeugend ist es hingegen, eine

906 Siehe dazu oben S. 129.

907 *Kessler*, in: *Kessler/Kröner/Köhler*, Konzernsteuerrecht – National – International, § 1 Rn. 3 und *Hey*, FR 2012, 994, 995, sehen gar ein fehlendes einheitliches Konzept. Ob unterschiedliche Beteiligungsquoten sogleich auf mangelnde Konzeption schließen lassen, ist jedoch zweifelhaft. Eine Varianz der Quoten kann durchaus ein Konzept – nämlich das Konzept „Quoten nach der jeweiligen Zielsetzung" – verfolgen bzw. begründen. Starre, einheitliche Beteiligungsquoten über alle Steuergesetze und Eventualitäten hinweg würden einem Konzept der einzelfallgerechten Erfassung eines Besteuerungstatbestandes womöglich gar widersprechen. Der Gesetzbegeber ist m.E. also auch bei der Bestimmung von Beteiligungsquoten für eine eventuelle Gruppenbesteuerung nicht an bereits vorhandene gebunden.

908 *Brill*, KÖSDI 2012, 18103, 18108; *Herzig*, FR 2009, 1037, 1039 f.

909 *Hüttemann*, in: *Schön/Osterloh-Konrad*, Kernfragen des Unternehmenssteuerrechts, S. 127, 137 ff.

910 *Ismer*, DStR 2012, 821 in Fn. 57.

911 Siehe dazu allerdings die Argumentation in Fn. 907.

912 *Grotherr*, StuW 1996, 356, 376, der deshalb sogar eine Beteiligungsquote von 99 % für vertretbar hält.

Beteiligungshöhe von 75 %[913] mit dem Argument als ausreichend zu erachten, dass diese Mehrheit satzungsändernde Beschlüsse ermöglicht[914]. Letzteres ist zwar in der Sache korrekt, legt aber den Argumentationsfokus mit der satzungsändernden Mehrheit wieder auf eine gesellschaftsrechtliche Anknüpfung, die ja durch die Abschaffung des EAV gerade vermieden werden soll. Eine autonome steuerrechtlich-wirtschaftliche Betrachtungsweise wird so jedenfalls nicht begründet. Diese sollte aber für eine konsolidierungsfähige Einheitsbetrachtung in einer Steuerrechtsordnung, die mit dieser ihr eigenen wirtschaftlichen Betrachtungsweise (siehe z.B. § 39 Abs. 2 S. 1 AO) sich wirtschaftliche Kräfte[915] eher als zivilrechtliche Rechtsverhältnisse zum Anknüpfungspunkt nimmt, entscheidend sein.

Die Suche nach der Höhe der Mindestbeteiligung, bei der ein Verzicht auf den Ergebnisabführungsvertrag deswegen angemessen scheint, weil zwischen den Unternehmen ohnehin eine wirtschaftliche Einheit vorliegt, gleicht einer Gratwanderung. Geringe Quoten führen eben zu keiner solchen Einheit. Eine 51 %- oder auch 75 % -Beteiligung mag zwar gesellschaftsrechtliche Herrschaft versprechen, wirtschaftliche Einheit bedeutet jedoch mehr, nämlich die fast vollständige Irrelevanz der Vermögens- und Ergebnisallokation innerhalb der Gruppe. Dies kann erst bei höheren Beteiligungsquoten erreicht werden. Auch im internationalen Vergleich wäre selbst eine Quote von 75 % recht gering[916]. Ein allzu hohes (z.B. 100 %iges) Beteiligungserfordernis könnte wiederum gar eine Verschärfung zum jetzigen *status quo* darstellen und Gruppenbesteuerungen (nicht auf Durchführungs-, wohl aber auf Begründungsebene) erschweren anstatt sie zu vereinfachen[917].

---

913 Dies fordert z.B. *Herzig*, FR 2009, 1037, 1039 f.

914 So aber *Herzig*, DStR Beihefter 2010, 61, 65.

915 *Becker*, Die Reichsabgabenordnung, S. 77.

916 *Eilers et al.*, DB 2012, 535, 537 sähen die Bundesrepublik mit einer solchen Mindestbeteiligungsquote hingegen im Mittelfeld und tatsächlich fordern Irland, Spanien, UK und Zypern genau diese Mindestquote. Japan aber fordert z.B. eine Quote von 100 %, Frankreich, Luxemburg, die Niederlande und Polen von mindestens 95 %, Finnland, Lettland, Portugal, Norwegen und Schweden von mindestens 90 % und die USA von mindestens 80 %. Weniger als 75 % werden lediglich in Litauen, Dänemark, Italien, Malta und Österreich gefordert, siehe *BMF*, Facharbeitsgruppe „Verlustverrechnung und Gruppenbesteuerung", Bericht v. 10.11.2011, S. 114.

917 *Hüttemann*, in: *Schön/Osterloh-Konrad*, Kernfragen des Unternehmenssteuerrechts, 2010, S. 127, 138; es sei allerdings angemerkt, dass Organschaftsverhältnisse auch bei den aktuell geltenden „lockereren" Beteiligungserfordernissen meist nur bei sehr hohen Quoten eingegangen werden, vgl. *Grotherr*, StuW 1996, 356, 376.

Das Treuhandmodell mag mit seiner Möglichkeit, steuerrechtliche Ergebnisverrechnungen bei aufrecht erhaltener handelsrechtlicher Vermögenstrennung vornehmen zu können, Vorbild für Rechtswirkungen zukünftiger Besteuerungsmodelle für Unternehmensgruppen sein. Auch seine vergleichsweise starre, vorgegebene Beteiligungs- und Organisationsstruktur kann auf Anforderungsseite solcher Modelle in Betracht gezogen werden. Die andauernde Diskussion über die genaue Ausgestaltung sowohl der Rechtsfolgen- als auch der Voraussetzungsebene zeigt jedoch, dass einfache Lösungen fehl am Platze sind und vielmehr differenzierte Betrachtungen in diesem komplexen, weitläufigen Thema vonnöten sind. Das Treuhandmodell kann hier nur ein Anregungspunkt unter vielen sein.

III. Ergebnisse

Die Beschäftigung mit dem Treuhandmodell bietet Anlass für mehrere zusammenfassende abschließende Gedanken und Thesen.

Erstens: Das Institut der Mitunternehmerschaft ist auch in seiner aktuellen Ausgestaltung noch immer ein adäquates Konstrukt, um die Einkommensermittlung und Besteuerung von Personenmehrheiten zu erfassen. Die Anforderungen – mindestens zwei Unternehmer, die nach dem Typusbegriff als Mitunternehmer qualifizieren – sind grundsätzlich überzeugend. Daran ändern kleinere Unstimmigkeiten (z.B.: „Ist die zwingende Gesellschafterstellung der Mitunternehmerschaft notwendig?“) nichts.

Zweitens: Das Steuerrecht ist kein „Annex“ zum Zivilrecht[918]. Die Auslegung der Steuergesetze hat nicht allgemein nach zivilrechtlichen Bewertungen zu erfolgen[919]. Vielmehr bietet das Steuerrecht eine nebengeordnete Rechtsmaterie mit eigenen Wertungen und Zielsetzungen, die besonderen Fokus auf die wirtschaftliche Einschätzung von Sachverhalten legen. Die „quasi-verfassungsrechtliche“ Bedeutung des Zivilrechts für steuerliche Streitigkeiten ist unangebracht. Lediglich dort, wo sich das Steuerrecht explizit an zivilrechtliche Vorgänge anlehnt (z.B. Verkehrsteuern), bestehen gewisse Auslegungstendenzen. Dies ist in seiner Wirkung aber eher vergleichbar z.B. mit der strafrechtlichen Anknüpfung

918 Ebenso *Benz/Grundke*, StuW 2009, 151, 161.

919 Dies bedeutet natürlich nicht, dass es keine Parallelen geben darf. Ein Gleichlauf zwischen den Termini „Vermögensgegenstand“ und „Wirtschaftsgut“ ist nicht nur begrifflich, sondern auch inhaltlich sinnvoll und daher angebracht, siehe oben S. 122.

an das Zivilrecht bei Eigentumsdelikten als mit einem echten Überordnungsverhältnis[920].

Drittens: Das Einkommen- und das Gewerbesteuerrecht sind noch immer schlecht aufeinander abgestimmt[921] – trotz der sich immer weiter gen „Ertragsteuerrecht" verschiebenden Charakteristik des letzteren[922]. Der Gesetzgeber sollte sich hier zu einer vollständigen systematischen Anknüpfung des GewStG an das EStG bekennen, nicht nur in der Gewinn-/Ertragsermittlung, sondern auch im Bereich der Steuerpflicht. Das wegweisende BFH-Urteil zur Treuhand-KG hat gezeigt, dass schon heute kaum ein Fall denkbar ist, in dem eine Person oder Gesellschaft nicht ertrag-[923], aber gewerbesteuerpflichtig ist. Dann kann man aber das Gewerbesteuerrecht (z.B. in § 5 GewStG) auch dergestalt, d.h. vollständig an die Steuer- bzw. Gewinnermittlungssubjektivität des EStG anknüpfend, kodifizieren, um zukünftige Abstimmungsprobleme und Streitigkeiten wie diejenige über das Treuhandmodell zu unterbinden. Dass die Gewerbesteuer durch diese Einkommensteuerakzessorietät auch legislativ zur Zusatzsteuer aller Gewerbetreibenden verkäme, ist verschmerzbar, da sie diese Rolle faktisch ohnehin bereits einnimmt[924] und selbst in den sie rechtfertigenden BVerfG-Entscheidungen[925] auf diese Weise wahrgenommen wird.

Viertens: Das Treuhandmodell bietet eine interessante Struktur für viele Unternehmensgruppen. In der Regel muss sich die Konzernleitung entscheiden: Tochter-Personengesellschaften begegnet ein Gewerbesteuerproblem. Die eigene Steuerpflicht erzeugt „Inseln" und lässt insbesondere Verluste ungenutzt. Tochter-Kapitalgesellschaften sind hingegen steuerlich von ihrer Mutter vollständig getrennt, was bei Vermögensverschiebungen immer wieder zu verdeckten Gewinnausschüttungen und verdeckten Einlagen führt. Daran ändern auch

---

920 Dass das Zivilrecht selbst (§§ 21 f. BGB) auf steuerrechtliche Begriffe (§ 14 AO) verweist, wird gern unterschlagen, die zivilrechtliche Literatur zeigt sich in der noch immer nicht unumstrittenen Auslegung des Begriffes vom Steuerrecht unbeeindruckt, vgl. *Reuter*, in: MünchKomm BGB, § 22 Rn. 4 ff.

921 Zu weiteren Abstimmungsproblemen in Fällen, in denen die Treugeber-Mutter als Organträger einen Anteil an einer Organgesellschaft im Sonderbetriebsvermögen der Treuhand-KG hält siehe *Haase/Brändel*, DB 2011, 1128.

922 Vgl. *Gosch*, DStZ 1998, 327, 328.

923 Für Mitunternehmerschaften gilt hier die Gewinnermittlungspflicht.

924 So auch *Der Wissenschaftliche Beirat beim Bundesministerium der Finanzen*, Gutachten und Stellungnahmen 1974 – 1987, S. 370.

925 BVerfG, Entsch. v. 13.05.1969 – 1 BvR 25/65 Rz. 31, BStBl. II 1969, 424.

die – zumal sehr fehleranfälligen – Organschaften nichts. Mit dem Treuhandmodell werden diese Nachteile vermieden.

Fünftens: Die Ausführungen haben gezeigt, dass sowohl Anwendungsbereich, als auch Auswirkungen des Treuhandmodells weiter reichen, als bislang angenommen. Im Gegensatz zur bislang geführten Diskussion, die sich auf das Modell in seiner recht starren Grundkonstellation konzentriert, gibt es Möglichkeiten anderer Ausgestaltungen wie z.B. das „umgekehrte Treuhandmodell", das nicht nur in Haftungsfragen interessant ist, sondern erlaubt, auch andere Personengesellschaften als Treuhandgesellschaft einzusetzen. Darüber hinaus kann das Treuhandmodell auch kettenartig im Sinne eines „doppelten" Modells konstruiert werden. Dies erlaubt weitergehende Konsolidierungskreise, die auch Enkelgesellschaften einschließen können.

Auf Rechtsfolgenseite wurde gezeigt, dass neben dem Einkommen- und Gewerbesteuerrecht auch andere Steuerarten mittelbar von der Treuhandkonstruktion beeinflusst werden. Dem BFH ist zwar zuzugeben, dass sie sich nicht direkt auf die Umsatzsteuer auswirkt. Das Beispiel zeigt jedoch, dass die Diskussion über die umsatzsteuerliche Organschaft und Personengesellschaften als Organgesellschaften weiter geführt und intensiviert werden muss. Bei der bislang im Zusammenhang mit diesem Themenkreis vernachlässigten Grunderwerbsteuer führen die Ausnahmen der §§ 5, 6 GrEStG zu direkten Vorteilen des Treuhandmodells.

Sechstens: Im Abschnitt zum Vergleich mit der Organschaft und dem Ausblick wurde zudem deutlich, dass das Treuhandmodell die Organschaft oder moderne Gruppenbesteuerungssysteme zwar nicht obsolet macht, da es nicht in allen Fällen „passt" (mehrere Gesellschaften etc.). Wohl aber kann es in seinem – begrenzten – Anwendungsbereich größere Flexibilität bieten und außerdem einzelne Impulse für eine Neuregelung der gesamten Materie über Unternehmensgruppenbesteuerungen liefern. Momentan wird es jedoch noch überhaupt nicht dergestalt genutzt. In der Diskussion befindlich sind vielmehr Modelle, die entweder bereits in anderen Ländern durchgeführt werden, oder solche, die zumindest von ausländischen Praktiken beeinflusst sind[926].

Diese Absenz von Impulsen des nationalen Rechts ist bedauerlich, denn bevor man sich ausländische Rechtsordnungen mit ihren Gruppenbesteuerungssystemen anschaut, die mitunter von unterschiedlichen Rechtshistorien und gesellschaftsrechtlichen Regelungsregimen beeinflusst sind, läge ein Blick in die Sonderkonstellationen der heimischen Rechtsordnung eigentlich nahe. Dies

926 Siehe Reformmodelle oben S. 237 ff.

soll keine Kritik an der Rechtsvergleichung sein[927] – sie ist gerade in Zeiten und Gebieten der immer stärker werdenden internationalen Verknüpfungen notwendig und liefert fruchtbare Impulse. Wohl aber sollte ein Exklusivitätsanspruch der Rechtsvergleichung für steuerpolitische und steuerrechtliche Argumente vermieden werden. Stattdessen sind alle passenden inländischen und ausländischen Institute und Regelungen heranzuziehen, wenn es gilt, Rechtsmaterie im Spannungsfeld widerstreitender Interessen zur (bestmöglichen) Zufriedenheit aller zu reformieren. Es wurde gezeigt, dass das Treuhandmodell dabei behilflich sein kann, indem es z.B. aufzeigt, dass Konsolidierungen in allen Ertragsteuerarten inklusive der Gewerbesteuer möglich sein können, ohne dass eine handelsrechtliche Ergebnis- und Vermögensgleichschaltung vorausgesetzt wird. Davon ausgehend wurden Parallelen und Differenzen zu anderen Organisationsformen untersucht. Überwiegen hier die Gemeinsamkeiten, kann angedacht werden, die aus dem Modell bekannten, teilweise geringeren Voraussetzungen auch auf diese anderen Konstellationen zu übertragen.

Siebtens: Dieses letzte Kapitel der vorliegenden Arbeit soll dabei aber keineswegs einseitig als Plädoyer für die Aufhebung dieser derzeitigen Voraussetzung missverstanden werden. Dies ist es aus zwei Gründen nicht.

Zum einen ist das Treuhandmodell und mit ihm eine Personengesellschaft Gegenstand der Arbeit. Im Personengesellschaftssteuerrecht muss für eine Ergebnisverrechnung in den angesprochenen Steuerarten aber lediglich die das Trennungsprinzip verfolgende[928] Gewerbesteuer „eliminiert" werden; in der Einkommensteuer wird die Gesellschaft ohnehin transparent, d.h. konsolidiert auf ihren Mitunternehmer, besteuert. Eine – wie auch immer geartete – Gruppenbesteuerung für Kapitalgesellschaften muss jedoch die Hürde des Trennungsprinzips immer auch in den Personensteuern überwinden. Sie ist daher in höherem Maße begründungsbedürftig. Vollständig vergleichbar oder gar gleich kann die Ausgangslage in den angesprochenen Konstellationen also gar nicht sein, da das deutsche Steuerrecht diese Grundentscheidung zwischen transparenten Personengesellschaften und getrennten Kapitalgesellschaften getroffen hat und eine Regelung, die diese Grundentscheidung grundsätzlich (d.h. nicht nur für

927 Für einen kritischen Umgang mit Lösungen aus anderen, insbesondere strukturell oder quantitativ nicht vergleichbaren Volkswirtschaften auch *Prinz*, DStR Beihefter 2010, 67, 71.

928 Einschränkend *Ley*, Ubg 2011, 274, 278, hier ist mit „Überwindung des Trennungsprinzips" aber lediglich die grundsätzliche eigene Gewerbesteuerpflicht von Personengesellschaften (so sie denn Mitunternehmerschaften sind) nach § 5 Abs. 1 S. 3 GewStG gemeint, die auch *Ley* nicht anzweifelt.

Unternehmensgruppen) änderte, unrealistisch weitgreifend wäre. Die angedachte Orientierung der Vorgaben des Treuhandmodells für diejenigen einer Gruppenbesteuerung ist daher mitnichten zwingend oder logisch absolut geboten.

Weniger prädestiniert als andere Inspirationsquellen, auf die sich bislang beschränkt wurde (Rechtsvergleichung), ist sie aber auch nicht. Selbst wenn man das Treuhandmodell für die aktuelle Reformdiskussion als wichtig erachtet, ist es dies nicht nur in eine beratungsfreundliche und fiskalfeindliche Richtung, sondern, und das ist der zweite der oben angesprochenen Gründe, insgesamt und mit all seinen Charakteristika: Wer sich das Modell zum Vorbild nimmt, der streitet eben nicht nur für den Wegfall der handels- und steuerrechtlichen Vermögensverquickung über den EAV, sondern er streitet ebenso für eine strikte gesellschaftsrechtliche Verzahnung der Konsolidierungssubjekte durch eindeutige Anteilsverhältnisse, sowie dafür, dass Haftungsmasse und Steuersubstrat in der Unternehmensgruppe sichergestellt werden. Wie bereits erwähnt: Auch im Treuhandmodell muss die Konsolidierung „erkauft" werden. Ob der dafür Streitende dies gleichzeitig zwingend für die recht elaborierte Ausgestaltung (notwendige Rechtsform der KG, notwendige Treuhandverbindung) des Modells tut, ist hingegen zu bezweifeln. Sie besteht ja nicht deswegen, weil sie vom Gesetzgeber aufgrund teleologischer Gesichtspunkte so vorgesehen ist. Das Treuhandmodell war (und ist legislativ) überhaupt nicht vorgesehen, sondern ein „Nebenprodukt", die logische Folge einer Normenkette (§§ 105, 161 HGB, § 39 AO, § 15 EStG, §§ 2, 5 GewStG), deren Normen isoliert betrachtet jeweils andere (Haupt-)Zielrichtungen haben, in ihrer Gesamtschau aber eben zu den Wirkungen des Modells führen. Errichtet man *de lege ferenda* und planvoll ein ähnliches Modell zur Gruppenbesteuerung, so kann man sich bei der Normierung natürlich auf die teleologisch zwingenden Voraussetzungen beschränken und nicht auf das „Beiwerk", das nur aufgrund der fehlenden Kodifikation des aktuellen Treuhandmodells besteht.

Schluss: Das Treuhandmodell ist Produkt unseres kodifizierten Steuerrechtssystems und rechtspolitisch geboten. Es ist kein aggressives Steuersparmodell, es ist ein Beitrag zur rechtsformneutralen Besteuerung. Das Modell hat wiederherstellenden Charakter und ermöglicht Personengesellschaften Konsolidierungen und Vereinheitlichungen auf dem Gebiet der steuerrechtlichen Vermögenssphären, in deren Genuss andere Rechtsformen (Kapitalgesellschaften, Einzelkaufleute) oder Steuerarten (transparente Einkommensteuer) bereits kommen. Dort, wo es durch Kombination dieser Vorteile (steuerliche Konsolidierung bei handelsrechtlicher Vermögenstrennung) über isoliert betrachtete Charakteristika anderer Institute hinausgeht, verlangt es mit seiner Struktur und seinen

Beteiligungsverhältnissen angemessene Voraussetzungen, die fiskalpolitisch fragwürdige Auswirkungen verhindern.

Das Treuhandmodell ist aufgrund seiner Vorteile beliebt und wird es auch zukünftig bleiben. Zwar ist natürlich denkbar, dass eines Tages eine moderne Unternehmensgruppenbesteuerung dieselben Vorteile im gleichen Anwendungsbereich liefert wie das Treuhandmodell schon jetzt. Sollte es dadurch obsolet werden, dass es eine derartige Vorbildfunktion inne hatte und gleichsam in dieser neuen Gruppenbesteuerung aufgeht, es würde wohl keiner protestieren. Sollte diese Reform jedoch auf sich warten lassen oder ihre Auswirkungen nicht denjenigen des Treuhandmodells entsprechen, bliebe es – des Gesetzgebers Gnaden vorausgesetzt[929] – was es ist: Eine zunächst zwar kompliziert anmutende, dabei aber gut planbare, verlässlich-belastbare, rechtliche und rechtspolitisch angemessene und in vielen Fällen passende Methode zur Unternehmensstrukturierung und organisation.

929 Vgl. oben S. 237.

Literaturverzeichnis

Adler, Hans/Düring, Walther/Schmaltz, Kurt (Hrsg.), Rechnungslegung und Prüfung der Unternehmen, Kommentar zum HGB, AktG, GmbHG, PublG nach den Vorschriften des Bilanzrichtlinien-Gesetzes, 6. Aufl. Bd. 6, Stuttgart 1998. {Zitiert als: *Adler/Düring/Schmaltz*}.

Ahlbäumer, Anton, Treuhandverhältnisse im Steuerrecht, Berlin 1935.

Armbrüster, Christian, Die treuhänderische Beteiligung an Gesellschaften, Köln 2001.

Baumann, Wolfgang, Die Einmann-Personengesellschaft, BB 1998, 225.

Baumbach, Adolf/Hopt, Klaus J. (Hrsg.), Handelsgesetzbuch, 36. Aufl., München 2014. {Zitiert als *Bearbeiter*, in: *Baumbach/Hopt*, HGB}.

Becker, Enno, Die Reichsabgabenordnung, 7. Aufl., Berlin 1930.

Beermann, Albert/Gosch, Dietmar (Hrsg.), Abgabenordnung. Finanzgerichtsordnung. Kommentar, Loseblatt, Bonn. {Zitiert als *Bearbeiter*, in: *Beermann/Gosch*, Abgabenordnung}.

Behrens, Stefan, Konzerninterne Veräußerung der Organbeteiligung kein wichtiger Grund i.S.v. § 14 Abs. 1 Nr. 3 S. 2 KStG?, Anmerkung zum Urteil des Niedersächsichen FG, 10.05.2012 - 6 K 140/10, BB 2012, 2787.

Benz, Sebastian/Goß, Katja Maria, Die gewerbesteuerliche Anerkennung des Treuhandmodells, Anmerkungen zum Urteil des BFH vom 3. 2. 2010, IV R 26/07, DStR 2010,743, DStR 2010, 839.

Benz, Sebastian/Grundke, Matthias, Gewerbesteuerliches Treuhandmodell, StuW 2009, 151.

Berg, Hans-Georg/Trompeter, Frank, Ausgliederung im Treuhandmodell, FR 2003, 903.

Bergmann, Andreas, Der Kommanditist als Vertretungsorgan der Kommanditgesellschaft, Zugleich Besprechung OLG Frankfurt/M. v. 26.9.2005 - 20 W 192/05, ZIP 2006, 904 (LS), ZIP 2006, 2064.

Bethmann, Gerhard, Die Problematik des gewerbesteuerlichen Betriebsbegriffs, dargest. am Beispiel d. gewerbesteuerl. Verlustkompensation, Frankfurt a.M., Thun 1979.

Beuthien, Volker, Die Treuhand an Gesellschaftsanteilen, ZGR 1974, 26.

Birkenfeld, Wolfram, Gedanken zur grenzüberschreitenden Organschaft, UR 2010, 198.

Blaurock, Uwe, Unterbeteiligung und Treuhand an Gesellschaftsanteilen, Baden-Baden 1981.

Blumenberg, Jens, Anerkennung des gewerbesteuerlichen Treuhandmodells, DB 2010, Heft 16, M 21.

Blumenberg, Jens, Aktuelle Regelungen zur Verlustverrechnung bedürfen dringender Überarbeitung, DB Standpunkte 2011, 79.

Blümich, Walter (Begr.)/*Heuermann, Bernd/Brandis, Peter* (Hrsg.), Einkommensteuergesetz. Körperschaftsteuergesetz. Gewerbesteuergesetz. Loseblatt-Kommentar, München. {Zitiert als *Bearbeiter*, in: *Blümich*, EStG}.

Bodden, Guido, Einkünftequalifikation bei Mitunternehmern, FR 2002, 559.

Bogenschütz, Eugen/Striegel, Andreas, Gewerbesteuerliche Behandlung der Veräußerung von Anteilen an Kapitalgesellschaften durch Personengesellschaften, DB 2000, 2547.

Boruttau, Ernst Paul (Begr.), Grunderwerbsteuergesetz. Kommentar, 17. Aufl., München 2011. {Zitiert als *Bearbeiter*, in: *Boruttau*, Grunderwerbsteuergesetz}.

Brandenberg, Hermann Bernwart, Ertragsteuerliche Problemfelder der Personengesellschaften, Personengesellschaften und Gewerbesteuer, in: *Arbeitsgemeinschaft der Fachanwälte für Steuerrecht* (Hrsg.), Jahrbuch der Fachanwälte für Steuerrecht 2005/2006, Herne 2007, S. 357–368.

Braun, Eberhard (Hrsg.), Insolvenzordnung. Kommentar, 6. Aufl., München 2014. {Zitiert als *Bearbeiter*, in: *Braun*, Insolvenzordnung}.

Breuer, Johannes, Treuhandverhältnisse im Gesellschaftsrecht, MittRhNotK 1988, 79.

Brill, Mirko Wolfgang, Neues zur Organschaft und Verlustverrechnung, KÖSDI 2012, 18103.

Bröder, Andreas, Die Haftung im Organkreis nach § 73 AO, SteuerStud 2008, 164.

Brox, Hans, Zur Gesamtvertretung einer Kommanditgesellschaft durch den Komplementär und den Kommanditisten, in: *Hefermehl, Wolfgang/Gmül, Rudolf* (Hrsg.), Festschrift für Harry Westermann zum 65. Geburtstag, Karlsruhe 1974, S. 21–35.

Budde, Dieter et al. (Begr.)/*Ellrott, Helmut et al.* (Hrsg.), Beck'scher Bilanz-Kommentar. Handelsbilanz. Steuerbilanz, 9. Aufl., München 2014. (Zitiert als: *Bearbeiter*, in: Beck'scher Bilanz-Kommentar).

Budde, Jürgen, Gewerbesteuerliche Behandlung unselbständiger Personengesellschaften, Ist die gewerbesteuerliche Organschaftsregelung auch auf 100%ige Tochter-Personengesellschaften anwendbar?, FR 1981, 1.

Bundesministerium der Finanzen (Hrsg.), Facharbeitsgruppe „Verlustverrechnung und Gruppenbesteuerung", Anlage 5, IFSt-Modell, 2011.

Bundesministerium der Finanzen (Hrsg.), Facharbeitsgruppe „Verlustverrechnung und Gruppenbesteuerung“, Anlage 6, Einkommenszurechnungs-Modell, 2011.

Bundesministerium der Finanzen (Hrsg.), Facharbeitsgruppe „Verlustverrechnung und Gruppenbesteuerung“, Anlage 7, Gruppenbeitrags-Modell, 2011.

Bundesministerium der Finanzen (Hrsg.), Facharbeitsgruppe „Verlustverrechnung und Gruppenbesteuerung“, Bericht, 2011.

Bundesministerium der Finanzen/Ministère de l'économie des finances et de l'industrie, Grünbuch der Deutsch-Französischen Zusammenarbeit, Konvergenzpunkte bei der Unternehmensbesteuerung, 2012.

Bunjes, Johann/Geist, Reinhold (Begr.), Umsatzsteuergesetz. Kommentar, 14. Aufl., München 2015. {Zitiert als *Bearbeiter*, in: *Bunjes/Geist*, Umsatzsteuergesetz}.

Bünning, Martin, Steuer- und handelsbilanzielle Gestaltungsmöglichkeiten bei der Übertragung von Vermögensgegenständen auf Personengesellschaften, BB 2010, 2357.

Bürkle, Thomas/Knebel, Andreas, Bilanzierung von Beteiligungen an Personengesellschaften, DStR 1998, 1067.

Butler, Philipp, Das Treuhandmodell, Eine „Organschaft“ für Personengesellschaften?, NWB 2012, 2925.

Buttgereit, Heike/Schulte, Ulrich, Umsatzsteuerliche Organschaft und wirtschaftliche Eingliederung, „Nichts Genaues weiß man nicht“, Eine Rechtsprechungsanalyse, UR 2011, 605.

Castan, Edgar et al. (Hrsg.), Beck'sches Handbuch der Rechnungslegung. Loseblatt, München. {Zitiert als: *Bearbeiter*, in: *Castan*, Beck'sches Handbuch der Rechnungslegung}.

Coing, Helmut, Die Treuhand kraft privaten Rechtsgeschäfts, München 1973.

Cour des comptes, Steuern, Abgaben und Sozialabgaben in Frankreich und Deutschland, Öffentlicher Themenbericht 2011.

Crezelius, Georg, Die einzelnen Steuerarten, Ein Studienbuch, 2. Aufl., München 1994.

Der Wissenschaftliche Beirat beim Bundesministerium der Finanzen, Gutachten und Stellungnahmen 1974 – 1987, Tübingen 1988.

Desens, Marc, Bindung der Finanzverwaltung an die Rechtsprechung, Bedingungen und Grenzen für Nichtanwendungserlasse, Tübingen 2010.

Dietel, Marco, Bilanzierung von Anteilen an Personengesellschaften in Handels- und Steuerbilanz, DStR 2002, 2140.

Dötsch, Ewald, Organschaft: Das Einführungsschreiben des BMF zu den Änderungen durch das Steuervergünstigungsabbaugesetz und durch das Gesetz zur Änderung des GewStG und anderer Gesetze vom 23.12.2003, Anmerkungen zum BMF-Schreiben vom 10.11.2005, DB 2005, 2541.

Dötsch, Franz, Mitunternehmer und Mitunternehmerschaft, in: *Dötsch, Franz* (Hrsg.), Die Personengesellschaft im Steuerrecht, Gedächtnissymposion für Brigitte Knobbe-Keuk, Köln 2011, S. 7–38.

Ebenroth, Thomas (Begr.)/*Boujong, Karlheinz* /*Joost, Detlev*/*Strohn, Lutz* (Hrsg.), Handelsgesetzbuch. Kommentar, Bd. 1, 3. Aufl., München 2014. {Zitiert als *Bearbeiter*, in: *Ebenroth et al.*, HGB}.

Eden, Siegfried, Treuhandschaft an Unternehmen und Unternehmensanteilen, Recht, Steuer, Betriebswirtschaft, 3. Aufl., Berlin 2007.

Eilers, Stephan/*Nücken, Sandro*/*Valentin, Cyril*/*Daniel-Mayeur, Vincent*, Das „Grünbuch der Deutsch-Französischen Zusammenarbeit – Konvergenzpunkte bei der Unternehmensbesteuerung", DB 2012, 535.

Endres, Dieter, Perspektiven der Verlustverrechnung aus Sicht der Beratung, DB Standpunkte 2011, 77.

Fischer, Hardy/*Wagner, Thomas*, Das BMF-Schreiben zur Zinsschranke, Überblick/Bewertung/Verbleibende Gestaltung, DB 2008, 1872.

Fischer, Hermann J., Grunderwerbsteuerbare Treuhandgeschäfte und Zurechnungsvorschriften der Abgabenordnung, BB 1978, 1772.

Fischer, Lothar, Mitunternehmerschaft des „angestellten Komplementärs", Zugleich Besprechung des Urteils des Bundesfinanzhofs vom 11.6.1985 – VIII R 252/80, BB 1985 S. 2094, BB 1986, 779.

Fischer, Peter, Die Umgehung des Steuergesetzes. Zu den Bedingungen einer Bewahrung der Steuerrechtsordnung „aus eigener Kraft", DB 1996, 644.

Fleischer, Holger/*Goette, Wulf* (Hrsg.), Münchener Kommentar zum Gesetz betreffend die Gesellschaften mit beschränkter Haftung, Bd. 1, 2. Aufl., München 2015. {Zitiert als *Bearbeiter*, in: MünchKomm GmbHG}.

Fleischmann, Gunnar, BFH schränkt Treuhandverhältnisse ein, DStR 1993, 828.

Forst, Paul, (Steuer-)neurale Übertragung von Einzelwirtschaftsgütern, Maßgeschneiderte Lösungen über Einbringungs- oder Treuhandmodell, EStB 2004, 217.

Forst, Paul/*Kofmann, Stanislav*/*Pittelkow, Alexander*, Verschiedene Ausgliederungsmodelle im Überblick, Ist die steuerneutrale Übertragung bei Personengesellschaften gefährdet?, EStB 2011, 40.

Forst, Paul/*Schaaf, Axel*, Die treuhänderische Übertragung von Anteilen an Kapitalgesellschaften, EStB 2010, 390.

Frey, Johannes/Sälzer, Marc, Die deutsche Konzernbesteuerung im Umbruch, Gelingt die Befreiung aus den Schlingen des Gewinnabführungsvertrags?, BB 2012, 294.

Frotscher, Gerrit, Körperschaftsteuer, Gewerbesteuer, 2. Aufl., München 2008.

Fuhrmann, Claas, Treuhandgestaltungen im Zivil- und Steuerrecht, KÖSDI 2006, 15293.

Gebert, Daniel, Das Zusammenspiel von umwandlungssteuerrechtlicher Rückwirkung und Beginn der Organschaft, Aktuelle Entwicklungen, DStR 2011, 102.

Geberth, Georg, Die Hinzurechnungen bei der Gewerbesteuer – steuerunsystematisch und verzichtbar, DStR 2011, 151.

Geibel, Stefan J., Treuhandrecht als Gesellschaftsrecht, Tübingen 2008.

Geißelmeier, Werner/Bargenda, Julia, Ungelöste Probleme der Zinsschranke bei Personengesellschaften, Anmerkungen zum BMF-Schreiben v. 4. 7. 2008 – IV C 7 – S 2742 a/07/10001, NWB 2008, 2897.

Gernhuber, Joachim, Die fiduziarische Treuhand, JuS 1988, 355.

Glanegger, Peter/Güroff, Georg (Hrsg.), Gewerbesteuergesetz. Kommentar, 8. Aufl., München 2014. {Zitiert als *Bearbeiter*, in: *Glanegger/Güroff*, GewStG}.

Gosch, Dietmar, Einige aktuelle und zugleich grundsätzliche Bemerkungen zur Gewerbesteuer, DStZ 1998, 327.

Gosch, Dietmar, Gewerbesteuerliche Organschaft zwischen einem in Großbritannien ansässigen Organträger und einer inländischen Organgesellschaft über eine inländische Zwischenholding, BFH/PR 2011, 266.

Gosch, Dietmar (Hrsg.), Körperschaftsteuergesetz, 3. Aufl., München 2015. {Zitiert als *Bearbeiter*, in: *Gosch*, KStG}.

Gosch, Dietmar, Vielerlei Gleichheiten – Das Steuerrecht im Spannungsfeld von bilateralen, supranationalen und verfassungsrechtlichen Anforderungen, DStR 2007, 1553.

Grotherr, Siegfried, Die unterschiedlichen Konzernbesteuerungssysteme in den Mitgliedstaaten der Europäischen Union, Eine systematische Analyse im Hinblick auf Reformüberlegungen beim steuerlichen Organschaftskonzept, StuW 1996, 356.

Grundmann, Stefan, Der Treuhandvertrag, insbesondere die werbende Treuhand, München 1997.

Grune, Jörg/Mönckedieck, Alexander, Umsatzsteuerliche Organschaft, Bedeutung und aktuelle Entwicklungstendenzen, UR 2012, 541.

Haase, Florian/Brändel, Katrin, Ertragsteuerliche Konkurrenz von Organschaft und Mitunternehmerschaft und ihre Auflösung, DB 2011, 1128.

Hahne, Klaus D., BFH contra Finanzverwaltung: Keine eigenständige Gewerbesteuerpflicht von so genannten Treuhand-KGs, StuB 2010, 420.

Hahne, Klaus D., Umsatzsteuerliche Organschaft mit Personengesellschaften europarechtlich geboten?, Analyse der EuGH-Rechtsprechung zur wettbewerbsneutralen Umsetzung von Mitgliedstaatenwahlrechten, DStR 2008, 910.

Hallerbach, Dorothee, Die Personengesellschaft im Einkommensteuerrecht, Zivilrechtliche Einordnung und einkommensteuerrechtliche Folgen, München 1999.

Hamannt, Manfred, Änderungsvorschläge zur Betriebsstättendefinition im OECD-Musterkommentar, DB 2012, Heft 10, M01.

Haritz, Detlef/Menner, Stefan (Hrsg.), Umwandlungssteuergesetz, 4. Aufl., München 2015. {Zitiert als *Bearbeiter*, in: *Haritz/Menner*, Umwandlungssteuergesetz}.

Hebeler, Christian, Verlustanteile aus der Beteiligung an Personengesellschaften in den Bilanzen einer Kapitalgesellschaft, BB 1998, 206.

Heckschen, Heribert, N. Gesellschaftsrecht und Insolvenz, in: *Reul, Adolf* (Hrsg.), Insolvenzrecht in der Gestaltungspraxis, Immobilien-, Gesellschafts-, Erb- und Familienrecht, München 2012.

Heger, Karin, Voraussetzungen für ein steuerlich beachtliches Treuhandverhältnis, Anmerkungen zum BFH-Urteil v. 24.11.2009 – I R 12/09, DB 2010, 761.

Heidner, Hans-Hermann, Die Behandlung von Treuhandverhältnissen in der Abgabenordnung, DB 1996, 1203.

Heidner, Hans-Hermann, Die rechtsgeschäftliche Treuhand im Steuerrecht, DStR 1989, 305.

Heidner, Hans-Hermann, Richtlinienkonforme Auslegung von Befreiungsvorschriften im Umsatzsteuerrecht, Dargestellt anhand einiger ausgewählter Fälle aus der Rechtsprechung des EuGH, UR 2006, 74.

Heidner, Hans-Hermann, Treuhandverhältnisse im Steuerrecht, Herne 1994.

Hennerkes, Brun-Hagen/Binz, Mark, Das Ende der faktischen Mitunternehmerschaft – ein Monster des Steuerrechts hat sich überlegt, Zugleich Besprechung des BFH-Urteils vom 22.01.1985 = VIII R 303/81, DB 1985, 1307.

Henssler, Martin, Treuhandgeschäft – Dogmatik und Wirklichkeit, AcP 196 (1996), 37.

Henssler, Martin/Strohn, Lutz, Gesellschaftsrecht, 2. Aufl., München 2014. {Zitiert als *Bearbeiter*, in: *Henssler/Strohn*, Gesellschaftsrecht}.

Herlinghaus, Andres, Umstrukturierungen bei Personengesellschaften, in: *Dötsch, Franz* (Hrsg.), Die Personengesellschaft im Steuerrecht, Gedächtnissymposion für Brigitte Knobbe-Keuk, Köln 2011, S. 67–94.

Hermann, Julia, Nach dem Treuhandmodell konzipierte Personengesellschaft, Eigene Gewerbesteuerpflicht mindert Attraktivität des Modells, NWB direkt 2005, 11.

Herrmann, Carl/Heuer, Gerhard/Raupach, Arndt (Hrsg.), Einkommensteuer- und Körperschaftsteuergesetz. Kommentar, Loseblatt, Köln. {Zitiert als *Bearbeiter*, in: *Herrmann/Heuer/Raupach*, EStG}.

Herzig, Norbert, CCCTB-Projekt und Zukunft der Konzernbesteuerung, FR 2009, 1037.

Herzig, Norbert, Die Organschaft im Umbruch, DStR Beihefter 2010, 61.

Herzig, Norbert (Hrsg.), Organschaft. Laufende und aperiodische Besteuerung, nationale und internationale Aspekte, Hinweise zum EU-Recht, Stuttgart 2003.

Hesselmann, Malte/Mueller-Thuns, Thomas/Dremel, Ralf/Tillmann, Bert, Handbuch der GmbH & Co. KG, Gesellschaftsrecht, Steuerrecht, 20. Aufl., Köln 2009.

Heuermann, Bernd, Steuerinnovation im Wandel: Einige Thesen zur Zinsschranke und ihrer Verfassungsmäßigkeit, DStR 2013, 1.

Heurung, Rainer/Engel, Benjamin, Fortführung und rückwirkende Begründung von Organschaftsverhältnissen in Umwandlungsfällen, BB 2011, 151.

Heurung, Rainer/Engel, Benjamin/Müller-Thomczik, Sandra, Der „wichtige Grund“ zur Beendigung des Gewinnabführungsvertrags, GmbHR 2012, 1227.

Hey, Johanna et al., Einführung einer modernen Gruppenbesteuerung, Ein Reformvorschlag, Bonn 2011.

Hey, Johanna, Gruppenbesteuerung - aber bitte „modern“!, DB 2011, Heft 23, M01.

Hey, Johanna, Körperschaft- und Gewerbesteuer und objektives Nettoprinzip, DStR Beihefter 2009, 109.

Hey, Johanna, Steuerpolitischer Handlungsbedarf bei der Konzernbesteuerung, FR 2012, 994.

Hey, Johanna, Verletzung fundamentaler Besteuerungsprinzipien durch die Gegenfinanzierungsmaßnahmen des Unternehmensteuerreformgesetzes 2008, BB 2007, 1303.

Hoene, Philipp, Der grenzüberschreitende Gewinnabführungsvertrag, IStR 2012, 462.

Hoffmann, Wolf-Dieter/Rüsch, Christian, Die effektiven Steuersätze nach der Zinsschranke, DStR 2007, 2079.

Hohage, Uwe/Willkommen, Christa, Der Gewinnabführungsvertrag und die ertragsteuerliche Organschaft im GmbH-Konzern, BB 2011, 224.

Holler, Lorenz, Der „gläserne“ Treugeber-Kommanditist? – Zum Anspruch des Kapitalanlegers auf Anonymität im Gesellschafts- und Kapitalmarktrecht, ZIP 2010, 2429.

Hönle, Bernd Michael, Die Einheit des Unternehmers und des Unternehmens im Gegensatz zur Unternehmer- und Unternehmenseinheit, DB 1981, 1007.

Hubertus, Oliver/Lüdemann, Lars, Gewerbesteueroptimierung durch Anwendung des sog. Treuhandmodells, zugleich Anmerkung zum BFH-Urteil vom 3.2.2010 – IV R 26/07, BB 2010, 2474.

Hummel, David, Begriff der juristischen Person im Rahmen der umsatzsteuerrechtlichen Organschaftsregelungen aus verfassungsrechtlicher Sicht, UR 2010, 207.

Hübschmann, Walter/Hepp, Ernst/Spitaler, Armin (Hrsg.), Abgabenordnung. Finanzgerichtsordnung. Loseblatt-Kommentar, Köln. {Zitiert als *Bearbeiter*, in: *Hübschmann/Hepp/Spitaler*, Abgabenordnung}.

Hüffer, Uwe, Aktiengesetz, 11. Aufl., München 2014.

Hüttemann, Reiner, Organschaft, in: *Schön, Wolfgang/Osterloh-Konrad, Christine* (Hrsg.), Kernfragen des Unternehmenssteuerrechts, Bd. 16, Berlin 2010, S. 127–148.

Hüttemann, Reiner, Gewinnermittlung bei Personengesellschaften, in: *Dötsch, Franz* (Hrsg.), Die Personengesellschaft im Steuerrecht, Gedächtnissymposion für Brigitte Knobbe-Keuk, Köln 2011, S. 39–66.

IDW, Stellungnahme zur Rechnungslegung, Bilanzierung von Anteilen an Personenhandelsgesellschaften im handelsrechtlichen Jahresabschluss, FN-IDW 2012, 24.

Ismer, Roland, Besteuerung inhabergeführter Unternehmensgruppen, Einschlägige neuere Entwicklungen bei der ertragsteuerlichen Organschaft, GmbHR 2011, 968.

Ismer, Roland, Gruppenbesteuerung statt Organschaft im Ertragsteuerrecht?, DStR 2012, 821.

Ismer, Roland, Prinzipien der Einkünfteermittlung, Perioditätsprinzip, in: *Hey, Johanna* (Hrsg.), Einkünfteermittlung, 35. Jahrestagung der Deutschen Steuerjuristischen Gesellschaft e.V., Potsdam, 13. und 14. September 2010, Köln 2011, S. 91–120.

Jacobs, Otto H., Laufende Besteuerung unternehmerischer Gestaltungsalternativen deutscher Investoren im Ausland (Outbound-Investitionen), in: *Jacobs, Otto H./Bärsch, Sven-Eric* (Hrsg.), Internationale Unternehmensbesteuerung, Deutsche Investitionen im Ausland, ausländische Investitionen im Inland, 7. Aufl., München 2011.

Jebens, Carsten Thomas, Müssen die Gesamtplan-Tatbestandsmerkmale wegen divergierender Auffassungen im BFH gesetzlich fixiert werden?, BB 2010, 2025.

Kaeser, Christian, Der Gewinnabführungsvertrag als formale Hürde der Organschaft, DStR Beihefter 2010, 56.

Kahle, Holger, Modernisierung und Vereinfachung des Unternehmensteuerrechts, DStZ 2012, 691.

Kahle, Holger/Schulz, Sebastian, Angleichung der Unternehmensbesteuerung zwischen Deutschland und Frankreich – neuer Anstoß für eine Harmonisierung in Europa?, FR 2012, 741.

Karl, Roland, Sind die Einkünfte einer WP/StB-GmbH & Co. KG gewerbesteuerpflichtig?, DStR 2011, 159.

Kessler, Wolfgang, Plädoyer für eine konsistente Orientierung an der wirtschaftlichen Leistungsfähigkeit der Konzernunternehmung, DB Standpunkte 2011, 73.

Kessler, Wolfgang/Kröner, Michael/Köhler, Stefan, Konzernsteuerrecht, National – international, 2. Aufl., München 2008.

Kessler, Wolfgang/Lindemer, Jörg, Die Zinsschranke nach dem Wachstumsbeschleunigungsgesetz, Neues Prüfschema, fiktiver EBITDA-Vortrag und EBITDA-Puffer, DB 2010, 472.

Keß, Thomas, Kommentar zu BFH IV R 26/07 vom 03.02.2010, FR 2010, 633.

Kindler, Peter, Die Gesellschafter hinter dem Gesellschafter, Zur Treugeberhaftung in der Personengesellschaft, Zugleich Besprechung BGH v. 11.11.2008 – XI ZR 468/07, ZIP 2008, 2354, ZIP 2009, 1146.

Kirchhof, Hans-Peter/Lwowski, Hans-Jürgen/Stürner, Rolf (Hrsg.), Münchener Kommentar zur Insolvenzordnung, Bd. 2, 3. Aufl., München 2013. {Zitiert als *Bearbeiter*, in: MünchKomm InsO}.

Kirchhof, Paul, Die Erneuerung der Gemeindesteuer, FR 2010, 961.

Kirchhof, Paul (Hrsg.), Einkommensteuergesetz. Kommentar, 14. Aufl., Köln 2015. {Zitiert als *Bearbeiter*, in: *Kirchhof*, EStG}.

Kirchhof, Paul/Söhn, Hartmut/Mellinghoff, Rudolf (Hrsg.), Einkommensteuergesetz. Kommentar, Loseblatt, Heidelberg. {Zitiert als *Bearbeiter*, in: *Kirchhof/Söhn/Mellinghoff*, EStG}.

Kirsten, Walter/Matheja, Kurt, Treuhand und Treuhänder im Steuerrecht, Steuerl. Treuhand, Treuhänderschaft u. Organschaft, 2. Aufl., Herne 1978.

Klein, Franz/Orlopp, Gerd (Begr.), Abgabenordnung. Kommentar, 12. Aufl., München 2014. {Zitiert als *Bearbeiter*, in: *Klein*, Abgabenordnung}.

Knief, Joachim/Nienaber, Mark, Gewinnthesaurierung bei Personengesellschaften im Rahmen der Unternehmensteuerreform 2008, Ein Belastungsvergleich mit Fokus auf dem Mittelstand, BB 2007, 1309.

Knobbe-Keuk, Brigitte, Bilanz- und Unternehmenssteuerrecht, 9. Aufl., Köln 1993.

Knobbe-Keuk, Brigitte, Das Steuerrecht, eine unerwünschte Rechtsquelle des Gesellschaftsrechts?, Köln 1986.

Knobbe-Keuk, Brigitte, Gesellschaft und Mitunternehmerschaft, StuW 1986, 106.

Koller, Ingo/Kindler, Peter/Roth, Wulf-Henning/Morck, Winfried (Hrsg.), Handelsgesetzbuch, 8. Aufl., München 2015. {Zitiert als *Bearbeiter*, in: *Koller/Kindler/Roth/Morck*, HGB}.

Körner, Werner/Weiken, Heinz, Wirtschaftliches Eigentum nach § 5 Abs 1 Satz 1 EStG, Ausweis fremder Wirtschaftsgüter in der Bilanz aufgrund zeitlich begrenzter Nutzungsrechte, BB 1992, 1033.

Kraft, Andreas/Mayer-Theobald, Felicitas, Zinsschranke und atypisch stille Gesellschaft, DB 2008, 2325.

Kraft, Andreas/Sönnichsen, Lisa, Steuerliche Aspekte der Begründung und Beendigung des Treuhandmodells, DB 2011, 1936.

Krenzel, Joachim, Treuhand an Kommanditanteilen, unter besonderer Berücksichtigung der Pflichtenbindung des Treuhänders in der kupierten Publikums-Kommanditgesellschaft, Frankfurt am Main 1991.

Krings, Hannah/Otte, Daniel, Die Insolvenz der Komplementär-GmbH, NZG 2012, 761.

Kromer, Christoph, Ertragsteuerlich irrelevante Ausgliederungen von Unternehmensteilen bei Kapitalgesellschaften, DStR 2000, 2157.

Kroppen, Heinz-Klaus, Aktuelle Fragen aus der Betriebsprüfung, Treuhandmodell bei GmbH und Co. KG, in: *Arbeitsgemeinschaft der Fachanwälte für Steuerrecht* (Hrsg.), Jahrbuch der Fachanwälte für Steuerrecht 2005/2006, Herne 2007, S. 679–693.

Kühn, Rolf/von Wedelstädt, Alexander (Hrsg.), Abgabenordnung und Finanzgerichtsordnung. Kommentar, 20. Aufl., Stuttgart 2011. {Zitiert als *Bearbeiter*, in: *Kühn/v. Wedelstädt*, Abgabenordnung}.

Kümmerlein, Hartmut, Erscheinungsformen und Probleme der Verwaltungstreuhand bei Personenhandelsgesellschaften, Münster 1971.

Lang, Joachim/Englisch, Joachim, Zur Verfassungswidrigkeit der neuen Mindestbesteuerung, StuW 2005, 3.

Lang, Joachim/Seer, Roman, Die persönliche Zurechnung von Einkünften bei Treuhandverhältnissen, FR 1992, 637.

Larenz, Karl/Wolf, Manfred, Allgemeiner Teil des bürgerlichen Rechts, 10. Aufl., München 2012.

Lenski, Edgar (Begr.)/*Steinberg, Wilhelm* (Hrsg.), Gewerbesteuergesetz. Kommentar, Loseblatt, Köln. {Zitiert als *Bearbeiter*, in: *Lenski/Steinberg*, GewStG}.

Ley, Ursula, Zur gewerbesteuerlichen Bemessungsgrundlage einer gewerbesteuerpflichtigen Tochterpersonengesellschaft im Rahmen des Treuhandmodells, Ubg 2009, 260.

Ley, Ursula, Steuerliche Transparenz von Personengesellschaften, Ubg 2011, 274.

Liebich, Dieter/Mathews, Kurt, Treuhand und Treuhänder in Recht und Wirtschaft, 2. Aufl., Herne 1983.

Lippross, Otto-Gerd/Seibel, Wolfgang (Hrsg.), Basiskommentar Steuerrecht, Loseblatt, Köln. {Zitiert als *Bearbeiter*, in: *Lippross/Seibel*, Basiskommentar Steuerrecht}.

Littmann, Eberhard/Bitz, Horst/Pust, Hartmut (Hrsg.), Das Einkommensteuerrecht, Loseblatt, Stuttgart. {Zitiert als *Bearbeiter*, in: *Littmann/Bitz/Pust*, Das Einkommensteuerrecht}.

Lohmeyer, Heinz, Treuhandverhältnisse im Steuerrecht, StuW 1970, 243.

Löhnig, Martin, Treuhand, Interessenwahrnehmung und Interessenkonflikte, Tübingen 2006.

Luther, Siegfried, Die gewerbesteuerliche Unselbständigkeit von Personengesellschaften, Zu einem Urteil des Finanzgerichts Rheinland-Pfalz vom 27. Mai 1975, BB 1976, 309.

Markwardt, Manfred, Rechtsgeschäftliche Treuhandverhältnisse bei Personalhandelsgesellschaften, Marburg 1973.

Mathews, Kurt, Bilanzierung von Treuhandvermögen, Die endgültige Regelung nach Umsetzung der EG-Bankbilanzrichtlinie in deutsches Recht, BB 1992, 738.

Maunz, Theodor/Dürig, Günter (Begr.), Grundgesetz, Loseblatt-Kommentar, München. {Zitiert als *Bearbeiter*, in: *Maunz/Dürig*, Grundgesetz}.

Moztarzadeh, Navid, Vertragliche Vorsorge zum Schutz des Treugebers, Hamburg 2011.

Neumayer, Jochen/Imschweiler, Christoph, Das „Treuhandmodell" bei der Ein-Unternehmer-Personengesellschaft, EStB 2010, 345.

Neumayer, Jochen/Imschweiler, Christoph, Aktuelle Rechtsfragen zur Gestaltung und Durchführung von Gewinnabführungsverträgen, GmbHR 2011, 57.

Niemeier, Wilhelm, Die „Mini-GmbH" (UG) trotz Marktwende bei der Limited?, ZIP 2007, 1794.

Nörr, Knut Wolfgang/Scheyhing, Robert/Pöggeler, Wolfgang, Sukzessionen, Forderungszession, Vertragsübernahme, Schuldübernahme, 2. Aufl., Tübingen 1999.

Oetker, Hartmut (Hrsg.), Kommentar zum Handelsgesetzbuch, 4. Aufl., München 2015. {Zitiert als *Bearbeiter*, in: *Oetker*, HGB}.

Ohne Angabe, Persönlich haftender Gesellschafter einer Personengesellschaft als Mitunternehmer, Anmerkung zum BFH-Urteil vom 11.6.1985 – VIII R 252/80, HFR 1986, 72.

Olbing, Klaus, Tatsächliche Durchführung eines Ergebnisabführungsvertrags, Checkliste unschädlicher und schädlicher Faktoren, GmbH-StB 2011, 281.

Orth, Manfred, Zur Gewerbesteuerbefreiung von Kooperationen gemeinnütziger Körperschaften, DStR 2012, 116.

Ortmann-Babel, Martina/Zipfel, Lars, Unternehmensteuerreform 2008 Teil II: Besteuerung von Personengesellschaften insbesondere nach der Einführung der Thesaurierungsbegünstigung, BB 2007, 2205.

Pahlke, Armin/Koenig, Ulrich (Hrsg.), Abgabenordnung, 3. Aufl., München 2014. {Zitiert als *Bearbeiter*, in: *Pahlke/Koenig*, Abgabenordnung}.

Palandt, Otto (Begr.), Bürgerliches Gesetzbuch. Kommentar, 74. Aufl., München 2015. {Zitiert als *Bearbeiter*, in: *Palandt*}.

Peters, Freia, Treuhand und Unterbeteiligung an Gesellschaftsanteilen, Eine vergleichende Betrachtung für den Bereich des Gesellschafts- und des Steuerrechts, Frankfurt a. M. 2003.

Plewka, Harald, Die Entwicklung des Steuerrechts, NJW 2010, 2554.

Prinz, Ulrich, Gedankensplitter zur konzeptionellen Fortentwicklung des steuerlichen Organschaftsrechts, Diskussionsbeitrag zum 2. Münchner Unternehmenssteuerforum, DStR Beihefter 2010, 67.

Pump, Hermann/Lohmeyer, Heinz (Hrsg.), Abgabenordnung. Kommentar, Loseblatt, Neuwied/Berlin. {Zitiert als *Bearbeiter*, in: *Pump/Lohmeyer*, Abgabenordnung}.

Rau, Günter/Dürrwächter, Erich/Flick, Hans/Geist, Reinhold (Hrsg.), Umsatzsteuergesetz. Kommentar. Loseblatt, Köln. {Zitiert als *Bearbeiter*, in: *Rau/Dürrwächter*, Umsatzsteuergesetz}.

Reiß, Wolfram, Bilanzierung von Beteiligungen an Personengesellschaften, Replik zu Bürkle-Knebel, DStR 1998, 1067 ff., DStR 1998, 1187.

Rödder, Thomas, Gewerbesteuerliche Behandlung einer Personengesellschaft im Rahmen des sog. Treuhandmodells, Zugleich Anmerkung zur Verfügung der OFD Münster vom 16. 3. 2005, DStR 2005, 744, DStR 2005, 955.

Roth, Günter Hermann/Thöni, Wilfried, Treuhand und Unterbeteiligung, in: *Lutter, Marcus/Ulmer, Peter/Zöllner, Wolfgang* (Hrsg.), Festschrift 100 Jahre GmbH-Gesetz, Köln 1992, S. 245–288.

Säcker, Franz Jürgen/Rixecker, Roland (Hrsg.), Münchener Kommentar zum Bürgerlichen Gesetzbuch, Bd. 1, 6. Aufl., München 2012. {Zitiert als *Bearbeiter*, in: MünchKomm BGB}.

Säcker, Franz Jürgen/Rixecker, Roland (Hrsg.), Münchener Kommentar zum Bürgerlichen Gesetzbuch, Bd. 5, 6. Aufl., München 2013. {Zitiert als *Bearbeiter*, in: MünchKomm BGB}.

Säcker, Franz Jürgen/Rixecker, Roland (Hrsg.), Münchener Kommentar zum Bürgerlichen Gesetzbuch, Bd. 6, 6. Aufl., München 2013. {Zitiert als *Bearbeiter*, in: MünchKomm BGB}.

Schalk, Peter/Fuß, Marco, Außenwirkung der umsatzsteuerrechtlichen Organschaft, Besonderheit der umsatzsteuerrechtlichen Organschaft bei der Frage nach der Einheitlichkeit der Leistung, UR 2012, 947.

Schaub, Bernhard, Treuhand an GmbH-Anteilen, DStR 1995, 1634.

Schenke, Ralf Peter, Die Rechtsfindung im Steuerrecht, Konstitutionalisierung, Europäisierung, Methodengesetzgebung, Tübingen 2007.

Schiemann, Gottfried, Haftungsprobleme bei der Treuhand an Gesellschaftsanteilen, in: *Lieb, Manfred/Noack, Ulrich/Westermann, Harm Peter* (Hrsg.), Festschrift für Wolfgang Zöllner, Köln 1998, S. 503–519.

Schiffers, Joachim, Aktuelle Aspekte zur handelsrechtlichen Rechnungslegung der GmbH & Co. KG, Bilanzierung latenter Steuern und Konzernrechnungslegungspflicht, GmbH-StB 2012, 208.

Schmidt, Karsten, Einheit der Rechtsordnung – Realität? Aufgabe? Illusion?, in: *Schmidt, Karsten* (Hrsg.), Vielfalt des Rechts – Einheit der Rechtsordnung?, Hamburger Ringvorlesung, im Auftrage des Fachbereichs, Bd. 85, Berlin 1994, S. 9–30.

Schmidt, Karsten, Gesellschaftsrecht, 4. Aufl., Köln 2002.

Schmidt, Karsten (Hrsg.), Münchener Kommentar zum Handelsgesetzbuch, Bd. 1, 3. Aufl., München 2010. {Zitiert als: *Bearbeiter*, in: MünchKomm HGB}.

Schmidt, Karsten (Hrsg.), Münchener Kommentar zum Handelsgesetzbuch, Bd. 2, 3. Aufl., München 2011. {Zitiert als: *Bearbeiter*, in: MünchKomm HGB}.

Schmidt, Karsten (Hrsg.), Münchener Kommentar zum Handelsgesetzbuch, Bd. 3, 3. Aufl., München 2012. {Zitiert als: *Bearbeiter*, in: MünchKomm HGB}.

Schmidt, Karsten (Hrsg.), Münchener Kommentar zum Handelsgesetzbuch, Bd. 4, 3. Aufl., München 2013. {Zitiert als: *Bearbeiter*, in: MünchKomm HGB}.

Schmidt, Karsten, Was wird aus der unbeschränkten Kommanditistenhaftung nach § 176 HGB?, Auslegung, Vertragsgestaltung und Gesetzgebung vor einer haftungsrechtlichen Neubesinnung, GmbHR 2002, 341.

Schmidt, Ludwig, Anmerkung zu BFH, Urt. v. 23.7.1975 – I R 165/73, BStBl. II 1976, 73, FR 1976, 20.

Schmidt, Ludwig (Begr.), Einkommensteuergesetz. Kommentar, 34. Aufl., München 2015. {Zitiert als *Bearbeiter*, in: *Schmidt*, EStG}.

Schmidt, Ludwig, Unmittelbare Leistung bei mittelbarer Beteiligung an einer Personenhandelsgesellschaft in der Form einer atypischen Unterbeteiligung („Durch Vergleichung auf die Dinge kommen"), StuW 1988, 245.

Schmidt, Olesja, Zinsschranke und Rechtsformwahl, Rechtsformspezifische Besonderheiten und Steuerbelastungsvergleich im Konzern, Hamburg 2010.

Schmitt, Joachim/Hörtnagl, Robert/Stratz, Rolf-Christian (Hrsg.), Umwandlungsgesetz. Umwandlungssteuergesetz. Kommentar, 6. Aufl., München 2013. {Zitiert als *Bearbeiter*, in: *Schmitt/Hörtnagl/Stratz*, Umwandlungssteuergesetz}.

Schneider, Norbert/Sommer, Ulrike, Organschaftsreform „light", Ein Überblick insbesondere zur neuen Fiktion der tatsächlichen Durchführung, GmbHR 2013, 22.

Schön, Wolfgang, Gewinnübertragungen nach § 6b EStG zwischen Kapital- und Personengesellschaft in Handels- und Steuerbilanz, FR 1994, 658.

Schultze, Alfred, Treuhänder im geltenden bürgerlichen Recht, JheringsJb 1901, 1.

Schulz, Sabine, Zur Formbedürftigkeit von Vereinbarungs- und Erwerbstreuhand an GmbH-Geschäftsanteilen, GmbHR 2001, 282.

Schulze zur Wiesche, Dieter, Zur Diskussion um die Personengesellschaft, FR 1978, 307.

Schumacher, Richard, Mehrheit von Gewerbebetrieben einer natürlichen Person im Gewerbesteuerrecht, Zugleich eine Anmerkung zum BFH-Urteil vom 19.11.1985 – VIII R 310/83, StuW 1987, 111.

Schwarz, Bernhard (Hrsg.), Kommentar zur Abgabenordnung, Loseblatt, Freiburg i. Br. {Zitiert als *Bearbeiter*, in: *Schwarz*, Abgabenordnung}.

Siebert, Wolfgang, Das rechtsgeschäftliche Treuhandverhältnis, Ein dogmatischer und rechtsvergleichender Beitrag zum allgemeinen Treuhandproblem, Marburg 1933.

Sölch, Otto/Ringleb, Karl (Begr.)/*Wagner, Wilfried* (Hrsg.), Umsatzsteuergesetz, Loseblatt, München. {Zitiert als *Bearbeiter*, in: *Sölch/Ringleb*, Umsatzsteuergesetz}.

Sommer, Michael/Menzel, Ralf, Sind unwirksame Treuhandverhältnisse an GmbH-Anteilen steuerlich anzuerkennen?, GmbHR 2003, 917.

Stahl, Rudolf, Steuerliche Aspekte zur Treuhandschaft, KÖSDI 1995, 10159.

Staub, Herrmann (Begr.), Großkommentar zum Handelsgesetzbuch, Bd. 4, 5. Aufl., Berlin 2015. {Zitiert als *Bearbeiter*, in: *Staub*, HGB}.

Stegemann, Dieter, Treuhandmodell: Ertragsteuerliche Irrelevanz der zivilrechtlich existenten Personengesellschaft als steuerliches Gestaltungsinstrument, INF 2003, 629.

Steinhauff, Dieter, Die Treuhand im Ertragsteuerrecht, SteuK 2010, 249.

Stöber, Michael, Grenzüberschreitende Organschaften im Lichte abkommensrechtlicher Diskriminierungsverbote und der Niederlassungsfreiheit, BB 2011, 1943.

Suchanek, Markus, Gewerbesteuerliche Behandlung des Treuhandmodells, FR 2005, 559.

Suchanek, Markus, Zur Gewerbesteuerpflicht bei so genannten Ein-Unternehmer-Personengesellschaften, GmbHR 2010, 542.

Sureth, Caren/Kopplin, Anja, Wichtigste Einflussfaktoren auf die steuerliche Verlustnutzung bei Personengesellschaften, SteuerStud 2010, 497.

Tebben, Joachim, Unterbeteiligung und Treuhand an Gesellschaftsanteilen, Baden-Baden 2000.

Thieme, Hauke, BFH bestätigt die gewerbesteuerliche Anerkennung des sogenannten Treuhandmodells, StC 2010, 22.

Tipke, Klaus/Kruse, Heinrich Wilhelm (Hrsg.), Abgabenordnung. Finanzgerichtsordnung. Loseblatt-Kommentar, Köln. {Zitiert als *Bearbeiter*, in: *Tipke/Kruse*, Abgabenordnung}.

Tipke, Klaus/Lang, Joachim/Seer, Roman (Hrsg.), Steuerrecht, 22. Aufl., Köln 2015. {Zitiert als: *Bearbeiter*, in: *Tipke/Lang*, Steuerrecht).

Todsen, Niklas, Die Zinsschrankenregelung des Unternehmensteuerreformgesetzes 2008: Ein Überblick fokussiert auf die Anwendung bei Personengesellschaften, Frankfurt 2013.

Tschesche, Frank R., Treuhandmodell – Keine Gewerbesteuerpflicht sog. Ein-Unternehmer-Personengesellschaften, BB 2010, 1452.

Ulmer, Peter, Zur Treuhand an GmbH-Anteilen – Notwendige Differenzierung zwischen einfacher (verdeckter) und qualifizierter (offener) Treuhand, in: *Böttcher, Reinhard/Hueck, Götz/Jähnke, Burkhard* (Hrsg.), Festschrift für Walter Odersky zum 65. Geburtstag am 17. Juli 1996, Berlin 1996, S. 873–896.

Van Lishaut, Ingo/Schumacher, Andreas/Heinemann, Peter, Besonderheiten der Zinsschranke bei Personengesellschaften, DStR 2008, 2341.

Viskorf, Stephan, Bericht zum 2. Münchner Unternehmenssteuerforum: „Organschaft im Umbruch?“, DStR Beihefter 2010, 53.

Völkel, Dieter/Karg, Helmut, Vorsteuerabzug und Umsatzsteuerpflicht bei Ehegattengrundstücken nach dem UStG 1980 (I), UR 1982, 21.

Von Wolfersdorff, Janine/Rödder, Thomas/Schmidt-Fehrenbacher, Volker/Beisheim, Michael/Gerner, Mathias, Der Fraktionsentwurf zur „Kleinen Organschaftsreform“: Guter Wille, aber dennoch kein wirklicher Rechtsfrieden!, DB 2012, 2241.

Wacker, Roland, Aktuelles zum Einfluss des Gesellschafts- und Zivilrechts auf die ertragsteuerrechtliche Rechtsfähigkeit von Personengesellschaften, in: *Habersack, Mathias/Hommelhoff, Peter* (Hrsg.), Festschrift für Wulf Goette zum 65. Geburtstag, München 2011, S. 561–582.

Wacker, Roland, Ein-Unternehmer-Personengesellschaften (Treuhand-Modell) sind nicht gewerbesteuerpflichtig, HFR 2010, 744.

Wacker, Roland, Treuhandbeteiligung, in: *Arbeitsgemeinschaft der Fachanwälte für Steuerrecht*, Jahrbuch der Fachanwälte für Steuerrecht 2006/2007, Herne 2007, S. 550–563.

Wacker, Roland, Treuhandmodell – Keine Gewerbesteuerpflicht in der Treuhand-KG, NWB 2010, 2133.

Wäger, Christoph, Organschaft im Umsatzsteuerrecht, in: *Spindler, Wolfgang* (Hrsg.), Steuerzentrierte Rechtsberatung, Festschrift für Harald Schaumburg zum 65. Geburtstag, Köln 2009, S. 1189–1212.

Weber-Grellet, Heinrich, BB-Rechtsprechungsreport zu 2010 veröffentlichten bilanzsteuerrechtlichen BFH-Urteilen, BB 2011, 43.

Weber-Grellet, Heinrich, Der Typus des Typus, in: *Budde, Wolfgang Dieter/Beisse, Heinrich* (Hrsg.), Handelsbilanzen und Steuerbilanzen, Festschrift zum 70. Geburtstag von Prof. Dr. h.c. Heinrich Beisse, Düsseldorf 1997, S. 551–569.

Widmann, Siegfried/Mayer, Dieter (Hrsg.), Umwandlungsrecht. Umwandlungsgesetz. Umwandlungssteuergesetz. Kommentar, Loseblatt, Bonn. {Zitiert als *Bearbeiter*, in: *Widman/Mayer*, Umwandlungsrecht}.

Wiedemann, Herbert, Anteilsumwandlung und Mehrfachbeteiligung in der Personengesellschaft, in: *Lieb, Manfred/Noack, Ulrich/Westermann, Harm Peter* (Hrsg.), Festschrift für Wolfgang Zöllner, Köln 1998, S. 635–650.

Wiedemann, Herbert, Treuhand an einer Mitgliedschaft – Gedanken zur Einzel- und Sammeltreuhand im Personengesellschaftsrecht, ZIP 2012, 1786.

Wild, Michael/Reinfeld, Till, Das Treuhandmodell – Ein Modell ohne Zukunft?, DB 2005, 69.

Windbichler, Christine, Gesellschaftsrecht, Ein Studienbuch, 23. Aufl., München 2013.

Winkeljohann, Norbert/Stegemann, Dieter, Anwendbarkeit des § 6 Abs. 5 Satz 3 EStG bei Neugründung von Mitunternehmerschaften und bei Gesellschafterbeitritt, DB 2003, 2033.

Wöhe, Günter/Döring, Ulrich, Einführung in die allgemeine Betriebswirtschaftslehre, 24. Aufl., München 2010.

Wolff, Hans-Jürgen, Der Treuhänderkommanditist, Köln 1966.

Wulf, Martin, Formelle Voraussetzungen der Organschaft im GmbH-Konzern, Rechtslage nach dem Jahressteuergesetz 2010, AG 2011, 23.

www.ingramcontent.com/pod-product-compliance
Ingram Content Group UK Ltd.
Pitfield, Milton Keynes, MK11 3LW, UK
UKHW042058021026
15589UKWH00001B/54

9 783631 666432